A Modern History of the Japanese Diplomacy
Adaptation and Conflict in the Pursuit of Order, Vol.2

Fumitaka KUROSAWA, editor

University of Tokyo Press, 2024
ISBN 978-4-13-020164-3

日本外交の近代史／目次

総説　日本外交の近代史

黒沢文貴

はじめに

一九世紀中葉に西洋諸国が東アジア、そして日本にその影響力を拡大しはじめて以来、日本の国内体制はそうした国際環境の波動を受けて、大きな変化を繰り返してきた。ここではそうした変動を「開国」と表現するが、それは何も幕末維新期に限られたものではなく、冷戦崩壊後の現在にまでみられる現象である。

そこでまず、国際環境の変動と国内体制の変化との連関性を、幕末維新期から現在にかけて概観してみると、おおむね四つの「開国」の時期に分けることができる(1)。すなわち国内体制変動のきっかけとなる国際環境の変化は、第一に、アメリカの東インド艦隊司令長官ペリーの来航（一八五三年）に象徴される西洋列強の東アジア世界への進出、第二に、第一次世界大戦の終結（一九一八年）、第三に、第二次世界大戦の終結（一九四五年）、そして第四に、冷戦構造の崩壊（一九八九年のベルリンの壁崩壊と米ソ首脳によるマルタ会談での冷戦終結宣言）である。

本書ではそのうち、太平洋戦争終戦までの期間の近代日本の政治外交関係に焦点を合わせた論考を収めている。明治・大正・昭和の各時代を取りあげているが、本総説では、まず各章の内容の理解に資するために、近代日本外交の歴史的な推移を国際秩序への対応の視座から概観したのち[2]、各章の内容を紹介することにしたい。

一　国際環境の変動と近代日本外交

1　徳川日本から明治日本へ

ペリーが来航する前後期の日本および東アジア世界の歴史的経験は、まさに「文明の衝突」と呼ぶにふさわしいものであった。東アジア世界には伝統的に、いわゆる華夷秩序と称される中国を中心とするゆるやかな階層的秩序（中華帝国秩序）が存在していた。徳川日本はそうした秩序の周辺に位置し、「鎖国」もしくは「大君外交体制」と呼ばれる日本を中心とする独自の地域的国際秩序を形成していた。それは朝鮮、琉球、オランダ、中国（清国）、そしてアイヌとの国際関係であり、外交関係をいわば極小化したものであったが、伝統的な東アジア世界の階層構造をモデルとする日本型の華夷秩序でもあった。中華帝国秩序を共有の場としつつ、しかし、それに全面的に包摂されることのない「自立」した外交的位置に徳川日本はあったのである。それゆえアジアの大国である中国（清国）および華夷秩序に、江戸時代の日本はそもそも正面から向き合っていたわけではなかった。

そうした一九世紀の東アジア世界に、ウェストファリア体制と呼ばれる西洋国際秩序が遭遇したのである。それは、主権国家を国際関係の基本単位とする異質な原理をもつ国際体系であり、その波及の衝撃は、東アジアの国際関係のあり方のみならず、アジア各国の国の形をも変えずにはおかなかった。アジアの多くの国々が、西洋列強の植民地もしくは半植民地になることになった。

それゆえ西洋列強によるアジア進出という国際環境の変化に危機認識を抱く明治日本は、西洋をモデルとする近代的な主権国家の形成を急ぐとともに、国家の独立と安全を保持するための外交を展開することになる。つまり不平等条約の改正問題と朝鮮半島への進出問題（安全保障と経済発展の問題）という二つの外交課題を解決することによって、西洋先進諸国との対等な国家間関係の構築と日本の国家的独立の保持とを達成しようとしたのである。

ただし、この時期の日本外交を考察するにあたり注意すべきことは、「鎖国」から「開国」に転じた幕府外交を継承した明治日本が目の当たりにした国際関係は、単純なものではなかったということである。それは、西洋国際秩序と華夷秩序という原理原則の全く異なる二つの国際秩序が交錯する場としての東アジアであった。それゆえ日本外交は、西洋列強のみならず清国とも、初めて正面から向き合わなければならなくなったのである。日本外交は二つの国際秩序の狭間にあったといえる。

特に朝鮮半島に進出しようとする明治日本にとって、清国と朝鮮とが宗属関係で強く結ばれていたことは大きな障害であった。西洋諸国の仲間入りをめざす日本にとって、華夷秩序は越えなくてはならない大きな壁として立ちはだかっていた。しかし大国清国と一戦を交えるほどの力が日本にはなかったうえに、もう一つの隣接する大国であるロシアの動向にも気を配らなければならなかった。日露の国境画定問題は一八七五（明治八）年の千島・樺太交換条約で解決し、両国関係は基本的には良好であったものの、ロシアが不凍港を求めて朝鮮半島への南下を進めるならば、それにも対抗しなければならず、日本外交は対ロシア政策の観点から、むしろ清国との協調・連携をも模索することになる。そして、そうした日清の協調・連携には、清国内にも呼応する動きが存在した。

また西洋諸国も清国と朝鮮との間の宗属関係の存在を事実上認めており、たとえばイギリスが一八八五年に、朝鮮半島の南部沿岸沖に位置する巨文島の占領を朝鮮に知らせず清国に知らせて了解を得ようとしたことは、その象徴的な出来事であった。清国は依然、東アジア世界の盟主として君臨していたのである。それゆえ清国との衝突を避けながら日本が朝鮮に進出しようとする朝鮮中立化構想が、壬午事変（一八八二年）後に井上馨外務卿らによって唱えられたこともあった。

ところで、西洋諸国の東漸の結果、西洋対東洋という外交思想が生まれていたことにも注目したい。日清や日清韓が連携して西洋諸国に対抗するというアジア主義の潮流の存在である。ただし西欧化が明治政府の至上命題であった以上、それと対立する側面を含むアジア主義は、明治政府にとっても痛し痒しのものであった。それゆえ民間で唱えられていたアジア主義の議論に対する政府の姿勢は、基本的には慎重であった。それでも日清戦争（一八九四年）以前には、ロシアと対立するイギリスをも含めた日清英の連携論が、伊藤博文や井上馨らによって唱えられていたのである。それは西洋諸国への協調路線とアジア主義的な外交路線とを両立させうる外交政策であったからである。

しかし、明治政府が自国の安全と自立のために清国と朝鮮の宗属関係を打破しなければならないとの思いを強める一方、清国はあくまでも朝鮮との宗属関係を深めようとしていたのであり、両国の対朝鮮政策をめぐる溝を埋めることは困難であった。それゆえ日清戦争は、伝統的に東アジアの盟主である老大国としての清国のプライドと、成長著しい新興国として既成の東アジア国際秩序に挑戦しようとする若き明治日本の野心とのぶつかり合いとして勃発したのである。

ただし、もとより日清戦争以前の日本人の多くは、清国に対する畏敬の念や恐れの気持ちを抱いており、その意味で日清戦争が必然であったとはいえない。しかしいずれにせよ、日本が清国に勝利して華夷秩序を崩壊させ、西洋国際秩序のグローバル化を進展させた点からいえば、明治日本は西洋国際秩序を東アジアに広めるための先兵としての役割を果たしたといえる。のちに孫文は「西洋の覇道の番犬となるのか、東洋の王道の干城となるのか、あなたがた日本国民がよく考え、慎重に選ぶことにかかっているのです」（『孫文選集』第三巻）と神戸の講演で訴えたが（一九二四年一一月）、その岐路はすでに日清戦争時にあったともいえよう。

さて日清戦争の勝利は明治日本に、清国に代わる東アジアの盟主としての大国意識を芽生えさせ、同時に、帝国主義国にのし上がる野心を抱かせることになった。日清戦後には、清国に代わって朝鮮での存在感を強めていたロシアとの間で、軍事力の劣る日本は、朝鮮での共存関係を模索する日露協商路線をとることになる。つまり日清戦後にロシア主導の三国干渉があったとはいえ、それが両国関係の継続的な悪化に結びついたわけではなかった。しかし、西洋列強が勢力圏の設定をめざすいわゆる中国分割が始まり、また義和団事件（一九〇〇年）にともないロシアが満洲を占領すると、朝鮮半島支配に危機感を強めた日本は、日露両国による朝鮮の支配から日本の単独支配へと朝鮮政策の基軸を転換し、ロシアを牽制するために日英同盟を締結した（一九〇二年）。

ただしロシアに与えた日英同盟成立の衝撃は一時的なものでしかなく、ロシアは清国と結んだ満洲還付条約（一九〇二年）を無視して満洲を占領し続ける。そうした満洲からの撤兵を履行しないロシアに対する不信感の高まりが、日露開戦（一九〇四年）に至る背景にはあった。しかし開戦決定の御前会議後に明治天皇が「事万一蹉跌を生ぜば、朕何を以てか祖宗に謝し、国民に対するを得ん」[3]と涙したように、ロシアとの戦争は明治日本にとってまさに国家の存亡を賭したものであった。それにもかかわらず、開戦に踏み切った日本政府の決断の背景には、さらに二つの要因、すなわち日清戦争に勝利して東アジアの一等国になったというプライドと、西洋列強の「分配の利益」に与り韓国に勢力範囲を設定するという帝国主義的な野心（肥大化する欲望）とが存在していたのである。

こうして日露戦争に勝利して不平等条約の解消を最終的に果たした日本は、大使の交換も実現させて、晴れて西洋列強との対等な仲間入りを果たした。そして、さらに大韓帝国をも併合（一九一〇年）することにより、明治外交の二大課題は達成された。したがって明治日本の東アジアにおけるヘゲモニーの掌握は、一面では「脱亜入欧」であったが、他面、階層的国際秩序意識という点からいえば、日本が中国に代わって東アジアにおける頂点に立ったことを意味していた。

そして後者の文脈からは、次の歴史的事実が重要となる。それは、琉球王国と大韓帝国の君主を冊封していたという事実である。一八七二年九月、明治天皇は琉球政府に維新慶賀使を派遣させ、琉球国王尚泰に「陞して琉球藩王と為し、叙して華族に列す」との冊封詔書を与える儀礼を行っている。また韓国併合の際に出された明治天皇の詔書には「前韓国皇帝を冊して王と為し」（一九一〇年八月、アジア歴史資料センター）と述べられていた。

すなわち、日本は琉球と朝鮮を主権国家原理にもとづきその主権下に置くことに成功したが、それと同時に、東アジア的国際秩序の原理にもとづく施策も展開していたのである。

以上のように、西洋諸国との対等な関係に立つ主権国家化を第一の国家目標とする明治日本にとって、東アジアに存在した伝統的な階層的国際秩序はたしかに原理的に対立するものであり、やがて西洋国際秩序に一元化されていくべきものであった。しかし日本がアジアの大国として上昇していく過程（すなわち帝国主義国化していく過程）においては、それは必ずしも一概に否定されるものではなかった。特に日本の国力不足などが意識されているときには、アジア主義的方策が西洋の侵略に対する防波堤としても認識されていたのであり、その点も含めて、むしろ主権国家原理と階層的秩序原理の使い分けもしくは絡み合いとして、現実の日本外交は展開していたのである(4)。

中国を中心とした東アジアの階層的秩序は日清戦争により崩壊したが、しかしその秩序意識は日本を中心とする形で残存した。ただし、そうした階層的秩序意識は、基本的には傍流化し、底流化する。アジア主義にみられた東と西の視点は、あるいはアジア・モンロー主義（東西対立論）の主張となり、また人種論の要素が付加されたりするが、いずれにせよ、それらが明治・大正期の日本外交の主流になることはなかった(5)。

他方、日本と東アジアとの地理的近接性や歴史的文化的関係性などをもとに主張された東アジアにおける日本の特殊な役割や地位、特殊利益論などの言説は、帝国主義的文脈だけでなく、伝統的国際秩序意識の文脈からも理解しうるものであったのである。

2　明治日本から大正日本へ

さて、遅れてきた帝国主義国である大正日本は、第一次世界大戦の終結にともない、慣れ親しんだ帝国主義時代の国際関係のルールの変更に直面することになる。史上初の国家総力戦という第一次世界大戦の悲惨な戦争体験を経て、西洋国際秩序を律する基本原則が大きく転換し、それに見合う新たな国際関係の構築が図られることになったからである。(6)

すなわち、主権国家の主権の一部に制限を加えうる集団安全保障体制としての国際連盟の創設（帝国主義的な二国間協調から「公明正大を旨とし正義人道を重んずる」多国間の協調へ）、戦争の違法化（武力の行使を前提とする国際社会から武力行使の抑止をめざす国際社会へ）、勢力均衡に代わる軍縮による武力行使の抑制、民族自決の原則、そして相互依存的な国際経済秩序の形成等々の、平和な戦後世界の構築をめざす新たな試みが始まった。

そうした動きをここではアメリカ大統領ウィルソンの主導に着目して「ウィルソン的国際秩序」と呼ぶことにするが（これが第二次世界大戦後の国際秩序の基軸をなしたという点から普遍的国際秩序ともいえる）、日本においては帝国主義的な「旧外交」から「新外交」への変化として認識された。そして世界の五大国の一つとして国際連盟の常任理事国となった日本には、そうした新しい潮流を実現していく責務が生まれた。それゆえ一九二〇年代には、大戦末期に首相となった原敬の外交理念を継承した、幣原喜重郎外務大臣に代表されるいわゆる国際協調外交が展開された。

ただし、民族自決の原則が東アジアには適用されなかったように、「新外交」の理念と実際の国際関係との間にはギャップが存在し、それは多くの国が植民地国であった東アジアにおいて顕著であった。それゆえ第一次世界大戦後の大正日本に、旧来の帝国主義時代の思想と行動とが残存したのは、ある意味では当然なことであった。パリ講和会議に参列した近衛文麿が述べたように、新しい国際秩序の理念を「英米本位の平和主義」とする見方は、多くの共感を呼ぶ認識であった。

そこで大戦後の東アジアから太平洋にかけての広域に、あらためて安定的な秩序を作り出すべく開催されたのが、ワシントン会議（一九二一―二二年）である。それは、いうなれば東アジアにおける「新外交」の理念と実際とのギャップを緩和する試みであった。会議では、海軍軍縮条約、太平洋に関する四カ国条約（日英同盟に代わる）、そして中国に関する九カ国条約等が成立した。「太平洋及極東方面ニ於ケル一般平和ヲ確保」しようとする日本政府の会議に臨む基本姿勢は、「直ニ個々ノ実際問題ヲ解決セムトスル趣旨」ではなく、「列国共通ノ諒解ニ依リ一般的主義ヲ確立」（傍点筆者、以下同様）することにあったが[7]、高橋是清首相がアメリカから帰国した全権を慰労するために開いた晩餐会の席上、「華府会議ノ成果タルヤ国際政局ニ一新紀元ヲ画シ列強ノ外交政策ニ一生面ヲ啓キタルモノ[8]」と賞賛する成果をもたらした。

特に四カ国条約において、締約国間に「争議」を生じ、外交手段による満足な解決が得られず、かつ円満な協調に影響する虞のある場合には、当該事件全部を考量調整するために他の締約国を招請して共同会議を開き議すること（第一条）、さらに締約国以外の国の「侵略的行為」により締約国の権利が脅威にさらされた場合には、締約国はそうした「特殊事態ノ急」に応じるため、共同または各別に「執ルヘキ最有効ナル措置ニ関シ了解」をとげるために「充分ニ且隔意ナク互ニ交渉スヘシ」（第二条）と規定されたことは[9]、紛争の平和的解決や集団安全保障という「新外交」の理念を、東アジアおよび太平洋方面にも反映させようとする試みであったといえる。

ワシントン会議の首席全権を務めた加藤友三郎海軍大臣は、「世界ノ列強カ従来ノ国際談判ニ往々見ルカ如キ排他利己ノ術策ヲ離レ誠意以テ人類共通ノ目的ノ為国際協調ノ新天地ノ開拓ニ寄与セムトスル意気ト風潮トハ本会議ニ於テ著シク感知スルヲ得タリ[10]」と、帰国後に述べているが、それはまさに、パリ講和会議から始まる平和と協調にもとづく国際関係の潮流が、東アジア・太平洋方面にも波及したことを感得した加藤の、実感であったのである。

同時にまた、日中間の争点であった山東半島問題が、英米の仲介によって山東懸案解決に関する条約（山東善後に関する条約）の成立に結びつき解消したことは、東アジア国際秩序をさらに安定化させる一因ともなった。

いずれにせよ、ワシントン会議から生まれた「一般的主義」としての日英米協調の精神（ワシントン協調の精神、つまり帝国主義的な二国間協調とは異なる多国間協調と武力によらない紛争解決の精神）が[11]、大正日本の国際協調外交を支えていくことになる。

ところで、「新外交」の理念と実際とのギャップ、つまりある種の理想主義と現実主義との対立を緩和しうる重要な施策の一つとして焦点となったのが「経済的帝国主義の排斥」、つまり通商の自由の問題である。新しい国際秩序への志向を積極的に評価する原敬首相でさえも、「恒久平和の先決考案（華盛頓会議に際して日本国民の世界観を陳ぶ）」（『外交時報』第三四号、一九二一年）と題する論文のなかで、「持てる国」である英米先進国に対する「持たざる国」日本の苦悩を述べ、各国間の人為的な経済・通商摩擦の撤廃、つまり通商の自由の実現による「世界の開放」を訴えていたからである。自由貿易の促進による相互依存的な国際経済体制の実現が求められていたのである。ちなみにこれは、かつてウィルソン大統領が一四カ条の平和原則（一九一八年）で提唱した「経済障壁の撤廃と平等な通商関係の確立」の問題でもあった。

さらにこの問題に深く関係するのが、戦争形態の変化である。つまり戦争形態の国家総力戦への移行が、資源の獲得と自給自足圏の形成という新たな対外的課題を生み出していたからである。不足する資源を自由貿易で賄うのか、いっそのこと自前の自給自足圏を作るのか、ということである。もちろん大戦後に志向されたのは、自由貿易を通じた資源の獲得である[12]。それが可能ならば、自給自足圏という地域的国際秩序を無理に作る必要はないからである。それゆえここにおいても、通商の自由の実現が重要な鍵であった[13]。

他方、旧来の帝国主義的な思考の残存という点からいえば、中国に対する二一カ条要求に代表されるように、日本の発展にとって中国および満蒙が重要な地域であるという認識、つまり両者を日本の勢力圏とみなす見方に大戦後も大きな変化はなかった。しかも両者は不足資源の供給地としても、あらためて必要不可欠な地域として再認識されていたのである。

大戦終結後の中国をめぐる国際関係については、前述のように、ワシントン会議において「中国に関する九カ国条約」が締結されている。同条約は列強による中国の領土的・行政的保全の尊重や門戸開放・機会均等を謳うものであり、日本の中国進出を抑制するとともに列強による中国権益の保護を図ったものでもあった。これはアメリカがかつて提唱した門戸開放原則（ヘイ・ノート）があらためて国際標準になったことを意味していたが、ここで注目すべきは、各国のもつ既得権益の擁護をも謳っていた点である。

その意味で、ワシントン諸条約の枠組（その肝は、「一般的主義」としてのワシントン協調の精神）が成立しても、日本の満蒙における地位には、事実上何らの変更もなかったといえる。実際、かつて日本全権団の一員としてワシントン諸条約の成立に深く関与した幣原外相でさえも、「日本か満蒙方面に於て重大なる特殊の利益権利を有し、また支那全体に対しても特別の利害関係を有することは、単なる主義に非す明瞭なる事実にして、他国の承認を得て始て存在すへきものに非す」（一九二四年の枢密院会議での発言）と明言していたのである。

以上のように、第一次世界大戦後の国際関係のルールの変更を受けて、日本は国際連盟や欧米との国際協調外交を展開したが、(14)他方、「新外交」の理念が十分に実現していない東アジアにおいては、ワシントン会議で醸成された日英米協調の精神（ワシントン協調の精神）を主軸としながらも、中国や満蒙に対する優越的地位の意識を内包する勢力圏的思考を併せもつ外交姿勢をとっていたのである。そしてその際の重要な争点が、通商の自由（門戸開放）の原則と満蒙権益論、さらには中国における日本の優越的地位論とに（それら相互間の調整も含めて）あったといえる。

ところで、大戦後の東アジア国際秩序の安定を模索する日本政府にとって、ヴェルサイユ体制とワシントン諸条約の枠組に包摂されなかったソ連との関係構築が、残された外交課題となった。それゆえ、シベリア出兵等により困難となったソ連との国交樹立が、紆余曲折を経ながらも一九二五(大正一四)年に実現したことは、ロシア革命により不安定化した東アジア国際関係がさらなる安定を取り戻したことを意味していた(一九二五年体制の形成)。ちなみに、そこから日英米協調とは別に日中ソの提携を模索する動きも見え隠れするようになっていき、それが後に幣原外交と田中外交との微妙な差異ともなったのである。(15)

なお本項の最後に、大戦後の対英米関係について対照的に若干付言すれば、「ウィルソン的国際秩序」を意識する対米外交と、帝国主義的志向に親和性をもつ対英外交(コモンウェルスを形成するイギリスに対する外交)との違いとして捉えることもできよう。昭和外交にみられた日英同盟復活の動きやイギリスからの日英協調模索の動き(16)の背景には、そうした帝国主義的な親和性の側面があったともいえる。それゆえ昭和日本にとってイギリスは実際上の利害関係のある「現実的な敵」、アメリカはイデオロギーの異なる「絶対的な敵」としてやがて認識されていくのである。

3　大正日本から昭和日本へ

一九三〇(昭和五)年に日英米の間で締結されたロンドン海軍軍縮条約は、大戦後に主流となった国際協調外交の大きな成果であった。しかし、一九二〇年代の末頃から、東アジア国際関係には大きな変化が生まれていた。北伐による中国統一の動きと革命外交およびその背後にある中国ナショナリズムの台頭、そしてロシア革命後の国内の混乱をひとまず脱したソ連の極東における軍事的存在感の増大である。それらにより満蒙を日本の生命線とする危機意識が、日本国内で急速に醸成されるようになる。

そうした東アジア国際関係の変動に触発されて、ワシントン諸条約の枠組(ワシントン協調の精神)に対抗し、それとは異なる国際秩序の構築を求める外交路線が唱えられるようになる。アジア・モンロー主義の主張である。それは地域主義的な自給自足圏の形成をめざすものであり、やがて東亜新秩序や大東亜共栄圏につながる外交思想でもあった。

さらに日本陸軍には、第一次世界大戦が国家総力戦という新しい戦争形態に移行したことに大きな衝撃を受け、将来の戦争に備えて日本も国家総力戦体制構築の準備をしなければならず、そのために国内体制の変革とともに、自給自足圏の形成をめざして東アジア国際関係を再編成しなければならないと考える中堅将校たちが台頭してきた。

その際、おりしも一九二九年に起こった世界恐慌にともなう相互依存的な国際経済関係の変調も、見過ごすことのできない国際関係の大きな変動であった。つまり、いわゆるブロック経済の進行が、奇しくもそうした陸軍中堅将校たちの地域主義的な自給自足圏の形成という政策志向の実現を後押しすることにもなったからである。いわゆる国家改造とワシントン諸条約の枠組（ワシントン協調の精神）への挑戦の動きが顕在化したのである。

さらに第一次世界大戦後に形成された国際秩序（「ウィルソン的国際秩序」）に異を唱える動きは、日本のみならずドイツやイタリアなど西洋諸国においても台頭していた。それは英米などの「持てる国」と日独伊の「持たざる国」との対抗として陣営化し、やがて世界は次の世界大戦へと向かうことになる。昭和日本で強まっていた反英米、反アングロサクソンの気運が、そうしたドイツへの接近を促す国内的背景としてあり、さらには防共理念が日独伊の提携を媒介し、やがて三国同盟の成立をもたらすことになった。

そして一九三七年に始まった日中戦争と一九三九年に勃発した第二次欧州大戦が、一九四一年一二月に起こった日本海軍によるハワイ真珠湾のアメリカ艦隊への攻撃を機に結びつき、文字通り世界大戦（第二次世界大戦）へと拡大したのであった（一九二五年体制の終焉）。

このように、昭和日本が志向した東亜新秩序や大東亜共栄圏の源流の一つには、第一次世界大戦が明らかにした自給自足圏を形成しなければ戦争の勝利が見込めないという、戦争形態の変化に対する日本軍部の強い危機感があった。そして軍部による政治介入が強まるとともに、中国大陸（満洲国を含む）での陸軍の作戦行動や謀略的な動きが日常化していた昭和日本においては、そうした軍部の政策志向が、日本外交の拘束要因として強く作用することになったのである。

ただしもちろん、中国や満蒙に対する優越的地位の確保という政策志向そのものは、それが日本の国益に適うという意味で、少なくとも辛亥革命以降、太平洋戦争の敗戦に至るまでの日本外交のそもそもの基調であった(17)。それゆえ一九一〇年代から三〇年代、四〇年代にかけてのそうした基軸となる政策志向の連続性を底流としながらも、国際協調に顧慮し、中国内政への不干渉政策を同時に志向していたのが、一九二〇年代の外交であった。しかし昭和期の外交はそれとは異なり、中国・満蒙に対する軍事力をともなう別角度からの政策アプローチを強めることによって、それまでにない非連続な側面を強めたといえる。

それはやがて国際連盟との協力関係に終止符を打ち、さらに中国および満洲国をめぐり不協和音を奏ではじめていたイギリス・アメリカとの関係も、日中戦争の勃発をはさみ、さらに悪化させることになった(18)。他方、それとは対照的にドイツ・イタリアとの関係を深め、三国同盟の締結へと進んだものの、第二次欧州大戦がはじまった後の同盟締結は、事実上、東アジア・太平洋地域における日本と英米との溝を深める道でもあった。それゆえ日本の政治・軍事指導者たちの主観的な思いはともかくとして、他の視角からみれば、昭和日本は一種の視野狭窄状態に陥り、かなり独善的な様相を呈していくことになったといえよう。それは先に述べた加藤友三郎海軍大臣の言葉に倣っていえば、日本外交が「誠意以テ人類共通ノ目的ノ為国際協調ノ新天地ノ開拓ニ寄与セムトスル意気ト風潮」という一九二〇年代にみられた理想の姿から離れ、「世界ノ列強カ従来ノ国際談判ニ往々見ルカ如キ排他利己ノ術策」に回帰したということなのかもしれない。

4　おわりに

明治日本が順応した古典的帝国主義時代の西洋国際秩序は、第一次世界大戦の衝撃により、大きな変容を迫られることになった。そして結論的にいえば、そうした西洋国際秩序の変容に、大戦後の日本は相応の努力はしたもののうまく適応できず、最後には太平洋戦争（第二次世界大戦）に突入することになったといえる。

ただし、戦間期の西洋国際秩序が、旧来の秩序原理から新しい秩序原理へと移行する過渡期にあったことにも、注意を向けなければならない。特に昭和初年の北伐・革命外交にみられる中国情勢の混乱や世界恐慌の発生、その後の国際的な自由貿易体制の動揺（イギリス帝国の金本位制からの離脱とブロック経済への移行に象徴される）など、日本だけでは解決困難な諸問題が、西洋国際秩序の新しい原理や仕組みの定着を妨げていたからである。

そうしたある種相対的に不安定な一九三〇年代の国際環境（いわば危機の一〇年）のなかで、昭和期の日本外交は、帝国主義的な国際秩序観と自給自足圏論、そしてアジア主義的対外観を強めることになるが、そこにおいて一貫してめざされたのが、中国における日本の優越的地位の確保であり、日満ブロックや日満中ブロックの構築であった。

特に満洲事変後にアジア・モンロー主義が再び声高に叫ばれるようになり、さらに日本の国際連盟脱退（一九三三年）の前後から「地域主義」という用語が生み出され、さまざまな地域主義的な国際秩序論が提唱されたように、階層的国際秩序意識もしくはアジア主義的要素が急速に浮上してきたのである。ただしここで注目すべきは、第一次世界大戦後に日本で紹介されはじめていた、ハウスホーファーらの「ゲオポリティーク」の理論が、そうした秩序論に影響を及ぼしていたことである。[19] つまり「生存圏」（「広域圏」）という「ゲオポリティーク」にもとづく地域的な国際秩序論をも背景としていた点に、大戦以前の伝統的な東アジアの国際秩序論との違いを指摘することができる。

いずれにせよ、昭和日本は自らをことさらに皇国と称した。一九四〇年八月に、第二次近衛内閣が基本国策要綱で大東亜新秩序を掲げた際、「皇国の国是は八紘を一宇とする肇国の大精神に基」づく、つまり国是は全世界を一つの家のようにする建国の大精神にもとづくと述べていたが、さらに一九四一年一月に東条英機陸軍大臣が訓令として発出した戦陣訓のなかでは、皇国の使命は遍く皇道を宣布すること、としていた。

つまり天皇および日本を頂点とする階層的国際秩序の形成が、昭和日本が追求する外交理念として謳われたのである。孫文の講演に倣っていえば、それは主観的には日本流の「東洋の王道」の実践であったのかもしれない。しかし、敵対することになる英米等の民主主義国からすれば、それこそ一昔前の「西洋の覇道」と映ったのかもしれない。西洋の番犬のはずの日本が英米に嚙みついたということか。

最後に二つの点にあらためて注意を喚起して、本節をしめくくることにしたい。第一は、大東亜共栄圏と伝統的な階層的秩序観との親和性である。多くの論策によれば、大東亜共栄圏は、域内の独立国家に西洋流の国家主権の絶対性と対等性を認めず、あくまでも指導国としての日本といくつかの階層に属する国家が個別的につながり、統合されるというヒエラルキー構造としての国際秩序であった。すなわち域内独立国の主権国家原理を否定し、徳治主義の国である日本を宗主国とする階層的国際秩序として大東亜共栄圏は構想されていたのである。

また伝統的な華夷秩序においては「藩臣、外交の義なし」がその外交原理であったが、そこにはまさしく域内に独立国家を含むにもかかわらず「外交」の存在しなかった、大東亜共栄圏内の外交関係と共通するものがあった点にも注意しなければならない[20]。ちなみに大東亜省設置（一九四二年）の一つの背景を、こうした思想的文脈から捉えることもできるのかもしれない。

第二は、その主導国原理と主権国家原理との関係である。大東亜共栄圏は、昭和期に新たに脚光を浴びた地政学的な広域圏論の系譜にもあり、主導国の自存自衛の論理が地域秩序に優先することになっていた。それゆえ主導国は絶対主権をもつものの、域内独立国の主権は否定されたのであり、それが前述のように、東アジアの伝統的秩序観と親和性をもつことにもなったのである。

しかし、第二次世界大戦後の世界に対する理念やビジョンを表明した英米の大西洋宣言（一九四一年八月）を意識した「大東亜共同宣言」（一九四三年一一月）にみられるように、太平洋戦争の戦局の悪化にともない、主導国原理をどこまで貫くのか、域内諸国の独立と国家平等をどこまで認めるのかが、重要な争点として浮上してくる(21)。第一次世界大戦後に確立した「民族自決」の原則は無視しえないものとなっており、植民地主義的な占領地統治に正当性を付与するのが困難な国際情勢でもあったのである。その意味で、大東亜共栄圏という独自の国際秩序を追求した太平洋戦争下の日本外交といえども、西洋流の国家主権原理の呪縛から最後まで解き放たれることはなかったのである。

二　本書の視座と内容

本書は三部から構成されているが、その第一部は「東アジアと日本」である。収録されている四つの論考は、明治日本が大国清国との正面衝突を避けようとしていた時期から、やがて台湾と朝鮮を植民地化し、中国・満洲へも進出した時期の、主として朝鮮問題と植民地経営問題とを扱っている。

まず第1章の森万佑子「金玉均暗殺事件をめぐる中朝日英関係――中華秩序の崩壊の始まり」は、日清開戦直前の一八九四年三月に起こった金玉均暗殺事件を取りあげている。日本に亡命していた朝鮮開化派の金玉均が、朝鮮人の刺客である洪鐘宇により共同租界の上海で暗殺されたこの事件は、これまで日清開戦の誘因になったと理解されてきた。森氏は洪鐘宇および金玉均の死体の引き渡しに動いた朝鮮の駐津督理通商事務の執務日誌と上海のイギリス領事の史料を用いて事件処理の過程を再検討し、その結果、国際条約よりも中華の世界を背景にした清国と朝鮮の紐帯が有効に働き、朝鮮の国内問題として処理されたこと、それを上海領事団で影響力のあったイギリス領事が是認し、各国に関与する隙を与えなかったことを明らかにした。そしてそれが西洋各国に中華への疑念や反感のきっかけを与え、日本の反清世論の激昂を待たなくても、東アジア国際関係のバランスを崩す始まりとなったと論じている。

次に日清戦後の日本の朝鮮政策の混迷を扱ったのが、第2章の大澤博明「三浦梧楼朝鮮公使任命の再検討」である。三浦については、公使任命時や朝鮮赴任時から王妃殺害を決意していたなど、一八九五年一〇月の閔妃殺害事件と結びつけて論じられることが多い。しかし、なぜ三浦が公使に任用されたのか、彼にどのような役割が期待されていたのかについては必ずしも十分に明らかではない。大澤氏は、日本政府内の朝鮮改革放棄派と改革継続派、政府に批判的な対外硬派という三つの勢力の相互関係から三浦の公使任用過程を再検討する。その結果、なるべく干渉を止め朝鮮を自立させるという政府方針を受けて、閔妃を慰安し、宮中と内閣の折り合いをつけることで漸進的な改革の継続をめざすという前任の井上馨が構想した調和政策の維持が、三浦公使に期待された役割であったと論じている。しかし井上の離任直後から急速に王権の回復が図られて井上構想は破綻しており、適切な政府訓令がないなか、閔妃殺害が生じたとしている。

閔妃暗殺事件とその後の露館播遷は、周知のように、朝鮮をめぐる日露関係のいわば出発点となり、その後紆余曲折を経て日露が開戦、戦争に勝利した日本はやがて大韓帝国を併合することになる。そうした植民地経営という点では、明治日本はすでに日清戦後の台湾統治を経験しているが、併合後の朝鮮統治問題をプロイセン・ドイツの内国植民政策をモデルとする視点から論じたのが、第3章の小林道彦「「模範国ドイツ」の崩壊と朝鮮統治」である。小林氏は、旧ポーランド王国領のポーゼン・西プロイセン二州に対するプロイセン政府の内国植民政策（ドイツ人移民によるドイツ化政策）を、明治政府とりわけ山県有朋系官僚勢力が対朝鮮植民政策の一範例とみなしていたことを論じ、第一次世界大戦によるドイツ帝国の崩壊および内国植民政策の破綻と原敬内閣での朝鮮統治方針の転換との内的連関を考察している。第一次世界大戦が日本に及ぼしたインパクトの一事例でもあり、その点では、第二部と第一部とを架橋するテーマともいえる。

ところで第3章は、台湾総督府が当初、日本人移民の可能性を模索し、その先行事例としてやはりプロイセン・ドイツの内国植民政策に注目していたことも指摘しているが、貴族院議員曾我祐準の植民地経営論を明らかにしたのが、第4章の小林和幸「日露戦後における曾我祐準の対外政策論——台湾統治と中国進出問題を中心に」である。同氏はこれまで貴族院研究とともに、谷干城、近衛篤麿、曾我ら貴族院議員の政治活動の特徴を分析してきたが、本章では曾我の対外政策、とりわけ植民地経営に関する帝国議会内外での政治的発言を考察している。日清戦争後に日本は台湾を植民地化するなど領域を拡大していったが、曾我は法整備による現地の人々の権利擁護に留意する発言を続け、統治状況を政府に質している。また現地在住者からの要望の聴取、台湾や中国・満洲の視察、生産調査会委員としての経験等が曾我の対外政策論形成の基礎となったこと、さらにそこには軍事的支配や専制的統治に抑制的という特徴を見出せるとし、総じていえば曾我が国内同様に、植民地経営などの対外政策においても「立憲主義」的な運営を主張していたと論じている。これは「大正デモクラシー期」の政治家や知識人たちに往々みられた「内に立憲主義、外に帝国主義」とは、いささか異なる姿といえよう。

以上のように、明治日本は清国・朝鮮と向き合い、両国をいわば凌駕して植民地を抱える大日本帝国となったが、幕末の黒船に匹敵するインパクトを大正期の日本に与えたのが、第一次世界大戦であった。大戦が大正日本にもたらした影響にはさまざまなものがあったが、そのうちの国際情勢認識、内外施策の担い手、戦時下の民衆の動向、海軍の遠洋練習航海の果たした外交的役割、そして外務省変革を取りあげたのが、第二部「第一次世界大戦と日本」の五つの論考である。

さて周知のように、第二部が対象とする一九一〇年代から二〇年代は、日露戦後の日比谷焼き討ち事件に始まる「大正デモクラシー」と呼ばれてきた時代である。そこにおいては、もとより民衆の動向やメディアの役割が大きな位置を占めることになるが、そのメディアの世界で最も影響力をもった「日本の生める最大の新聞記者」が徳富蘇峰である。第5章の中野目徹「大正期における徳富蘇峰の国際情勢認識」は、第一次世界大戦前後に発表された蘇峰の著作を丹念に読み解き、彼がいかなる国際情勢認識と国家像を描いていたのかを明らかにしたものであり、好著『徳富蘇峰――日本の生める最大の新聞記者』（山川出版社、二〇二三年）を補うものである。

日露戦後に「極東の主人公」となった日本の課題は「帝国の膨張」であり、それは満蒙経営を「国家百年の大計」とし、「亜細亜モンロー主義」を遂行することであった。しかし、大戦後は赤裸々な帝国主義の主張は影を潜める。大戦後の日本は四面楚歌の状態にあり、「最悪」であったからである。国内情勢も「黄金万能主義」の蔓延で「一大禍期」を迎えていた。こうした内憂外患を乗り切るためには、内に平民主義、外に帝国主義の両者をつなぐ「皇室中心主義」が必要であった。『昭和国民読本』で大正期を回顧して「停滞時代」、特に大戦後を「曇天時代」とした蘇峰であるが、時代を回転させる満洲事変の勃発以降、再び帝国主義の主張に舞い戻った彼の、そうした素地が大正期に胚胎していたと結論づけている。蘇峰にとって特に大戦後は、日本の「理想を、国際的に実行」するための「力を養」う、雌伏期であったといえよう。

その蘇峰が危惧した第一次世界大戦後の最悪の国内外情勢に、主務者として向き合ったのが川村竹治である。川村は原敬と同じ南部藩出身の政友会系の内務官僚で、やがて政友会の長老格となった政治家であるが、第6章の西川誠「川村竹治と立憲政友会」は、その小伝ともいうべきものである。第一次世界大戦中に青森県知事として積極政策による地方利益の散布と政友会勢力の拡大を成し遂げ、その実績により原内閣で内務省警保局長に登用された。デモクラシー思想と労働運動の高揚に対しては、労働者と資本家は協調すべきであるという考えをもち、共産主義を学んでその考え方を強め、それが世界の潮流であると捉えていた。他方、一九二一年に拓殖局長官に転じ、その後、満鉄社長（一九二二―二四年）、台湾総督（一九二八―二九年）を歴任して、その富裕化に貢献した。日本の富国化、富の地域社会への均霑、その方法としての政友会の拡大という原の理想に共鳴した川村にとって、産業立国的な植民地経営もその延長にあったのであり、その意味で、一九二〇年代の植民地長官にふさわしい堅実な人物であった。いずれにせよ川村は、大戦後の内外情勢の変化に、原の理想を根本に据えて対応しようとした「大正デモクラシー」時代の政治家であったのである。

では、蘇峰や川村がその対象とした民衆は、そもそも第一次世界大戦をどのように受容したのであろうか。その点を大戦中のスパイ・フィーバーという観点から取りあげたのが、第7章の諸橋英一「独探と『神戸新聞』――第一次世界大戦期の戦時意識とスパイ流言」である。スパイ・フィーバーとは、敵国のスパイが自国内で活動しているのではという恐怖に駆り立てられた人々が、スパイに関する「情報」を熱心に収集・拡散する現象のことで、八月の開戦以降すべての交戦国で広く発生したという。当時の日本でも「独探」という言葉がマスメディア上で広く用いられた。諸橋氏は、国際都市である神戸の地域紙『神戸新聞』の独探に関する報道に着目し、その特徴や報道量を整理して日本人の受容に関する分析を試みている。そしてまた、そうしたフィーバーが不安感のみならず、戦時に国家に貢献しようとする国民の意欲により燃えあがった側面があると指摘している。

他方、第一次世界大戦は、海軍の士官教育にも大きな影響を及ぼしていた。第8章の奈良岡聰智「日本海軍による遠洋練習航海の外交史的意味――第一次世界大戦期を中心にして」は、若い海軍軍人のシーマンシップの育成や慣海性、さらには国際感覚を養うことを主目的として海軍兵学校卒業後に実施されていた遠洋練習航海の、大戦期における実態を考察したものである。つまり大戦勃発の影響で中立国への寄港を避けなければならず、そのため北米中心ルートがとれなくなったこと、しかしアメリカの参戦によりアメリカ各地への寄港が可能になったことなどを明らかにしている。特に練習艦隊の派遣が日米間の緊張緩和にも一定の役割を果たすとともに、現地での歓迎行事を通して日米親善や日系人との絆を確認する場ともなったとしており、そうした練習艦隊の外交的な役割の大きさを指摘している（なお本章は、別冊『日本陸海軍の近代史』中の「国際的文脈における軍」としても位置づけることができる）。

このように第8章は、練習艦隊の遠洋航海には「広報外交」的な側面があったことを明らかにしているが、ではそもそも、「広報」に関する外務省の取り組みはどうであったのであろうか。パリ講和会議において日本全権団が中国全権団の「宣伝工作」に圧倒されたのを機に、日本外務省が宣伝機関の設置を検討しはじめたことはよく知られている。第9章の熊本史雄「外務省情報部の設置と中国認識――その適否と限界をめぐって」は、情報部が正式に設置される（一九二一年八月）以前に内規で活動していた〈情報部〉（一九二〇年四月）を取りあげ、外務省の情報収集・宣伝事業構想と〈情報部〉による情報収集・処理のあり方からみた「宣伝」活動の適否を検討することで、正式に設置された情報部の組織的特徴と「宣伝」活動のある種の限界性とを浮かびあがらせようとしている。「新外交」に顧慮して公明正大に振る舞おうと腐心したことで、外務省が情報の集め方、宣伝のあり方を自制的に解釈した結果、〈情報部〉と情報部の活動が自律性と主体性を欠いたこと、それが外交の大局観の把握・形成に支障を来すことにつながったのではないかと論じている。特にそれが中国情勢に対する的確な情報収集と分析の弱さとなったのであり、ワシントン会議の開催を前に、東アジア国際環境の安定的秩序に対する外務省の構想力の欠如としてあらわれたとしている。

このように第一次世界大戦に起因する対外関係の大きな変化によって、それぞれの人物や機関が大きな影響を受け、それぞれの立場に応じたネガティブな反応やポジティブな反応がみられたといえる。しかし、奇しくも昭和初年に集中した重大な国際関係上の出来事（中ソの台頭による東アジア情勢の変化、世界恐慌とブロック経済の進展、昭和恐慌と満洲事変、満洲国の成立等）に触発されて、一九二〇年代にみられたそれらの反応は、あるものは再浮上して再編・強化され、あるものは否定されることになる。その結果、最終的に昭和日本は戦争と総力戦体制の構築による問題解決の道を選択することになったのであり、軍事が優先されることで、外交の相対的な自律性が制約を受けることになったといえる。最後の第三部「昭和期の戦争と日本」は、一九三〇年代にそうした変容を遂げていく昭和日本の姿を考察する四章を収録している。

まず第10章の庄司潤一郎「一九三〇年代の日本の原料問題への対応――「原料品問題調査委員会」を中心として」は、一九三〇年代半ばに世界的な議論となった「植民地再分割論」を受けて、一九三七年に国際連盟が設置した「原料品問題調査委員会」を取りあげ、当時の日本の原料問題への取り組み、連盟との協力の模索、日中戦争が及ぼした影響について考察している。連盟脱退後も各種委員会に参画していた日本は、同じく「持たざる国」である独伊両国が参加を拒否したにもかかわらず、同委員会に参加した。日本は原料品の公平な分配と通商の自由の実現を主張したが、イギリスと対立したうえに日中戦争勃発の影響もあり、委員会は具体的策案を提示することなく閉幕した。外務省通商局は委員会の結果を受けて、原料品、特に軍需物資確保のための日本独自の方策の樹立、つまり日満「北支」の経済ブロック、日独伊防共協定、満独貿易協定、日独通商関係の促進等を提言した。近衛文麿内閣は一九三八年一一月二日に連盟諸機関との協力関係の終止を連盟に通告し、さらに翌日、東亜新秩序声明を発することになる。門戸開放・通商の自由に世界が回帰する具体的見通しが得られないなか、「持たざる国」の連携が図られ、新たな地域秩序構想が打ち出されたといえよう。

さて日中戦争の出口がみえないなか、日本は国家総動員体制への移行を余儀なくされたが、一九三九年末に米穀飢饉と電力飢饉をきっかけに動揺を来した総動員体制の再建という新たな視角から、第二次近衛文麿内閣期の動態を新聞・雑誌からうかがえる「世論」を手がかりにして考察したのが、第11章の森靖夫「一九四〇年の国家総動員体制――近衛新体制運動と「世論」」である。国民の不満や批判が「官僚独善」による戦時統制そのものに向けられ、国民の自発的協力という国家総動員体制の大前提が大きく揺らぐなか、近衛内閣がめざした大政翼賛会と経済新体制は、そうした国民の体制批判を受けたものであった。前者が下意上達を加味した国民参加の政治を、後者が主体的に産業が関わる経済統制を実現するという点で「官僚独善」を克服し、国民の自発的協力を引き出そうとするものであった。しかし、近衛の指導力は組閣当初から疑問視され、体制再建が遅々として進まないことに国民の不満と不安の声が消えることはなかった。そして近衛内閣の試みが目標を達成できず「経済犯罪の最盛期」となるなか、一九四一年を迎えたとしている。

戦時下の国民の意識に関しては、第7章（諸橋）でも取りあげている。好景気に沸く第一次世界大戦期の国民の意識と統制経済下にある日中戦争期の国民の「世論」、二〇余年の時を隔ててはいるものの、いずれも戦時下の国民意識のあらわれである。

ところで、一九四〇年の秋には、翌年四月の日米交渉につながる民間外交が動き出している。第12章の佐藤元英「日米交渉にみる国際秩序形成の相剋——大東亜新秩序と太平洋全域の平和プログラム」は、なぜ日米交渉で両国が終始妥協の歩み寄りをみせなかったのかについて検討している。佐藤氏が強調するのは、アメリカが日米交渉で日本に求めたのは、「太平洋地域全般の平和に関する広汎なるプログラム」への参加であったこと、ハルの信条である基本四原則、ブロック経済の否定、通商自由平等の原則を野村吉三郎駐米大使が軽視し、日独伊三国同盟の参戦義務と自衛権、中国からの撤兵と駐兵問題等に終始したという事実である。また南部仏印進駐と対日資産凍結により「日米諒解案」をめぐる「日米交渉」（アメリカの理解では「全般的協定案」をめぐる「日米非公式会談」）は事実上途絶え、緊急避難策としての「暫定協定案」へと議論が変化したとしている。結論として、日米交渉決裂の要因は、東アジア・太平洋の国際秩序形成をめぐる日米の相剋、つまり三国同盟を軸に「大東亜新秩序建設」を追求する日本と、「太平洋地域全般の平和に関する広汎なるプログラム」を主張するアメリカとの相剋にあったとしている。

このように日本は資源獲得のために通商の自由を他国に求めながら、一方では、東アジアの新秩序を謳い中国における優越的地位に固執し続けた結果、日中戦争を泥沼化させるとともに、防共の名のもとに始まっていたドイツとの提携を、欧州大戦におけるドイツの快進撃にも幻惑されて深めることとなり、やがて三国同盟と敵対的な関係にある英米との戦争への道にずるずると突き進むことになったのである。

その後、戦争に負けた日本は連合国に占領され、戦争指導者たちは主要戦争犯罪人として極東国際軍事裁判で裁かれることになったが、第13章の日暮吉延「A級戦犯の独白」は、それら元A級戦犯に対する法務省旧蔵の聴き取り記録を取りあげたものである。

日本の主権回復後、厚生省の第一復員局と第二復員局に属した旧軍人たちが、戦犯裁判資料の収集を企図し、法務省が担当することになった。そこで存命する元A級戦犯一〇名への面接が、法務大臣官房司法法制調査部で一九五八年から始まり、「聴取書」が作成された。日暮氏はこの資料をもとに、元A級戦犯たちが戦争や東京裁判等について何を語り、いかに考えていたのかを検討している。彼らの語りは多岐にわたるが、なかでも回顧録を残していない岡敬純と大島浩の「聴取書」は貴重である。たとえば山本五十六が近衛首相に中国撤兵を強く勧めていたこと、及川古志郎海相の近衛に対する「首相一任」発言が中国撤兵を織り込んだ提言であったという岡の証言は、近衛手記の再検討を促すものとなっている。戦後一五年前後の時期の聴き取りではあるが、元A級戦犯が自由な立場で語ることのできた貴重な資料であると、その価値を評している。ただし彼らの語りからは、昭和日本が侵略の対象としたアジア・太平洋諸国（民）への思いを窺い知ることはできない。

以上、本書には近代日本の政治外交に関する論考を三部に分けて収録している。その三部は、近代日本が国際環境の大きな変動を受けて内外の体制がともに大きく変化したという、先に述べた編者の理解に即したものとなっている。もちろん内外体制の変化のあり様は分析視角により異なるが、本書では「東アジア」「第一次世界大戦」「昭和の戦争」という明治・大正・昭和の各時代に奏でられたそれぞれの主旋律を視座（キーワード）として、近代日本の政治外交の変遷の一端を考察している。本書が今後の日本政治外交史研究の進展に資するものとなることを願っている。

（1）「開国」については、黒沢文貴『二つの「開国」と日本』（東京大学出版会、二〇一三年）および同「近現代日本と四つの

「開国」」（軍事史学会編『第一次世界大戦とその影響』（『軍事史学』第五〇巻第三・四合併号）錦正社、二〇一五年）を参照。

（2）近代日本および日本外交を国際秩序との関係で考察した近年の成果として、酒井哲哉『近代日本の国際秩序論』（岩波書店、二〇〇七年）、佐々木雄一『近代日本外交史——幕末の開国から太平洋戦争まで』（中公新書、二〇二二年）を参照。なお外交は、対象国および国際関係との相互作用として展開されるが、それと同時に、国内政治および国内状況のあり方にも大きな影響を受けている。それゆえ外交と内政の連関が外交史研究における重要な視座になっていることは、周知のとおりである。その意味で、本総説では「外交」と「政治外交」を同義語として用いている。

（3）宮内庁編『明治天皇紀』第一〇巻（吉川弘文館、一九七四年）五九八頁。

（4）山室信一「日本外交とアジア主義の交錯」（日本政治学会編『日本外交におけるアジア主義』岩波書店、一九九九年）参照。

（5）黒沢文貴「総説　西洋国際秩序と華夷秩序のあいだ」（同前掲『二つの「開国」と日本』）および同「日清・日露戦争はなぜ起きたのか」（波多野澄雄・戸部良一編『日本の戦争はいかに始まったか——連続講義　日清日露から対米戦まで』新潮社、二〇二三年）参照。なお日清戦争研究の最新成果として、大澤博明『明治日本と日清開戦——東アジア秩序構想の展開』（吉川弘文館、二〇二一年）を、また日韓関係に関する最新の研究として、森万佑子『韓国併合——大韓帝国の成立から崩壊まで』（中公新書、二〇二二年）を参照。

（6）大正日本の国際環境の変動への対応については、櫻井良樹『国際化時代「大正日本」』（吉川弘文館、二〇一六年）も参照。

（7）「華盛頓会議帝国全権委員ニ対スル訓令」（外務省編『日本外交文書　ワシントン会議』上、外務省、一九七七年、一八七、一八八頁）。

（8）「全権慰労晩餐会（首相官邸）ニ於ケル高橋総理大臣演説」（外務省編『日本外交文書　ワシントン会議』下、外務省、一九七八年、六五六頁）。

（9）前掲『日本外交文書　ワシントン会議』上、六〇九—六一〇頁。

（10）「首相晩餐会ニ於ケル加藤男爵演説」（前掲『日本外交文書　ワシントン会議』下、六五八頁）。

（11）そもそもワシントン会議全権に対する政府訓令の一般方針中には、「太平洋及極東ニ於ケル恒久平和ノ確立ヲ主眼トスル日英米三国協商案ヲ提唱スルニ便ナル形勢ヲ誘致スルニ努メラルヘシ」と記されていた点にも注目したい（前掲『日本外交文書　ワシントン会議』上、一八二頁）。

（12）黒沢文貴『大戦間期の日本陸軍』（みすず書房、二〇〇〇年、オンデマンド版は二〇一一年）参照。

（13）黒沢前掲『二つの「開国」と日本』第四章参照。なお吉田ますみ「第一次世界大戦後の日本外務省と「通商自由主義」」（『東アジア近代史』第二四号、二〇二〇年）も参照されたい。

(14) 国際連盟を取りあげる研究が近年増えており、日本外交史研究の知見を深めているが、ひとまず後藤春美『国際主義との格闘――日本、国際連盟、イギリス帝国』(中央公論新社、二〇一六年)、帯谷俊輔『国際連盟――国際機構の普遍性と地域性』(東京大学出版会、二〇一九年)、樋口真魚『国際連盟と日本外交――集団安全保障の「再発見」』(東京大学出版会、二〇二一年)を参照。

(15) 黒沢前掲『大戦間期の日本陸軍』第七章を参照。なおソ連との国交樹立にともない生まれた東アジア国際関係の安定的秩序を、筆者はかつて一九二五年体制と称したことがある(同書第七章と第九章を参照)。すなわち一九二五年体制とは、ワシントン諸条約の枠組と日中ソ関係で構成される東アジア国際秩序の枠組のことである。

(16) 木畑洋一「一九三〇年代の日英関係」(『外交史料館報』第一二号、一九九八年)、細谷千博「太平洋戦争とは日英戦争ではなかったか」(『外交史料館報』第二五号、二〇一二年)参照。

(17) 辛亥革命勃発後の一九一一年一〇月二四日、第二次西園寺公望内閣は「満洲ハ永遠ニ保持スルノ覚悟」を決め、中国本部においても「優勢ナル地位」を得ることを決めている。この点については、黒沢文貴「明治末・大正初期の日露関係――敵か味方か、はたまた「友」か?」(『外交史料館報』第三〇号、二〇一七年)六五頁参照。なおそれ以前の一九〇八年に、第二次桂太郎内閣が「清国将来ノ運命如何ナルヘキヤニ拘ラス常ニ同国ニ於テ優勢ナル地位ヲ占ムルノ覚悟ヲ要シ之ト同時ニ帝国ノ満洲ニ於ケル経営モ亦益之ヲ進捗スルヲ必要トスルハ申ス迄モナキ次第」という清国に対する外交方針を決定している。ただし、辛亥革命以後と以前とでは清国(中国)を取り巻く情勢が異なるうえに、そもそも当時の桂内閣が「清国ノ帝国ニ対スル感情」の「融和」と「信頼」の獲得に腐心していた時期の対清政策決定であることに注意しなければならない。外務省編『日本外交文書』第四一巻第一冊(日本国際連合協会発行、一九六〇年)所収の「我ガ対清方針闡明ノ件」六九〇―六九一頁を参照。

(18) 日本海軍の認識を軸にして昭和戦前期の対英米関係を考察した研究として、小磯隆広『日本海軍と東アジア国際政治――中国をめぐる対英米政策と戦略』(錦正社、二〇二〇年)がある。

(19) 篠田英朗『戦争の地政学』(講談社現代新書、二〇二三年)参照。

(20) 山室前掲論文を参照。

(21) 酒井哲哉「国際関係論と「忘れられた社会主義」」(『思想』第九四五号、岩波書店、二〇〇三年一月)参照。なお第一次世界大戦後の国際秩序と日本外交との関係を考察するにあたり、大戦後のヨーロッパで主権概念批判がいっせいに噴出したことを、酒井論文に即して補足しておきたい。それは、勢力均衡原理にもとづく古典的帝国主義の国際秩序観が、大戦の勃発により根底から揺さぶられたことのあらわれでもあり、それゆえ国際連盟の設立も、そうした主権概念批判の文脈から理解することができるということである。つまり、国家主権の管轄領域を何らかの形でより上位の国際機構に吸収していこうとする流れの実践として、国際連盟の創設は位置づけることができる。

しかもそうした主権概念批判は、ヨーロッパにのみとどまるものではなかった。たとえば、植民政策学の立場から国家主権を相対化した矢内原忠雄は、その著書『植民及植民政策』（一九二六年）のなかで、国際連盟とイギリス帝国の両者の比較検討を行い、後者をより高次の世界秩序として高く評価している。このようにコモンウェルス的国際関係への着目も、当該期の国際秩序観の重要な要素である。ただし、そうした国家主権に対する懐疑（相対化）は、主権国家（国民国家）のいまだ未形成な東アジア世界においては、伝統的な階層的国際秩序意識もしくはアジア主義的言説とかなりの親和性をもち、やがてそれに包摂されることになる点にも注意しなければならない。

第一部　東アジアと日本

第1章　金玉均暗殺事件をめぐる中朝日英関係

――中華秩序の崩壊の始まり

森万佑子

はじめに

朝鮮王朝の近代化を企図した甲申政変（一八八四年）を主導した金玉均（一八五一―九四年）が、一八九四年三月二八日、上海で朝鮮人の刺客・洪鐘宇によって暗殺された。

金玉均は、日本の近代化に触発されて朝鮮の近代化改革を訴えた開化派の代表的な人物であり、その思想については汗牛充棟な先行研究がある。[1] 当時の朝鮮王朝は、中国に朝貢し冊封される宗属関係を有し、東アジア在来の中華秩序が機能するなかで、新たに米・英をはじめ列強と結んだ条約体制が交錯していた。そのため、宗属関係の廃棄をも含む金玉均の改革思想は、日本・中国・朝鮮のいずれの国にとっても看過できるものではなかった。そして、そのような金玉均が、亡命中の日本から上海に渡り、共同租界にある日本人所有の旅館で朝鮮人刺客によって暗殺されたとき、共同租界における通常の司法手続きではなく、[3] 朝鮮人を「外国人」とみなすか否かを曖昧にして、中華世界の論理を優先した事後処理が一方的になされた。ゆえにこの事件は、中国と朝鮮の宗属関係の紐帯を改めて白日の下に晒し、日本で反清思想を煽ることとなった。

戦前に『近代日鮮関係の研究』を著した田保橋潔は、「金玉均暗殺事件」に一章を費やし、亡命後の金玉均の状況、殺害に至る経緯、殺害時の状況、殺害後の清・日・英・朝の領事の対応などを詳述している。そして、金玉均をめぐる朝鮮問題が、日本と朝鮮の外交問題のみならず、大井憲太郎をはじめ対外強硬派といわれる政客を刺激し、平素の日本政府への不満を爆発させるきっかけになったとして内政問題に発展したことを明らかにした(4)。加えて、この事件のために、「日本と清韓両国間に激成せられた感情は、容易に沈静に帰することが期待せられなかった」という理由から、この事件は「日清戦争の誘因」であり、「租界に於ける外国人の管轄権にも疑義を投じた」ものとして、「東亜国際関係史上特筆に値する重大事件」と指摘した(5)。金玉均暗殺事件を日清開戦の誘因とする構図が、戦前の研究ですでに構築されていたのである。

こうした見方はその後の研究にも引き継がれた(6)。そして一九九七年、権赫秀が当時の史料状況において集大成といえる研究成果を発表し(7)、本章でも金玉均暗殺事件処理の史実整理に関しては権赫秀の研究を参照している。ただ、金玉均暗殺事件の評価については田保橋の研究を超えていない。また小林瑞乃は、『万朝報』や『郵便報知新聞』、『東京日日新聞』などの日本の新聞記事の分析を通して、日本世論が金玉均暗殺事件に対し、その悲劇性とともに義侠心のために、朝鮮と清朝の無礼や侮辱に触発され、開戦を主張していく論旨で一致していったと述べ、田保橋以来の研究を補強した(8)。

他方、金栄作は、金玉均暗殺事件における日本政府の責任に着目して、この事件を再検討した。先行研究は金玉均が、前駐日清国特命全権公使で李鴻章の長子（実際は李鴻章の弟・李昭慶の息子で甥にあたるが入嗣した）である李経方の招きに応じて上海に渡航したため、李鴻章と朝鮮政府の策略にかかって上海に渡航したと解釈し、金玉均暗殺事件への清朝や朝鮮政府の関与を指摘してきた。これに対して金栄作は、清朝や朝鮮政府の関与を否定し、日本政府が金玉均暗殺計画の情報を一カ月前から入手していたにもかかわらず、金玉均がいなくなれば、日本は親露に傾いている閔氏勢力と結託でき、それは日本政府の政策に適っているという理由で、金玉均の身辺保護を十分に講じない政策をとったと、日本政府の責任を指摘した(9)。さらに韓成敏も、甲申政変後に日本に亡命した金玉均の処遇が、日本国内の政治状況に連動していたことを論じ、金玉均が上海で暗殺されたのは、まさに日本政府の政策の帰結だったという見方を示した。つまり韓成敏は、当時の日本政府が朝鮮問題のみならず、欧米列強との条約改正も最大懸案としていたために、金玉均と彼を支持する日本の反政府勢力の連携が朝鮮問題に与える影響だけでなく、万が一、金玉均が日本で暗殺された場合に生じる欧米列強からの否定的な視線を憂慮し、金玉均の処遇に手を焼いていた背景を論じた(10)。一方、金興秀はロシアの外交文書を活用して、金玉均暗殺事件の背景を朝鮮の内政から探った。一八九一年に金玉均は朴泳孝、大院君そして李鴻章の協調を得て、高宗・閔氏政権を倒すクーデターを計画していたが、それが高宗らの知るところとなり高宗・閔氏政権に衝撃を与え、暗殺されることになったと指摘した(11)。

このように、金玉均暗殺事件に関する先行研究では、日本政府の「無策」ゆえに、日本国内の反清世論が刺激されて日清開戦に至ったという見方と、日本政府の「政策」ゆえに金玉均が暗殺されてしまったという、日本政府に対する異なる評価がある。

しかし、以上の研究は、およそこの事件の要因となる背景や事件後の影響は論じるものの、事件発生現場である上海で、事件直後にどのような論理で、どのような手続きが行われたのかについての基礎的な論証が十分ではない。そこで本章は、先行研究が利用していない史料として、朝鮮政府が天津に派遣していた使節である駐津督理通商事務（以下、駐津督理）・徐相喬の執務日誌(12)と、上海駐在イギリス領事の報告書（F. O. 228）(13)を新たに分析しながら、上海での金玉均暗殺事件の処理状況を明らかにするとともに、朝鮮に戻った金玉均の死体への残虐な刑の執行と洪鐘宇の陞任についてもまとめることで、当時の上海では、日本政府の「無策」や「政策」を超えた中華秩序に基づく中朝関係の紐帯が機能し、それをイギリス領事が認めていた構図を示したい。

一　金玉均暗殺と大越領事の初動

1　金玉均の上海行き

一八八四年末、朝鮮で起こった甲申政変が失敗すると、甲申政変を主導したメンバーとともに金玉均は日本に亡命した。朝鮮国王はじめ閔氏政権は、金玉均に対する怨恨だけでなく、いつまた朝鮮でクーデターを実行するかわからない不安を抱き、日本政府に再三にわたり金玉均の引き渡しを要求した。しかし、条約改正を目標に掲げる日本政府は、金玉均が政治犯であるため国際法に則った対応をとり、朝鮮政府の要求を拒絶していた。

さらに、一八八五年四月の天津条約によって、日本政府は積極的な対朝鮮政策が難しく、日清協調路線をとっていた[14]。金玉均の身辺問題は、朝鮮の宗主国である清朝との外交関係にも悪影響を及ぼす可能性があったため、外交の諸問題の悪化と日本国内の治安維持の観点から、日本政府にとって金玉均は目障りな存在になっていた[15]。そこで日本政府は、政治的活動の阻止と朝鮮人刺客からの保護の名目で、金玉均を小笠原諸島に流配する。ただ金玉均は小笠原諸島での生活の厳しさを訴え、一八八八年七月には北海道札幌に流配された[16]。

その後、一八九〇年に金玉均は東京に戻り、同じ頃にアメリカから東京に戻っていた朴泳孝とともに、福沢諭吉と東邦協会の支援を受けて、一八九三年に東京麴町に「親隣義塾」を設置した。親隣義塾では、朝鮮人を寄宿させながら日本式の教育を施し、朝鮮での再度の改革実施と新政権樹立に備えた[17]。

金玉均は、一八九四年三月の上海渡航直前には、新たな「韓清日同盟」構想をもっており、上海行きの偽名に使用した「岩田三和」の「三和」は、日・清・朝の三国和同を志向する意味が含まれていたとされる[18]。金玉均の上海行きは、この構想実現のため、親しくしていた李経方の招きを受けて、李経方の故郷の安徽省蕪湖を訪ね[19]、さらには李鴻章とも面会して、日・清・朝の三国同盟や朝鮮の近代化改革について話し合うためだったと考えられている[20]。

一方で、金玉均自身も、上海で刺客に遭い、命を失う可能性を十分想定しており[21]、李経方との三国同盟についての相談をどれだけ現実的なものと考えていたかは曖昧である。なお、このとき、日本外務省が把握していた内偵では、金玉均の上海行きは玄暎運を訪問する目的であり、往復切符の有効期限は九〇日であるが、すぐに日本に戻るだろうとしている[22]。また駐朝鮮公使・大鳥圭介の報告には、金玉均の上海行きについて、統理交渉通商事務衙門の督辦も国王および袁世凱も知らないようだとある。大鳥は、もし金玉均の上海行きが「風説の如く」李経方の計画によるものであり、さらに金玉均が上海にとどまり、朝鮮政府が清国政府に引き渡し要求をしたり、清国に抑留したりするようなことがあれば、「日清両国の間に重大なる国際上の問題」を惹き起こすだろうと分析している[23]。ここでいう「風説」とは、アジア主義者たちの思想を反映した『二六新報』[24]などの在野の情報網によるものである。日本外務省の内偵と、在野の情報網に若干の差異があったことが浮かび上がる。

2　金玉均暗殺

金玉均を殺害した洪鐘宇[25]は、大阪で李逸稙[26]とともに、「李経方に会い李鴻章にも会えば、東洋の計画を為すに万事都合がよいだろう」と金玉均を上海に誘い、殺害を試みた。のちに洪鐘宇は、上海で逮捕されたときの訊問で、金玉均は朝鮮にいたときに多くの罪なき者を殺し、国を乱し、国王を多年の苦しみに陥らせた「大逆不道」であり、朝鮮、日本、中国の国際上、非常に害を与える者なので、国のためにやむをえず殺害したと答えている。また、大阪にいるときに金玉均殺害の国王の命を受け、その勅命は大阪にいる一人が所持しているとも述べている[27]。

金玉均は一八九四年三月一〇日夜発の列車で東京を出発、翌日午後に大阪に到着した。金玉均の随行者は、書生・

北原延次郎（和田延次郎、小笠原時代からの金玉均の従者で一八歳の青年）で、大阪で洪鐘宇らと合流したと思われる。二三日、金玉均、洪鐘宇、北原延次郎、呉葆仁（呉静軒、駐日清国公使・汪鳳藻が金玉均に紹介した中国語講師兼通訳）の四名が神戸を出発し、二七日午後に上海に到着した。入港とともに洪鐘宇が、共同租界内で日本人（吉島徳三郎）が所有する「東和洋行」旅館に宿を定めた。後述するように、イギリス副領事・ジェームス・スコット（James Scott）の報告によれば、このとき、おそらく洪鐘宇が朝鮮政府に、金玉均の上海到着を知らせる電報を打っている。夜には、尹致昊が金玉均を訪ね、談話している(28)。

翌二八日、洪鐘宇は朝から洋服のまま外出し、呉葆仁は午後一時頃から外出した。金玉均は朝から体調が悪く横になっていた。午後三時頃、朝鮮服に着替えた洪鐘宇が、白シャツのまま籐椅子で横になっていた金玉均にピストル三発を発砲し、そのまま逃走した。事件当時、従者・北原は金玉均の命で、旅館階下で事務処理をしていた。金玉均は二合ほど吐血し、医師の診断を待たず、絶命した。

直ちに旅館の主人・吉島徳三郎は、上海日本総領事代理・大越成徳に事件発生を報告した。大越は吉島に共同租界工部局(29)の警察官に事件発生を届け出させた。大越領事、山座領事官補、加藤書記生、田鍋安之助医師が現場に向かい、まもなく警察署長も来て臨検し、金玉均の死体を検死した。なお、日本外務省には事件当日中に、大越領事から金玉均暗殺を伝える英文電報が送られている。

3　大越成徳領事の対応

一八九四年三月二八日、金玉均殺害現場に駆けつけた大越成徳領事に対し、上海県令・黄承暄は金玉均の死体を引き取るか否かの確認をした。それに対して大越領事は、「金玉均は朝鮮の亡命者で、我が国の帰化人ではないため、我が方に死体を引き取り世話すべき理由はない」と答えた。さらに、自分が現場に駆けつけたのは、犯罪場所が日本人所有の旅館であるためであり、加害者も朝鮮人である以上は、本件は清国政府で司法上の処理をすべきで、貴署より会審衙門[30]または上海県令に照会し、その必要がない場合にのみ朝鮮人か北原に死体を引き渡すべきだ、との立場を示した[31]。

大越領事の対応は、共同租界の司法手続きに照らして見れば正当なもので、非はない。しかし当時、日本ではアジア主義者を中心に、中国と朝鮮の宗属関係を前に、日本政府が積極的な朝鮮外交を展開できない情況に不満を抱いていた。そうした立場から見ると、大越領事の対応は少し物足りない対応に映るだろう。大越領事が、共同租界の司法手続き、つまり国際的なルールを遵守しようとしたのは、彼の経歴が影響していると思われる。つまり、大越は、一七歳にしてフランス語を学び、一九歳（一八七四年）で外務省に雇われてイギリスに勤務し、イタリア勤務等を経て、八二年に再びイギリスに駐在（八四年にはイギリス人と結婚）するなど、ヨーロッパでの勤務経験を主としている[32]。当時の日本外交の重要課題が、条約改正と朝鮮問題にあったと考えるとき[33]、大越領事は前者の問題に深く関わっており、そのための国際法遵守や西洋式外交の実践という規範を体得してきた人物であったと推察できる。

そうした大越が、一八九一年から九三年までのロンドン領事を経て、九三年に上海総領事に任命された。上海赴任は、上海の共同租界でイギリス領事の影響力が大きかったことから、イギリス駐在歴が長い大越の経験が活かせる場だったのかもしれない。しかし、そのような大越領事の着任直後に金玉均暗殺事件は起きた。陸奥外務大臣宛の報告書からは、大越領事が国際的なルールや西洋人との交際には熟達していても、中華世界の論理を前提とする中国人や朝鮮人との交渉にはいまだ慣れていなかった様子がうかがえる。大越領事は、在任期間が最も長い者が首席領事（Senior Consul）となり領事団を代表するという国際的なルールに則って、新任領事として領事団で控えめにしながら、事後処理に当たっていた[34]。そのためか、大越領事のこうした対応に、上海居留中の日本人は不満を募らせ、死体引き取りに関しては、もう少し積極的な対処ができたのではないかとの批判の声が上がったほどだった[35]。

翌二九日午前三時頃、洪鐘宇が逮捕された。犯人・被害者ともに上海駐在領事がいない朝鮮人であるため、事件は会審衙門に引き渡されることとなった。上海県令・黄承喧が洪鐘宇の訊問を行い、事件の動機と状況を把握した。訊問の最後に、黄承喧が、清国では死体の受取人が必ずいなければならないと伝えると、従者・北原と東和洋行旅館の主人・吉島が金玉均の死体受け取りを希望する願書を出し、認められた。

北原は、三一日未明発の西京丸にて、金玉均の死体とともに日本へ帰国する予定だったが、急遽、黄承喧より、上海道台に稟請してから返答するため、帰国を一週間延期するよう連絡があった[36]。この背景には、後述するように駐津督理の迅速な対応と、袁世凱―李鴻章―聶緝槼の連繫がある。しかし吉島が、金玉均の死体を一週間も保管することを嫌がり、北原も三月三一日の船での帰国を望んだ。三〇日午前一〇時まで待っても黄承喧からの連絡がなかったため、北原は三〇日中に死体を柩に納めて税関の手続きを終え、復航の西京丸に柩を積み込む運賃を支払い、帰国を強行しようとした。

北原の強硬に対して大越領事は、朝鮮政府に逆賊とみられている金玉均の死体を日本へ持ち帰り、公然と葬儀を営んで、我が国土とするのは好ましくないと考えた。日本の対清・対朝鮮外交への悪影響を考慮したからである。ちょうど、三〇日午後六時頃に黄承喧から、袁世凱からの指示が届くまでは死体を留め置いてほしい旨の英文電報が届いたため、大越領事は北原に再度説諭するとともに、郵船会社支配人と西京丸事務長らに事情を説明し[37]、金玉均の死体を留め置くように根回しをした。このとき大越領事は、黄承喧が裁判のためでなく、袁世凱の訓令を待つという理由のために、死体を留め置くことに疑問を抱きつつも、疑義は呈さず黄承喧の指示に従った。このような大越領事の対応は、先述した彼の外交感覚によるもので、金玉均の死体を強引に引き取り、日本で大々的な葬儀を営もうとしていた当時のアジア主義者の感覚とは異なった。

日本では交詢社で、中江篤介らが金玉均の死体引き取りのための会議を開き、四月四日には岡本柳之助らが上海に死体引き取りのために向かっている。併行して、大井憲太郎らは伊藤博文首相を訪問し、金玉均の死体の引き取りに関して便宜を図るよう請求したほどだった[38]。ただ、陸奥宗光外務大臣は病気を理由に大井憲太郎らの訪問を受けず、他方で、極秘裏に大越領事に対して、岡本らの上海行きを英文電報で連絡し[39]、職務上当然の行為のほかは深く関係しないこと、もし岡本らが協力を求めてきても、金玉均は外国人であるために日本領事の関係するところにないことを伝え、体よく断るよう命じている[40]。金玉均暗殺事件に深入りしない日本外務省の方針がうかがえる。

しかし、三〇日夜一〇時頃、北原は金玉均の柩を埠頭まで運び置いたままで、郵船支店と総領事館の間を往復する間に、監視人もつけずに柩を放置したとして租界界章に違反し、工部局警察官に柩が押収される。北原は柩が清国官憲に押収されたと誤解し、狼狽して工部局警察部に出頭して死体の下付を願い出さないまま、三一日未明発の西京丸で帰国してしまう[41]。

結果として、金玉均の死体は日本に持ち帰れなかったため、アジア主義者はこれに不満を抱き、『二六新報』は日本人の国際公法重視や理屈崇拝を批判した[42]。こうした事情を反映してか、のちに大越領事の対応が非難されているが、陸奥外務大臣は「一つも非難すべき点なしと政府は認め居る」と大越領事の対応を庇っている[43]。ここでも、対朝鮮政策の積極化を望む日本のアジア主義者とは一線を画す外務省の立場が垣間見られ、大越領事の初動は条約改正を念頭に、この事件を外交問題化しない外務省の方針に沿ったものだったと考えられる[44]。

二　中朝関係の紐帯

1　駐津督理通商事務の上海派遣

では、朝鮮では金玉均暗殺事件をどのように受けとめたのだろうか。

駐朝鮮大鳥公使は、朝鮮政府も袁世凱も、金玉均死亡の情報を日本公使館からの情報で初めて知ったようだと報告している。[45]しかし、筆者が発見した駐津督理の執務日誌[46]を見ると、天津では殺害当日に金玉均暗殺事件を把握し、金玉均の死体と殺害した犯人・洪鐘宇の朝鮮側への引き渡しのために動いていたことが明らかになる。

事件当時、駐津督理を任されていた徐相喬[47]は、金玉均が暗殺された三月二八日（高宗三一（光緒二〇）年二月二二日）に、天津で駐津督理と平行関係を有する津海関道・黄建筦に手紙を送り、面会でしか話せない「機密事端」があると伝えている。[48]次の記録から、この「機密事端」が金玉均暗殺を指すことが推察でき、金玉均暗殺事件を駐津督理はリアルタイムで把握していたことが明らかになる。しかし、黄建筦は休暇中[49]で、人と会うのは難しいと伝え、翻訳委員を駐津公館に派遣して事情を聴く。[50]おそらく、このときに記録に残らないように金玉均暗殺事件について商議したと思われる。

三月三〇日になると、国王から駐津督理に電報で命令が届き、駐津督理は黄建筦に対し、李鴻章に上海の緊急事件のことを伝えたいので謁見の調整をしてほしいと伝えている。[51]この頃には、大鳥公使の連絡で金玉均暗殺が朝鮮政府に伝えられており、上海県令・黄承暄からの連絡も上海道台や天津の李鴻章、朝鮮の袁世凱に伝わっていたと考えられる。

同じ三〇日には、徐相喬は黄建筦に対し、次のような内容も伝えている。洪鐘宇はアメリカ租界内で金玉均を殺害したので、アメリカ領事が拘留し、被告・原告ともに朝鮮人の場合の処理は、通商条約に照らして、朝鮮理事官に帰すると思うが、目下、我が国には駐上海理事がいないので、自分（駐津督理）が国命を奉じて上海に行くという内容である。さらに、黄建筦に対し、李鴻章への次のような伝達も添えている。それは、李鴻章が上海道台に「行文」し、上海道台がアメリカ領事に「照会」を送り、洪鐘宇を駐津督理に引き渡し、朝鮮に帰国できるよう処理してほしいというものである。[52]

なお、「アメリカ租界」で金玉均が殺害されたという徐相喬の理解（三一日に李鴻章も同様の理解で聶緝槼に打電）は、正しくない。すでに一八六三年、上海道台と領事の間でアメリカ租界の領域を確定したうえで、英・米租界を統合し「共同租界」としていた(53)。さらに徐相喬は、そうした誤解のうえで、アメリカ領事管轄下の被告・原告がともに朝鮮人の事件は、通商条約に照らして朝鮮理事官の処理に帰すると解釈しているが、これは、朝米修好通商条約（一八八二年締結）第四条を拡大解釈したものと考えられる。つまり、第四条では、朝鮮内でのアメリカ人や朝鮮人の事件処理は定めているが、朝鮮人がアメリカの管轄下に行き事件を起こすことを想定した条文はない(54)。こうした徐相喬の対応からは、金玉均の死体と洪鐘宇の身柄引き渡しを強く要求する朝鮮国王の意向を受け、条約を駆使して、中国の共同租界内で生じた事件であるが、朝鮮の国内問題として処理するために、その助けを宗主国・中国に求めたことが浮かび上がる。

駐津督理の依頼を受けて、三月三一日に李鴻章は、上海道台・聶緝槼に対して駐津督理の願い通りの内容を伝え、洪鐘宇の朝鮮への引き渡しについて協力し、金玉均の死体を朝鮮に運ぶことについて袁世凱と相談するよう電報で指示している(55)。そして黄建筦は徐相喬との筆談の場で、この李鴻章の聶緝槼宛電報を示すとともに、李鴻章が徐相喬に来見する必要はなく、すぐに上海に行くよう述べたと伝えている(56)。李鴻章の指示を受け、徐相喬は四月一日夜に上海に向かっている(57)。

2　袁世凱・李鴻章・聶緝槼の連繋(58)

三月二九日に金玉均の臨検と洪鐘宇の訊問を終えた上海県令・黄承暄のもとに、翌日、李鴻章を通して袁世凱から朝鮮政府の意向として洪鐘宇の保護を要請する電報が届く(59)。三一日には、駐津督理が希望した通り、前述のような李鴻章から上海道台・聶緝槼宛の電報が届き、金玉均の死体と洪鐘宇の身柄を駐津督理に引き渡すよう指示を受ける。

さらに同日、李鴻章は次のような袁世凱からの電報も聶緝槻に送っている。それは、金玉均の遺留物には大院君を含む朝鮮政府要人との往復書簡が含まれている可能性があり、朝鮮で明らかになれば「大獄」が起こる可能性があるため、上海道台が金玉均の遺留物を秘密裏に検査し焚書するようにとの指示だった[60]。

こうしたやりとりがあった三〇日夜、繰り返しになるが、桟橋に放置されていた金玉均の死体を納めた柩を工部局警察官が押収して清国側の管理に移り、死体の引き取り手であった北原延次郎はこれに抗議しないまま、三一日未明に日本に帰国してしまう。四月一日には、李鴻章が袁世凱に宛て、聶緝槻からの電報として、朝鮮に行く船を派遣すること、現在ちょうど駐上海察理・趙漢根[61]がいるので、趙漢根に船の燃料費を負担させると伝えている[62]。

以上から、朝鮮の袁世凱、天津の李鴻章、上海の聶緝槻が緊密に連繫して、駐津督理が国王の命を受けて依頼した通り、金玉均の死体と洪鐘宇の朝鮮への引き渡しが可能になったことがわかる。

ではなぜ、李鴻章らは朝鮮側の要請を全面的に受け容れたのだろうか。それは、金玉均の遺留物に大院君を含む朝鮮政府要人との往復文書がある可能性があり、それが明るみに出ると、朝鮮で「大獄」が起こるかもしれないと袁世凱が伝えていることに関係があるだろう。金興秀[63]が指摘したように、金玉均は大院君と通じて密書を往来し、一八九一年に高宗・閔氏政権を倒すクーデターを計画したことがあった。高宗・閔氏政権はこれに強い衝撃を受け、金玉均の暗殺機会を狙っていた。そのため今回の事件は、日本や列強が干渉する可能性がある領事団による司法手続きに依らず、高宗も袁世凱も朝鮮の国内問題として処理したい意向が強く、それに李鴻章も同意して、宗属関係を前面に出した処理を進めた思惑が見え隠れする。

四月五日晩、駐津督理・徐相喬は上海に到着し、翌日に上海道台・聶緝槻と面会、諸事を処理し、当日晩には洪鐘宇を連れて船で朝鮮に戻る手続きをして、金玉均の死体も押収している[64]。

五月、天津に戻った徐相喬は、津海関道・盛宣懐との筆談のなかで、中朝間に犯罪人引き渡し章程[65]があるといっても、李鴻章の聶緝槼への電報があったからこそ速やかに処理できたと感謝している[66]。徐相喬はこの場で、国王は金玉均の上海行きを知っていたと言い、李鴻章に金玉均を捕まえて朝鮮に護送してもらうようにお願いしようとしていたところだったので、まさにその通りになったと発言している[67]。李鴻章をはじめとした中国側人士の根回しのお陰で、洪鐘宇の身柄と金玉均の死体の引き渡しが無事に行えたことに安堵するとともに、一連の処理に朝鮮国王が満足していることがわかる。

後述する、会審衙門陪審官兼イギリス副領事のジェームス・スコットの報告にも、趙漢根から聞いた話として、金玉均の神戸出発は直ちにソウルに打電され、上海到着時に中国当局が逮捕するよう手配されていたとあるため[68]、国王が金玉均の上海行きを把握し、中国当局に彼の拘束を要請しようとしていたというのは事実の可能性が高い。金玉均暗殺当日に駐津督理に事件の知らせが届き、上海行きの命令が出ているのも、国王が事件を事前に把握していたからだろう。この点で、朝鮮政府の無関与を主張する金栄作の研究は再考される必要がある。

三　イギリス領事官の対応

1　上海当局とイギリス領事の交渉

前述したように、朝鮮国王と李鴻章を中心に中朝間で連繫して、金玉均暗殺事件を朝鮮の国内問題として処理したい思惑があったとしても、上海の共同租界で事件が発生した以上、領事団の関与を避けることはできなかったはずである。ましてや、朝鮮は上海に領事を駐在させていなかった。それなのに、なぜ、朝鮮側の希望通りに事件処理が済まされたのだろうか。

本来、条約国ではなく、上海駐在領事がいない外国人の犯罪は、上海工部局警察部長が原告官となり、上海会審衙門に告訴し、会審衙門で予審決定後、上海県に送付し上海県令が審理、上海道台の認可を経て、判決の宣告と刑の執行をする流れであった[69]。そのため、今回の洪鐘宇による金玉均暗殺事件は、会審衙門予審官が有罪の決定を下すと洪鐘宇の救済は難しくなる。当時の上海租界ではイギリスの影響力が強く、たとえば、共同租界内の行政権を掌る工部局を監督する市参事会員九名のうち五名はイギリス人であった[70]。上海道台・聶緝槼は、そうした上海租界でのイギリス優勢の状況を知ってか、会審衙門陪審官兼イギリス副領事ジェームス・スコットの上司であるイギリス総領事ニコラス・ハネン（Nicholas J. Hannen）に、洪鐘宇を会審衙門に告訴する手続きを省略し、直接上海県令に引き渡すよう了解を求めた。

ハネン領事は、当初、中国当局が洪鐘宇への司法権を認めたものと考え、聶緝槼の求めに応じたが、その後、中国側が洪鐘宇を朝鮮に引き渡し、朝鮮で彼が処罰されるどころか称賛を受けるかもしれないことを知ると、上海道台に抗議すべき義務があると思うに至ったと、駐北京イギリス公使・オコナー（N. R. O'Conor）に報告している[71]。加えてハネン領事は、聶緝槼からの返信に、今回の手続きはおよそ天津からの指示に依るものであると記されていたため、抗議しても意味がないと思ったとも述べている[72]。ここから、上海租界で影響力をもっていたイギリス領事でさえも、「抗議しても意味がない」と思うほど、朝鮮問題において、天津、つまり李鴻章からの指示は絶対的命令として受け取られていたことがわかる。

琴秉洞は、金玉均暗殺事件において会審衙門が正常に機能しなかったことを「清国側の措置の不当なるはいうまでもないが、列強や日本の領事館も職務怠慢、国際条約不履行のそしりを免れない[73]」と述べるが、筆者が新たに発見した駐津督理の執務日誌やハネン領事の報告書からは、朝鮮問題においては、国際条約よりも中華世界の論理が圧倒した当時の現場の状況が明らかとなる。

2　朝鮮の地位をめぐる日英領事の認識の相違

洪鐘宇の身柄を中国側に引き渡し、その後に洪鐘宇が朝鮮に送還されて称賛を受けるかもしれない問題について、後日開かれた領事会議では領事間の意見合意がとれなかった。そのため本件は、各領事それぞれが北京駐在公使に報告することになり、ハネン領事は今回の中国当局の対応を非難している(74)。

大越領事は、ハネン領事の対応について、北京のイギリス公使の内意によるものか、または自ら進んでこの機に乗じて清国の所望を容れて他日の要求を容易にしようとしているのかは判然としないと見ている。領事会議でハネン領事は、清国が洪鐘宇を朝鮮に引き渡し、朝鮮が洪鐘宇を処罰するどころか賞するのであれば、筆頭領事が在北京筆頭公使を通じて、洪鐘宇の処罰を要求すべきだと発言したが、すでに犯罪人を無条件で引き渡した以上、いまさら領事団が申し出ても無益だとの反論が出た。オーストリア領事は、会審衙門陪審官であるイギリス副領事・スコットの不注意だと批判したほどだった(75)。加えて、この領事会議で、大越領事とハネン領事は、朝鮮の地位について、次のような興味深いやりとりをしている。

大越領事　余は着任日浅く、警察署の権限を知らず。被害人の死体を居留地に埋葬せずして、清国官吏へ交附するの権ありや。

ハネン領事　清国にて審査候必要なりとの要求により交付したるなれば差支無之と思う。況んや彼は朝鮮人なればなり。

大越領事　何故、朝鮮人は特別なるや。

ハネン領事　朝鮮は清国の属邦なり。

大越領事　属邦にあらず。我とは独立国として条約を結べり。朝鮮に渡さば、死体の上に刑戮を加ふべし。無条件にて渡したるは何事ぞや。

ハネン領事（答弁に窮しある如く相見へ候）

大越領事の報告にあるハネン領事とのやりとりから、ハネン領事が金玉均の死体を清国に引き渡したのは、金玉均が朝鮮人であり、朝鮮は清国の属邦、すなわち「属国」だからという理由であったことが確認できる。

朝鮮が清国の「属国」であるということが、当時どのような意味をもったのか、近代国際法でいうところの独立国とどの程度の定義を共有し、近代国際法の属国とどのように異なったのか理解することは容易ではない(76)。ただ、右の内容から、上海租界に影響力をもっていたイギリス領事でさえ、清国の金玉均暗殺事件の処理に不満をもちつつも、清国の朝鮮への「支配」を認めており、それに干渉することは難しいと諦めている様子が確認できる。こうしたイギリス領事の対応には、当時のイギリス政府の極東政策が背景にある。イギリスは、東アジアにおける自由貿易の拡大、特に中国との通商において独占的な地位を確保することを重視しつつ、中華世界の論理に基づいて朝鮮を中国の「属国」と認めることで、ロシアの南下を抑制する極東政策をとっていた。そのために、恭親王を中心とする総理衙門の勢力を支持し、これを強化することで、中国の安定と秩序を保ちつつ、貿易を漸進的に拡大しようとしており、それが東アジアの安全保障につながり、ひいてはイギリスの国益につながると考えた(77)。

3　会審衙門陪審官（イギリス副領事）の対応

それでは、オーストリア領事が批判したように、なぜ会審衙門陪審官であるイギリス副領事・スコットは金玉均の死体と洪鐘宇の身柄を中国側に引き渡したのだろうか。ハネン領事からのオコナー公使宛報告書に添付されている、スコット副領事の報告書から考えてみたい。

この事件は三月三〇日、私は会審衙門の陪審官として関わり、洪鍾宇は金玉均殺害の罪で正式に起訴されました。中国と朝鮮の商民水陸貿易章程（一八八二年）の第二条によって、中国の開港場にいる朝鮮人は中国の司法に従わなければならないため、洪鍾宇は会審衙門に再拘留されました。同日、上海道台は袁世凱からの電報を受け取り、そこには金玉均の死に対する朝鮮国王の満足の意が記載されており、洪鍾宇にあらゆる配慮をするよう要請し、軍艦が派遣されて洪鍾宇の身柄と金玉均の死体を朝鮮に運ぶと書かれていました。天津の李鴻章からも同様の電報が届きました。

翌日、さらに電報が届き、囚人の洪鍾宇を上海にいる朝鮮人官吏・趙漢根に引き渡せというものでした。そこで、三月三一日の夜、私は会審衙門の陪審官として、上海県令、会審衙門長官、趙漢根、警察署長との会合に出席し、警察署長が正式に囚人を中国当局に引き渡したのでした。警察の罪状書にもその旨が裏書きされました。そこで上海県令は、袁世凱からの電報で求められていたように、洪鍾宇を朝鮮人官吏に委託しました。同時に上海県令は、洪鍾宇は中国で罪を犯し、刑罰を受けることになりましたが、袁世凱および李鴻章を通じて伝えられた朝鮮国王の緊急要請に敬意を表して、中国当局は洪鍾宇への管轄権を放棄することに同意しました。殺された男が大逆罪で有罪判決を受けた無法者であることから、中国当局は裁判権を放棄して彼を引き渡すことに同意しました。

朝鮮人官吏は上海県令への返答で、洪鍾宇はソウルで釈放されるとき、国賊の金玉均を殺害したことで名誉を受けて報われるだろうと言い、さらに、朝鮮国王は金玉均の死を個人的にも政府にとっても安堵するものだと見ていると述べました(78)。

以上の報告から、会審衙門陪審官のスコット副領事が、洪鐘宇の身柄を中国当局に引き渡す際に立ち会い、それに同意したことがわかる。そして、その同意決定の理由は、袁世凱や李鴻章を通して伝えられた朝鮮国王からの緊急要請を受け入れたためであったことが明らかになる。スコット副領事が、朝鮮問題において国際的な司法手続きよりも、李鴻章らの言質を優先させた背景には、ハネン領事が大越領事に述べたように、朝鮮を中国の「属国」と見る認識を共有していたのではないかと考えられる。

つまり、上海租界で影響力を誇っていたイギリス当局にとってさえも、朝鮮問題に関しては宗属関係を認め、李鴻章や袁世凱の指示、さらには彼らを通して朝鮮国王の意向が伝えられれば、国際法に基づく主張は控えられた。それは、中国においては国際法よりも中華世界の論理を優先することで、中華秩序の安定が保たれ、東アジアの平和維持につながると考えられたからだろう。

おわりに

一八九四年四月一〇日、陸奥外相は朝鮮駐在の大鳥公使に対し、金玉均への凌遅処斬（謀叛大逆不道罪人に対して行う朝鮮の刑律で死体に公開で凌辱する）の執行を阻止するよう、各国代表と協力して朝鮮政府に勧告するよう訓電する。[79]大鳥公使は統理交渉通商事務衙門督辦・趙秉稷に陸奥外相の考えを伝えるも、趙秉稷は、凌遅処斬が朝鮮の名誉を傷つけ外国の感情を害することは理解しているが、朝鮮には五〇〇年来の旧法があり世論もそれを支持するため、自分の力ではどうすることもできないと答えた。[80]朝鮮政府は、西洋文明の観点からの日本政府の勧告を受け入れなかったのである。大鳥公使は、陸奥外相の訓令を受けて、一四日にソウルで凌遅処斬の執行を中止させるための使臣会議を開いたが、他の使臣の賛同が得られず、朝鮮政府に抗議しないこととなった。[81]陸奥外相は、北京公使・小村寿太郎にも、北京に駐在する外国公使に同様の注意喚起をするよう電報を送ったが、外国公使の反応は芳しくなかった[82]。

そして四月一二日午後、洪鐘宇と金玉均の死体は仁川に入港し、楊花津に移された。金玉均の死体は兵丁によって監守され、一四日に袁世凱が領議政沈舜沢に照会し、正式に洪鐘宇の身柄と金玉均の死体が朝鮮側に引き渡された。同日、朝鮮政府の大臣らが金玉均を凌遅斬に処するべきと上奏し[83]、国王は即日これに従い義禁府に命じて楊花津で刑を執行した。

これを受け、一八九四年四月二六日の『二六新報』は、朝鮮政府が金玉均の死体を切断して梟首する過程を詳述し、挿し絵付きでセンセーショナルに報道している（図1）。

図1　「楊花津頭の梟首」（『二六新報』明治27年4月26日，第128号，雑報）

こうした日本の報道は、文明に対する朝鮮の「野蛮」を強調する観点で書かれており、金玉均暗殺事件が日本の世論にとって日清開戦の遠因となったことは否定できない。

洪鐘宇は五月二四日に直赴殿試を受け、七月一日に副修撰になっている。帰国後の洪鐘宇の陞任が遅れたのは、朝鮮駐在の大鳥公使や北京でのイギリス公使や総理衙門からの勧告に[84]、朝鮮政府が配慮したためだと考えられる。ただ、西洋の倫理に基づく列強の勧告を意識しつつも、朝鮮政府が旧来の法に則って金玉均の死体に凌遅処斬を執行し、殺人犯・洪鐘宇を陞任したことは、朝鮮が中華文明を優先させたといえる。

金玉均暗殺事件は、日本政府の「無策」に着目すれば「日清戦争の遠因」や「抗清気運爆発」と見え、日本政府の「政策」に着目すれば日本の責任が浮かび上がる。しかし、事件現場の上海から、天津と漢城、そして上海の連繫に着目すると、上海の共同租界にある日本人所有の旅館で、日本に亡命していた朝鮮人が朝鮮人によって殺害された事件が、国際的なルールに則った司法手続きを未然にかわし、中華世界の論理を優先して、朝鮮政府が望むように朝鮮の国内問題として処理されたことが明らかになる。つまり、宗属関係を背景にした中国と朝鮮の紐帯が有効に働き、それを上海の領事団で影響力をもっていたイギリス領事が支持したことで、中華世界の論理が国際的なルールを圧倒したのである。

しかし、だからこそ、のちに朝鮮駐在フランス公使が「この事件は直接的・間接的に極東でのイギリスの政策をある程度崩壊させることに寄与したといえる[85]」と本国に報告しているように、中華秩序の安定と維持に対する疑念や反感をもつきっかけを与えてしまう。金玉均暗殺事件は、日本の世論の激昂を待たずとも、日本政府の「無策」や「政策」を超えて、東アジア国際関係のバランスを崩す始まりとなったのである。

（1）代表的な研究として、山辺健太郎「甲申日録の研究」（『朝鮮学報』一七、一九六〇年）、朝鮮民主主義人民共和国社会科学院歴史研究所、日本朝鮮問題研究所訳編『金玉均』（日本朝鮮問題研究所、一九六八年）、李光麟『開化党研究』（一潮閣、一九七三年）、姜在彦『朝鮮の開化思想』（岩波書店、一九八〇年）、月脚達彦訳注『朝鮮開化派選集――金玉均・朴泳孝・兪吉濬・徐載弼』（平凡社、二〇一四年）、金鐘学『개화당의 기원과 비밀외교』（一潮閣、二〇一七年）。また、琴秉洞『金玉均と日本――その滞日の軌跡』（緑蔭書房、一九九一年）は、日本亡命時の金玉均の足跡を丁寧に追っている。

（2）いわゆる「共同租界（International Settlement）」が正式名称になるのは一八九九年からで、英・米租界が統合した一八六三年当時は「外国租界（Foreign Settlement）」と呼称されていた（藤田拓之『居留民の上海――共同租界行政をめぐる日英の協力と対立』日本経済評論社、二〇一五年、二六―二七頁）。

（3）共同租界の法廷は、領事裁判権に基づく各条約国の裁判所と、中国人を被告とした案件を扱う会審衙門、そして工部局に対する行政訴訟をする領事団裁判所の三つがあった。このうち、会審衙門では、外国人を原告とする裁判では、外国人に不利な判決が出ないように、中国人裁判長の下に外国領事が陪審した（藤田前掲書、二八頁）。

（4）田保橋潔『近代日鮮関係の研究』（下、第二二章「金玉均暗殺事件」、朝鮮総督府中枢院、一九四〇年）。

（5）田保橋潔「金玉均暗殺事件」（『日清戦役外交史の研究』東洋文庫論叢三二、一九五一年、東洋文庫）。田保橋は金玉均暗殺事件を取り上げた先行研究として、①Henri Cordier, *Histoire des relations de la Chine Avec les Pussances Occidentales*, Tome III, 1882–1902, Paris, 1902, pp. 228–231. ②H. B. Morse, *International Relations of Chinese Empire*, Vol. III, 1894–1911, Shanghai, 1918, pp. 29–31. ③G. Lanning & S. Couling, *History of Shanghai*, printed & published for the Shanghai Municipal Council, Shanghai, 1921. ④F. L. Hawks Pott, *Short History of Shanghai, being Account of the Growth and Development of the International Settlement*, Shanghai, 1928を挙げている。

（6）坂野正高は『近代中国政治外交史――ヴァスコ・ダ・ガマから五四運動まで』（東京大学出版会、一九七三年、三九四頁）で、金玉均暗殺事件とこれに対する朝鮮政府の処置は、日本の世論を非常に沸騰させ、また清国当局への怒りを爆発させ、日本で「抗清気運爆発」のきっかけとなったと指摘し、その背景に「日本の朝鮮への経済的進出」を指摘する。また、白鐘基「金玉均暗殺事件을 에워싼 韓日間의 外交紛争과 日本의 抗清運動」（『대동문화연구』一一、一九七六年、七九―一〇三頁）は、「李文忠公全集」電稿、巻一五掲載の江蘇海関道・聶緝槼と李鴻章の電報でのやりとりを新たに取り上げて史実を解き起こし、金玉均暗殺事件が日本の一般世論における対清憤怒を爆発させ、日清戦争に備える「抗清気運爆発」の端緒となったと結論を下し、坂野正高の主張を補強した。

（7）権赫秀「金玉均 暗殺事件과 清政府의 関係에 対하여」（『동아시아문화연구』三一、一九九七年、二一一―二七七頁）。

（8）小林瑞乃「日清戦争開戦前夜の思想状況――金玉均暗殺事件をめぐる一考察」（『青山学院女子短期大学紀要』第六四輯、二〇一〇年）。

（9）金栄作「金玉均暗殺事件과 韓・清・日 三国――既存学説에 대한 批判的再検討」（한국정치외교사학회 편『한국 근대정치사의 쟁점』집문당、一九九五年、二四三―三一八頁）。

（10）韓成敏「망명자 김옥균（金玉均）에 대한 일본의 처우와 조선정책（1884-1890）」（『역사와 현실』一〇九、二〇一八年）。

（11）金興秀「김옥균의 최후」（『한국학연구』六八、二〇二三年）。

（12）徐相喬が署理駐津督理を務めていた時期（一八九三年八月一七日―一八九四年八月二九日）の執務日誌は『旧韓国政府外交文書綴』（二〇一六年に韓国銀行が奎章閣に管理委託した古書、奎章閣韓国学研究院、請求記号한은 八四）の「第十一冊（起癸巳八月）」文書、全七七件に収録されている。その内容は、離着任等の挨拶に関する内容以外では、①物品輸送をめぐる関税問題（第一五・一六件、第四〇―四五件）と、②朝鮮人商人死亡への対応（第五三・五四件）、③金玉均暗殺事件への対応（第四六―五〇件）、④東学党の乱への対応（第五〇―六九件）などである。④については別稿を準備している。

（13）F. O. 228/1161, Embassy and consular archives — China: Correspondence series 1（British Foreign Office［collection］; F. O. 228）.

(14) 高橋秀直『日清戦争への道』(東京創元社、一九九五年、一七六―一八〇頁)。大澤博明『明治日本と日清開戦――東アジア秩序構想の展開』(吉川弘文館、二〇二一年、第四章―第六章)。

(15) 金成憓「일본망명자 김옥균 송환을 둘러싼 조・일 양국의 대응」(『大東文化研究』第八八集、二〇一四年、三六三―三六五頁)。

(16) 日本亡命中の金玉均については、琴秉洞前掲書、韓成敏前掲論文に詳しい。

(17) 田保橋前掲『近代日鮮関係の研究』下、一六九頁。朝井佐智子「東邦協会の親隣義塾支援に関する一考察」(『法政論叢』第四八巻第一号、二〇一一年)。なお、親隣義塾の設置に袁世凱は大いに驚き、対抗措置として清の「練武講堂」に朝鮮人二〇名を入塾させたという(『二六新報』明治二七年四月一日、第一一四号、雑報「親隣義塾の設立大に袁世凱を驚かす」。以下、『二六新報』は『復刻版　二六新報』第二一―三巻、不二出版、一九九二年を利用した)。

(18) 琴秉洞前掲書、七六一頁。金興秀前掲論文、三一七―三二一頁。

(19) 金玉均は暗殺される前夜に面会した尹致昊に対して、李経方の招待で上海に来たことを述べ、また金玉均の遺物には李経方がいる蕪湖および李鴻章の本家がある合肥までの往復時間をメモした書類があった(権赫秀前掲論文、二五九頁)。

(20) 田保橋前掲『近代日鮮関係の研究』下、一六七―一七九頁。

(21) 琴秉洞は金玉均が東京出発前に身辺整理をしたことを詳述している(琴秉洞前掲書、七六四―七六五頁)。また金玉均は心を許していた景山英に「今度上海にいくは生命を取られにいくのじゃ」と悄然と語ったとも報道されている(『二六新報』明治二七年四月一日、第一一四号、雑報「死は覚悟の前」)。また、上海渡航前に大阪で自身の息子に会いに行った可能性も報道されており(『二六新報』明治二七年四月三日、第一一五号、雑報「金氏の遺児」。琴秉洞前掲書、七六八頁)、父子面会が叶ったかは確認できないものの、金玉均は死をも覚悟して上海に向かったことが考えられる。

(22) 一八九四年三月二六日、周布兵庫県知事より陸奥外務大臣宛「金玉均上海へ渡航したる事情報告の件」(『日本外交文書』第二七巻第一冊、以下『日外書』)。なお、『日本外交文書』は外務省デジタルコレクションを利用した。

(23) 一八九四年三月二八日、朝鮮国駐劄大鳥公使より陸奥外務大臣宛「金玉均の上海渡航に関する朝鮮政府の態度報告」(『日外書』)。

(24) 『二六新報』については、姜昌一が天佑俠の機関紙的役割を果たした新聞であることを明らかにしている(강창일『근대 일본의 조선침략과 대아시아주의――우익 낭인의 행동과 사상을 중심으로』역사비평사、二〇〇二年、八八頁)。

(25) 南陽洪氏、都事・洪在源の子。没落両班。一八八八年頃、ある朝鮮人進士に同伴して日本に渡り、四国・九州地方を遊覧、東京にも滞在し、大阪の朝日新聞社に入り活版職工となる。その後、渡仏し、二年間滞在して教会で英学を修め、一八九三年一〇月に東京に戻る。日・英・仏語に通じる。一八九三年一二月から九四年一月にかけて須磨停車場前の旅舎友好に寓し、朴泳孝や李圭完も同宿、権在衡とも面識がある。「日韓条約改正談」を著したとされる（『二六新報』明治二七年四月一日、第一一四号、雑報「大阪に於ける金、洪、李」）。

(26) 未詳。王旨による金玉均・朴泳孝暗殺計画のため、一八九二年五月より権東寿・権在寿とともに日本に滞在していたとされる。李逸稙の父は判書、李逸稙は漢城に三〇―四〇人の雇人を使役する大商店を有し、商売のために清や日本（大阪）に往来し、中国語・日本語にも通じていたとされる（『二六新報』明治二七年四月三日、第一五〇号、雑報「李逸稙に関する雑談」）。李逸稙は、親隣義塾で朴泳孝を暗殺しようとした嫌疑で逮捕された。また、李逸稙は洪鐘宇に、金玉均殺害のため五千余円を与え、金玉均に対しては、上海で小切手の換金は洪鐘宇しかできないため洪鐘宇の帯同が必要だと説くなど、金玉均暗殺事件に深く関与している（田保橋前掲『近代日鮮関係の研究』下、一六七―一八四頁）。

(27) 一八九四年三月三〇日、上海在勤大越総領事代理より陸奥外務大臣宛「金玉均渡来並びに暗殺の状況報告の件」（附属書）「県令の洪鐘宇訊問」（『日外書』）。

(28) 前掲一八九四年三月三〇日、上海在勤大越総領事代理より陸奥外務大臣宛「金玉均渡来並びに暗殺の状況報告の件」（『日外書』）。

(29) 工部局は、一八五四年に、関係各国間の協定によって設立された共同租界の行政権を掌る機関で、在上海領事団の監督を受けた。ほぼ市レベルの地方自治体としての機能をもつほか、軍事組織の保有など、一般的な地方自治体を超える権力を有した。市参事会を中心に各諮問委員会、行政の実務を担う各部局、外部には納税者会議、領事団および領事団裁判所が存在した（藤田前掲書、四〇頁）。

(30) 会審衙門は、一八六九年に上海共同租界に上海洋涇浜設官会審章程に基づき設けられ、上海共同租界内の、条約国（領事裁判権を有する国）以外の外国人および中国人間の混合事件ならびに中国人どうしの事件を審理する権限を有するところ。中国の正副会審官と、上海の各国の会審官（各国の立会会審官の数は一定ではないが、通常は一、二名の中国語ができる副領事を派遣した）が会同して裁判した（上海日報社『上海年鑑　一九二六年版』上海日報社出版部、一九二六年）。

(31) 前掲一八九四年三月三〇日、上海在勤大越総領事代理より陸奥外務大臣宛「金玉均渡来並びに暗殺の状況報告の件」（『日外書』）。

(32) 志立鉄次郎編『大越成徳遺稿』（財政経済時報社、一九二六年、国立国会図書館デジタルコレクション、一―三頁）。

(33) 韓成敏前掲論文、三七六頁。

(34) のちに大越領事は、金玉均の死体と洪鐘宇が中国当局の斡旋によって朝鮮側に引き渡されたことについて不当の処分だと考えて領事会議に提出すべきと思ったが、「新参領事にして自ら提案者たるは稍や穏当を欠くの嫌有之」と述べている（一八九四年四月六日、上海在勤大越総領事代理より陸奥外務大臣宛「居留地警察署に於て暗殺者洪鐘宇及金玉均死体を清国官吏へ公布并に領事会議の模様に付上申の件」『日外書』）。

（35）『二六新報』明治二七年四月四日、第一一八号、「領事館の処置振り」。

（36）前掲一八九四年三月三〇日、上海在勤大越総領事代理より陸奥外務大臣宛「金玉均渡来並びに暗殺の状況報告の件」（『日外書』）。

（37）一八九四年四月一日、上海在勤大越総領事代理より陸奥外務大臣宛「金玉均屍体処分方に付報告の件」（『日外書』）。

（38）『二六新報』明治二七年四月一一日、第一二一号、雑報「金玉均事件の委員大臣を訪問す」。

（39）一八九四年四月四日、陸奥外務大臣より上海在勤大越総領事代理宛（電報）「屍体受取のため数人の日本人上海へ出発せる旨通報の件」「屍体引取日本人の上海へ行く事を阻止し得ざる旨並に訓令を秘密とすべき旨訓達の件」（『日外書』）。

（40）一八九四年四月四日、陸奥外務大臣より上海在勤大越総領事代理宛「金玉均遺骸引取の件に関し内訓の件」（『日外書』）。

（41）前掲一八九四年四月一日、上海在勤大越総領事代理より陸奥外務大臣宛「金玉均屍体処分方に付報告の件」（『日外書』）。

（42）『二六新報』明治二七年四月一一日、第一二一号、「東洋流の機敏」。

（43）『二六新報』明治二七年四月一四日、第一二四号、雑報「金氏事件、外務次官の答弁」。

（44）檜山幸夫は、陸奥宗光外相の政略論はイギリスとの条約改正にあり、伊藤博文内閣の最優先課題も条約改正にあったため、金玉均暗殺事件を穏便に処置し日清韓関係の悪化を避けたと指摘する（檜山幸夫『日清戦争の研究』上、ゆまに書房、二〇二二年、九、二九、一〇六―一〇七頁）。

（45）一八九四年三月三〇日、朝鮮国駐剳大鳥公使より陸奥外務大臣宛「金玉均殺害に関する朝鮮政府の態度報告の件」（『日外書』）。大鳥公使が朝鮮政府や袁世凱に金玉均暗殺を伝えた日時は記されていないが、洪鐘宇逮捕の報も伝えているので三月二九日と推測できる。

（46）駐津督理通商事務は、一八八二年の中国朝鮮商民水陸貿易章程によって天津に設置された商務委員で、中国に往来する朝鮮商人の管理事務を中心にしつつ、天津駐在領事との交流、宗属儀礼の取次や朝鮮国王の咨文を李鴻章につなぐ役割などをしていた。駐津督理設置の詳細な経緯については、森万佑子『朝鮮外交の近代――宗属関係から大韓帝国へ』（名古屋大学出版会、二〇一七年、第一章・第二章）参照。また本章で取り上げる、筆者が発見した駐津督理の執務日誌（『旧韓国政府外交文書綴』奎章閣韓国学研究院、請求記号한은 八四）の性格については森万佑子「駐津督理通商事務의 활동을 통해서 본 事大와 交隣의 교착――『旧韓国政府外交文書綴』第三冊―第五冊의 分析」（『韓国史学報』七九、二〇二〇年）と同「天

津からみる朝鮮の「交隣」――事大における敵礼の模索」（岡本隆司編『交隣と東アジア――近世から近代へ』名古屋大学出版会、二〇二一年）参照。

(47) 一八三八年生まれ、没年未詳。一八八三年から統理軍国事務衙門済用主簿、その後統理軍国事務衙門の役職を経て、八六年内務府主事、九二年に駐津督理従事官、九三年九月二七日（高宗三〇年八月一七日）署理駐津督理通商事務に着任（九四年九月二九日まで）。

(48) 「敬啓者、凡有事情、以書函往復、既有承教矣。敢不如戒、而現今有機密事端、不可不面訴、茲又仰懇、以此諒燭、幸暫賜顔」（『旧韓国政府外交文書綴』奎章閣韓国学研究院、請求記号한은八四、「第十一冊」（以下、「第十一冊」）第四四件）。

(49) 在任期間は一八九四年二月三日―一八日および一一月二一日―一八九六年二月二〇日。

(50) 「執事意欲過署会商事件本当相俟、惟現値弟請假期内、未便会客、而執事既有要事待商、又恐致誤不得、已派繙譯委員羅、令照祿趨赴貴館、面領教言、有何要事、亦祈与之言明、令其回署稟知核辦可也。専此、奉復敬請、台安、愚弟黄建筦頓首、二月二四日」（「第十一冊」第四五件）。ただし、二四日の日付の「四」は×で消してある。

(51) 「花農観詧仁兄大人閣下、敬啓者、頃奉國王電飭、方有公幹告退中堂前赴上海事係緊急、故茲仰懇亟閣下、轉稟中堂俾蒙謁見、爲禱餘容、趨詣轅下、願承面誨、肅此、専泐、敬請、台安、徐相喬頓首、二月二四日。外附電抄一紙」（「第十一冊」第四六件）。

(52) 「花農観詧仁兄大人閣下、頃送電抄已蒙台覧、并承允准明早十點鍾枉顧心感之至、弟思洪鍾宇係在美租界内殺玉均、想必爲美領事所押、惟両造均係朝鮮人、按通商條約、自應歸朝鮮理事官宜辦、惟辰下敝國尚無駐滬理事、敝署督理所以奉命前往、荷以仰懇台端代求、中堂行文上海道照会美領事、將洪鍾宇交敝署督理、送回本國、照例辦理、爲荷爲此、専佈、順頌、台安、徐相喬頓首、二月二十四日」（「第十一冊」第四七件）。

(53) 藤田前掲書、二六―二七頁。

(54) 『高宗実録』高宗一九年四月六日（以下、『高宗実録』は国史編纂委員会ウェブサイトを利用した）。

(55) 光緒二〇年二月二五日巳刻、寄上海聶道「電稿一五」。

(56) 「闕道筆談。本道近因有事、請假三日、今早上院始行銷假。已将閣下來函恭呈、傅相鑒閲奉諭、請閣下無須來見、即往上海可也。并蒙傅相已電飭上海道台、接見閣下妥商辦理等諭……」（「第十一冊」第四八件）。

(57) 「花農観詧仁兄大人閣下、如晤、敬啓者、現有飛鯨輪船來到瑪、須今晩附塔該船、前往上海、特此佈達、肅此、専泐、敬清、台安、徐相喬頓首、二月二十六日」（「第十一冊」第四九件）。

(58) 中国側の対応は、権赫秀前掲論文、二六五―二七一頁も参照した。

（59）光緒二〇年二月二四日辰刻、寄上海聶道「電稿一五」。

（60）光緒二〇年二月二五日申刻、寄上海聶道「電稿一五」。

（61）なお『承政院日記』で「駐上海察理」を含め趙漢根への任命記録は確認できない。徐相喬も駐津督理の執務日誌「第四七件」で「①我が国は上海駐在理事がいない」（注四九）と述べている。事後の徐相喬・盛宣懐筆談から「②国王諭以洪鐘宇忠義可尚、而既知玉賊往上海地方、則当請中堂拿交押来」（注六七）と、国王は金玉均の上海行きを把握していたようなので、趙漢根は金玉均暗殺目的あるいは暗殺後の事件処理のための密使の可能性がある。

（62）光緒二〇年二月二六日辰刻、寄朝鮮袁道「電稿一五」。

（63）金興秀前掲論文、三〇九頁。

（64）「花農観督仁兄大人閣下、敬啓者、來時甚忙未得面辭、尚庸悚悵去三十日晩到滬、初一日始拜江海關道、則諸事已妥辦理、一切如意無容更議、昌勝感幸、当日晩領洪鐘宇登兵船回國、而賊屍並押去、専此佈達、即請閣下轉稟傅相可也、肅此、敬頌、台安。徐相喬頓首、三月一日」（「第十一冊」第五〇件）。なお、上海から朝鮮への便船がなかったため、聶緝椝が南洋大臣両江総督・劉坤一に稟申して南洋水師の一艦を分派して仁川へ護送することに決まった。

（65）これは中国朝鮮商民水陸貿易章程（一八八二年制定）第二条を指すと思われる。第二条には、両国人民が本国あるいは彼此通商海岸で本国の法律に抵触し、彼此地域に逃避したら、地方官が彼此の商務委員に通知する一方で、即時逮捕し近処の商務委員に引き渡し、本国に送還し処罰するという規定がある（『高宗実録』高宗一九年一〇月一七日）。

（66）盛宣懐檔案「徐相喬与盛宣懐筆談」（陳旭麓編『甲午中日戦争』下冊、一九八二年、上海人民出版社（以下、「盛宣懐檔案」））、一頁。

（67）「盛宣懐檔案」一―二頁。

（68）“According to the Corean official Cho Han Kew, Kim Ok Kiun's departure from Kobe was at once telegraphed to Soul, and arrangements were in progress for the conspirator's arrest by the Chinese Authorities on his arrival at Shanghai,” F. O. 228/1161, Embassy and consular archives — China: Correspondence series 1（British Foreign Office [collection]; F. O. 228), No. 19, 9th April 1894, H. B. M. Consulate General, Shanghai, Assasination of the Corean Conspirator Kim Ok Kiun at Shanghai, 1 Enclosure, Enclosure in Consul General Hannen's report on Corean assassination, Confodebtial（以下、F. O. 228/1161, No. 19, Enclosure）.

（69）田保橋前掲『近代日鮮関係の研究』下、一八六頁。

（70）ジャパン・ツーリスト・ビューロー編『上海』（日本国際観光局、一九三九年、一八頁）。大越領事も陸奥外相宛報告で、当港居留地の実質はイギリス人が組織し、警察長官以下もイギリス人なので、居留地の政務はイギリス人の掌握するところにあり、市会や警察長官は全くイギリス人に左右される内情であると報告している（前掲一八九四年四月六日、上海在勤大越総領事代理より陸奥外務大臣宛「居留地警察署に於て暗殺者洪鐘宇及金玉均死体を清国官吏へ公布幷に領事会議の模様に付上申の件」『日外書』）。

（71）F. O. 228/1161, Embassy and consular archives — China: Correspondence series 1（British Foreign Office [collection]; F. O. 228）, No. 19, 9th April 1894, H. B. M. Consulate General, Shanghai, Assasination of the Corean Conspirator Kim Ok Kiun at Shanghai, 1 Enclosure（以下、F. O. 228/1161, No. 19）.

（72）"The Taotai replied that throughout the whole course of the proceedings he had been entirely guided by telegrams from Tientsin《ママ》, and that being the case I did not consider that any useful purpose would be served by protesting locally." F. O. 228/1161, No. 19.

（73）琴秉洞前掲書、七九九頁。

（74）F. O. 228/1161, No. 19.

（75）大越領事より陸奥外相宛報告による。前掲一八九四年四月六日、上海在勤大越総領事代理より陸奥外務大臣宛「居留地警察署に於て暗殺者洪鐘宇及金玉均死体を清国官吏へ公布幷に領事会議の模様に付上申の件」（『日外書』）。

（76）この問題について最もまとまった研究として岡本隆司『属国と自主のあいだ――近代清韓関係と東アジアの命運』（名古屋大学出版会、二〇〇四年）、酒井裕美『開港期朝鮮の戦略的外交一八八二―一八八四』（大阪大学出版会、二〇一六年）、李穂枝『朝鮮の対日外交戦略――日清戦争前夜一八七六―一八九三』（法政大学出版局、二〇一六年）があり、筆者も前掲『朝鮮外交の近代』で試みている。一九世紀末の東アジア国際関係のなかでの朝鮮の「属国」の地位の内実については、今後も個別的な事例の解明が求められる。

（77）イギリスの中国政策に関しては、以下の研究を参考にした。佐々木揚「イギリス極東政策と日清開戦」（『佐賀大学教育学部研究論文集』第二九集第一号、一九八一年、三九頁）、石井摩耶子『近代中国とイギリス資本――一九世紀後半のジャーディン・マセソン商会を中心に』（東京大学出版会、一九九八年、第一章）、小林隆夫『一九世紀イギリス外交と東アジア』（彩流社、二〇一二年、七―一二、二五六頁）、岡本隆司『ラザフォード・オルコック――東アジアと大英帝国』（ウェッジ、二〇一二年、一九九頁）、鈴木悠「日清戦争における列強干渉――イギリスを中心に考える」（東海大学平和戦略国際研究所紀要『Human Security』一四、二〇二四年、三八―三九頁）。イギリス外交に着目した研究では、イギリスの極東政策の基本方針について、東アジアにおける自由貿易の拡大に着目する見方と、ロシアの朝鮮南下の抑制を重視する研究があるが、いずれもイギリスが中国に対して外交的「指導」をする立場にあったとみる見方では共通している。しかし、本章で扱った金玉均暗殺事件の事後処理に限ってみれば、上海のイギリス領事官という末端の役人にとって、中国の役人は「指導」できるような相手ではなく、不可解な手続きにもかかわらず中国側の指示に従っている。

（78）　The case appeared before me on the 30th March in my capacity as Assessor to the Mixed Court, when Hong Tjyong-ou was formally charged with murdering Kim Ok-Kiun. By Art. 2 of the Trade Regulations of 1882 between China and Corea, Corean subjects at any of the open Ports of China are liable to Chinese jurisdiction, civil and criminal. Accordingly Hong Tjyoung-ou was remanded and ordered to be detained in the Municipal Gaol pending further communications from the Chinese Authorities. The same day a telegram was received by the Taotai from the Chinese Resident in Söul conveying an expression of satisfaction from the King of Corea at the death of Kim Ok Kiun, requesting that the prisoner be treated with all consideration and stating that a man of war would be despatched to Shanghai to fetch Hong and the dead body of Kim Ok Kiun, to Corea. A confirming telegram was likewise received from Li Hong Chang at Tientsin, but omitting the expression of satisfaction at Kim Ok Kiun's death. A further telegram was received next day desiring that the prisoner Hong should be handed over to a Corean official Cho Han Kew who then happened to be in Shanghai. Accordingly on the evening of the 31st March, as Assessor to the Mixed Court, I attended a meeting of the City Magistrate, the Mixed Court Magistrate, the Corean official Cho Han Kew, and the Captain Superintendent of the Municipal Police, when the latter duly handed over the prisoner to the Chinese Authorities, and the Police Charge Sheet endorsed accordingly. The City Magistrate thereupon consigned Hong Tjyong-ou to the care of the Corean official as desired in the telegram from the Chinese Resident in Söul. At the same time the Magistrate informed the prisoner that he had been guilty of an offence in China, for which he had rendered himself liable to punishment, but that in deference to the urgent request of the King of Corea, conveyed through the Chinese Resident and Li Hung Chang, the Chinese Government had consented to waive jurisdiction and surrender him to his own authorities — moved thereto by the fact that the murdered man was an outlaw convicted of high treason. In answer to the Magistrate the Corean official stated that the prisoner Hong on his release to Söul would be honoured and rewarded for removing the traitor Kim Ok Kiun, that in fact the King regarded the man's death as a positive relief both to himself personally and to his Government（前掲 F. O. 228/1161, No. 19, Enclosure）.

（79）　一八九四年四月一〇日、陸奥外務大臣より朝鮮国駐箚大鳥公使宛（電報）「金玉均の屍体凌辱の阻止方訓令の件」（『日外書』）。

（80）　一八九四年四月一一日（仮）、朝鮮国駐箚大鳥公使より陸奥外務大臣宛「金玉均屍体処分に付朝鮮国政府へ忠告したる旨報告の件」（『日外書』）。

（81）　一八九四年四月一五日、朝鮮国駐箚大鳥公使より陸奥外務大臣宛（電報）「上海〔ソウルの間違いか—引用者注〕外交団の意向冷淡なる旨報告の件」（『日外書』）。

(82)　一八九四年四月一三日、陸奥外務大臣より清国駐箚小村公使宛（電報）「金玉均の死体惨虐の処理に関し清国の外交団の注意を喚起すべき旨訓令の件」(『日外書』)。四月一六日、清国駐箚小村公使より陸奥外務大臣宛（電報）「金玉均死体の処理方に関し英露公使の意向報告の件」(『日外書』)。

(83)　高宗三一年三月九日、領議政沈舜沢、行判中枢事金弘集、左議政趙秉世、行判中枢府事鄭範朝の上箚『承政院日記』。

(84)　一八九四年四月二四日、清国駐箚小村臨時代理公使より陸奥外務大臣宛「金玉均暗殺事件に関し英公使及び総署大臣との会談報告の件」(『日外書』)。五月二日、陸奥外務大臣より朝鮮国駐箚大鳥公使宛（電報）「朝鮮国政府の洪鍾宇褒賞の処置に対し戒告すべき旨訓令の件」(『日外書』)。光緒二〇年三月二二日申刻、寄朝鮮袁道「電稿一五」。

(85)　一八九四年四月一〇日、「조선 주재 프랑스 공화국 공관 정치국　조선인 정치 망명객 상해에서 피살」(『프랑스외무부문서6――조선Ⅴ 1893-1894』国史編纂委員会、二〇〇七年)。

第2章　三浦梧楼朝鮮公使任命の再検討

大澤博明

はじめに

朝鮮駐箚特命全権公使三浦梧楼（在任期間　一八九五（明治二八）年八月一七日―一〇月一七日）の事績は一八九五年一〇月の政変とその下で生じた閔妃殺害事件と分かちがたく結びつけられている。なぜ日本政府は三浦を公使に任命したのだろうか。任命の理由や背景については、藤村道生氏によって日清講和後における朝鮮の改革と独立をめぐる政府政策の非決定状況から理解する視角が示されている。外務省の朝鮮放棄論と軍部の固守論が対抗関係にあり政府は政策を決定できない状態が続き、長州系の有力者は両論の中間に位置していたので非決定状況に対応して長州出身の三浦が選ばれたとするのである(1)。それとは逆に、軍用電信線の確保とそのための守備兵駐留を目的とする固守論の側が伊藤博文総理を説いて三浦を送り込んだとする論も提示される(2)。また、朝鮮植民地化への障碍となった閔妃を殺害させるために井上馨朝鮮公使が主導して日本政府に三浦を任用させたとするものさえある(3)。

以上のように、三浦が公使に任用された理由や政治的背景についての理解は論者によって大きく異なっている。その理由は任用経緯の事実関係がよくわからないからである。これに加えて先行研究は、いつ、誰がクーデターと閔妃殺害を計画したのか、どのように計画を実行に移したのか、三浦はそれらにどのように関わっていたのか、殺害実行者は誰であったのか、という点に関心を注ぐ(4)。閔妃殺害の衝撃に研究者の関心が引きつけられてしまい、当該期日本の実際の朝鮮政策や三浦の役割論への関心が希薄化しているといえるかもしれない。このため、三浦の役割を閔妃殺害と直ちに結びつける強引な解釈も先行研究に散見される(5)。

日清戦後外交を分析した酒田正敏氏は、伊藤首相と井上公使が三浦任用によって対外硬派の内閣批判を宥める期待を共有していたと指摘している。そして、伊藤は官界での地位が相対的に高い三浦を任命して朝鮮への干渉を控えながらも朝鮮重視の姿勢を示そうとし、井上は内政干渉策の継続を期待していたと論じる(6)。政府と対外硬派の対抗関係の激化を抑えたいという国内的要請では一致しつつも、三浦の役割と朝鮮改革について政府内部に合意がなかったという指摘は傾聴すべきものがある。

しかしながら、三浦の公使任命がなぜ政府と対外硬派の対立を抑制する契機たりうるのかという点に関する検討は十分ではない。政府内の朝鮮改革放棄派と改革継続派、そして対外硬派の相互関係が三浦公使任命につながる経緯を明らかにする必要がある。また、井上の改革継続論の手法については、贈与金以外の施策にも目を配り、それをどのように正当化したのかも注目したい。これによって井上が後任の三浦に引き継ごうとした改革枠組みを理解することができるだろう。本章では三浦の任用経緯と公使として期待されていた役割を明らかにしたい。

一　三浦任用経緯

1　朴泳孝をめぐる対外硬派と政府の対抗

三浦公使論が具体化するきっかけとなったのは朴泳孝内部大臣発言であった。朴は井上公使と対立し、国王高宗に対し王権を回復し井上を抑えるために谷干城か三浦を国王顧問にするのがよいと内奏したことがあるらしい(7)。また、一八九五年五月頃に朝鮮国王の顧問として三浦を招聘したい意を柴四朗に書き送るも、三浦にはその気がなくこの話は立ち消えになったという。ところが、佐々友房と柴が同年六月に朝鮮視察を行った際、朴が頻りに三浦を迎えたい意向を示し、佐々と柴がこの話を日本に帰国中の井上に伝え、後任を探していた井上が三浦を朝鮮公使にする案を立てたと新聞『日本』は記している(8)。

朴泳孝が三浦を迎えようとした背景は以下のようなものである。クーデター失敗（甲申事変）によって賊名を受け亡命生活を送った朴は一躍内部大臣の椅子に座ったものの権力的地位は盤石でなかった。いつ権力の座から追われるかわからないという不安感に駆られた朴は、日本人顧問の斎藤修一郎（内部顧問）や星亨（法部顧問）らの支援を得て、一八九五年二月頃から金弘集内閣を倒して政権を掌握しようとしたり、警察と軍を自派で固めようとした(9)。こうした動きについて対外硬運動の一翼を担う『国民新聞』は、朝鮮「進歩党」の首領たる朴泳孝が「保守固陋の輩」と事を共にすることができず自ら総理大臣になろうとしたのは責められることではない、朝鮮「開進の政」のためには「朴氏を助けて其志を為さしむるの外、我国民の志を達し朝鮮の革新を遂ぐるの道なきを信ず」と朴を擁護する(10)。そして、「頑陋にして時勢を知ら」ない保守派の人々を「堅実、剛健の風」があると井上は買いかぶっているのではないかと批判する(11)。

朴泳孝の権力掌握の試みを対外硬派が支援していたのに反し、井上は冷ややかな視線を投げかけていた。井上は、金弘集総理大臣・金允植外部大臣・魚允中度支部大臣といった人々を「着実にして久しく国民に徳望ある」人物と評価する。これに対し、朴らを「国民より罪人視」され徳望も足りず自己の立場を強化するために権力を自派で独占しようと図り、そのために君権回復論を以て国王や王妃に接近することも厭わない信頼の置けない存在であると冷評していた。[12] 改革の提携相手について井上と対外硬派が対立する立場にあったことは明らかであった。

『東京日日新聞』（以下『日日』と略記）も金弘集をはじめ金允植・魚允中といった人々を「正義派」、「純然たる日本主義の進歩党正義派」と呼ぶ。[13] なぜなら、これらの政治家が日本の朝鮮改革が「善隣の厚意と東洋平和の上より生じ来りし真心の発動」に基づくものであることを理解し、朝鮮の国と民のために一致協力して改革を遂行しようとしているからである。[14] 他方、朴泳孝派は、内閣を分裂させた側として批判された。内閣分裂の原因となったのは閣僚の人事であった。これを議する御前会議で、高宗は金総理に対し軍部大臣を辞職させなければ国王の座から降りる、国王の意に反対するならば政体を共和制に変え金弘集が大統領になればよかろうと非難したことがあった。[15]『日日』の記事は、高宗に無用の入れ知恵をし軽率な発言をさせ君徳を毀損させたのは朴泳孝である、朴は民間有志の支援を受けてきたので心のなかでは日本政府の支援を重視していない。また、前年夏に帰国するとき、朴は外務次官に対し王妃は必ず「殺」さねばならないと説き次官から叱責されたことがある、帰国後は「廃妃の意見」を以て大院君に迎合する姿勢を見せていたものの、入閣後は閔妃におもねって地位を固めようとしている。記事はこのように述べ、朴が信用の置けない人物であると印象づけようとした。

条約改正問題で日清戦争前から伊藤内閣と対立していた対外硬派は三国干渉と遼東半島還付問題で伊藤内閣批判を再開し、朝鮮問題も争点化させていた。法制度整備を優先させる井上の改革（法典政略）を対外硬派は批判し警察・軍・財政の改革を先にすべきであると主張した。これに対し『日日』は、そうした改革は朴派が自派の勢力拡大手段としているにすぎないと反批判していた[16]。朝鮮政府内の権力をめぐる争いは、金弘集総理が辞表を提出する事態となり、金允植・魚允中両大臣もそれに倣う姿勢を示した。結局、五月末に朴定陽内閣が成立し、実権は朴泳孝の手に帰した。内閣協調の必要を説く井上の忠告は無視された。こうした事態に井上は怒り、井上と朴泳孝・徐光範（法部大臣）などとの関係は冷却化した。帰国する意を強める井上の背中を押したのは斎藤や星などの顧問官であった。六月一一日に井上は日本に向け仁川を出港した。

朝鮮改革問題で対外硬派は伊藤内閣や井上と対立的関係にあった。こうした状況で三浦を公使に任用することは、改革について政府・井上が対外硬派に譲歩することを意味する。改革について政府・井上と対外硬派の歩み寄りがなければ三浦任用は難しいと思われる。特に、積極的内政改革を求める対外硬派の支持を受ける三浦任用は、政府内で有力だった改革放棄論と矛盾する。五月下旬から六月上旬頃の段階では、対外硬派の批判を抑える目的で三浦公使任用が政府内で考慮されたとは思えない。

2　改革放棄論と井上

この頃、日本が採りうる朝鮮政策は、改革・独立の単独維持策と改革・独立にも関与しない策を両極に置けば、その中間に改革放棄・独立の共同保障論が位置していたといえよう。五月二五日の閣議では、日本は朝鮮独立を単独で維持する必要を認めない、日本政府は「利害の関係ある他の諸国と協力して朝鮮国の事態を改善することを以て目的となすところの処置に協同」し、将来の日本と朝鮮の関係は条約上の関係に基づくものにする方針を決定した[17]。それは改革放棄と独立の共同保障を志向するものであった。

この閣議決定と朴定陽内閣成立を機に『日日』は、朝鮮には「到底独立自主の能力なし」として改革を通じた独立確保論を断念する主張を行う。日本はこれまで「朝鮮自主を扶持する忠告善導」を十分行った。しかし、独立自主は実現しないことが明らかになった。残る選択肢は、朝鮮を「併呑」する、国際法上の「保護国」とする、「自暴自棄」に任す、のどれかである。しかしながら、併呑は元々意図したものではないし、保護国化の利害得失は明らかでなく、朝鮮から完全に手を引いた後の日本の安全や東アジア秩序がどうなるかも不明であった。改革放棄を現実的政策とするには朝鮮独立の確保が必要であった。朝鮮に「独立自主の資能あらしめば列国の承認に依て中立国」とする選択肢も出てくるが、朝鮮にそうした可能性を見出すことはできなかった[18]。

帰国した井上を待っていたのはこうした改革放棄論であった。これに対し井上は改革放棄を拒否する。井上は、「直ちに改革は成るの望みなしと断言する能はざるものなり」と朝鮮内政改革に見切りをつけるのは性急にすぎると不満を示す[19]。

3　対外硬派の改革論と三浦任用運動

六月四日の閣議で政府はなるべく干渉をやめ朝鮮を自立させる方針をとることを決定した。改革継続に政府は消極的で、井上は改革継続に向けた協力者が必要であった。改革を強く主張していたのは対外硬派であったが、前に見たように井上と対外硬派では改革内容と提携勢力について対抗関係にあった。六月下旬になると朝鮮や国内でも井上公使交代が既成事実化し、朴泳孝との提携協力関係を前提に三浦を朝鮮公使にしようとする対外硬派の運動が始まった。『国民新聞』は、後任公使は井上とは異なる性格や経歴を有する人物が望ましいとして、「襟度磊落、沈勇真摯にしてその大体を総覧する武弁」が最も望ましいと主張した[20]。「温厚篤実、中《うち》に威容の儼として動かすべからざるもの」があり、井上のような快刀乱麻の手腕はなくても「威徳」があり機敏に事に対処できる人物が意中の候補、すなわち三浦であった[21]。

佐々と柴は三浦を後任にするよう井上に働きかけはじめる。対外硬派と井上が改革継続論で接近するのである。六月の朝鮮視察において佐々と柴は、仁尾惟茂や星亨といった朝鮮顧問と会合し、朴を「総理大臣として王妃の方を片付」け、朝鮮軍を整え、新たな地方制度を実施に移し、王城護衛兵を旧兵（後の侍衛隊）から訓錬隊に代え、日本から二〇〇―三〇〇万円を借款することを計画した(22)。

甲午改革では国家財政の出納・租税・国債・貨幣などを管理し地方財政も監督する度支衙門が設置された。朴泳孝が進めようとした地方制度改革は、八道を二三府に改変しその下に行政組織の最小単位としての郡を置き、複雑な地方制度を整理し、多くの冗官を淘汰し、近代的中央集権化を実現しようとするものであった。軍事改革は軍服を西洋式に替え、新しい軍隊として訓錬隊を編制し首都漢城のほか主要都市にも設置する計画が立てられた(23)。このような施策は、失業する官吏や兵に不満を抱かせる。元官吏や元兵士が地方を煽動すれば大混乱に陥る。しかしそれを抑えるだけの警察力も軍隊もなく、財源不足で急速に治安維持を可能とする措置を講じることもできそうになかった。朝鮮警察と軍の代替機能を果たしていたのが各地に駐屯していた日本の兵站守備隊であった。日本軍が駐留している間に、中央集権化によって地方行財政を統制し、反乱を抑え込む軍事力を創り上げ、国家建設に必要な財政基盤を強化する。こうした朝鮮版廃藩置県を朴泳孝が実行に移すことを対外硬派は期待していた。

井上は改革継続のために七月一日付意見書を提出し朝鮮への借款を提案する。借款は朴泳孝を支持する対外硬派も考えていたところである。井上は朴が権力を掌握した状態を前提とした改革継続の方向に舵を切り対外硬派との協力関係を模索しはじめたように思われる。しかし、内閣は借款を直ちに認めようとはしなかった。

伊藤総理に対しても三浦を朝鮮公使に任用するよう働きかけが行われた(24)。谷干城は伊藤に対し、朝鮮への「明々白々の干渉を避け」、朝鮮側に「強鷙〔ロシア〕に依るの不得策」を理解させ、日本は各列国と同じ立場に立って「朝鮮を我物の如き挙動を避け」なければならないとする。そして、日本から朝鮮に流れ込んだ「無礼の浮浪輩」を取り締まり、「剛欲《ママ》の居留民」を抑えることも必要であるとし、三浦は以上の課題を担うのにふさわしいと述べる。

谷の三浦推薦理由は朴泳孝の意向を反映していた。朴は六月に佐々友房や柴四朗らと会見したときに、日本が朝鮮内政改革を誘掖するのはよい、しかし井上のように官員の進退まで介入してくるのは好ましくない、日本人顧問も多すぎるし過剰に干渉している、こうした事態が続けば朝鮮の自立が困難になると懸念を示していた。また、居留邦人が王城に接する土地家屋を買収することなどを規制する必要も語っていた[25]。一時は王妃に接近したとの非難もあったが、六月頃には朴をはじめ内閣は一致して王妃の政治干渉を予防することにつとめていた[26]。

「無用の用を為」すという三浦の役割論は、朝鮮に対してなるべく干渉を控えるという政府の方針に合致しているといえる。それは三浦の基本姿勢でもあった。公使就任を受けたとき三浦は次のように語っている。すなわち、「世にいう対韓策」などという仰々しいものを有しているわけでもないし、それがあったとしても思い通りになるわけでもない。朝鮮公使の任は重任であり「世の属望に応ずる事は能わざる」ことを懼れるが、「大坊主〔三浦のこと〕一人鶏林の野に放ちたりと思わるれば宜しかるべし」と[27]。井上のように細々と口喧しく改革を叱咤する姿とは違う印象を与える発言である。

谷の言う居留邦人の取り締まり論は、井上のそれと合致する部分があった。居留邦人のなかには、朝鮮人に対し傲慢な態度で接し、ややもすれば「直に拳を加」え、川に投げ込み、凶器を以て暴行する者が少なからずいた。そして、朝鮮を独立させてやった、東学党も退治してやった、日本に抵抗したり日本の言うことを聞かないものは恩知らずだなどと公言し、朝鮮人を日本人嫌いにしていた[28]。

三浦に無用の用を体現してもらおうとする谷の主張は政府の非干渉論と親和的であったし、三浦もそうした役割を果たす心づもりであったと思われる。朴泳孝主導の改革を日本が間接的に支援するのであれば六月四日の政府決定とは直ちに矛盾はしないだろう。三浦任用について伊藤総理と対外硬派の立場は接近しつつあったといえよう。しかし、朝鮮版廃藩置県が実行されて混乱が生じれば、なるべく干渉をやめるという方針を貫けるかわからない。伊藤としては三浦任用に向けて懸念材料が残った状態であったと思われる。

4　改革継続に向けた井上と対外硬派の接近

谷干城は三浦を朝鮮公使に推薦する理由の一つに朴泳孝と懇意であることを掲げていた。ところが王城守備兵交代問題で朴と王室が対立し王妃殺害を図った容疑で七月六日に逮捕命令が出され、朴は再び日本に逃れる。朝鮮での政変に対応するため日本政府は七月九日の閣議で井上の帰任を決め、後任公使として井上が三浦を推し閣議で了解される。閣議決定を受けて野村靖内相が三浦に就任を説き一〇日に三浦は就任を承諾する。[29]そして、政府は井上提出の借款提供案を承認し、井上は七月一四日に朝鮮に向けて出発する。朴泳孝の失脚で一気に事態が転回した。

この事態に対外硬派は、日本に逃げてきた朴を擁護し再び朝鮮に連れ戻し軍事的圧力を加えて原状復帰を求める運動を起こす可能性があった。[30]しかしそうした強い干渉は、なるべく干渉をやめるという政府方針に反するだけでなく、朝鮮側の猜疑をかき立てロシアに介入する機会を与えるようなものであった。[31]井上は朝鮮王室から命を狙われた朴が日本に滞在することは日本の朝鮮政策に有害となったと考え、王城警備兵交代問題で朴の強硬論を支持し日本亡命に同道した田中賢道に対し、朴を国外退去させるよう説いた。対外硬派の一角を担っていた国民協会の会頭品川弥二郎も、井上に同感して、佐々友房らを通じて朴の退去を図ろうとした。[32]朴の国外退去については井上と三浦との間でも了解されていたようである。[33]七月一四日、井上の朝鮮帰任を三浦・佐々・柴が見送るが、このときまでに井上は対外硬派に対し朴泳孝の海外移送を同意させ自らの構想に引き込むことに成功しているように見える。[34]

他方で、井上との接近は対外硬派内に軋轢を生じさせる部分もあったようである。対外硬派の人々は朴泳孝が主導する朝鮮版廃藩置県の推進を三浦公使が後見するような改革を当初期待していた。ところが政変と朴の国外退去処分方針によってそれは実現できないことがわかった。対外硬派は三浦の公使就任が実現しても改革内容については井上主導の枠組に委ねるしかなくなるだろう。朝鮮版廃藩置県を推進することを擁護した新聞『日本』は、財政・兵備・警察の改革を「威を用」いてでも「強行速成」することに全力を傾注すべきであり、王妃の歓心を買おうとすることは「改革を中止すると殆ど同一」だと主張していた[35]。井上との提携が対外硬派の改革案の断念と閔妃の政治関与承認になってしまうのではないか。こうした反発が対外硬派内部での三浦公使反対論となったのかもしれない。

三浦は七月一七日には公使就任辞退を言い出す。しかし、三浦の任用はすでに明治天皇に上奏されていた[36]。このため三浦との付き合いが長い山県有朋や田中光顕らが働きかけて翻意させた結果、七月一九日に特命全権公使に任ぜられる（朝鮮駐劄を命じられるのは八月一七日）。

この辞退騒動は、三浦の意見書「対韓政策の訓令を待つ」（一八九五年八月[37]）に対して政府の回答がないので不満を抱いて就任を辞退したという三浦の回顧録[38]をもとに説明されることが多かった。三浦意見書が提出された時期がはっきりしなかったことがその背景にあった。しかし、七月一〇日に公使就任を承諾し、それから意見書を起案し、伊藤首相や外相などに送付し、回答がいつまでも来ないとしびれを切らし、七月一七日に辞退を言い出した、とすれば気短すぎる話だろう。意見書に政府が回答しないので辞表を提出したという記述は、後に朝鮮でクーデターを起こしたときにこれを正当化するために三浦が広島地裁での取り調べで言い出したことが発端である。そして、対外硬派が伊藤内閣の責任を追及し総辞職を求める衆議院での決議案の討議において、柴四朗がこれに言及して広がり[39]、三浦の回顧録を編むときにそのように形が整えられたと思われる。意見書は日付を欠くが八月付である。七月の辞任騒動と八月の三浦意見書は無関係である。

二　井上馨の調和政策と三浦の役割論

1　調和政策三つの柱

宮中・府中の別を明確にし王妃の政治介入を禁じる方針を当初とった井上であったが、七月に帰任してからは、王妃に一定の妥協を行い、持続可能な改革体制を新たに創り上げようとした。これは閔妃に対する大きな方針転換のように見える。しかし、井上が王妃の政治介入を禁じたのも、逆に政治介入を認めたのも、王室の安全を確保して改革を妨害しないように仕向ける意図を込めていた点では共通している。

改革当初、井上は閔妃に対して以下のように説得していた。朝鮮では王妃を廃するとか世子の位を奪おうとする陰謀が打ち続き、王室は外戚の閔氏に依頼するしかない状態になった。ところが閔氏一族が無辜の民を収奪してきたので閔氏政権は王室を怨府にしてしまう危険性を招いてしまった。ゆえに、閔氏一族が内政に関わらず、王妃も政治に関与せず国王の徳を輔けることに専念すれば、「両陛下幷に世子の地位の安寧を保護」する。井上はこのように語り、王妃は王室の安寧が確保できるのならば政治に関与しないと答えている。井上は王室の安泰を保障することと引き換えに王妃の政治関与を禁じ、王室と王妃を「我掌握の中」にして改革を進めていく道筋を切り拓こうとした(40)。

ところが、この方式ではうまくいかないことが七月に判明する。王室の安全に対する不安が政変を引き起こしたのである。朴泳孝のいわゆる不軌事件である。改革によって内閣が政務の中心となり、政府が新たに組織した訓錬隊が王宮護衛を担当することになった。このことが王室の政府に対する恐怖心を高めた。壬午軍乱以降、国王は騒動の発生を警戒し夜間は起きて昼に寝る生活をしていた。政務に関する権限が削られ、身体の安全を確保する慣れ親しんだ宮中護衛兵が廃止され、王室財産も取り上げられるという動きが進めば、君権制限は国王・王妃・世子の身体の安全の危機と受けとめられてしまう[41]。朴泳孝失脚の背景はこうした王室の不安感が関係していた。

井上は改革を継続するため、改めて王室に物理的安心を与え改革への恐怖心と反発を抑えようとした。政変にともない国王と王妃と世子の身体護衛を担う組織として旧兵を再編した侍衛隊が組織された（七月一七日）。隊の教官は一八八八年以来軍事教師として滞在していたアメリカ人であった。時間をかけて慣れ親しんだ人物を身近に置き王室の安全を図ろうとする動きを井上は否定しなかった。それだけではなかった。井上は高宗に対し「日本政府は兵力を以ても王室を保護して貴国の無事安寧を謀る[42]」と述べ王室の安全を保障し、改革が王室の安泰につながるものであると重ねて強調した。改革を持続させるためには国王・王妃・世子の身体の安全と地位の確保を約束し改革への反発を鎮める必要があったのである。

第二の改革継続策は挙国一致的内閣を組織することであった。朴泳孝亡命後、井上は、金弘集総理大臣を内閣の中心とし、閔派の大臣を入閣させ宮中と内閣の折り合いをつけ、大院君派を除いた主要な政治勢力を網羅した内閣を創り上げた[43]。この「調和政策」あるいは「連立内閣」の意図は、閔妃を「慰安」し宮中を「安慮」させることにあった。それは以下のように『日日』で解説された[44]。朝鮮政界では疑心が渦巻き、思いがけない出来事によって恐慌状態が生じ権力争奪が激化する。勝者がすべてを取り敗者を退場させる激しい権力闘争を緩和させ共存を図るためには、各勢力に「幾分か権勢の分配」を行い安心感を与える必要がある。閔派大臣の入閣は王室にもある程度の権限を付与して安心させるためであると説明される。

改革維持の第三策は、三〇〇万円を朝鮮政府に贈与することであった。二〇〇万円で京城―仁川間に鉄道を敷設し、五〇万円を政府経費不足分の補充に充てる。そして、五〇万円を王室財産とし、国王や王妃を「心服せしめ且抱き込」もうとした[45]。国王と王妃は政府の財政一元化によって王室独自の財源が奪われたと不満を高めていた。王室財産を確保することで国王と王妃の不満を慰撫し改革への反発を和らげることを期したのである。国王も王妃も王室費に関しては並々ならぬ関心を抱いており、王室の私欲を満たして籠絡するという方向に井上も舵を切ったのであった。

2　調和政策の正当化事由

調和政策は宮中・府中の別（宮中の非政治化）の修正をともなっていた。この修正を正当化するために持ち出されたのが朝鮮の政治的伝統であった。朝鮮では「公と私を混淆」することが数百年続き、政治的争いは政策や方針ではなく「私権私利を争う」ものになってしまっている。「眼中嘗て家と国との区別なき積習の中に成長せる閔后」もこの通弊を免れなかった。「何処までが公にして何処までが私なるや、何処までが道理にして何処までが不道理なるやの区別其脳中に明ならざる」ため、無意識に私権・私利のために公的領域を侵してしまうのである。このように論じて『日日』の記事は日本との違いを理解するよう読者に求める[46]。

閔妃に対する姿勢を修正し融和策をとることを正当化したもう一つの事由は日本と朝鮮の国交の歴史である。日本では道徳的観点から王妃と閔一族を以て政治腐敗の源とか「国家の公敵」のように位置づけ、金玉均・朴泳孝派でなければ提携できないとする雰囲気があった。たしかに一門の営利を図る王妃や閔氏の存在は日本の朝鮮内政改革と対立的関係に立つが、他方で別の側面ももっていた。大院君の攘夷斥和主義に対抗して開国策を主導し壬午軍乱までの日本との交誼を導いたのは閔氏であった。ところが甲申事変で金玉均や朴泳孝を支援し閔氏を敵としたことで日本は閔氏を清依存に走らせた。これを「日本対韓政略上の一大過失」とするならば、同じ過ちを繰り返すわけにはいかないだろう。日本の朝鮮政策の利害は「韓廷の信頼を厚くして其独立を擁護し文明を開導し富強を増進せしむる」ことにあるとすれば、まず宮中の日本への信頼を創り上げなければならない。そのためには王妃が政治に参与することを「不得已自然の結果」として忍容する。王妃の勢力を抑圧して反動を招くよりもましであると割り切るのである[47]。

日本と提携して朝鮮の開国を導いたのは閔氏であるのに反って日本から斥けられ敵視された、という閔妃の怨み節を井上は聞いている[48]。こうした閔妃の「愁訴的演説」に井上は「鳴程と深く感じ全く対韓方針を変」じ、九月に日本に帰国したときには閔氏を排斥する政策は間違った考えに基づくものであると演説するまでになっていた[49]。前に示した『日日』の記事は閔妃のこうした訴えに一理あると井上が考えていたことを示していた。

井上は王妃の政治関与を認めるとともに、国王と王妃が恣意的行為に出ることに歯止めをかけ、王室と内閣が協力して改革を進めていく指針となる一七項目を示した。そして、新たに設定した政務遂行手続きについて国王と王妃から「必ず確守」するという言質を取り付け、今後六七年間は改革を持続できる体制を構築できたと考えた[50]。朝鮮半島で六七年ほども「改革」が漸進的に進み鉄道開設による文明の刺戟が加われば朝鮮「独立」の可能性が出てくるかもしれないし、日本はその間に陸海軍拡張を進め軍事的安全を確保できるようになるだろう。井上は自らが創り上げた仕組みが持続可能であることを信じ[51]、その継承を後任の三浦に託そうとしたのであった。井上は、なるべく干渉を控え朝鮮を自立させるという政府方針を以上のような形で具体化したのである。

調和政策を維持する要点は、閔氏に対して「権勢を分配」する一方で、「公私」と「道理と不道理」の区別を適宜知らせ、「放恣」に陥らせないようにすることにある。このように指摘する『日日』の記事は以下のように述べる。宮中が改革を猜疑し怨む理由は、宮中・府中の別を強調して宮中の権威を削ぎ閔氏一族を抑圧したことに由来している。それが修正されたのだから「助言者〔日本〕」に背いて専横跋扈することは敢えてしないだろう。新たに形成された状況を制禦しながら改革遂行の環境を維持することが「我が公使の任」である。調和政策の成否は、日本公使が「閔族駕御」をできるかどうかにかかっていると[52]。「おとなしい性格の人間」である三浦に期待されたものは、井上が創り上げた調和政策を持続させることであり、それが「井上の政策を遂行」することの意味だった[53]。

ところが、『日日』は以上のような説明を「京城通信」欄で行っている。社説を以て井上の施策を後押しする主張を行っていないのである。このことは『日日』が井上の調和策と距離を置いていたことを示しているし、伊藤政権内部にも冷めた眼で見る立場が強かったことを暗示しているといえよう。

三　三浦の朝鮮赴任

1　つかの間の平穏

八月二三日、三浦は東京を発ち朝鮮赴任の途に就く。イギリス公使サトウ（Ernest M. Satow）は、三浦が朝鮮改革について漸進的で着実な手段で遂行する穏健な観点を有しているという感触を得ていた[54]。また、三浦と長時間会見したフランス公使アルマン（Jules Harmand）は三浦が平安を希望する人物であり平地に波風を立てるような人間ではないと確信するだけの印象を受けた[55]。

九月三日、三浦は高宗に対し国書を奉呈する。「外臣久しく武職に在りしも陣馬を馳駆して功なく、陛下の召見あるに非ざれば終年坐して漢城の風月を楽しまん、況んや外臣仏を信じ経文を自ら写して以て世の安泰を祈る、希くば観音経一部之を清写し以て王后陛下の御覧に供せんと欲す」と言上した。そこには「一言一句の国政に関するものなし、国王以て大に喜び王妃亦以て木訥一武弁として安堵した」といわれている[56]。

三浦の赴任当初、国王や側近たちは三浦が圧力と脅しを常套手段とするやり方を復活させるのではないかと危惧をいだいていた。しかし、三浦は国王に対してきわめて穏便な態度で接し内政にも干渉しなかった。朝鮮駐箚外国使節の目には、日本が本心から内政改革の後見役を放棄し、こうした政策変更によって朝鮮人の日本に対する好意を得ようと努めているように見えた[57]。

朝鮮「近時の政局は、甚しき障害なくして、維持」できそうであり[58]、少しく落ち着きはじめたようであった。井上の調和政策は、宮中の日本に対する疑念と改革事業に対する不満をひとまず晴らす効果を発揮したようであった。宮中と内閣の関係はようやく円滑なものになりはじめ、「閔党の跋扈は先づ其の憂なかるべし」と観察されるようになった[59]。宮中が権力を過剰なまでに追い求めることをせず、各派寄せ集めの内閣が凝集性を帯びるようになり、大院君派は声を潜め、民間の騒乱も治まった状態が訪れた。しかし、それはほんのひとときの平穏であった。

2　崩れゆく調和策

三浦は井上の調和策を維持する有力な手段を欠いた状態で任務に従事しなければならなくなった。八月二四日、政府が臨時議会を招集しないことを決定したのである。三〇〇万円贈与は通常議会開催まで待たなければならなくなった。国王と王妃の金銭欲を満たすことが井上構想を成り立たせる条件の一つであった。政府の決定によって井上構想は画餅に帰し、「三浦公使は〔朝鮮〕内政に一言することも得ざるべし」という状態に着任早々突き落とされた[60]。三浦自身も贈与金を「今日卒然半途に止むる如き結果となりては、後任たる本使の迷惑申す迄もなく、目下半途に在る百般の事務を如何ともしがたきのみならず、又延て当国に対する折角の信用も地に落るに至るの不幸を見るべし[61]」と抗議したが、政府の決定が変わることはなかった。

九月二一日、井上は朝鮮を離れ帰国の途に就いた。これと同時に朝鮮王室は王権回復を図りはじめた。井上は、閔妃を心服させた、改革枠組みを守る約束を国王と王妃から取り付けた、国王と王妃が急に心変わりすることはないだろう、日本は閔氏と提携してゆける、と信じていた。井上をしてそのように信じさせたところが王妃の王妃たる所以であったのかもしれない。王妃は「日本人と閔氏は両立すべきものにあらず、土地の若干を他国に失うとも日本の仇を復せざるべからず、俄羅斯は世界の強国にして日本の比にあらず。且つ君権を保護すとの条件あれば之に依頼すべし」と語っていたという[62]。

既定予算を無視し、複数の税目を一方的に王室財産に組み入れ財政統一を破壊する。国王は法令を遵守し国政を各大臣に諮詢して決済し、官吏の進退黜陟などを自己の意見だけでほしいままに処断してはならない、という改革の基本を否定する。改革派の大臣と協弁（次官）を罷免して内閣の弱体化を図る。宮中の意のままにならない訓錬隊を解散させようとする。九月下旬から一〇月初旬までの短期間で、これまで実施されてきた内政改革の成果を否定し骨格を破壊する動きが一気に噴き出した。こうした動きに三浦公使は諫止的意見を内奏したが効果はなかった。三浦は井上の施策が半年ほどは維持できるのではないかと予想していたが、予想を上回る急変ぶりであった(63)。宮中は「大に政権回復に力を尽し、諸般の命令、官員の黜陟等、内閣の議を経ず特発するもの多にあるに至り……従前の王妃内閣即ち閔党内閣に復せざれば止まざる」動きを示していた。宮中の威勢を恐れて政令の紊乱を諫争する閣員もいなかった。「折角途に就きし改革も一方よりは自滅し、地方の暴徒は絶えず蜂起し、国家の財政は整理せず、殆んど又一年前の朝鮮に退歩」する動きを見せはじめた(64)。

前に見たように、『日日』掲載の記事は、閔妃をはじめ宮中が権力と金銭への欲望を自制するように仕向けることが三浦に課された任務であると論じていた。それは、井上や伊藤首相の希望を反映していたと思われる。ところが一〇月上旬になると「京城通信」の論調は悲観的になる。宮中に対して道理ある説諭など効果はない。残る策は威圧か愛撫しかない。しかし、威圧すれば怨み、愛撫すれば狎れる。威と愛を併用して制禦することも困難であると(65)。

3　改革と独立

改革が転覆しかかっていた頃、『日日』は朝鮮独立についても悲観的な予測を示した。日本は単独で朝鮮独立を維持する力はないし、イギリスの協力を得て朝鮮独立を確保することも見込めない。他方、日本とロシアは朝鮮をめぐって利害が相反する関係にあり、ロシアは日本との同盟を求めていない。ロシアとの対立を回避する条件は、日本が朝鮮を放棄し遼東半島をロシアが領有することを傍観する一方的譲歩を行うことだと(66)。『日日』の悲観は伊藤のそれでもあった。伊藤は朝鮮独立という考えは全く現実的でない、日本以外の他国、「最強国」に併呑されるかその保護下に置かれるに違いないと語るようになっていた。伊藤と会談したサトウ公使は、伊藤がロシアによる朝鮮併呑にも対抗しないのではないかという印象を受けた。遼東半島還付も日本の海軍力が劣勢であったからであるし、ロシアの外洋進出を日本が単独で阻止するには力不足と感じているのだと記している。[67] 政府はロシアの朝鮮併呑があっても軍事衝突は避けるという覚悟を決めていたわけではなかったが、もしそれに類する事態が急に立ち現れたならば政府はどのように対応するのであろうか。

朝鮮での事態は決定的な瞬間を迎えつつあった。王権回復の動きは、訓錬隊を廃止し、金弘集総理ほかの閣員を殺害して閔派内閣を組織し、「俄国の保護を乞うの密約」を結ぶと思われた。[68] 日本から見ると、朝鮮の改革と独立の両方が無に帰すかもしれない切迫した事態となった。ロシアの声援を背景とする王権回復の全面的攻勢に対し日本公使は傍観することが可能だっただろうか。傍観すれば改革と独立を支える改革派勢力が根絶やしにされ、これまで日本が注入した労力と費用は水泡に帰す。それだけではない。日本は清との戦争原因であった朝鮮の改革と独立の問題を解決できず、朝鮮に政治的に敗北し、朝鮮半島にロシアの勢力を呼び込むという結果を招来することになるのである。

こうした情勢にどのように対処するかは出先の一公使が判断できる範囲を超えていたと思われる。改革も独立も断念しこのまま政治的敗北を受け入れるのかどうかという問題に関わるからである。それは、十分な情報に基づく慎重な考慮を加えたうえで御前会議の場で判断されるような事柄であろう。しかし、それでは目前の急迫した事態に対応できない。三浦は何度も外務大臣に形勢の切迫を電報で知らせるも、政府から訓令を受けることができなかった。参内して国王と王妃に忠告して宮中の横暴を止めるように、と井上が電報を送ってきたにすぎない。[69] 西園寺外相代理の一存でどれほどの訓令が出せたかわからない。西園寺は井上に責任を転嫁したのかもしれない。その井上は閔妃の善意を信じているので忠告すれば事態の悪化を止めることができると思っていた。三浦は政府から適切な訓令を受けることができなかった。

おわりに

これまで論じてきたことをまとめておきたい。三浦の公使任用案は、対外硬派と朴泳孝との提携関係をきっかけとするものであり、元々、井上公使や伊藤内閣の朝鮮政策とは対立する性格のものであった。三浦の公使任用は、政府が朝鮮改革への干渉をやめる方向に転換し、井上が従来の改革路線を修正し、対外硬派が当初期待していた改革構想を諦める、という三つの条件が揃うことが必要であった。

井上は、朝鮮の政治的伝統や日本と朝鮮の国交に鑑みつつ、王室の安泰を保障し、閔派も含めた連立内閣を作り、贈与金を以て王室の改革への反発を抑え、日本が干渉を控えても漸進的に改革が持続する体制を構築し、その維持を後任の三浦に託した。

三浦が赴任した後、井上が構築した調和体制は急速に掘り崩されてしまい、三浦はクーデターに打って出る。三浦が主謀した政変のもとで閔妃殺害が生じたが、三浦が公使就任の頃から閔妃殺害を意図していたなどという説には根拠がないというべきであろう。当初から殺害意図をもっていたとする捉え方は、一種の先入観ではなかろうか。三浦公使に期待された役割を捉えるためには、三浦任用が実現した政治的背景と前任の井上が構築し引き継ごうとした改革内容を理解する必要がある。

(1) 藤村道生『日清戦争――東アジア近代史の転換点』(岩波書店、一九七三年)一九一頁。同『日清戦争前後のアジア政策』(岩波書店、一九九五年)二一五頁。佐々木雄一『リーダーたちの日清戦争』(吉川弘文館、二〇二二年)も三浦任用が消極的な理由で行われたという捉え方をしている（二一八頁）。

（2）金文子『朝鮮王妃殺害と日本人――誰が仕組んで、誰が実行したのか』（高文研、二〇〇九年）一〇九、一三一、三五〇頁。

（3）崔文衡（齊藤勇夫訳）『韓国をめぐる列強の角逐――19世紀末の国際関係』（彩流社、二〇〇八年）一五一―一五八頁。同（金成浩・齊藤勇夫訳）『閔妃は誰に殺されたのか――見えざる日露戦争の序曲』（彩流社、二〇〇四年）一三四―一三五、一四七―一五〇頁。

（4）たとえば、山辺健太郎『日本の韓国併合』（太平出版社、一九六六年）二〇五―二一九頁、朴宗根『日清戦争と朝鮮』（青木書店、一九八二年）第六章、崔文衡前掲『韓国をめぐる列強の角逐』第七章、姜昌一『近代日本の朝鮮侵略と大アジア主義――右翼浪人の行動と思想』（明石書店、二〇〇二年）第二章。

（5）三浦の任用とクーデターに関する戦後の先駆的な実証研究は、山本四郎「朝鮮乙未之変について」（『研究紀要』第二号、華頂学園、一九五八年）である。山本氏は三浦が公使就任時から朝鮮を単独で保護する政策を断行するためにクーデターないしはそれに近い策を抱いていたのではなかろうかとし、日本勢力が追いつめられる情勢のもとで志士の閔妃殺害計画が三浦を動かしたのではないかとする（三五、四一頁）。

これに対し、三浦が着任早々から、あるいは公使として任地へ出発するときには王妃殺害の決意を固めていたと推測するものに、秦郁彦「閔妃殺害事件の再考察」（『政経研究』第四三巻第二号、二〇〇六年）七三、七八頁。後、同『旧日本陸海軍の生態学――組織・戦闘・事件』（中央公論新社、二〇一四年）に所収。朝鮮公使赴任を決意したときに殺害を決心したとするものに、角田房子『閔妃暗殺――朝鮮王朝末期の国母』（新潮社、一九八八年）二八二―二八三頁、姜昌一前掲書、一三四頁、などがある。

（6）酒田正敏「日清戦後外交政策の拘束要因」（近代日本研究会編『年報・近代日本研究2　近代日本と東アジア』山川出版社、一九八〇年）八―九頁。

（7）岡本柳之助尋問調書（市川正明編『日韓外交史料　第五巻　韓国王妃殺害事件』原書房、一九八一年、以下『日韓外交史料』、三六五頁）。

（8）「井上公使の後任（三浦将軍の就任）」（『日本』一八九五年七月一三日。利用したのは、ゆまに書房復刻版）。

（9）杉村濬『明治廿七八年在韓苦心録』（杉村陽太郎、一九三二年、以下『在韓苦心録』）一二一―一二二、一三一―一三六頁。これは、宮中の非政治化と王権抑制を図る井上―金弘集派と国王や王妃と結んで王権回復を説く朴派の対抗という側面があった。森山茂徳『近代日韓関係史研究――朝鮮植民地化と国際関係』（東京大学出版会、一九八七年）三七頁。伊藤俊介『近代朝鮮の甲午改革と王権・警察・民衆』（有志舎、二〇二二年）三四―四〇頁。

(10)「未だ騣に朴を排す可らず」(『国民新聞』一八九五年三月五日。利用したのは、日本図書センター復刻版)。
(11)「朝鮮の連立内閣」(『国民新聞』一八九五年三月六日)。
(12)一八九五年五月二二日付機密五六号、陸奥外相宛井上公使報告(外務省編『日本外交文書』第二八巻―一、四二六―四二七頁)。また、一八九五年五月三〇日付機密五七号、陸奥宛井上報告(伊藤博文文書研究会監修『伊藤博文文書　第一二巻　秘書類纂　朝鮮交渉12』ゆまに書房、二〇〇七年、以下『伊藤文書』、三二五―三三二頁)。
(13)以下は特に断らない限り、志賀祐五郎「風雲変態録」第四七信(五月二一日発)、第四九信(五月二五日発)(『日日』一八九五年六月二日)に拠る。
(14)こうした考えが日本と朝鮮の開化派との間で共有されていたことは、柳永益(秋月望・広瀬貞三訳)『日清戦争期の韓国改革運動――甲午更張研究』(法政大学出版局、二〇〇〇年)一五六頁。
(15)志賀前掲「風雲変態録」に紹介されているこの高宗発言は、井上公使の陸奥外相宛報告でも裏づけられる(一八九五年五月二二日付機密五六号、『日本外交文書』第二八巻―一、四二六頁)。
(16)志賀祐五郎「佐々柴氏の朝鮮報告を読む」一、二(『日日』一八九五年七月一二、一三日)。
(17)一八九五年五月二五日閣議決定(『日本外交文書』第二八巻―一、四三四頁)。
(18)「朝鮮復た為すべからざる乎」(『日日』一八九五年六月二日)。
(19)「井上伯と朝鮮」上(『日日』一八九五年六月二三日)。
(20)「公使の資格」(『国民新聞』一八九五年六月二六日)。
(21)「三浦中将と朝鮮公使」(『東京朝日新聞』一八九五年七月一四日。利用したのは、日本図書センター復刻版)。
(22)岡本柳之助尋問調書(『日韓外交史料』第五巻、三六六頁)。
(23)森万佑子『韓国併合――大韓帝国の成立から崩壊まで』(中公新書、二〇二二年)三七―四〇頁。
(24)以下は、一八九五年七月五日付伊藤博文宛谷干城書翰(島内登志衛編『谷干城遺稿三』東京大学出版会、復刻、一九七六年、五九九頁)に拠る。
(25)「柴佐々両氏朝鮮報告」(『日本』一八九五年七月一一日)。
(26)『在韓苦心録』一三八―一四〇頁。
(27)前掲「三浦中将と朝鮮公使」。
(28)「井上伯と朝鮮」下(『日日』一八九五年六月二六日)。
(29)前掲「三浦中将と朝鮮公使」。一八九五年七月一〇日付野村靖宛西園寺書翰(立命館大学西園寺公望伝記編纂委員会編『西園寺公望伝』別巻、岩波書店、一九九六年、一九九頁)。
(30) 酒田前掲論文、六頁。
(31) 塵海研究会編『北垣国道日記「塵海」』(思文閣出版、二〇一〇年)四六三頁。
(32) 一八九五年七月一七日伊藤博文宛井上馨書翰(伊藤博文関係文書研究会編『伊藤博文関係文書』塙書房、一九七三―八一年(以下『伊藤関係文書』)、第一巻、二七五―二七六頁)。
(33) 一八九五年七月一八日付伊藤博文宛西園寺公望書翰(『伊藤関係文書』五、五五頁)。
(34) 酒田前掲論文、八頁。
(35)「朝鮮改革の綱要」一八九五年七月一四日(西田長寿・植手通有編『陸羯南全集』第五巻、みすず書房、一九七〇年)、一四〇―一四一頁。
(36) 一八九五年七月一八日付伊藤博文宛西園寺公望書翰(『伊藤関係文書』五、五五頁)。
(37)『伊藤文書』第一一巻、七七―八三頁。
(38) 三浦梧楼『観樹将軍回顧録』(中公文庫、復刻、一九八八年)二六六―二六七頁。
(39)「朝鮮事変及事変に対する我外交の真相」(『読売新聞』一八九六年二月二七日。利用したのは、ヨミダス歴史館(読売新聞社))。
(40) 一八九四年一二月八日、井上―朝鮮国王・王妃談話(井上馨侯伝記編纂会編『世外井上公伝』第四巻、原書房、復刻、一九六八年、四二八、四三九頁)。
六月に帰国した井上はこうした観点を『日日』を通じて語っている(「井上伯と朝鮮」中、『日日』一八九五年六月二五日)。
(41) 一八九五年七月四日付機密六四号、同年七月一三日機密七二号、西園寺公望外相代理宛杉村代理公使報告(『日本外交文書』第二八巻―一、四五〇―四五二、四七二―四七五頁)。王妃の信条は「たとえ何があっても私たち三人(国王、王妃、王世子)が無事でさえあれば!」というものであった。木下隆男訳注『尹致昊日記3――1893-1894年』(平凡社、二〇二三年)四一七頁、一八九四年八月七日条。
朝鮮の政治的伝統が井上の宮中非政治化を形骸化することになるが、これについては、森山前掲書、三八―三九頁。
(42) 一八九五年八月二六日付機密七九号、西園寺宛井上報告(『日本外交文書』第二八巻―一、三七一頁)。
(43) 一八九五年八月一二日発西園寺宛井上電(同右、四八二頁)。
内閣は、金弘集派〈甲午派〉(金弘集総理、金允植外部)、朴泳孝派〈甲申派〉(徐光範法部)、貞洞派(朴定陽内部、李完用学部)、閔派〈宮廷派〉(沈相薫度支部、安駉寿軍部)など朝鮮の主要な五つの政治勢力から四派の連立という形をとっている。各勢力と主要な構成員は、柳永益前掲書（一四二、一四六—一四七頁）、原敬文書研究会編『原敬関係文書』第六巻（日本放送出版協会、一九八六年、一二二—一二五頁）。〈 〉内の呼称は柳永益によるもの。朝鮮の宮内府顧問であった岡本柳之助は、井上がこしらえた挙国一致内閣を「さながらあちこちから寄せ集めてきた端切れを糊でつなぎあわせた一着の衣服」に喩えて突き放した見方をしている。木下訳注『尹致昊日記4——1895–1896年』八二頁、一八九五年九月一七日条。

（44）菊池景春「京城通信」第六報（八月二二日付）（『日日』一八九五年九月三日）。

（45）一八九五年七月一日付井上意見書（『日本外交文書』第二八巻—一、三六七—三六八頁）。森山前掲書、四四—四九頁。

（46）菊池景春「京城通信」第六報（八月二二日付）（『日日』一八九五年九月三日）。

（47）南山生「京城別報」（八月二六日付）（『日日』一八九五年九月三日）。

（48）一八九五年八月六日付機密七九号、西園寺外相代理宛井上報告（『日本外交文書』第二八巻—一、三七〇—三七一頁）。

（49）『在韓苦心録』一五五頁。George A. Lensen, *Korea and Manchuria between Russia and Japan 1895–1904: The Observations of Sir Ernest Satow British Minister Plenipotentiary to Japan*（*1895–1900*）*and China*（*1900–1906*）, Sophia University, Tokyo, 1966, p. 48. E・サトウ（長岡祥三訳）『アーネスト・サトウ公使日記』I（新人物往来社、一九八九年、五八—五九頁）、一八九五年一〇月一四日条。

（50）一八九五年八月六日付機密七九号、西園寺外相代理宛井上公使（『日本外交文書』第二八巻—一、三七一—三七三頁）。一七条項目は、『世外井上公伝』第四巻、五〇三—五一〇頁。

（51）Lensen, *op. cit.*, p. 45.『アーネスト・サトウ公使日記』I、五九頁、一八九五年一〇月一四日条。井上の楽観に対し、尹致昊は「王妃に対して利己心を捨て、国家の利益を考え、そしてもっと情け深く公正にするよう氏〔井上馨〕が説得してもそれは氏が南山を動かそうとするのと同様無駄なことである」と記している。木下訳注『尹致昊日記4——1895–1896年』六五頁、一八九五年八月五日条。

（52）菊池前掲「京城通信」第六報。

（53）Lensen, *op. cit.*, pp. 75–76.『アーネスト・サトウ公使日記』I、一六三頁、一八九六年七月一一日条。この意味で、「井上はまったくさじを投げた形で三浦に後をゆずった」（山本前掲論文、三二頁）というのは妥当ではあるまい。なお、井上の政策を遂行することが閔妃殺害を意味すると主張するものがあるが、それは、井上の施策に関する無理解と史料の誤読に起因する。

（54）*FO 46/ 453*（イギリス外務省日本関係外交文書、*General Correspondence: Japan, 1856–1905*）, Satow to Salisbury, no. 250, Aug. 25, 1895. 利用したのは、横浜開港資料館所蔵のもの。

(55) 一八九五年一〇月一二日伊藤博文宛西園寺書翰（『伊藤関係文書』五、五八頁）。
(56) 菊池謙譲『近代朝鮮史』下（大陸研究所、一九三七年）、三九五―三九六頁。
(57) George A. Lensen, *Balance of Intrigue: International Rivalry in Korea & Manchuria, 1884–1899*, volume 2, University Presses of Florida, Tallahassee, 1982, pp. 529–530.
(58) 菊池景春「京城通信」第六《ママ》報（実際は第七報、八月三〇日付）（『日日』一八九五年九月七日）。
(59) 菊池景春「京城通信」第九報（九月一三日付）（『日日』一八九五年九月二二日）。
(60) 一八九五年九月四日発西園寺外相代理宛井上公使電（『日本外交文書』第二八巻―一、三七五頁）。
(61) 一八九五年九月四日発西園寺外相代理宛三浦電（同右、三七六頁）。
(62) 『在韓苦心録』一六九頁。
(63) 同右、一六六―一六八、一七一、一七二頁。
(64) 一八九五年一〇月三日付伊東祐亨海軍軍令部長宛新納時亮海軍少佐報告（『伊藤文書』第一一巻、一六七―一六八頁）。
(65) 菊池景春「京城通信」第一七信（一〇月四日付）（『日日』一八九五年一〇月一五日）。
(66) 「外交の方針」（『日日』一八九五年九月五日）。
(67) *FO 46*/ 453, Satow to Salisbury, no. 268, Sept. 27, 1895.
(68) 一八九五年一〇月一一日付大蔵大臣宛仁尾惟茂書翰、三浦梧楼尋問調書（『日韓外交史料』第五巻、三三五、三四〇頁）。
(69) 『在韓苦心録』一八二頁。
（注記）引用文は、かなづかいを改め、適宜常用漢字を用い句読点や濁点を付したところがある。引用文中の〔　〕は引用者によるものである。

第3章　「模範国ドイツ」の崩壊と朝鮮統治

小林道彦

はじめに

一八七一(明治四)年に成立したドイツ帝国（第二帝政）は、近代日本にとって有力な模範国であり、憲法・軍隊・警察・行政・地方制度といった、帝国の骨格を支える一連の制度設計におけるその影響力の大きさは特筆に値する。しかるに、「模範国ドイツ」は第一次世界大戦の結果崩壊した。一九一八(大正七)年一一月のドイツ革命である。

第一次世界大戦の日本に及ぼしたインパクトに関しては、普通選挙運動や労働運動など、大正デモクラシー思潮の浸透と政党政治の発展という枠組みを設定して、近代日本における民主化の契機として理解しようとする有力な潮流が存在する[1]。また、戦後の国際協調体制をアメリカ中心の「ワシントン体制」として捉え、日本の政党政治との親和性を強調する見解も通説的位置を保っている[2]。近年では、大戦間期の日本における総動員研究の模範国は敗戦国ドイツではなく、デモクラシー体制下で総動員を行った英米、特にアメリカであったとのパラダイム転換を促す研究も出現した[3]。

本章は以上の先行研究の成果を踏まえながら、模範国ドイツの崩壊そのものに焦点を合わせて、それが、その後の日本にもたらしたインパクトを、朝鮮統治問題という視角から論じようとするものである。

ドイツ帝国、とりわけプロイセン王国は国内に約三〇〇万人ものポーランド人を抱える「多民族国家」であり、当局はその処遇に苦慮していた[4]。ポーランド人のほとんどはポーゼン・西プロイセン両州に居住していたが、それは同地が一八世紀の三度にわたるポーランド分割によって、プロイセン領となったからにほかならない[5]。プロイセン政府はこの「潜在的脅威」に対処すべく、同地方に対するドイツ人農民の移民を推進した。いわゆる「内国植民政策」である。

明治政府はドイツ東部四州[6]、とりわけ、ポーゼン・西プロイセン二州に対する内国植民政策に注目し、その成否を注意深く観察していた。否、当初は内国植民政策を範と仰いで、韓国（一九一〇年以降は「朝鮮」）に対する日本人植民（移民）を促進しようとしていたのである。

ここではこうした関心が日本政府内部にいつ頃から芽生え、どのような葛藤を経て政策化されていったかを概説し、さらに第一次世界大戦によるドイツ帝国の崩壊が日本の朝鮮統治にいかなる影響を及ぼしたかについて、大まかな見取り図を示していく（地名は全てドイツ第二帝政期のドイツ語表記によった）。

一　岩倉遣外使節から山県有朋の訪露まで――一八七三―九六年

日本人のポーランド認識の一つの原点は、一八七一―七三（明治四―六）年にかけて欧米一二カ国を巡覧した岩倉遣外使節に求められよう。

一八七三年三月二八日午後一一時、岩倉具視一行を乗せた汽車はベルリンを発ち、一路ロシアに向かった。翌朝五

図1　20世紀初頭のポーランド

注）今野元『マックス・ヴェーバーとポーランド問題』（東京大学出版会，2003年）xiv頁を基に作成，帝国書院編集部編『プッツガー歴史地図　日本語版』（帝国書院，2013年）155, 160頁参照．

時、汽車は海岸沿いの平野を走っていた。「是元ハ「ボルチック」〔バルチック〕海浜ノ饒勇社〔「ドイツ騎士団」〕ニテ所有セル野地ニテ、普魯西〔プロイセン〕初興ノ領分ニカヽル。……此ハ東普魯西州〔東プロイセン〕ノ疆域ニテ、地勢ハ海ニ浜セル平野ナレハ、四方ニ山ナシ」。使節団に随行した久米邦武は坦々と沿線の風景を描写している。

やがて汽車は「コーニングス、ベルヒ」（ケーニヒスベルク）に到着し、一行はここで昼食をとった。そしてさらに東へと進み、ロシアとの国境を越えて、サンクトペテルブルクに向かった[7]（図1）。

周知のように、この頃ポーランドは独墺露三国により分割され独立を失っていたが、無論そのことは岩倉らも十分承知していた。久米は次のように記している。

普国は、元「ブランデン」堡国〔ブランデンブルク〕より起り、地を四方に兼幷シタル疆域は、今州県の分ちによりて、之を知るを得るへし。……普魯生州《プロイセン》……是を黄海〔バルト海〕饒勇社の旧地とす、四県を分つ、首府を『ケーニングス』堡〔ケーニヒスベルク〕とす、北方浜海の湿野にて、荒寒の郷にかゝる、後露国に赴くには、此州をすく。波森州《ポーセン》……是ヲ波蘭国ヨリ瓜分ノ地トス、二県ヲ分チ、首府「ポーセン」〔ポーゼン〕ハ、人口五万五千アリ、露国〔即チ波蘭ノ旧地及ヒ中南部〕ト貿易ノ衝地ナリ[8]。

……其異種ノ民ハ、波蘭人種アリ、東北波森州ヨリ「シレセン」〔シュレジエン〕東普〔東プロイセン〕ノ地ニ雑処スルモノ、二百三十万余ニ及フ[9]。

岩倉遣外使節には伊藤博文も特命全権副使として名を連ねていた。伊藤もまたドイツ領ポーランド〔本章では、ポーゼン・西プロイセン両州を当時の日本での一般的呼称を踏襲して適宜このように呼称する〕を通過していたのである。

さて、その後もこのルートは、ドイツからロシアに入る場合のメイン・ルートとして多くの日本人によって利用されている。

たとえば川上操六〔陸軍大佐、少将。一八九八年参謀総長〕である。川上は二回にわたって渡欧し〔一八八四年一月―八五年一月、一八八七年一月―八八年六月〕、一回目はドイツ経由でロシアに入っている。具体的経路は判然としないが、モスクワを発ちワルシャワに一泊してベルリンに戻っているので〔一八八四年八月九日―一二日〕、ドイツ領ポーランドを通過していることは間違いない。

二度目の渡欧はドイツ出張が目的であり、ロシアには行っていない。だが、東プロイセン、トラケーネンの帝国種馬飼養所は訪れている（一八八七年八月二〇―二四日）。同地は東プロイセン南東部の森林地帯に位置しているが、旅程などから見て、先回同様ドイツ領ポーランド―ケーニヒスベルク経由だったことは確実だろう[10]。

このルートは皇族も利用している。

一八九四年二月一一日、小松宮依仁親王の随員としてベルリンからロシアに入った長崎省吾の日記によれば、親王一行はベルリン、フリードリヒ・シュトラーセ駅を発し、キュストリン―シュナイデミュール―マリエンブルクを経てケーニヒスベルクで小憩の後、さらに東進して「トロケネン〔トラケーネン〕」を経てロシアとの国境を越えている。一行がロシア最初の駅「ヴィルバレン」に着くまでに一昼夜かかっている[11]。

一八九六年にニコライ二世の戴冠式に参列するため、ロシアを訪問（三月一五日―七月二八日）した山県有朋一行はやや変則的なルートを辿っている。五月一四日午前九時、ベルリンを発った一行は同日午後四時にポーゼン州のブロンベルクに着き、同地で一泊した後、ワルシャワにさらに一泊している。言うまでもなく、当時ワルシャワにはロシアの総督府が置かれていた。山県はわざわざ、ロシア領ポーランドに立ち寄っているのである。

随員都筑馨六の記録によれば、一行がモスクワに着いたのは五月一七日午後三時三〇分であった[12]。ちなみに、このとき成立（六月九日）したのが朝鮮問題に関する山県・ロバノフ協定である。

以上、明治の日本人のロシア入りルートを瞥見してきたが、シベリア鉄道が開通するまでは、稀にオーストリア・ハンガリー二重帝国からロシア領ポーランドに入ることもあったが、ほとんどはドイツ領ポーランド経由であった。桂太郎がシベリア鉄道を利用して満洲・シベリア経由でモスクワに赴いたのは一九一二年七月のことである[13]。車窓からの望見にすぎなかったにせよ、明治の日本人にとって、ドイツ領ポーランドは未知の土地ではなかった。

そして、この地はやがて日本政府の経過的観察の対象となる。一八九五年、日清戦争の勝利によって日本は台湾を領有するが、当初、台湾総督府は日本人移民の可能性を探っており、その先行事例として、ドイツ領ポーランドに対するプロイセン政府の内国植民に注目し、その実地調査に乗り出しているのである。

二　一九〇二年、後藤新平の渡欧と新渡戸稲造

一九〇二（明治三五）年六月一三日、台湾総督府民政長官の後藤新平は総督府殖産局長の新渡戸稲造をともなって横浜を出帆した。彼らは太平洋を越えて、北米大陸経由でヨーロッパに渡った（八月一五日、ロンドン着）。そして、パリを経由してベルリンに入り（九月四日）、九月二七日、ベルリンを発ってサンクトペテルブルクに向かった。ロシア滞在は一カ月余りに及んだが、その後オーストリアに入り、ウィーン政府が行政権を行使していたボスニア・ヘルツェゴヴィナを視察して、イタリアのナポリからインド経由で帰国している（一九〇二年一二月）。

後藤によれば、その目的は「病気保養旁々、欧米に於ける殖民政策を研究して、我が新領土統治上の資料に供する」ことにあった。[14]新渡戸は月刊誌『太陽』に興味深い談話を寄せている。

この旅行で新渡戸はアメリカおよび独墺二国から強い印象を受けた。特に独米両国に「勢ひ」を感じていたが、アメリカの場合、その発展は「徳育」の賜物だと論じている。実業家の養成という同国の国柄を肯定的に捉えているのである。

一方、新渡戸はドイツの勢いの背景に、あらゆる産業部門への国家の計画的・学術的な「干渉」を見出していた。だが、彼はドイツ人の国民性については辛辣であった。「独逸で気に喰はぬことは、人間が大変下品のやうに思ふです。殊に英吉利と較べると、独逸の人間がどうも慾があつて意地が悪いやうに見える」というのである。ところがその一方で、新渡戸はドイツ領ポーランドに対するプロイセン政府の内国植民政策をきわめて高く評価していた。やや長くなるが、これについての新渡戸の文章を引用してみよう。

独逸で殊更面白く見えたのは、東北地方で所謂内国殖民をやつて居るので、是は東北の地方は広い原野であつて耕作も進んで居らぬです。さうして其一部は波蘭土〔ポーランド〕から取つた土地であつて今でも波蘭土人が沢山居る。御承知の通り波蘭土人は国は今日滅亡して居るけれども、愛国心に富み気象の高い民族であるから、事に付けて必ず昔の自国を回復しやうといふことを図り、独逸議会に於ても屢々波蘭土人が政府に反対をしたり、民間に於ても自身の機関を以て独逸人に反対するとか、学校に於て波蘭土語を盛んに興して波蘭土の文学の隆盛を図るとか、マアあらゆる方向に於て此波蘭土の国粋を発揚することを力めて居る。独逸人から見れば、甚だ不愉快のみならず危険極まるのだ。それで独逸の方では、又あらゆる手段を尽して彼らを圧伏しやうとかゝつて居る。

新渡戸はこう述べ、さらに続けて、さすがに「文明国」なので暴力は用いないが、学校でのポーランド語の禁止とか、「議会に於ても波蘭土人の言ふことは成る丈け賛成をさせないように力めるとか〔プロイセン政府は〕百《〔ママ〕》方手を尽して」いる。しかし、こういった抑圧策よりも最も効果的だとみなされるのは、ドイツ領ポーランドに対するドイツ人の「所謂内地殖民」だという。以下、新渡戸の説明を引いておこう。

其方法は波蘭土の貴族が所有して居る大面積の田畠を買上げて（情ないことは波蘭土の愛国者は中等以下の人民に多いので貴族には甚だ薄い。貴族は寧ろ祖先伝来の土地を売つては其金を以て巴里に行つて安楽放逸を耽るといふ有様）二百町歩なり三百町歩なりの土地を独逸の寧ろ普羅西〔プロイセン〕政府で買上げ、小さい区画に割つて政府で家を造り、而も煉瓦の家は大きな立派なものだ。さうして村を構えて独逸の各地方に広告して移住者を募ります、シテ汽車の運賃を廉く負けてやつて家族を引纏めて移住せしむ方法だ。此の如くして従来波蘭土人が居つた所へ独逸人を植え付け波蘭土人の勢力を挫かう、是が為に政府で費やす金は二億万余円の巨額に上る。それで後藤さんと私と親しく行つて見ましたがね、昔波蘭土の貴族が高楼を構へて一家を纏め住宅の周囲に畜房を設け安楽に此処に暮して居つたのを、今は小百姓の村に割付けられ祖先伝来の屋敷は損ぜらる丶様を窺へば、昔の状態が自ら推量されて、何だか陰気になり気の毒な感が起り知らず識らず涙を霑すやうなことが屢々ございました。(15)

最後の数行には内国植民政策に対する新渡戸の複雑な感情が滲み出ている。政策的にはその「成功」を認めていたが、ポーランドとポーランド人に対する尊敬と共感の念を新渡戸は抑えきれなかったのである。

三　一九〇三年、児玉源太郎の外遊計画とその周辺

さて、一抹の苦々しさを覚えたドイツ領ポーランドの現地調査とは打って変わって、新渡戸はオーストリアのボスニア統治に対してはすこぶる肯定的であった。

新渡戸によればボスニアの主権はトルコに属するが、行政はオーストリアに委ねられており、この「殖民地のやうな」「預り地」を「墺地利が如何にして支配して居るかを見る」ことこそ、今回の洋行の目玉だというのである。「此旅行中此処が一番面白かった」。新渡戸はそう断言しているが、彼が感銘を受けたのは、「ボスニヤでは何もかにも政府でやる」、「政府がしないことは子を産まない丈けで」、石炭採掘、塩の専売、鉄道や山林の経営、ホテル事業、温泉の経営など、さまざまな事業を官営で行っていることであった。要は経済開発を通じてのボスニアの植民地化である。(16)ドイツ同様、ここでもまた後藤一行は「レッセフェールの時代」の終焉を感じ取っていた。

本章の趣旨とは離れるが、一九〇二(明治三五)年の後藤・新渡戸のボスニア・ヘルツェゴヴィナ視察が、日露戦後の後藤の満洲経営構想、いわゆる「文装的武備論」の伏線となっていったことは、南満洲鉄道株式会社(満鉄)という半官半民会社による、関東州および鉄道付属地に対する各種事業経営の展開から見ても明らかだろう。満鉄は本業の鉄道経営以外にも撫順炭鉱の採掘やホテル経営、水道事業、不動産の売買など、まさしく多種多様な事業を展開していたのである。[17] 英国東インド会社と並んで、オーストリアのボスニア・ヘルツェゴヴィナ統治もまた、後の満洲経営の範例となっていたことがうかがわれる。

新渡戸は翌一九〇三年に予定されていた児玉源太郎台湾総督の南アフリカ・欧米出張にも随行が予定されていた。もっとも、この外遊は行われなかった。六月一九日に辞令は交付されたが、出発の寸前に桂首相の懇請により、児玉は急遽内相を兼任することになり、出張は中止されたのである。[18]

児玉の外遊の目的の一つは明らかに欧米諸国の植民地統治の実地調査にあった。新渡戸の随行は、児玉がプロイセンの内国植民政策やオーストリアのボスニア・ヘルツェゴヴィナ統治に強い関心を抱いていたことを裏書きしているように見える。

ちなみに、後藤新平一行の帰国と符節を合わせるかのように、台湾総督府民政部財務局税務課長の宮尾舜治も、オーストラリア・インド・欧州および南北アメリカへの出張を命じられている。

宮尾は一九〇三年一月二九日、敦賀を出港して東清鉄道経由でイルクーツクに出て、シベリアを横断して四月七日、サンクトペテルブルクに着いた。そして、ロシア領フィンランドからバルト海を経て四月中旬にモスクワに到着し、コーカサスの油田地帯を視察してクリミアからウクライナに入り、さらにポーランドからドイツに向かっている。そして、北欧諸国を巡覧したのち、再びドイツ経由でオーストリアに入り、ハンガリーからバルカン半島諸国を回っている。

ドイツでは四〇日以上を費やして「社会政策」の調査に勤しんだというが、当時日本では内国植民政策を社会政策の範疇で理解しており、かなりの労力が内国植民政策研究に割かれたようである。

以後、宮尾はオスマントルコやエジプトを経て、英仏両国などを隈なく回った後、南米諸国を一巡して北米に入り、サンフランシスコからハワイ、サモア、ニュージーランド、オーストラリアを巡覧し、香港に立ち寄った後、一九〇五年三月、東京に帰着した。この間、宮尾はエジプトで日露開戦の報に接している[19]。

おそらく、宮尾は児玉の先遣隊だったのだろう。わざわざ、シベリアを経由していることは台湾総督府がロシア情勢に深い関心を寄せていたことの現れであった。現にロシアの東部シベリア経営に大きな衝撃を受けた宮尾は、対露開戦による「清韓領有」を児玉宛の意見書のなかで主張している（一九〇三年八月二〇日付児玉源太郎宛宮尾舜治、在ベルリン意見書[20]）。

四　「日本は韓国を合併するの必要なし」——伊藤博文

さて、一九〇四（明治三七）年二月の日露開戦によって、児玉・後藤の植民政策研究は中断するが、戦局が日本有利になると、陸軍では満韓に対する日本人の植民（移民）が唱えられはじめる。主唱者の一人は満洲軍総参謀長の児玉源太郎であった。彼はロシアとの再戦を防遏すべく、日本は人口増殖に励んでゆくゆくは「百万人」の日本人を満洲に移住させるべきだと説いていたが、同時に「平壌に新日本の根拠」を置き、ここを起点に南北に鉄道を拡張すべきだとも述べている。彼が朝鮮北部への日本人の植民を考慮に入れていたことは確実だろう[21]。

朝鮮北部植民論は山県有朋によって日清戦争当時から唱えられており[22]、それ自体は目新しいものではない。しかし、政府部内には日本人の韓国植民に反対する有力意見も存在していた。その中心人物は初代韓国統監伊藤博文である[23]。

一九〇五年一二月、韓国に統監府が設置された。統監は天皇に直隷し、伊藤は絶大な権限を行使して韓国の内政改革を推し進めようとしていた。

伊藤は完全な併合の可能性も排除しなかったが、それは究極の選択肢であり、まずは韓国の政治改革を重視していた。一九〇七年六月には内閣制度を韓国に導入し、さらに、「衆議院」と「上院」という二院制議会の設置による「責任内閣」制度の導入をも検討していた(24)。内閣と議会の構成員はむろん韓国人である。

この年の七月、第三次日韓協約が取り交わされ、統監府は韓国王朝から内政権や統帥権を完全に剝奪した。そして、八月一日には韓国軍隊は解散に追い込まれた。一見、不可逆的な併合への道が始まったように見えるが、伊藤はなおも慎重だった。一九〇七年七月二九日、彼は京城の日本人倶楽部で次のように演説している。

日本は韓国を合併するの必要なし。合併は甚だ厄介なり。韓国は自治を要す。然かも日本の指導監督なくんば健全なる自治を遂げ難し。……普魯西のウルテンベルグ〔ヴュルテンベルク〕に於けるが如く、独逸のババリヤ〔バイエルン〕に於けるが如く、日本は韓国に対して雅量を示すの必要あり。韓国も兵力を養成するの必要あり。財政も行政も韓国自身にて為すの必要あり。日本は飽く迄韓国を扶植せざる可らず。予は今日まで此主義を維持し来れり。将来も維持せんと欲す(25)。

ここで伊藤は日韓関係をドイツ帝国を構成するバイエルンやヴュルテンベルクなどの君主国に擬している。つまりドイツ第二帝政の「連邦制」になぞらえているのである(26)。もし、伊藤が韓国の国家的解体＝併合を第一に考えていたならば、バイエルンやヴュルテンベルクではなく、プロイセンに併合され、内国植民の対象でもあったポーゼンや西プロイセンを例示したはずである。それにしても、日韓関係をドイツ帝国のあり方と比較している点はすこぶる興味深い。[27]

五　日本人移民をめぐる意見対立――伊藤と桂・新渡戸

一九〇七(明治四〇)年一〇月、皇太子嘉仁親王は韓国に行幸した。前首相の桂太郎もそれに随行し、一〇月二二日に統監府で催された伊藤の六八歳の祝宴にも招かれている。席上、伊藤は桂への答礼演説のなかで、自分が韓国に赴任した際、「陛下〔明治天皇〕から賜はりたる勅語に「卿克く韓国扶植の任を全くせよ」と仰せられ、決して韓国を併呑すべしとは宣はず。即ち統監の職責は韓国を扶植し、両国相依り相輔け、其の権利と利益とを増進せしむるに外ならず」と演説し、併合に逸りがちな桂や山県を強く牽制している。[28]

伊藤が桂を牽制したのには理由があった。この頃、桂は拓殖会社による朝鮮への「内地人」の植民を企図しており、ドイツ内国植民に詳しい新渡戸の力を借りて伊藤を説得しようとした(一九〇七年八月以前、月日は不詳)。新渡戸の回想によれば、桂とはすでに事前に話し合いを重ねており、平田東助、小松原英太郎といった山県有朋の腹心グループも同席していたという。[29] 拓殖会社構想は山県の承認の下に進められていたと見てよい。付言すれば、このとき新渡戸と伊藤を引き合わせたのが、当時統監府農商工務総長の任にあった木内重四郎(岩崎弥太郎女婿)である。[30]

さて、統監仮官邸での懇談の席上、伊藤は開口一番「朝鮮に内地人を移すという議論が大分あるやうだが、我輩はこれに反対してをるのじゃ」と切り出し、さらに次のように続けた。

　君朝鮮人はえらいよ、この国の歴史を見ても、その進歩したことは、日本より遥以上であつた時代もある。この民族にしてこれしきの国を自ら経営出来ない理由はない。才能においては決してお互に劣ることはないのだ。

然るに今日の有様になつたのは、人民が悪いのぢやなくて、政治が悪かつたのだ。国さへ治まれば、人民は量に於ても質に於ても不足はない。(31)

伊藤は朝鮮人の民族性を高く評価しており、特に「上古」における文明の高さを明白に認めていた。当時韓国は長期的な人口減少傾向にあり、それが社会の衰退をもたらしていたが、伊藤はその原因を韓国人の「民族上の欠点」などにではなく、韓国の「悪政」に見出していた。そして、政治さえ改革されれば韓国人の潜在的能力は全面的に開花すると考えた。

一方、伊藤は在韓日本人の傍若無人ぶりには眉をひそめていた。当時、日本人のなかには朝鮮国王を「瞞着」して、各種の利権を漁ろうとする者がおり、伊藤はそれに憤っていた。原敬が伊藤から聞いた話では、彼らは「国王の印璽を盗用せしものの」如く、韓国人共犯者の家宅捜索の結果、悪事の一端が露見したのだという。(32)

おそらくこの手の話は氷山の一角であろう。すでに一九〇五年七月、長谷川好道駐韓軍司令官は寺内正毅陸軍大臣に宛てて、韓国は「魔人跋扈」の「魔界」であり、「腐敗の邦人等」が「毒牙」を逞しゅうしているとひとしきり慨嘆したうえで、一刻も早く自分の任を解いて戦場に赴かせてほしいと嘆願している。これに対して、寺内は長谷川に理解を示しつつも、現地の日本人は朝鮮国の「制度」や「規定」を尊重すべきだと応じている。「魔界」という表現は尋常一様でないが、彼らが韓国の政治風土に相当な違和感を覚えており、また、そこに巣食う不良日本人に対しても強い嫌悪感を抱いていたことがうかがえる。(33) ちなみに、長谷川は一九一九(大正八)年の三・一独立運動勃発時の朝鮮総督、寺内は前首相である(当時の首相は原敬)。

在留邦人のこうした実態を知っていたからこそ、伊藤は韓国への日本人移民導入論に反対していたのである。

六　「枯死国朝鮮」——新渡戸稲造の対韓認識

ところが、新渡戸の韓国観は全く異なっていた。一九〇六（明治三九）年、全州地方を視察した新渡戸はその印象を次のように述べる。

其生活やアルカヂア風に簡樸なり。予は千年の古へ、神代の昔に還りて生活するが如きの感をなす。打見る、多くの顔は神の姿かと誤たるゝばかりに、恬淡、荘厳、端正なり。されど毫も表相無し。此国民の相貌と云ひ、生活の状態と云ひ、頗る温和、樸野且つ原始的にして、彼等は第二十世紀、はた第十世紀の民に非らず、否な第一世紀の民にだもあらずして、彼等は有史前紀に属するものなり（「枯死国朝鮮[34]」）。

「最も悲しむべきは、民力銷耗してまた余す所無きことなり。努力の源は涸れぬ。彼等を勤労せしめんにも既に刺戟無し」。アルカディアの民は「疲れ果てゝ」いたのである（「亡国[35]」）。

新渡戸は続けて言う。恐るべきは、韓国社会を覆っている「死の習風」である。「此国に於けるが如くに、生者と死者としかく《〔然く〕》近接して、行動労作するものは無し」。山野は墳墓に満ち、路傍には埋葬されるべき棺が列なっているが、多くはすでに腐敗して遺骸は露出している。だが、人々はそれを気にする風もなく、農夫は「徘徊し、労作し、休憩するあるのみ」。「彼等は墳墓の上に踞して、中食を取《（ママ）》り、児童は其側に戯れ、彼等の飼へる牛は爰に草を食み、名も無き祖先の晒れかうべは、路傍に行人の蹴る所となる」（「枯死国朝鮮」）。

ここには基督者新渡戸の宗教観も影を落としていただろうし、局地的、かつ一時的な事象を普遍化して捉えていた可能性（認知の歪み）も否定できない。だが、今ここで重要なのは新渡戸のこうした韓国観そのものなのである。彼はこう結論づける。この地では死はたんなる「物質的の事実」となり、過去の有する精神的感化力はその力を失い、それらはかえって「精神上の重荷」となっている。このように「死と密接する国民は、自から既に半ば以上死せるものなり」（「枯死国朝鮮」）。

七　東洋拓殖株式会社の創立——伊藤と桂のさや当て

「死の習風」に捉われた人々に対して、善政を施したところでどうにもなるまい。朝鮮半島の経済的活力を回復させるには、たとえ若干の瑕疵はあろうとも外部の活力、つまり、日本人移民の導入に俟つしかない。新渡戸はこう考え、日本の韓国植民事業のモデルとしてドイツ「内国植民」政策を取り上げた。そして、伊藤の古い記憶を喚起しようとした。

閣下〔伊藤〕が〔岩倉遣外使節の一員として〕ビスマークにお会ひの時に内地植民の計画についてお聞きでありませんでしたか。必ずお聞きになつたことゝ私は存じます。何んとなれば、これは彼が大自慢の政策であつたさうであります。またロシアにお出での時にはこの地方をお通りになって御覧になつ〔ママ〕たはずです。

新渡戸はさらに続けて、内国植民政策は「平和的に一民族を他の民族の中に移植する」という歴史上類例を見ない画期的な施策であり、政治家の研究する価値は十分あると畳みかけた。

だが、伊藤の反応は芳しくなかった。新渡戸はその後二時間余りにわたってプロイセン内国植民政策の説明を試み

たが、伊藤の考えは変わらなかった。(36)

一九〇八年八月、第二次桂内閣は東洋拓殖株式会社（東拓）を創立した。本社は漢城に置かれ、資本金一〇〇〇万円（内三〇〇万円は韓国政府引き受け）で、韓国において拓殖事業を営むとされた。もっとも、韓国に中央銀行を設置して、独自の通貨発行権をもたせようとしていた伊藤は、韓国勧業銀行の設置を通じて東拓から金融部門を分離しようとした（一九〇八年五月頃）。東拓が日本人移民への資金融資を目的としていたのに対して、伊藤の韓国勧業銀行は「韓国人民」への資金融資を担当業務にしていた。(37)ここにもまた、伊藤と桂・新渡戸の韓国人観の相違が顔を覗かせていたのである。

さて、その後の経緯については贅言を要さないだろう。韓国義兵闘争にともなう流血の事態は伊藤の韓国統治構想に対する致命的な打撃となった。国内では山県や桂を中心に韓国解体・併合論が勢いを増していった。そして一九〇九年一〇月二六日、統監を退いていた伊藤は、訪問先の哈爾浜で韓国人安重根の放った銃弾に斃れた。すでに伊藤は併合を認めていたが、これは一つの大きな歴史的悲劇であった。

八　ドイツ内国植民は本当に成功しているのか

一九一〇（明治四三）年八月、第二次桂内閣は韓国併合に踏み切った。この間、台湾総督府は東郷実（札幌農学校出身。新渡戸稲造の学統に属する）をドイツに派遣して、ポーゼン・西プロイセン両州での内国植民政策の実態調査に従事させており（一九〇九年八月）、その成果は東郷農学士編述『独逸内国植民論』（拓殖局、一九一一年）として刊行されている。

この冊子のなかで、東郷は朝鮮に対する日本人「自作中小農民」移植の重要性を強調し、農業移民こそは朝鮮に対する植民政策の主眼だと主張する。日本内地の零細農業を立て直すには農村過剰人口の排出が必要であり、人口密度が希薄で多くの「未開地」を有する朝鮮こそは格好の移民先だというのである。そうすれば朝鮮経済は活性化し、将来的には「千余万の〔日本人〕移民」による朝鮮の「自然的同化」も可能になろう。東郷は「人種的優劣」という点では、「朝鮮人は又母国人の敵に非らざるは明らかなり」と断定している(38)。

こうして東郷は「国家的植民政策」の採用を唱え、それを補完する意味で東拓の存在意義を認めている。もっとも、東拓は短期的な収益確保、つまりは金融業務に汲々としており、営利事業として成り立ちにくい移民事業には及び腰だとも指摘している(39)。

興味深いことに、東郷はドイツ内国植民政策の将来には悲観的であった。ドイツ人中小農民のドイツ領ポーランドへの植民は進んだが、それは同時にポーランド人の愛国心を強く刺激し、ドイツ人地主からの土地の買い取りやそれにともなう人口増加もまた顕著だったからである。東郷はドイツ人地主の「愛国心の欠乏」を嘆いており、「窮鼠却つて猫を嚙むの時なしとも言ふべからず」と述べ、ドイツ東部四州の領有権動揺の可能性にさえ言及している(40)。

とはいえ、東拓はドイツ内国植民政策への関心を失っていなかった。東拓創立委員でもあり、当時東京帝国大学法科大学教授であった松崎蔵之助（一八六六―一九一九年、経済学者）は、大戦勃発寸前の一九一三（大正二）年一一月から一二月にかけて、ポーゼンから東プロイセンを視察している(41)。

一一月二三日、松崎はベルリンを出発し、翌日ポーゼンに着いた。そして、当地の「殖民委員会」を訪問し、同市近傍のドイツ人「殖民地」を視察した。二五日には東プロイセンのケーニヒスベルクを訪れ、地主組合銀行および土地会社を訪問し、ロシアとの国境方面にまで足を延ばしている。一一月末日、ブランデンブルク州のフランクフルト・アン・デル・オーデルに戻って土地会社を視察し、一二月五日、ベルリンに帰着した。

松崎は復命書のなかで「如何に普魯西政府が旧波蘭王領の統治及び之を独逸化するに熱心なるを証せんとす。……

本官は同国政府の政策に由り感奮する所多かりしを以て特に之を報告することとせり」と述べている。

ところが、松崎がそこで実際に見出したのは、ポーランド人による土地取得の拡大に必死に抵抗しているドイツ側の姿であった[42]。東プロイセンにおけるポーランド人勢力の「侵入」は「偉大」であり、ポーランド人は海に至るまで土地取得を止めず、ケーニヒスベルクを首都とする「新波蘭」の建国を企図しているのではないか。松崎はこう述べ、近年、ポーランド人勢力は西プロイセン州およびポーゼン州から東プロイセン州に土地取得の重点を移しつつあり、プロイセン政府も対抗策（「土地所有確定法[43]」の制定）を講じている、と述べている。

内国植民政策の成功どころか、ポーランド人の経済的台頭にともなう政策的行き詰まりを松崎は現地で実見していたのであった。

九　「模範国ドイツ」崩壊の衝撃

この間、東拓の事業の失敗も明らかになっていた。日本人農民の朝鮮への移民は低調であった。「東拓会社失敗の原因は株主の利益をのみ考へて、会社創立当初の目的（農業移民）を遂行しなかつたからである」。すでに第一次世界大戦の最中に新渡戸はこう述べている[44]。また、「日本の植民地原住者の労働能力について見れば、……朝鮮人については、伊藤公が「財産安固となり生活容易となれば、この民は捨つべきにあらず」と言つた通りである[45]」と述べ、かつての「死の習風」にとらわれた国民であるとの韓国人観を全面的に撤回している。

そして松崎の懸念は第一次世界大戦（一九一四年八月―一八年一一月）を経て現実のものとなる。一九一八（大正七）年一一月、ドイツ第二帝政は崩壊し、ポーゼンや西プロイセンでは民族的緊張が急速に高まり、ポーゼンではついに武力衝突が発生した。ドイツは休戦交渉を西側に求めたが、それは事実上の講和へとつながっていった[46]。

朝鮮総督府はこうした事態に敏感に反応した。今「最モ虞ルヘキ」はロシア、ドイツ、オーストリアの「国体ノ変化」、とりわけ、「「ポーランド」ノ独立問題」と「「チェック」ノ民族的自立」、さらには英米仏からの「民主的思想ノ浸潤」だというのである（一九一九年一月、児島意見「極秘　朝鮮警務機関ノ将来ニ就テ」）[47]。

そして、ドイツ革命に最も大きな衝撃を受けたのは、ドイツをほとんど唯一の模範国として崇拝していた元老山県有朋であった。

山県はかねてより、ドイツ皇帝の背後にはプロイセン陸軍をはじめとする精鋭なる国軍が存在し、国軍を支える徴兵制を「岸壁に崛起する樹木」になぞらえていた[48]。大戦中、彼はしばしばドイツの勝利を予想し、それをなかば歓迎するかのような態度を示していた。ところがこともあろうに、その「精鋭なる国軍」のなかにまで革命運動は浸透し、ついには国軍の崩壊・反乱によってヴィルヘルム二世は退位に追い込まれたのである[49]。

山県にとって、それは全く信じがたい出来事であった。ドイツ革命はロシア革命以上の衝撃的な出来事であり、山県の国家観や近代化モデルは根底から押し揺るがされた。大戦後に山県は政友会総裁の原敬に急速に歩み寄るが、その背景にはたんなる革命の脅威に対する恐怖以上に、こうした価値観や経験則、つまりは自らの世界観の崩壊があったように思われる[50]。

さて、ポーゼン・西プロイセン両州は一九一九年六月のヴェルサイユ講和条約で独立を回復したポーランド共和国の一部となったが、ドイツ国内にはこれに反発する動き（イレデンティズム）が活発化し、それはやがて、アドルフ・ヒトラーによる「ポーランド回廊返還」要求にまでつながっていく。

ドイツ内国植民政策の破綻は明らかであった。日本政府内部では路線転換の声が一斉に上がりはじめた。一九一九年の三・一独立運動はそれを決定的に促した。

通常、この問題を論ずる場合には、原敬内閣における総督武官専任制の廃止と朝鮮軍の独立、さらには同化政策の推進に注意が払われる。しかしながら、本章では移民問題と関連させて論じていく。

一〇　朝鮮産業化政策——宇都宮太郎と井上準之助

ここで注目すべきは、朝鮮産業化政策とでもいうべき政策転換が朝鮮と「内地」双方において唱えられるようになったことである。

たとえば、宇都宮太郎（朝鮮軍司令官）である。三・一事件の衝撃も冷めやらぬ一九一九（大正八）年五月一七日、宇都宮は田中義一陸相の求めに応じて起草した意見書「秘　朝鮮時局管見」(51)のなかで、朝鮮の農業移民を否定して都市部への大規模移民を構想している。

彼は、朝鮮を「自治殖民地」にすることは将来的な独立につながるとしてこれを否定し、いずれは「内地同様ノ府県制」を導入し、徴兵制も段階的に施行すべきだと主張する。要するに朝鮮を「内地」と一体化すべきだというのだが、それを実質化するためには「内地人」の大規模移民——概数で約一三〇〇—一四〇〇万人——を予期しなければならない。これは当時の朝鮮人人口、一六〇〇—一七〇〇万人に匹敵する規模である。

とはいえ、朝鮮においては有用な土地はほぼ開墾し尽くされており、東拓のような農業移民はいたずらに民族対立を刺激するだけに終わるだろう。そこで宇都宮が注目したのが、鉄道・港湾等の社会的インフラ整備を通じての朝鮮全土におけるさまざまな産業振興であった。これが上手く行けば、新たな「大小ノ都市、町村」が叢生し、そこに日本人移民を「招来」して「内地人移民ノ大発展ヲ促進スル」ことができるというのである。いわば、産業的植民都市の造成である。宇都宮によれば、京城の人口は二五万人、釜山は六万人にすぎないから、産業振興による「大小都会」の造成には十分見込みがあるという。

一方、井上準之助（第二次山本権兵衛内閣蔵相）もまた、朝鮮の「産業開発」に植民政策の舵を切ろうとしていた。井上といえば金解禁政策があまりに有名であり、彼の「経済政策の運命」について論じられることはあっても[52]、国家構想それ自体についてはほとんど議論されてこなかった。かつて、私は大正末期から昭和初期における井上の経済政策を政治史的文脈のなかで解釈し直し、その結果、次のようなイメージを提示することができた。本章と関係する論点を摘記しておこう[53]。

一、井上は緊縮財政を梃子に軍縮や軍部に対するより有効なコントロールを実現しようとしており、「東亜」における最大の不安定要因は、中国の革命外交と並んで満洲での日本陸軍の暴走リスクにあると考えていた。

二、井上は満洲の市場的開放と健全な企業間競争を重視しており、日中が「ウィン・ウィン」の経済関係を取り結べば、満洲問題も自ずと落着すると見ていた。

三、したがって、満洲を金融的に日本に包摂することには否定的で、朝鮮銀行券を回収し、日銀券を朝鮮半島に流通させることを通じて、寺内内閣の勝田主計蔵相が進めていた朝鮮銀行券の満洲・シベリアへの流通促進策を打ち切ろうとした。「鮮満」一体化から「内鮮」一体化への路線転換である。

井上は朝鮮銀行という特殊発券銀行を廃止して、金融的に日本と朝鮮を一体化しようと考えており、彼の対英米協調路線は「内鮮一体化」路線と表裏一体のものであった。その際重視されていたのが、ここでも朝鮮の「産業開発」であった。井上は一九二五年五月初旬から約一カ月にわたって朝鮮各地を巡察して、その感想をさまざまな論考にまとめている。

そこで井上が説いていたのが、工業化による国内過剰人口問題の解決であり、移民政策にはほとんど望みはないということであった。井上は大戦後における民族間対立の激化に触れ、その好例としてポーランド国内におけるドイツ系住民の「反感」を挙げている[54]。また、朝鮮人からの土地買収を前提とする東拓の移民事業には全く期待できないと明言している[55]。当然、朝鮮人の同化の可能性にも否定的であった。井上は言う。

朝鮮人とは四十年か五十年の差があるばかりで、決して別種の人間とは思はぬ程、朝鮮人は相当の人種でありますす。……他の人種の圧迫を被つて消滅してしまふといふやうな弱い人種ではない、過去の歴史に就て見ましても建設的の力量ある人間である[56]。

彼は朝鮮における産業開発の可能性を説き、それによって経済的繁栄をもたらすこと以外に朝鮮統治の長期的な安定化は望めないと説く。その一部を摘記すれば以下の通りである。

咸鏡北道および咸鏡南道は「農業経済的一大理想郷」である。朝鮮南部では地主制の弊害が著しく、小作争議の発生が懸念されているが、咸鏡道方面では自作農が多く、まさに「東洋のデンマーク」たりうる可能性をもっている。

咸鏡北道には有力な褐炭層があり、平壌では無煙炭が採掘されつつある。朝鮮の二大移輸出品は穀物と石炭になるかもしれない。もっとも、北九州での経験から見れば、地元の小資本では石炭採掘事業は支え切れない。どうしても、「大資本を以てする大規模の経営」でなければならない。「朝鮮人たる事業経営者に、この点を特に切言」しておく所以である。清津および鎮南浦の築港計画は時期尚早である。まずは石炭の増産が先決だろう。

朝鮮の養蚕事業は非常に有望である。生糸価格を抑えられれば人絹との競争も可能であり、輸出も衰えないだろう。繭には先物市場がないので、横浜の生糸相場の動向に養蚕農家は振り回されてしまう。投機的な色彩が濃厚な市場構造が出来上がっており、大資本でなければ製糸業は維持できない。銀行業界もリスクを分担することになろうが、大資本による経営は必須だろう……。[57]

井上が想定していたのは朝鮮の工業化というよりも、農業・鉱業振興を通じての産業化であった。そして、朝鮮鉄道網の未完成を慨嘆してやまなかった。鉄道が整備されれば物流も動き出し、朝鮮全土の産業化はいっそう進むだろうというのである。[58]

移民政策の可能性を認めるか否かという点で、井上と宇都宮の朝鮮統治構想には大きな相違があった。しかし、ともに「内国植民」的、東拓的農業移民を否定し、朝鮮の産業化を重視している点においては、両者は明らかに大戦後の状況に棹差していた。日本の朝鮮統治は新たな局面に入っていたのである。

おわりに

一九一九(大正八)年六月、ヴェルサイユ講和条約によってポーランドは独立を回復し、ポーゼンと西プロイセンはポーランド共和国に復帰した。ドイツ内国植民政策は、日本の朝鮮政策に対する引照基準としての意味を失った。朝鮮総督府は一九二四年から二五年にかけて『旧独領波蘭統治概観』を前・後編に分けて刊行したが、そこでの通史的叙述は「一九〇二年以降」で終わっている。

同書は「緒言」でドイツ―ポーランド関係と日韓関係の類似性を強調しつつも、「日本対朝鮮の方がより密接であり、より平和的であることは言を俟たない」と述べている。[59] そこでは「統治国民も被統治国民も共に文明国人」であ

ると の建前が掲げられている。[60] ドイツ内国植民については、「第五章、土地争奪戦」でその事実上の失敗を詳述している。

もっとも、同書は言う、「統ての問題は時が解決した」。かつてビスマルクは「ポーランドの再興は夢想の業たるを免れない」と揚言したが、世界大戦によるドイツの敗北がこの問題に決着をつけた。しかし、それはたんに「主客を転倒」したにすぎない。今やポーランドとチェコスロヴァキアにおいては、「独逸人に対する圧迫」が「以前に執つた独逸政府の政策に対する報復」としてなされようとしている。『統治概観』は「第五章、土地争奪戦」の叙述をそう締め括っている。[61]

果たしてこの冊子の執筆者は、日本の朝鮮統治の行方に同様の事態を予見していなかったのだろうか。それともそこはかとない不安感に囚われていたのだろうか。彼は関東大震災における朝鮮人虐殺（一九二三年九月）について何も知らなかったのだろうか。あるいは、知っていたからこそ、ことさらに楽観的とも受け取れる「緒言」を書いたのだろうか。

「歴史の結末、あるいは途中経過」を知る者としては、言うに言われぬ感懐を催さざるをえない。

（1）松尾尊兊『普通選挙制度成立史の研究』（岩波書店、一九八九年）、三谷太一郎『日本政党政治の形成――原敬の政治指導の展開』（東京大学出版会、増補版一九九五年、初版一九六七年）、同『新版大正デモクラシー論――吉野作造の時代』（東京大学出版会、一九九五年、初版中央公論社、一九七四年）、伊藤之雄『大正デモクラシーと政党政治』（山川出版社、一九八七年）、奈良岡聰智『加藤高明と政党政治――二大政党制への道』（山川出版社、二〇〇六年）、同『対華二十一ヵ条要求とは何だったのか――第一次世界大戦と日中対立の原点』（名古屋大学出版会、二〇一五年）など。「模範国」概念については、山室信一『法制官僚の時代――国家の設計と知の歴程』（木鐸社、一九九九年）参照。

（2）細谷千博・斎藤真編『ワシントン体制と日米関係』（東京大学出版会、一九七八年）。

（3）森靖夫『「国家総動員」の時代――比較の視座から』（名古屋大学出版会、二〇二〇年）。総力戦構想と政党政治との親和的側面の思想的分析としては、黒沢文貴『大戦間期の日本陸軍』(みすず書房、二〇〇〇年)がある。本格的政党内閣としての原敬内閣の下で「平時型総力戦体制」への準備が進められたとする政治史研究としては、高橋秀直「原敬内閣と総力戦構想」(『史林』第六八巻第三号、一九八五年五月)がある。山室信一『複合戦争と総力戦の断層――日本にとっての第一次世界大戦』(人文書院、二〇一一年)は、日本にとっての第一次世界大戦を異なる戦場からなる五つの複合戦争として捉え、それらの基底に総力戦問題が影を落としていたと説く。

(4) 今野元『多民族国家プロイセンの夢――「青の国際派」とヨーロッパ秩序』(名古屋大学出版会、二〇〇九年)。同『マックス・ヴェーバーとポーランド問題――ヴィルヘルム期ドイツ・ナショナリズム研究序説』(東京大学出版会、二〇〇三年)、『吉野作造と上杉慎吉――日独戦争から大正デモクラシーへ』(名古屋大学出版会、二〇一八年)。

(5) ポーゼンと西プロイセンなどの「旧ドイツ領」に関する概説書としては、衣笠太朗『旧ドイツ領全史――「国民史」において分断されてきた「境界地域」を読み解く』(パブリブ、二〇二〇年)がある。東プロイセンについては、池内紀『消えた国　追われた人々――東プロシアの旅』(みすず書房、二〇一三年)。また、エヴァ・パワシュ＝ルトコフスカ、アンジェイ・T・ロメル編著、柴理子訳『日本・ポーランド関係史』(彩流社、二〇〇九年)も参照のこと。

(6) ポーゼン、西プロイセン、東プロイセン、シュレジエン。

(7) 久米邦武編、田中彰校注『特命全権大使米欧回覧実記 (三)』(岩波文庫、一九七九年)三六〇―三六二頁。

(8) 同右、二七〇―二七一頁。

(9) 同右、二八四頁。

(10) 徳富猪一郎『陸軍大将川上操六』(第一公論社、一九四二年)八〇頁。川上の日記では「トラケン」と表記されている。川上の目的はトラケーネン産の軍馬の導入にあった模様である。「帝国種馬飼養所」については、ミシェル・トゥルニエ著、植田祐次訳『魔王』下巻(みすず書房、二〇〇一年)を参照した。

(11) 「長崎省吾日記」一八九四年二月一日(国立国会図書館憲政資料室所蔵『長崎省吾文書』三五―8)。

(12) 「山県有朋欧米随行日記・第二」(国立国会図書館憲政資料室所蔵『都筑馨六文書』二八七―5)。

(13) 小林道彦『桂太郎――予が生命は政治である』(ミネルヴァ書房、二〇〇六年)二六八―二六九頁。

(14) 鶴見祐輔『後藤新平』第二巻(勁草書房、一九六五年)五〇八―五〇九頁。新渡戸については、北岡伸一『門戸開放政策と日本』(東京大学出版会、二〇一五年)第八章参照。

(15) 以上の引用はすべて、新渡戸稲造談「欧米漫遊雑感」(『月刊太陽』第九巻第三号、一九〇三年三月一日)、九一―九二頁。

(16) 同右、九三―九四頁。村上亮「ハプスブルクの「植民地」統治と日本――ボスニア・ヘルツェゴヴィナにおける森林政策

を糸口に」（後掲科研費基盤（B）研究会、二〇二〇年一〇月一一日）。
(17) 小林道彦『大正政変――国家経営構想の分裂』（千倉書房、二〇一五年）第二章参照。
(18) 小林道彦『児玉源太郎――そこから旅順港は見えるか』（ミネルヴァ書房、二〇一二年）。
(19) 『宮尾舜治伝』（私家版、一九三九年）一五九―一六五頁。
(20) 水沢市立後藤新平記念館所蔵『後藤新平関係文書』7―75。
(21) 「第十九章　児玉大将の人口繁殖論と移民問題」（尚友倶楽部調査室編『尚友ブックレット第15巻　黒澤禮吉著「日露戦争思出乃記」』社団法人尚友倶楽部、二〇〇一年）二八八―二八九頁。一九〇五年五月一六日付寺内正毅宛児玉源太郎書翰（長岡外史文書研究会編『長岡外史関係文書――書簡・書類篇』吉川弘文館、一九八九年、一五四頁）。
(22) 一八九四年九月一七日付伊藤博文宛山県有朋書翰（伊藤博文関係文書研究会編『伊藤博文関係文書』第八巻、塙書房、一九八〇年、一三四頁）。同一一月七日付山県「朝鮮政策上奏」（大山梓編『山県有朋意見書』原書房、一九六六年、二二三―二二五頁）。
(23) 伊藤の韓国統治構想については、伊藤之雄『伊藤博文をめぐる日韓関係――韓国統治の夢と挫折』（ミネルヴァ書房、二〇一一年）、瀧井一博『伊藤博文――知の政治家』（中公新書、二〇一〇年）、小川原宏幸『伊藤博文の韓国併合構想と朝鮮社会――王権論の相克』（岩波書店、二〇一〇年）、森万佑子『韓国併合――大韓帝国の成立から崩壊まで』（中公新書、二〇二二年）も参照されたい。
(24) 小林前掲『桂太郎』二二三―二二四頁。衆議院は韓国八道から各一〇人、計八〇人の韓国人議員から構成され、上院は韓国文武両班のなかから五〇人を互選するとされた。責任内閣は「副王」の下に置かれるとされたが、副王＝統監だろう（前掲『伊藤博文の韓国併合構想と朝鮮社会』一九〇頁）。なお、一九〇七年一〇月、皇太子嘉仁親王（後の大正天皇）は韓国に行啓しているが、大正天皇は「御自分朝鮮語を話すとの兼ての御抱負もあり」、李王世子李垠との朝鮮語での直接会話に晩年まで執着している（伊藤隆・広瀬順晧編『牧野伸顕日記』中央公論社、一九九〇年、一九二一年八月九日、同二三日の条）。日本皇太子と韓国統治との関連について、考察の余地は未だ残されていよう。
(25) 伊藤博文「新聞記者及通信員招待会に於て」（一九〇七年七月二九日、於京城日本人倶楽部、瀧井一博編『伊藤博文演説集』講談社学術文庫、二〇一一年、三八五―三八六頁）。
(26) 前掲『伊藤博文の韓国併合構想と朝鮮社会』一八七―一九〇頁。
(27) 小林道彦『近代日本と軍部――1868-1945』（講談社現代新書、二〇二〇年）二七一―二七三頁。
(28) 小林前掲『桂太郎』二二三―二二四頁。

(29) 新渡戸「偉人群像」(新渡戸稲造全集編集委員会編『新渡戸稲造全集』第五巻、教文館、一九七〇年)五五六―五五七頁。
(30) 同右、五四四頁。なお、奈良岡聰智「韓国統監府時代の木内重四郎――岩崎久彌との関係を中心に」(『三菱史料館論集』第二二号、二〇二一年三月)参照。
(31) 新渡戸前掲「偉人群像」(前掲『新渡戸稲造全集』第五巻、五五〇―五五三頁)。
(32) 原奎一郎編『原敬日記』一九〇五年五月一五日(福村出版、一九八一年)。押川方義、巖本善治、松本武平らであり、韓国人の協力者は李逸植なる人物である。大隈重信は利権獲得に乗り気だったが、渋沢栄一は消極的な態度を示した。
(33) 一九〇五年七月五日付寺内正毅宛長谷川好道書翰(国立国会図書館憲政資料室所蔵『寺内正毅関係文書』書翰の部三八―8)、同八月一七日付長谷川宛寺内書翰(同『憲政資料室収集文書』一一五一)、小林道彦「近代日本の転換点」(瀧井一博編著『「明治」という遺産――近代日本をめぐる比較文明史』(ミネルヴァ書房、二〇二〇年)。韓国併合の政治過程、とくに韓国内政の実態については、新城道彦『朝鮮王公族――帝国日本の準皇族』(中公新書、二〇一五年)第一章、同『朝鮮半島の歴史――政争と外患の六百年』(新潮選書、二〇二三年)第四章参照。
(34) 前掲『新渡戸稲造全集』第五巻、八〇―八二頁。
(35) 同右、七八―七九頁。
(36) 新渡戸前掲「偉人群像」(前掲『新渡戸稲造全集』第五巻、五五〇―五五三頁)。
(37) 多田井喜生『大陸に渡った円の興亡』(東洋経済新報社、一九九七年)第一章。
(38) 東郷実『独逸内国植民論』四六五―四八〇頁。
(39) 同右、四七六―四七九頁。
(40) 同右、三六〇―三八二頁。
(41) 国立公文書館所蔵『大正五年公文雑纂』巻32。
(42) 東プロイセンにおけるポーランド人の土地所有は、一九〇〇年の一五〇〇ヘクタールから、一九一一年には一万八四〇〇ヘクタール、一九一二年には三万ヘクタールへと著増していた。
(43) 「地代地」を設定しドイツ人に販売する、一子相続法による分割相続の禁止など。
(44) 新渡戸稲造「植民政策講義及論文集」(『新渡戸稲造全集』第四巻、教文館、一九六九年、一一三頁)。なお、同一三五頁参照。一九一九年六月九日受理、執筆者不明(李軫鎬氏持参)「秘　地方民心ノ動揺ト対策　全羅北道」なる意見書は、東拓の事業のスケールは小に失したと述べ、「大ナル計画」による「団体的移民」を提言している(国立国会図書館憲政資料室所蔵『宇都宮太郎関係史料』五四五)。

(45) 新渡戸前掲「植民政策講義及論文集」（前掲『新渡戸稲造全集』第四巻、一四三―一四四頁）。

(46) ローベルト・ゲルヴァルト著、大久保里香・小原淳・紀愛子・前川陽祐訳『史上最大の革命――一九一八年一一月、ヴァイマル民主政の幕開け』（みすず書房、二〇二〇年）、前掲『旧ドイツ領全史』二七五―二七八頁。

(47) 前掲『宇都宮太郎関係史料』五三六。

(48) 「米村靖雄日記」一九一六年五月二四日（国立国会図書館憲政資料室所蔵『米村靖雄文書』一一三）。

(49) 小林道彦『山県有朋――明治国家と権力』（中公新書、二〇二三年）八七、二三五―二三六頁。

(50) 同右、二五一―二五二頁。

(51) 前掲『宇都宮太郎関係史料』五四四―3。

(52) 中村隆英『昭和恐慌と経済政策』（講談社学術文庫、一九九四年、初版は『経済政策の運命』日経新書、一九六七年）。

(53) 小林道彦『政党内閣の崩壊と満州事変――1918-1932』（ミネルヴァ書房、二〇一〇年）第I部第二章。

(54) 井上準之助『半島を一巡して』（朝鮮総督府、一九二六年、都城市立図書館所蔵『上原勇作文庫』所収）一〇三―一〇四頁。

(55) 井上準之助「朝鮮視察談」（井上準之助論叢編纂会編・刊『井上準之助論叢』第二巻、一九三五年）三七七頁。

(56) 前掲『井上準之助論叢』第二巻、四〇三頁。

(57) 井上前掲『半島を一巡して』一―八頁。

(58) 同右、一三―一八頁。

(59) 朝鮮総督府編・刊『旧独領波蘭統治概観』前編（一九二四年、防衛省防衛研究所所蔵）一―二頁。

(60) 同右、一頁。

(61) 同右、後編（一九二五年、防衛省防衛研究所所蔵）三〇二頁。

（付記）本章は、科学研究費基盤（B）「第一次世界大戦における「模範国ドイツ」崩壊の日本近代史におよぼした影響の政治外交史的研究」（二〇二〇―二二年度）課題番号20H01312（研究代表者小林道彦）の成果の一部である。

第4章　日露戦後における曾我祐準の対外政策論
——台湾統治と中国進出問題を中心に

小林和幸

はじめに

本章では、貴族院の代表的な論客であった曾我祐準の対外政策論について、主として台湾統治と中国進出問題を対象として検討する。

筆者は、曾我祐準の政治活動について伝記的研究を進めており、すでに曾我の維新期から日清戦争後にかけての経歴や政治活動について、曾我が自ら活動の基盤として唱えた「公論主義」を軸に、陸軍や宮中、貴族院での活動に関する検討を行っている(1)。曾我の「公論主義」とは、内政問題のみならず外交や軍事など幅広い分野での帝国議会での論議を通じ、国民本位の政治運営を行うことをめざすものであった。

また、筆者の貴族院研究と関連して、貴族院議員の谷干城や近衛篤麿らと連携して行った公平・中立を旨とする国民主義的政治活動についても分析・検討した(2)。さらに、日露戦後における曾我の軍備拡張論批判などに関して別稿を準備している。したがって、本章では、前記の拙稿で論じていない曾我の対外政策、とりわけ植民地経営に関する政治的発言とその背景について分析・検討するものである。

前記の拙稿では、曾我が立憲主義的な立場からの政治批判を貴族院の政治的役割と認識して実践し、少数者の救済や国民負担の軽減といった国民重視の主張を特徴とすることを指摘した。本章では、そうした基本姿勢の一方で、曾我が対外政策の面ではどのような主張をしていたのかを見ていくこととする。そこでは、日本が植民地とした台湾の統治を行うにあたって、日本の発展をめざしながら、憲法の施行をどう考え、台湾在住者の権利擁護について、国内での前述の「公論主義」や「立憲主義」という基本姿勢をいかに適用しようとしたかが問題となる。日露戦後の国内では、「内、立憲主義を取り、外、帝国主義を行」(3)うとする国民倶楽部の設立趣意書に記されるような、宮地正人氏がかつて「国民主義的対外硬派」と位置づけた政治運動が活発化していった(4)。そのような潮流と一線を画す存在として、筆者は谷干城の思想を紹介したことがあった(5)が、曾我の場合は、谷と同じ傾向をもちながら、より現実主義的な発言を行ったように思われる。

以下、貴族院内外で積極的な発言が見られる台湾統治問題、満洲ならびに中国への進出問題を論じていく。また、曾我の東アジア認識の背景には、曾我自身が経験した各種の審議会や視察旅行の影響があると思われる。なかでも貴族院議員時代の海外視察についてもある程度詳細に見ていきたい。なお、中国や満洲、ロシアとの関係で対外政策と結びつく日本の軍備に関する発言や考え方については、本章では紙幅の関係で詳細を論ずることはできないため、別稿で検討することとする。

一　台湾統治問題

1　いわゆる「六三法」の制定

日本が、日清戦争で新たに領有した台湾は、よく知られている通り、植民地を宗主国とは別なものとして統治するイギリス型の「特別統治主義」がとられた。すなわち、宗主国の憲法や法律などを直ちに施行せず、独自の法令を適用する制度である。これは、第二次伊藤博文内閣が、第九議会に提出した「台湾ニ施行スヘキ法令ニ関スル法律案」（明治二九年法律六三号）で規定された。このいわゆる六三法では、台湾総督に広範な権限が与えられ、帝国議会などが関与せずに、管轄区域内に法律の効力を有する「律令」を発する権限が与えられるものであったので、衆議院、貴族院でさまざまな論議や質問があった。

衆議院では、委員会で帝国議会の事後承認を求めさせる修正が議決されたが、その本会議での審議に先立ち政府は本案を三月二四日撤回した。次いでその二日後、三月二六日政府は同一内容の法案を衆議院に緊急事件として提出、法案は、特別委員会で三カ年の時限法とする修正が加えられた。本会議では、憲法上の立法事項であり台湾総督に委譲することはできないとする反対意見もあったが台湾の現状からやむをえないとの意見も多かった。結局「第一条　台湾総督ハ其ノ管轄区域内ニ効力ヲ有スル命令ヲ発スルコトヲ得」とされ、帝国議会を経ずに総督が命令（「律令」）を発す権限が付与されたのであった。ただし、政府との妥協により、第六条として「此法律ハ施行ノ日ヨリ満三箇年ヲ経タルトキハ其ノ効力ヲ失フモノトス」を追加し、三年の時限立法としたのであった。(6)

貴族院での審議では、政府委員の水野遵（台湾総督府民政局長）による「台湾島は帝国の版図に這入りましてまだ日が浅」く「戦乱に戦乱を継ぐ」状況からようやく「数月前に平定致しました場所」であり「内地同様の法律を直に」

「施行致しまする訳に参りませぬ」「当分の間人情風俗其他の異って居ますする人民に対しましては、台湾総督に命令発布権を委任」するという提出理由の説明があった。これに貴族院では、おおむね異論はない状況であった。むしろ、衆議院による期限設定に反対する意見を平田東助が述べている(7)。

そのなかにあって、曾我は、「第二条　前条ノ命令ハ台湾総督府評議会ノ議決ヲ取リ拓殖務大臣ヲ経テ勅裁ヲ請フヘシ　台湾総督府評議会ノ組織ハ勅令ヲ以テ之ヲ定ム」に関して、総督府評議会の組織につき質問した。政府委員水野遵は、評議会は「総督府の文武官の重もなる者を以て組織」する旨を答えている(8)。

また、曾我は、同法案の特別委員会委員長となっている。三月二七日の特別委員会では、岡部長職、平田東助から、衆議院が追加した三年の期限につき批判があったほか、曾我は評議会の設置時期について質問している(9)。政府委員の水野遵は曾我に答えて、評議会は直ちに設置し、「評議員は英国殖民地の立法議会及行政議会の如し、総督以下の官吏評議会員たり、将又台湾に於ては頗る自治の発達せるを見る思ふに三年を出すして参政権を与るに至らすと雖、諮問権位は之を与るも可なるへきなり」と述べ、台湾は「頗る」自治が発達しており、三年を出ずして参政権には至らずとも諮問権くらいは与える見込みとした。

一八九六(明治二九)年三月二八日の貴族院本会議では、曾我委員長が委員会の概要を説明した。第五条で規定されている国内法の施行について、政府の説明として、沖縄や北海道では施行されない法律を示すが、台湾では施行する法律を示すという書き方になっており、「消極積極の違」があるが、「事実」においては違いはない、また「台湾で発布する法令には色々有りますが島人ばかりに服行させる所の法令も有り又日本から渡って居る内地人のみに施行するものも有り又島人及内地人共に服行せしむる所の法律も有ると云ふやうな説明」があり「内地人の彼に往って居る者は日本の法律も憲法其他に依って保護されべき《ママ》だけの権利と云ふものは台湾に於ても別に失はない」との説明もあったと述べている(10)。貴族院では、本案への反対意見は出ず、賛成多数で可決された。

以上で見た曾我の発言は、台湾で特別統治が行われることを容認しつつも、評議会の組織に関心をもって質問を行うものであった。質問を通じ、政府委員の発言から将来の「諮問権」の付与の見込みを確認している。台湾住民に一定の権利擁護が実施されることを重視したと思われる。

2　台湾総督府法院判官の非職免官に関する質問

曾我は、第一一議会で、憲法の台湾への施行に関わる質問を行っている。この問題は、一八九七（明治三〇）年一〇月台湾総督府高等法院長高野孟矩が松方正義内閣から非職を命ぜられたことに端を発した。その後、高野は司法官の身分は明治憲法五八条第二項によって保障されているとして、非職命令を拒否して帰任したが、乃木希典台湾総督は帰任を許さず、結局、抗命を理由に懲戒免官となった事件である。その後も高野は免官を不法として、民事訴訟を起こすなど抵抗を続け、また当時、この問題に関し、多くの報道がなされ高野擁護の論調が高まり政治問題化した[11]。高野非職以来、台湾総督府法院の判官複数名が高野を支持して非職あるいは免官となり、紛糾の度合いを高めていった。

この問題をめぐって、貴族院、衆議院の議員のなかからも松方内閣に対する攻撃が出はじめた。曾我はその熱心な一人であった。一八九七年一二月一日、台湾から帰った高野を迎え、「高野孟矩氏招待会」が開催されたが、このとき曾我は、島田三郎、田口卯吉、元田肇、板垣退助とともに演説している。曾我の演説は、『読売新聞[12]』が伝えるところでは、「古来身を抛って国家の為に尽せし者少なからざるが近代に至り甚だ其人に乏し折柄、高野氏の今回の挙動の如き実に懦夫をして立たしむるの慨あり。彼の元禄年中大石良雄の義挙ありて天下の士気を励ましたる如く今や高野氏に依りて近時懦弱の弊風に浸染せる士人を刺撃するに足るものあり云々」というものであった。このとき、他の演説者には憲法問題への言及が見られるのであるが、曾我の演説の場合、高野を台湾行政における疑獄・不正の追及者、厳しい取締者であると捉え、それゆえに「非職」となったと報道されていたことを受けて、高野を擁護する演説であった(13)。

貴族院では、第一一議会の一八九七（明治三〇）年一二月二五日、「台湾総督府法院判官ノ非職免官ニ関スル質問」が、侯爵久我通久、子爵谷干城、松岡康毅、富田鉄之助とともに曾我も発議者となり、児島惟謙ほか七八名の賛成で政府に提出された(14)。その内容は、高等法院長高野孟矩らの免官について、「抑政府ハ台湾ヲ以テ憲法治外ニ在テ其法院ハ憲法ニ示シタル司法権ヲ行フ所ニ非スト為ス乎、其法院判官ハ総テ法律ニ依リ民事刑事ノ裁判ヲ為ス所ノ裁判官ニ非スト為ス乎、其法院判官ノ非職免官ハ何ノ条規ニ依リタルヤ」と問うものであった。この質問について、発議者の一人、松岡が説明して、「天下の輿論と云ふべきものは是は憲法違反なり憲法を蹂躙するものなりと断言してしまうかの如き勢になって居(15)」るなかで、政府は説明をつくすべきであるというものであった。この質問は、提出日に衆議院で内閣不信任案が提出され、衆議院解散、次いで松方首相の辞表提出となったために、内閣からの回答はなされなかった。

第一二議会でも同様に「台湾総督府法院判官ノ非職免官ニ関スル質問書」が、久我、谷、曾我、富田の発議で一八九八年六月四日付で、提出されている。この質問書では松岡の名は見えない。この質問主意書では、高野以下の法官の非職免官について「明カニ我憲法ノ明章ヲ塗抹シ司法権ノ独立ヲ侵害シタルノ所為ナリト謂フモ誣罔ニ非スト信スルナリ。現内閣ハ速ニ之レカ救正ノ道ヲ講シ憲政ノ悪例ヲ除クヘキ措置ヲ施スコトヲ為ササル乎(16)」とするものであった。これに対し、閣議を経て、芳川顕正内相から前内閣の処分であり「之ニ対シ何等ノ措置ヲ施スコトヲ得ス」として「政府ハ斯ル事例之再ヒ発生セサランコトヲ欲シ、台湾総督府法院判官ニ対シ懲戒ノ条規ヲ設ケ以テ其位置ヲ安固ナラシメンコトヲ期シ目下其条規ノ調査中ナリ(17)」との答弁を六月八日付で準備している。

第一二議会、衆議院でも伊藤博文内閣に対し一八九八年五月二三日に、大竹貫一を質問者として「前内閣ハ台湾島ニ在任スル裁判官ハ憲法第五十八条第二項ノ保証ヲ得ル能ハサル者ト認メタリ。現内閣ハ該裁判官ヲ視ル猶前内閣ノ如クナル乎如何」との質問がなされている。これに対し、芳川顕正内相により「台湾総督府法院判官ハ憲法第五十八条第二項ノ保障ヲ得ルモノト認ム」との答弁を一八九八年五月二六日付で準備した[18]。議会は、六月一〇日解散されたが、政府としては、台湾総督府の判官は憲法上、保障されるものであると認めていたのである。

その後、一八九八年七月一九日、台湾総督児玉源太郎が、律令第一六号を発し、台湾総督府法院条例を改正して、それまで曖昧であった判官の身分保障を行った。また一七条に「台湾総督ハ必要ト認ムルトキハ判官ニ休職ヲ命スルコトヲ得」との規定を設けた[19]。

新しい規定により、台湾司法官の身分保障は一応なされたが、憲法の適用問題ならびに高野らの処分問題は残されていたので、衆議院で第一三議会の一八九八年一二月三日、石原半右衛門らが「憲法五八条第二項ノ件」との質問書を提出した。内容は、先の大竹のものと同じである。この質問に対し、第二次山県有朋内閣の西郷従道内相は、前内閣が準備したものと同様の「台湾総督府法院判官ハ憲法第五十八条第二項ノ保障ヲ得ルモノト認ム」との答弁を行ったのであった[20]。衆議院ではさらに第一四議会に「憲法ノ保障ニ関スル建議案」を提出して、非職や免官の辞令無効の処分をすべきことを主張した。

こうした経緯を経て、第一五議会の貴族院では、谷干城が発議者となって、「憲法上ノ保障ニ関スル上奏案」を提出して、政府も憲法の保障を認めている以上、違法の命令を取り消すべきとして、この問題を「一は憲法の保障、憲法を蹂躙したと云ふ問題と、一は又人民の権利を蹂躙したと云ふの問題」であるとして、大臣の責任を追及し天皇の裁可取り消しを求める上奏案を提出したのであった[21]。これに対し、第四次伊藤内閣の内務大臣末松謙澄がこれまでの経緯を述べ、政府においてはすでに解決したものとして、取り消さない旨を述べ、都筑馨六が「既往に遡って無効にすると云ふのは是は到底法理上出来ぬことである」と上奏反対意見を述べ、採決の結果、賛成少数で、この上奏案は否決されている。

曾我は、谷と連携して、台湾における司法権の独立や憲法の適用につき、政府が高野らの非職、免官の取り消しなどの処置をとらなかったことを問題視し、台湾においても憲法運用の適正化を求めた。この主張は、憲法に反する政治が行われた場合は、帝国議会貴族院においてその問題を指摘し、匡正すべきという「立憲主義」的考えに基づいたものである。

3　「六三法」の継続に関する審議

前述したいわゆる「六三法」は、三年間の時限立法とされたが、総督府に広範な権限が与えられるものであったがゆえにその当否をめぐり、三年の期限を迎えるごとに帝国議会で議論されている。曾我は強い関心をもって審議に臨んでいることが、議事録からわかる。

最初の期限は、一八九八(明治三一)年の第一二議会であった。「六三法」の継続を審議する貴族院特別委員会では、伊沢修二が一八九六年立法の際に法律の期限を設けた精神を踏まえ、強大な総督権限を批判し、台湾人のみならず内地人へも適用される「匪徒刑罰令」が総督緊急律令で公布された問題などを指摘しながら、総督府評議会が形骸化して「属僚会議」となっていると述べている[22]。

本会議でも伊沢はこの主張を繰り返し[23]、一八九八年一二月一七日付の修正案として、総督府評議会の組織を改め、第三条として「総督、民政長官、陸軍及海軍高等官ノ内各一人、県知事ノ内一人、民政部高等官ノ内五人、上級法院検察官ノ内一人、満二十五歳以上ノ男子ニシテ台湾総督府管轄区域内ニ居住シ地租又ハ営業税十円以上ヲ納メ学識名望アル者四人　但シ内二人ハ十年以上台湾島内ニ居住シタル者ニ限ル、台湾総督府評議会ニ関スル規定ハ台湾総督之ヲ定ム」という条文を加える修正案を一二月一九日の貴族院本会議に提出した。伊沢は総督府評議会の役割の強化と総督権限の制限をめざしたのである。

曾我は、この伊沢修正案に賛成であった。「全く伊沢君の精神は殊更法律を変へると云ふのではない、此台湾に一種の法律即ち律令の出る此源を清めたいと云う趣意と思ふて本員は賛成をしたのであります[24]」と述べている通りである。曾我は、伊沢と同じく、総督の立法権限を制限して、台湾住民（伊沢の案では内地人）の意思を反映することをめざしたものと思われる。曾我の方針は、台湾でも住民を重視し、評議会を可能な範囲で強化し、総督権限を制限する立憲主義的な統治をめざすもので、背景には曾我の「公論主義」があるものと思われる。この一三議会では、伊沢修正案は否決され、原案が可決された。

一方、従来の「六三法」は、台湾人のみならず在台民間内地人にとっても政治的な自由を抑圧する法令と認識され、その廃止を求める運動が展開されはじめる。台湾で言論活動を行っていた『台湾民報』の理事小林勝民（もと『朝野新聞』記者、弁護士、後、衆議院議員となる）らは、一九〇二（明治三五）年に二回目の延長期限を迎える前年の一九〇一年一二月から東京に向かい、貴衆両院議員や諸新聞への運動を展開した。この経緯は岡本真希子氏が明らかにしている[25]。小林の主張は『台湾経営論[26]』にまとめられているが、そこでは、「六三法」は、明治憲法第五条「天皇ハ帝国議会ノ協賛ヲ以テ立法権ヲ行フ」などの条文に反する違憲の法律であると論じ、台湾評議会が有名無実であること、それまで公布された「律令」の有害であることなどを述べている。

小林は、曾我祐準のもとも訪れている。貴族院議員では、ほかに谷干城や小沢武雄、三島弥太郎、堀田正養の土曜会・研究会の重鎮を訪ねて運動した[27]。小林が訪問した貴族院議員のなかで、曾我が「六三法」の延長に関する審議で、最も熱心な議論を展開した。

「六三法」の再延長は、第一六議会で審議される。衆議院でも議論があったが、延長が認められ貴族院に送付されてきた。法案を審査する特別委員会において曾我は、きわめて熱心に台湾統治の現状について質問している。台湾における法令の種類や総督府評議会の組織、布令の方法、台湾の人々の職業、公吏について、台湾人の志願兵について、巡査の募集、語学校関係、移住者についてなど多岐にわたっている。また、中国における「進士及第の法を設けて人民の心を収攬する」といった人心を収める方法についての考えを質し、「台湾の財源」として「富籤発行」の計画があることについて、その目的を問うた(28)。

政府委員の後藤新平（台湾総督府民政長官）は、富籤発行を慈善事業・衛生事業に用いる目的と答え、児玉源太郎（台湾総督）は、台湾人の楽しみが「博奕」であることなどを答えている。それに対し曾我は、「富籤は日本政府で禁ずるのは申すまでもない……是は人道として私は不徳義の事と思ふて居る」と反対の意見を述べた。一方で、六三法延長には賛成すると述べながらも「六十三号の権限内では度々さう云ふ事が出ることになったら私は三年を待たずして廃止案を提出することになります」と警告的な意見を述べている(29)。なお、この委員会では、曾我と同様、伊沢修二も活発に議論し、前回の延長審議と同様に評議会が「純然たる属僚会議」であり「台湾住民の中より数名のものを此評議員に加へらるると云ふことを是非どうぞ御決行になりたい」と希望を述べている。

一九〇二（明治三五）年三月六日の本会議でも曾我は、前述の富籤問題に言及しつつ「日本の領土に帰した以上は総督府も今少し寛大の方針を取られたらば宜からうと希望する」と述べ、貴族院の大勢の意見と同じく台湾の現状では、延長はやむをえないとしたが、この法を「非常な法律」「非常な権力」とし、富籤などは「悪政」「暴政」と述べて、慎重な運用を求め、法の延長を認めても、運用の不都合があれば、自ら「六十三号廃止法」の提出に至るかもしれぬと警告している(30)。

こうした曾我の六三法をめぐる姿勢は、前述した台湾の在住内地人からの意見聴取が影響していることが考えられる。曾我は、住民の希望を踏まえ、植民地にも公平を求め、法の運用を監視する姿勢を示した。ここにも曾我の「公論主義」の考えが現れている。

なお、この後、「六三法」は、日露戦争中の一九〇五（明治三八）年に期限を迎えるが、その前の第二一議会で審議される。貴族院では、政府が言明する「台湾に対して特別の制度を設」ける方針を踏まえ「平和克復の翌年の末まで」延長する案を賛成多数で可決した[31]。このときも曾我は、特別委員として、委員会において、律令に基づく「府令」の意味、「笞刑」が今日でも行われているかなどの質問を行っている[32]。この二一議会では、明治三七年一二月二六日の予算委員会において台湾鉄道の収支状況について質問している。

さらに、日露戦争終結後の西園寺公望内閣の第二二議会で、原敬内務大臣により貴族院へ提出された「明治二十九年法律第六十三号ニ代ルヘキ法律案」（貴族院先議）では、「第一条　台湾ニ於テハ法律ヲ要スル事項ハ勅令ヲ以テ之ヲ規定スルコトヲ得」とされた。この法案についての原内相の説明は、台湾の情況は「内地と同様の法制の下に統治すると云ふことは到底困難」であるから「特別法」を設けざるをえぬとするものであった。また、原は重ねて説明して、台湾における法律を要する事項につき、総督による律令を廃して「責任ある国務大臣が副署」する「勅令」によることを「至当」と述べつつ、副署をいかにするか、台湾総督も副署するかは「公文式」に関係することなので政府において調査中としている。原案では、従来あった法律の期限については規定されておらず、期限の廃止をめざしたものと思われる[33]。この原案について、小松原英太郎（茶話会）が律令の廃止により総督権限がなくなると指摘する質問や伊沢修二（無所属）から従来規定されていた評議会（伊沢は「協議会」と発言）」が削除されていることの理由が質問された。原内相は、台湾の評議員は総督府の官吏であり、そのような組織は「今回提出いたしました法律に拠っても総督が出来る」ことを理由として答えた。原内相の提出案は、「勅令主義」と呼ばれ、段階的に台湾統治を本国同様に近づけていこうとする趣旨であったとされる[34]。

この法案に関する特別委員会は、三月二二日、二四日に開かれている。二二日の委員会では、穂積八束が憲法上法律を要する事項を命令を以て規定するという法律六三号は「固より憲法に背いたもの」との意見を述べている[35]。二四日には都筑馨六から修正案が出てまた穂積八束（無所属派）、菊池武夫（無所属）らからさらに修正の意見があったが、採決に至らず延期となった。この委員会情勢に鑑み、政府は法案を撤回し、再提出となるが、それについて、原の日記では、「今朝委員会にて修正案を成立せしめたり、但し此案は都筑馨六の案を否認し菊池武夫の案にて殆ど六三法其儘とも云ふべきものにて、夫れならざれば研究会は絶対に反対すべしとて固く執つて動かざるのみならず、一旦撤回して更に其修正案を成立せしめんと云ふに付已むを得ず俄に閣議を開き裁可を請ふて撤回して更に新案を提出する事となせり[36]」と述べている。

すなわち、従来の六三法に近い案でなければ、貴族院の研究会が賛成しないとの観測により新しい政府案が、翌二五日に「台湾ニ施行スヘキ法令ニ関スル法律案」として提出されたのであった。同三月二五日この法案は貴族院特別委員会で審議され、有効期限を明治四四年一二月までとすること、「第五条　第一条ノ命令ハ第四条ニヨリ台湾ニ施行シタル法律及特ニ台湾ニ施行スル目的ヲ以テ制定シタル法律及勅令ニ違背スルコトヲ得ス」との条文を追加した。第五条の追加は台湾総督が発する命令に制限を加えるという意義があった。従来の六三法との違いは、台湾評議会の規定がなくなったこと、第五条の規定が加えられたことなどであった。また、第一条が「台湾ニ於テハ法律ヲ要スル事項ハ台湾総督ノ命令ヲ以テ之ヲ規程スルコトヲ得」とされ、「法律ヲ要スル事項」との表現が使われたことで憲法が台湾に施行されていることを前提としていることが示された[37]。法案は、三月二六日の貴族院本会議で委員会修正の通り、可決された。衆議院も貴族院修正の通り可決して成立した（明治三九年四月一一日法律第三一号）。

この法案の審議に際しては、曾我は特別委員に選出されず、本会議でも発言は見られなかった。以前より積極的に台湾統治問題について発言してきた曾我の発言が、この議会でなかった理由は不明であるが、統治実績を評価していた結果とも考えられる。また、同時期に貴族院では「鉄道国有法案」が審議されており、曾我は、日本鉄道株式会社社長であったこともあり、委員会、本会議で活発に発言していることから、鉄道国有問題に関心が集中していたことが理由であるかもしれない。

4　台湾視察

さて、曾我は、前述の通り、一九〇八（明治四一）年に台湾視察に赴く。台湾統治ならびに経営を注視する態度は継続していた。視察は、台湾鉄道の全通を祝う鉄道開通式への出席を目的とするものであった。曾我は、台湾鉄道については、かつて第一一議会の一八九七（明治三〇）年一二月に「台湾鉄道ニ関スル質問」を提出するなど、その完成に強い関心をもっていた(38)。この開通式には、閑院宮載仁親王が出席するほか、貴族院議員では、曾我、鳥居忠文子爵、田中芳男、南岩倉具威男爵、田健治郎男爵、湯地定基、伊沢修二、本多政以男爵が参加した。その詳細な行程は、同行した貴族院書記官の河井弥八の日記(39)からわかる。河井は、台湾縦貫鉄道全通式事務を嘱託されている。

曾我は、一〇月一七日軍艦姉川にて横浜発、同一八日神戸に着いたが、河井は神戸から姉川に乗り込んだ。以下、河井日記によって、詳しい行程を見ておきたい。神戸から土佐沖を経た船旅は、低気圧のため動揺したが、一九日、日向灘からは天候に恵まれた。二〇日、船上で甲板球突、水兵の柔道、撃剣、角力が行われ、二一日にも船上での球戯や、水兵の講談、手品、尺八があり、閑院宮の御慰に供された。また連日昼餐および晩餐時には奏楽を楽しんでいる。二二日、台湾基隆港外に到着、台湾総督以下、官吏、小学校生徒、公学校生徒、赤十字社員、愛国婦人会員らの歓迎を受けた。特別列車にて台北に着し、官民から「非常なる歓迎」を受けた。翌二三日、曾我は河井と共進会専売局、農事試験場、博物館を視察し、曾我ら貴族院議員は、総督邸に招かれた。二四日は、台北を発し、台中にて、台中公園の台湾縦貫鉄道開通式に臨んでいる。開通式後「支那演劇」、台湾現地の「十社計の舞」などがあり、夜には、提灯行列や煙火があった。

翌二五日、台中発、新高山を望み、濁水渓を渡り、嘉義を過ぎて台南着。開山神社、北白川宮殿下御遺跡、博物館、赤崁楼、孔子廟等を見て、安平に宿泊した。二六日、台南発、打狗にて、台湾製糖会社工場などを見学し、台南に戻った。台南では、公会堂で庁長その他官民の歓迎会が開かれている。二七日、台南を出発して台北に向かった。途中、安平鎮に下車。製茶試験所で、烏龍茶の製法を見ている。二八日は、総督邸の昼餐会に招待された。二九日台湾神社に参拝。台北を発し、林彭寿邸で支那料理の饗応を受け、支那劇の余興があった。三〇日、朝台北を発し、基隆に至り、桜丸に乗り込み出帆した。三一日、沖縄那覇港沖に投錨。琉球官民の出迎えを受け、直に県庁、倹徳館に至り、休憩。商業学校の昼餐会、食後、校前にて琉球の踊を見、首里に至り、旧王城を見、同所に一憩。師範学校前より尚侯爵邸に至り、崇源寺物産陳列場を見て、帰船、出帆した。一一月一日琉球群島から鹿児島湾の入口を過ぎ、二日神戸に帰着した。以上、河井日記の記述から、各地で歓迎を受けつつ、要所を視察する様子がわかる。曾我は、一一月三日に帰京したが、この台湾視察について、

兼ての希望であるから鉄道開通式の好機を逸せず出掛けたが、果して多大の興味を感じた。往時を語るには和蘭の赤嵌城あり、打狗砲台あり。鄭氏廟あり、近代を語るには牡丹社あり、台湾神社は更に近代を語るものにして、敬虔の情、自から禁じ能はず、現代は製糖、製塩、製茶、米穀、礦業等語り尽し能はず、前途の多望之に勝る殖民地なかるべし。此の時に於ても軽便鉄道の普及には、一驚を喫したり。(40)

との感想を記している。実地の見聞から台湾の有望なことを実感したのである。

以後も、曾我は、台湾統治問題への関心をもち続けた。たとえば、一九一三(大正二)年三月二三日、予算委員会の第一分科会(大蔵所管)において、台湾における内地人、中国人、台湾先住民の人口推移について質問している。(41)答弁は政府委員の台湾総督府民政長官の内田嘉吉からあった。内田は、内地人の移住を奨励しており、朝鮮ほどではないが漸次増加しており、先住民ならびに中国人も増加傾向にあるとしている。

また、一九一四（大正三）年三月二日の予算委員会第六分科会において、台湾鉄道の収入状況、運賃が高い理由、阿里山鉄道の大雨での被害、白蟻の被害、築港の状況などを問い、内田嘉吉は、台湾鉄道の収入は漸次増加傾向にあり運賃も減率の見込みであることを説明している。また、曾我は、台湾におけるアヘン吸引者の減少数、台湾の人口と内地人の増加、阿里山経営の見込みについても質問している。[42]

曾我の台湾問題への関心は多岐にわたった。質問の内容は詳細であり、台湾の統治状況を注視し、日本の発展を念頭に置きつつ、台湾を重視する政策展開を誘導しようとするものであったことが理解されるであろう。また、六三法の延長問題での議論、貴族院議員としての視察、貴族院での質問などは、つまるところ、統治の実績を帝国議会によって監視し必要があれば匡正しようとする意思の表れであったといえよう。

二　満蒙進出問題

1　満蒙進出に対する批判

次に、日露戦後に高まる満洲権益拡張・進出等の主張に対する曾我の考えを検討する。曾我は、そうした主張に対し、厳しく批判を加えている。これは、陸軍二個師団増設に対する曾我の慎重姿勢と関連するものであった。曾我の二個師団増設に対する政治的発言は、きわめて興味深いものであるが、紙幅の関係から、別稿で詳しく論ずることとする。

本章で注目したいのは、曾我が増師問題に関連して談話を発表した『時事新報』の「増師論者を嗤ふ」[43]との記事である。その記事では、二五個師団計画を陸軍が帝国議会に提出すらしていない段階で「既定」と称することに強く反対し、こうした陸軍の論理を「専制思想」とし、憲法や議会、内閣の責任をないがしろにしていると問題視している

（この記事は、陸軍から問題視されるのであるがその詳細は別稿で論ずる）。その際に、師団増設の背景にあると曾我が認識していたロシアと対抗して満蒙を日本が支配しようとする考えについて、疑問を呈している。曾我は、「露国に対抗せんがために二個師団増設の要ありと云はば其は露国の実力を計らざるの甚だしきものなり」と述べて、日本がドイツと連合してロシアとあたらない限り、ロシアは優に三〇〇万の兵を動かすことができ、日本の参謀本部がロシアの輸送力を一〇〇万とするのは誤算であるとする。また、増師論者が「攻勢防御の必要」を主張するが、日本が攻勢防御に出ようとするのは、「国力を知らざるものの議論」とする。北満洲でロシアと対戦しようとするのは兵法を知らない者の議論で、北満洲ではロシアに有利、日本に不利で、南満洲の山間において戦ふべきであると批判した。

さらに、この「増師論者を嗤ふ」の記事中、「満蒙の価値を疑ふ」として、満蒙の地に「支那労働者と相伍して比較的に贅沢なる日本人の発展移住を策せんとする如きは余等の断じて与みする能はざる所」とし、あわせて「日本の人口過剰に過ぐるや否やすら疑ひの存する所にして農業労働者の如きは今日寧ろ其の欠乏を訴へつゝありと云ふ程なれば、内政上の改善を顧みずして妄りに海外発展を呼号するが如き、果して今日の急務なりや否やは軽率に論断す可らざる所」と、満洲移民に疑問を呈しているのである。なお、満鉄総裁就任時の後藤新平と児玉源太郎が、満洲経営については、移民に最も重点を置くべきとして一致していたとされる(44)。こうした考えを批判するものであった。

同記事では「日本は飽く迄も島国にて可ならずや、徒に大陸主義を呼号する事勿れ」とし、大陸進出自体否定的な考えであったことがわかる。また、満洲への送兵は、釜山線が不十分であるゆえに大連から送兵せざるをえず、「海軍力を無視したる増師論は滑稽なる愚論と言ふ可し」と断ずるのであった。すなわち満洲権益の強化のためにロシアに対抗する軍備強化を批判し、また満洲の日本にとっての価値を疑問視するものであった。この頃の陸軍によるいわゆる「攻勢国防論・大陸帝国論」に対して、曾我は「守勢国防論・島帝国論」に近い主張をしていたとも捉えられる。

いずれにしても、この記事で表明された曾我の満蒙観で注目すべきは、第一に当時一般に言及されることが多い日本の人口増加問題への対応をめぐり、満蒙への移民を疑問視している点、第二に、この記事に見られる曾我の中国・満洲といった大陸への軍事的進出に自制的な態度である。これらの発想の要因はどこにあるのであろうか。以下、この点について検討する。

2　生産調査会での議論

まず、第一の日本の人口問題については、曾我が委員として加わった一九一一（明治四四）年の生産調査会の経験がもたらしたのではないかと思われる。曾我は、この生産調査会では、「主要穀物の増収及改良に関する件」の特別委員会委員長となっている。

曾我は、「自叙伝」でも、「此の生産調査会丈けは仲々興味が沢山あつた。第一に経済界全般に渉る広大多端なる事、第二には委員達が各方面から出た官民混淆であつた事等である。さうして調査材料として配賦された書類が豊富で、中には有益にして興味多きものも少からず有つた」[45]と述べている。さらに「自叙伝」では「例へば食米に付ても、当局の調査が先づ第一に日本全国の人口（朝鮮を含まず）が、明治七十年に七千万人、同百年には一億万人に増加する勘定となる。そこで其の七千万人に対しては、食料米が少くも七千万石の必要がある。之に対する米穀生産方法は奈何と云ふ大問題もあつた」と述べているが、この「大問題」が、曾我が委員長を務めた問題であった。

この問題に関する本会議には、佐藤昌介（農学博士）から、「本案の関係致して居ります所は或は人口問題に関係を致して居ります。我国の人口の非常なる増加、其非常に沢山殖えて参ります事に対しまして土地との関係を如何に定むべきかと云ふことは是は重大な問題であろうと思ひます。農村に於きまして或は増加を致しまする人口、或は地方によりましては農村を退去致しまして都会に集まつて来るものもございます。此人口問題が農業と重大な関係を有って居りますと思ひます」[46]との発言があった。このときに配付された資料『日本内地に於ける主要食料品需要供給の現在及び将来』には、人口増加や開墾、栽培方法の改良などが記されている。

こうした生産調査会での議論から、日本内地農村人口の都市流出問題に視点が及び、その結果、日本の農業生産が滞るとの知見を曾我が得たのではないかと推察される。このことから、曾我は、先に引用した「増師論者を嗤ふ」で述べている通り、「農業労働者の如きは今日寧ろ其の欠乏を訴えつつあり」と認識し、先の満洲移民を疑問視することにつながったのであろうと思われる(47)。

3　中国満洲視察

また、第二の中国満洲観は、「増師論者を嗤ふ」の記事が掲載される五カ月ほど前、一九一三(大正二)年五月から六月にかけて視察した中国満洲視察が影響したものと思われる。その行程は、「自叙伝」ならびに同行した河井弥八の「支那視察旅行覚書(48)」(手帳)によると、五月二日東京発、三日神戸乗船(山城丸)、長崎を経て、七日上海着、八・九両日上海視察。一〇日上海発、大江を遡り、蘇州を経て、南京に至り、一一日南京視察、一二日南京発、岳陽丸にて揚子江を遡り、一四日大冶着視察、一五日には再び漢口着、一六日から二二日まで漢陶、武昌、長沙を回航、視察し、二三日漢口に帰来し、京漢鉄道急行車に乗り、二五日北京着、二六日から二九日まで北京近郊の各地視察、万寿山、八達嶺、十三陵に及んだ。三〇日北京発、天津に至り、天津視察。六月一日天津発、山海関着、二日山海関発営口着、三日海路大連着(独逸船)、四日から六日まで大連、旅順を視察、七日大連発、八日ハルビンに至り、さらに九日長春に帰り、一〇日吉林(長春と往復)、一一日長春発奉天着、一二日・一三日奉天と撫順を視察、一四日奉天発安東県を訪問し、一五日安東発平壌着、一六日鎮南浦を視察の後、平壌に戻り、一七日平城発京城着、一八日から二〇日京城、仁川および付近を視察、二一日から二三日まで京城・馬山浦視察、二三日鎮海湾を経て釜山を訪問し、同日釜山発、二四日下関着、二五日に帰京した。

曾我は、「自叙伝」でも、この中国満洲視察について

年来大に希望し居たが、今度好機を得て思ひ立つたもので……今回は、南は長江に溯り長沙に迄、北は北京から長城の一部、八達嶺、又膠州湾、満洲哈爾賓迄も視察し、非常に興味を感じた。……丁度支那民国創立の当初で、小康を保つて居た時分で、至極好都合の折であつた。扨また其の内地に入れば入る程、天地広濶、江山万里、到る所千里の沃野ならざるなく、人をして自から垂涎禁じ能はざらしむるものがある。(49)

と、述べている。同行者は、公爵徳川慶久、侯爵蜂須賀茂韶、子爵松平親信、男爵尾崎三良、男爵東郷安、加藤恒忠、古市公威、土居通博ならびに貴族院書記官の河井弥八であった。曾我の回顧録である「自叙伝」では、「垂涎」の地と記されているが、以下の通り、視察直後の曾我の満洲観は、袁世凱の中国政府との友好関係を重視するものであった。

この視察中、五月二五日北京における万国飯店の歓迎会には、河井の「支那視察旅行覚書」によれば、中華民国大総統の袁世凱も出席している。曾我は同行記者に対し「支那問題に就き我が政府は北に偏し民間は南に偏する傾きあり。一昨年革命の際と同じ失敗を繰返さずやと憂慮する者あるも予の観る所は然らず、南北共に日本の真方針を了解し居れば、日本に対し悪感情を有せざるは勿論、日本に信頼する意嚮を看取せり。我外交を云々する者あれど今日の所仕方あるまじ、袁世凱の日本信頼は当にならぬと云へど炯眼なる袁は日本を度外するの不利なるを知れば今日のところ日支親善に重きを措き居れり。此際徒らに毛嫌ひして一も二もなく袁を敵視するは考え物なり」(50)と、袁を支持する考えを述べている。

また、袁世凱については、帰国後、「袁氏は頻りに日本が民国の為に同情ある援助を与へられん事を希望し将来と

も続々留学生を日本に派遣して人材の養成に力むべければ此の点に対しても十分の助力を仰ぎ度し[51]」と述べたと語っている。

この五五日間に及ぶ渡航は「支那各地到る所総督衙門の優待を受け、又邦人住居民の歓迎甚だ厚く、殊に上海、北京、天津の如き、彼此官民の饗宴数回、復た再会し難き漫遊なりき」と曾我は述べている[52]。なお、先に引用した河井の「支那視察旅行覚書」には、各地の関係者歓迎会参加者の氏名が記されている。いずれの地でも盛大な歓迎が行われた。

また、曾我は、視察中、記者に「満鉄会社の施設経営に就きて一々批評を下すこと能はず、政府の有力者よりも満鉄の敷地は世評もあること故十分視察し来るべしとの話もありたれば成るべく多く視察する積なり、斯る国家的会社の経営に就きては政府も十分に之を検束せざるべからず、又検束すべき余地多々あるべきを信ず[53]」と述べ満鉄経営に注視した。のち、曾我は枢密顧問官時代に満鉄経営問題で発言することになる[54]。

帰国後、曾我は何度か視察談を語っている。東邦協会で行ったそれは、『東邦協会会報[55]』に掲載されている。視察した各地の状況の概要を述べるもので、日本への信頼の存在、広大な中国の様子や歴史を実見したこと、宴会では、かつて日本が中国に留学生を派遣したことや日本への留学生の派遣を促す演説をしたことなどが述べられている。

中国満洲視察を通じての曾我の対中国観は、「日支親善」を図ろうとする友好的関係の維持を基調とするものであった。その「日支親善」の方策として、曾我は、袁世凱の要望を踏まえ、日本への留学生派遣を重視していた。曾我の「日支親善」は留学生などの人的交流が中心で、日本と中国が提携してロシアに対抗するといった帝国主義的な発想とは、一線を画していることがわかる。

一方、この当時、日中間では紛争事件が発生していた。一九一三(大正二)年七月に起きた中国における袁世凱政権打倒の第二革命において、八月五日の山東省兗州および一一日の湖北省漢口における袁世凱軍による日本人将校監禁事件、九月一日の袁軍南京占領時、張勲軍により在留日本人三名殺害事件が突発した。日本政府は一〇日、この三つの事件について正式に抗議、翌日、事件関係将兵の処罰、張勲の江蘇都督免職、賠償などを要求した。一三日、中国政府は日本側の三事件に関する要求全部の承認を回答して事件が解決するという、いわゆる「南京事件」が起きている。このとき、日本国内では対中強硬論が沸騰し、第一次山本権兵衛内閣の外交は軟弱であると非難された。そうしたなかでも、曾我は、「支那に対する帝国政府の要求箇条に関しては予は未だ批評を試むるの時期にあらずと思ふ」と、慎重な態度を維持し、「兵を動かすが如きは、今は既に其の機を逸したるの感あり」(56)と述べて、強硬論と一線を画す慎重な対中政策論であった。こうした曾我の対中国観が、先に述べた満洲進出への批判や軍備拡張の批判につながったと思われる。

ただし、後述するように、第一次世界大戦への日本参戦という国際情勢の変化により、その主張の一部は修正されることになる。

三　第一次世界大戦参戦期の「殖民政策」論

一九一四(大正三)年七月に勃発した第一次世界大戦に、イギリスからの働きかけに乗じて、大隈重信内閣は、八月参戦した。曾我は参戦に反対であったが(57)、開戦後の一一月、「戦後の殖民政策」(58)を発表した。ここで曾我が主張する「殖民政策」は、移住植民を奨励するもので、以下の通り、それまでの主張と一線を画すものであった。

国富低く日清日露の両役より蒙りたる経済的創痍未だ癒えざるに這般に世界戦争参加は必らず多大の損害を持来すべき結果として、大に戦後内地に於ける殖産興業を督励するの必要あると同時に、外貨吸収又は過剰人口処分の方途として新附の地又は海外に向つて移住殖民の事を奨励するの必要を生じ茲に禍乱後の経営亦甚繁忙なるものあるべきを予想さる。

と、述べた。曾我は、参戦が国家にとって大きな負担であった代償として、過剰とされていた人口問題を移住・植民などで解決することを、戦後の経営課題と考えていた。また、大戦後の世界情勢について、

時運の推移と共に各種民族の生存競争日に激烈の度を高め、恰も我が帝国が海外殖民を実行し発展せしめんとしつつあると同時に各列国も亦一方に自国家の伸展を冀ひ他面に自国内に発展せんとする他国の勢力を阻止防圧せんとしつつあり

とし、各民族・国家の生存競争の激化、植民地獲得競争の激化を予想している。さらに、

我外交当局者たるものは現下の時局終結と共に戦争参加の報酬の一として此等各地に於ける排日思想を根本的に撲滅せしめ以て何等の気兼ねなく自由に帝国の移住民をして活動せしむるの途を開かざるべからず。

と、ここでは、排日思想を、参戦を契機に終息させるべきとする。

さらに、戦後の植民政策を展望し、南米ことにブラジル、メキシコが有望であること、北海道・樺太の拓殖事業の推進、台湾開拓移民の奨励、参戦の代償として膠州湾の権益獲得、同じく南洋諸島の地歩を固めること、朝鮮の経済不振を救済し移民の増加を図ること、満蒙などの開拓について中国政府と交渉すべきことなどを論じている。

また、「〔満洲および東蒙古は〕帝国の殖民地として有望なることは明白なれば、帝国の発奮一段を要す。関東租借地及満鉄租借地は大に帝国人民の自由闊歩を許されあるも独り其他の内地に於ては雑居及土地売買の禁令布かれ其の自由闊歩を拘束し居れり、但し斯くの如きこととは戦後に於ける帝国当局の態度如何に依りて支那政府を動かし得べき所ならん」と述べ、以前の満洲進出に抑制的な見解から転換しているかのように見える。

第一次世界大戦期には、一般に中国への権益拡大をめざす強硬な世論が大勢であったことを奈良岡聰智氏が指摘している(59)が、そうした世論の影響を曾我が一定程度受けると共に、また与えているかもしれない。しかし、曾我の場合は、強硬論とは異なっている。

曾我は「吾人の最も不快に感ずるは、満蒙に対する帝国殖民に関する支那政客の僻見なりとす。彼等は帝国の此挙を以て将来領土的野心を擅にせんとする禍心の発露なるかの如く解し居れり。斯くの如き誤解は這般日独開戦と共に独逸人が盛に鼓吹したる対日危険思想と一致して強烈なる排日行為を現はし来るやも計り難し、帝国当局たる者は大に支那政府に説明して帝国の他意なきを了解せしめこれを未然に防止せざるべからず」と述べている。すなわち、満洲に植民を進めるとしても、領土的な野心を疑われることは、強烈なる排日を生むと見て、政府に中国政府への説明を求めている。日本の領土的野心を批判するところから考えると、軍備拡張による侵略的な大陸進出への反対は一貫しているように思われる。曾我における進出の範囲は、協定された「権益」の範囲内であったと思われる。また、外交的な交渉による問題解決を促す姿勢であったことも確認できるであろう。

おわりに

以上、曾我の対外政策論を検討してきた。日清戦争以後、日本は、台湾の領有や韓国併合、中国大陸への進出など、領域の拡大を進めてきた。曾我は、そうした日本の拡大を否定するわけではなかったが、支配領域における法整備などで、現地に住む人々の権利擁護に留意した発言を続けている。台湾の六三法による統治を批判的に見て、貴族院での発言は総督支配の行きすぎを監督しようとするものであった。曾我は、貴族院議員として、統治の状況を政府に質すとともに在住者の要望を聴取し、台湾や中国、満洲などへの対外視察にも積極的に参加した。日本の新しい領域統治に強い関心を継続してもっていたのである。さらに委員となった生産調査会での経験などが、曾我の対外政策論に影響を与えた。そうした経験が曾我の発言に権威を与えるものであったことも想像されるところである。

曾我の対外認識や対外政策論には、軍事的支配や専制的な統治に抑制的であるという特徴を見出せるが、そのことは、日本の軍備増強に対する抑制的な意見表明につながった。曾我の主張は、日本の国力を超えた軍備は抑制すべきという経済的軍備論を基調とするが、それに呼応する形の対外政策論でもあったのである。したがって、陸海軍の軍備拡張への批判は一貫しており、調査会や海外視察などから得た知見をもとに日露戦後の満洲進出にも強く批判したのであった。

また、第一次世界大戦の勃発と日本の参戦という事態を受けて、曾我の「殖民政策」の考え方は、世界各地への進出を促す方向に変化している。ただし、その際も領土的野心を疑われることを避けようとする自制的なものであったことは、確認しておきたいと思う。

曾我は、帝国議会での審議を重視すべきという「公論主義」をもっていたが、政府からも政党からも「自立」した貴族院議員として対外政策を貴族院で質し、また軍備問題でも自由な討論を求めたのであった。さらにそうした「公論主義」は、日本が進出しようとする地域でも、在住民に対して適用することをめざしたものであろう。すなわち、曾我の対外政策は、現状の植民地や権益の維持を認めつつも、国際的な疑義を生じさせる領土的野心を抑えるもので、「守勢国防論・島帝国論」の主張に近く、国内同様に、植民地などの対外政策でも「立憲主義」的な政治運営を主張していたといえるであろう。

（1）小林和幸「曾我祐準――明治政治の中の国民本位」（伊藤之雄編『維新の政治変革と思想――一八六二～一八九五』ミネルヴァ書房、二〇二二年）。
なお、本章での史料引用は、原則として、旧字等は通行の字体に改め、またカタカナは法令等を除き、読みやすさを考慮してひらがなとしたところがある。
（2）小林和幸『「国民主義」の時代――明治日本を支えた人々』（角川選書、二〇一七年）。同「明治期の貴族院改革論」（同編『葛藤と模索の明治』有志舎、二〇二三年）。
（3）蔵原惟昶『政界活機』（津越専右衛門、一九〇六年）八四頁以下。
（4）宮地正人『日露戦後政治史の研究――帝国主義形成期の都市と農村』（東京大学出版会、一九七三年）。
（5）小林前掲『「国民主義」の時代』二四九頁以下。
（6）『帝国議会衆議院議事速記録』（東京大学出版会、一九七九年以降刊行）第九議会、明治二九年三月二六日。
（7）『帝国議会貴族院議事速記録』第九議会、明治二九年三月二七日。以下、『帝国議会貴族院議事速記録』（東京大学出版会、一九七九年以降刊行）は、『貴族院・本会議』、『帝国議会貴族院委員会速記録』（東京大学出版会、一九八五年以降刊行）は、『貴族院・委員会』と略記する。
（8）『貴族院・本会議』明治二九年三月二七日。
（9）貴族院事務局『貴族院委員会会議録』（第九回帝国議会、明治二九年）一〇四一頁以下。
（10）『貴族院・本会議』明治二九年三月二八日。
（11）本問題については、楠精一郎「明治三十年・台湾総督府高等法院長高野孟矩非職事件」（手塚豊編『近代日本史の新研究Ⅲ』北樹出版、一九八四年）があり、本章も事実関係で多くを負っている。
（12）明治三〇年一二月二日号。
（13）なお、楠氏の研究によれば、そもそも高野の「非職」には「懲戒」の意味は含まれていなかったという。
（14）「公文雑纂」明治三〇年、第三四巻帝国議会（国立公文書館蔵）。
（15）『貴族院・本会議』明治三〇年一二月二五日。
（16）「貴族院議員侯爵久我通久外三名提出台湾総督府法院判官ノ非職免官ニ関スル質問ニ対シ内務大臣答弁書ノ件」（「公文雑

纂」明治三一年第二八巻・貴族院事務局・衆議院事務局、国立公文書館蔵)。
(17) 同右。
(18) 「衆議院議員大竹貫一外一名提出憲法第五十八条第二項ノ件ニ関スル質問ニ対シ内務大臣答弁書ノ件」(『公文雑纂』明治三一年第二八巻、国立公文書館蔵)。
(19) 楠前掲論文、二六四頁。
(20) 「衆議院石原半右衛門外三名提出憲法第五十八条第二項ニ関スル質問ニ対シ内務大臣答弁書衆議院へ回付ノ件」(『公文雑纂』明治三一年第二九巻、第十三回二)。
(21) 『貴族院・本会議』明治三四年三月二四日。
(22) 『貴族院・委員会』「明治二十九年法律第六十三号中改正法律案特別委員会」明治三一年一二月一三日。
(23) 『貴族院・本会議』明治三一年一二月一五日。
(24) 『貴族院・本会議』明治三一年一二月一九日。
(25) 岡本真希子「植民地統治初期台湾における内地人の政治・言論活動——六三法体制をめぐる相剋」(『社会科学』第八六号、二〇一〇年)。また小林勝民は、運動の経過を『台湾経営論』(一九〇二年三月)に著している。
(26) 丸善書店、一九〇二年三月刊。
(27) 小林前掲『台湾経営論』九〇頁、岡本前掲論文。
(28) 『貴族院・委員会』「明治二十九年法律第六十三号中改正法律案特別委員会」明治三五年三月四日。
(29) 同右。
(30) 『貴族院・本会議』明治三五年三月六日。
(31) 『貴族院・本会議』明治三八年二月二五日。
(32) 『貴族院・委員会』「明治二十九年法律第六十三号の有効期間に関する法律案特別委員会」明治三八年二月二四日。
(33) 『貴族院・本会議』明治三九年三月一九日。
(34) 斎藤容子「桂園体制の形成と台湾統治問題」(『史学雑誌』第一〇三編第一号、一九九四年)。なお、原は台湾統治の当初から内地延長主義の採用を求めていた(原敬「台湾問題二案」、平塚篤『秘書類纂』台湾資料、昭和一一年刊、三二頁以下)。
(35) 『貴族院・委員会』明治三九年三月二二日。
(36) 『原敬日記』第二巻(原奎一郎編、福村出版、一九六五年)、明治三九年三月二四日条。
(37) これは、衆議院の委員会において、望月長夫の質問に原内相が答弁した内容から理解される(『帝国議会衆議院議事速記録』「台湾に施行すべき法令に関する委員会会議録」明治三九年三月二六日)。
(38)「公文雑纂」明治三〇年、第三四巻帝国議会(国立公文書館蔵)。
(39)「河井弥八日記」(掛川市教育委員会社会教育課管理史料、掛川市大東図書館蔵)。
(40)『曾我祐準翁自叙伝』(曾我祐準自叙伝刊行会、一九三〇年)四六五頁。
(41)『貴族院・委員会』予算委員第一分科会、大正二年三月二三日。
(42)『貴族院・委員会』予算委員第六分科会、大正三年三月二日。
(43)大正二年一一月八日号。この記事は、『経済時論』(大正二年一二月号)に「増師論者に与ふ」と題名を変えて、同文が掲載されている。
(44)北岡伸一『日本陸軍と大陸政策――1906–1918年』(東京大学出版会、一九七八年)四五頁。後藤新平「満鉄総裁就職情由書」(鶴見祐輔『正伝後藤新平』第四巻、藤原書店、二〇〇五年)四一頁以下。
(45)『曾我祐準翁自叙伝』四七三頁。
(46)『生産調査会録事』第二回(生産調査会、明治四四年二月)、一一二頁。
(47)なお、生産調査会では、添田寿一を提出者、日比谷平左衛門、桑田熊蔵、田川大吉郎、西村治兵衛を同意者とする建議案「移民殖民ニ関スル方針ノ決定実行ノ必要」が提出され、人口増加に対処するため「北海道樺太台湾及ヒ満韓各地方」の移民奨励について言及されている。この建議案は、提出者から撤回され、議論されるに至らなかったようである(『生産調査会録事』第一回、生産調査会、明治四三年九月、二五頁以下)。
(48)「河井弥八関係文書」(掛川市教育委員会社会教育課管理、掛川市大東図書館蔵)。
(49)『曾我祐準翁自叙伝』四九七頁以下。
(50)『東京朝日新聞』一九一三年六月六日号「曾我子の袁左袒」。
(51)『東京朝日新聞』一九一三年六月二六日号。
(52)『曾我祐準翁自叙伝』四九七頁。
(53)『東京朝日新聞』一九一三年六月一三日号。
(54)枢密顧問官時代の曾我については、別稿で論ずる予定。
(55)第二二〇号(大正二年七月二〇日発行)。
(56)『東京朝日新聞』一九一三年九月一四日号。
(57)「田健治郎日記」大正三年八月二七日条(国立国会図書館憲政資料室蔵)。この点は別稿で論ずる予定。

(58)『朝鮮公論』大正三年一一月。

(59) 奈良岡聰智『対華二十一ヵ条要求とは何だったのか――第一次世界大戦と日中対立の原点』(名古屋大学出版会、二〇一五年)二八二頁以下。

(付記) 本章は、科研費 **JP23K00848** による研究成果の一部である。

第二部　第一次世界大戦と日本

第5章　大正期における徳富蘇峰の国際情勢認識

中野目徹

はじめに

徳富蘇峰（一八六三―一九五七）逝いて六七年、いまだその評価は定まっていないといえよう。先行業績を概観しても、蘇峰の生涯の前半期――郷里熊本で私塾大江義塾を主宰しながら自由民権運動の戦列に加わった明治一〇年代から、雑誌『国民之友』と『国民新聞』を華々しく創刊し「平民主義」を唱えた明治二〇年代――に研究が集中する傾向は今日まで続いている。「平民主義」から「帝国主義」へと変貌（いわゆる蘇峰の転向。彼自身にいわせれば「変説」や「変節」ではなく「思想の進歩」）を遂げた明治三〇年代以降の言論活動については、蘇峰研究の第一人者であった和田守氏も、最後まで統一した思想像を描くことができなかったといわざるをえない(1)。

最近、蘇峰の略伝を執筆した筆者は(2)、蘇峰が自他ともに認める「日本の生める最大の新聞記者(3)」であったことを重視して言論活動を改めて追跡した結果、大正期に彼の「思想の進歩」は到達点に達したのではないかという見通しを得ることができた。自称「政友」（他称「御用記者」）としてその政治活動を支えてきた桂太郎が一九一三（大正二）年一〇月に死去すると、再び「立言者」に戻った蘇峰は、旺盛な言論活動を再開して自身が社長兼主筆を務める『国民新聞』紙上に連日筆を執り、それらの論説は『時務一家言』（民友社、一九一三年）、『世界の変局』（同、一九一五年）、『大正の青年と帝国の前途』（同、一九一六年）、『大正政局史論』（同）、『大戦後の世界と日本』（同、一九二〇年）となって世上に流布したのである。これらの著作を貫く思想があったとすれば、彼自身によって語られているように「外に向ては帝国主義、内に於ては平民主義は、是れ帝国の二大綱領にして、之を貫通するに皇室中心主義を以てす」[4]ということになろう。ここでいう「平民主義」は明治二〇年代のそれとはすっかり内容を異にするものではあったが、ともかくも徳富蘇峰の思想とは何かと問われれば、右の一文をもって答えるのが至当なのではないだろうか。本章では、このうち「帝国主義」とされた思想の枠組みとその前提となった蘇峰の国際情勢認識を、大正期を中心に解明することを課題にすえる。

蘇峰の対外観に関する先行研究としては、まず澤田次郎氏の業績を挙げるべきであろう[5]。澤田氏による研究成果を大正期前後を中心に概述すれば、蘇峰においては日露戦争を機に親英米路線が次第に警戒論に変じていき、やがて明快な反英米論へと変容していく。アジアとりわけ中国はあくまでも客体的位置にあり、反共意識は一貫している。昭和期に入ると親独伊路線に傾斜していく――ということになろう。大枠として首肯できるものであるが、なにぶん対米関係を軸に論述されているため、ヨーロッパやアジア、それらとの関係において蘇峰が一番論じたかった日本の現状に対する警告という側面は、検討の対象にされていないという嫌いがある。そこで本章では、本書の編者である黒沢文貴氏の諸業績で示されている大正期の政治、軍事、経済等をトータルに把握する方法から学びながら[6]、当該期における蘇峰の思想がいかなる国際情勢認識にもとづいて構成されていたのかを明らかにしていきたい。黒沢氏は、一九二〇年代を「第二の開国」期と捉え、「新しい内外システム」の形成期と位置づける。その主要因として、第一次世界大戦で明白となった総力戦体制構築の必要性をまず挙げ、主として軍部（陸軍）と外交の視点からそれを論じるとともに、経済面における資本主義の高度化と資源問題の解決、総動員態勢を準備（民意を調達）するための議会と政党の役割変化――普選による民衆の政治参加の促進、といった諸要素が考察されている。

筆者もかつて国勢院の関係資料を紹介したとき(7)、一九二〇（大正九）年に少佐時代の永田鉄山によって書かれたとされる「国家総動員に関する意見」を分析し、これが国家像全体に関わるグランド・デザインであり、新たな近代化（現代化）の方途の提示ではなかったかと感じたことがある。そして、当時の他の諸勢力や個人のなかで、これ以上に有効で総合的な国家像を提示しえた者はいなかったのではないか、と。このとき「日本の生める最大の新聞記者」徳富蘇峰は、どのような国際情勢認識と国家像を描いていたのだろうか。

もとより略伝の補遺とでもいうべきノートにすぎないが、以下本章では、こうした問題意識に立って、まずは蘇峰による論説記事から「帝国主義」の主張内容を読み解き、彼の議論の精度や深度を測定したうえで、日本の進むべき方向性をいかに見定めようとしていたのかを問うていきたい。

一　「帝国主義」の論理

よく知られているように、蘇峰の主張が「平民主義」から「帝国主義」に変じたのは、一八九五（明治二八）年五月、日清戦争を終結させた下関条約でいったんは日本への割譲が約束された遼東半島を、三国干渉によって清国へ還付することが決定したときであった(8)。その後蘇峰は、歴代内閣の軍拡路線を支持する論調を発信し、第一次桂内閣による日露開戦と戦争指導にも全面的に賛成する立場を示し続けた。そうした言論姿勢の結果として、一九〇五（明治三八）年九月五日に締結されたポーツマス条約の内容に不満をもつ群衆による日比谷焼打ち事件に際し、蘇峰の言論活動の本拠地であった国民新聞社は襲撃を受けることになったのである。『時務一家言』に収録された論説のなかで、蘇峰は日清・日露戦争を「帝国独立維持の戦争」(9)だったと総括している。
その日露戦争から八年、一九一三（大正二）年――第一次世界大戦開戦の前年の日本が置かれている国際的立場は、蘇峰によれば次のようであるという。

我が日本帝国の現状は、丸木橋を、前に控へたりと云はんよりも、寧ろ丸木橋を渡りて、其の中間にありと云ふの剴切なるに若かず。進も危険也、さりとて退くも亦た危険也。均しく危険ならば、寧ろ前進するに若かざる也。何となれば、前進の目的を達すれば、吾人は安心立命の地を得るも、退却するに於ては、到底自衰、自亡、自滅の外なければ也(10)。

すなわち、当時の日本は丸木橋を途中まで渡っているように「危険」な状態にあるのだという。次いで、「人或は帝国の大陸経営を以て、無謀の挙と称す。謀乎、無謀乎、吾人は之を知らず。されど大陸経営は、所謂る攻勢的防禦の第一着たるを知らざる乎(11)」と述べて、大陸経営を積極的に推進する立場を明快に示していた。さらに、「今日に於ては、民族発展と領土拡張とは、至緊至密の関係なからず(12)」と論じて、より具体的に「日本の防禦は、朝鮮に於てし、朝鮮の防禦は、南満洲に於てし、南満洲の防禦は、内蒙古に於てす(13)」という構想を明らかにしていた。「満蒙経営」は「国家百年の大計(14)」だというのである。こうした主張は、蘇峰のその後の対外論の基調となるもので、昭和期に至るまで変わることなく繰り返されることになる。山県有朋以来、桂太郎、児玉源太郎、後藤新平と続く藩閥・官僚系のいわゆる北進論の系譜に連なるものであったといえよう。
これに対して、蘇峰とは同世代の三宅雪嶺は中国の領土保全を前提にシベリア分割論を唱えていた(15)。彼らよりも若い世代の石橋湛山が「大日本主義無価値論」と称して満蒙放棄論を唱えることになるのは(16)、第一次世界大戦後の一九二一（大正一〇）年の『東洋経済新報』誌上であった。湛山は、蘇峰や雪嶺らの主張も意識してであろう、領土拡張の経済的効果がないことを算出したうえで、「何故我が国民は、朝鮮・台湾・関東州に執着するのであろう」と疑問を投げかけ、さらに一歩踏み込んで「我が国にして支那またはシベリヤを我が縄張りとしようとする野心を棄つるならば、満洲・台湾・朝鮮・樺太等も入用でないという態度に出づるならば、戦争は絶対に起らない[17]」とする絶対平和論を提唱していたのである。

次に、第一次世界大戦開戦直後に起稿され一九一五（大正四）年三月に刊行された『世界の変局』は、フランスの外交文書を参照しながら、世界大戦の「由来」（原因）を「秩序的、綜合的観察[18]」によって解明しようという目的で書かれたものである。そのなかでは、各国の動向に関する分析は次節に譲るとして、明治維新以来の日本の極東、広くはアジアにおける「興隆」「隆勢」こそが、結果として欧米諸国をアジアに誘引することで、大戦の原因の一つを構成する世界的現象になっていると観る。蘇峰によれば、「日本は極東の主人公[19]」なのである。

第一次世界大戦開戦後にやはり『国民新聞』に連載され、一九一六（大正五）年三月刊行の『大正政局史論』に収録された論説のなかでは、「世界戦争の爆発は、日本が極東経営を促進す可き最大機会にして最好潮合也[20]」という「帝国主義」の主張が繰り返される。それゆえ、第二次大隈内閣の加藤高明外相による二十一カ条要求は、欧米諸国に悪感情や猜疑心を抱かせた点と、中国国内における民衆のナショナリズムに火を点じ日貨排斥運動を惹起した点で強く非難される。加藤に対しては「外交家」ではなく「外交技師[21]」にすぎないとの手厳しい皮肉を浴びせた。

他方、『大正政局史論』刊行直後から『国民新聞』に連載されて、同年一〇月に一書としてまとめられ、一〇〇万部を超えるベストセラーとなったのが『大正の青年と帝国の前途』であった。一八八六（明治一九）年に上梓された自身の出世作『将来之日本』（翌年増補されて『新日本之青年』として発行）を、「根本的」に「改作」することを意図して叙述された作品で、同書の緒言では「内に平民主義を行ひ、外に帝国主義を行ひ、而して皇室中心主義を以て、両者を一貫、統制する也[22]」と、前引の「大勢」で明らかにされた思想の枠組みが反復される。いま、「帝国主義」に着目して同書の行論を追っていくと、日本帝国には「天職」にも喩えられる使命があって、それは「亜細亜モンロー主義」であり、「亜細亜モンロー主義」は「東洋自治主義」とも言い換えられるという。「今日の問題は帝国の独立にあらず、帝国の拡張也[23]」という積極的な発言もみられる。「帝国の拡張」すなわち「帝国主義」には物質面と精神面があり、前者は「武力」を指し、後者が「正義」にあたり、この二つを「併行双進」させる必要があると提唱する。

以上のような「帝国主義」の主張が、いずれも第一次世界大戦前か戦時中に書かれたのに対して、『大戦後の世界と日本』に収録された論説は、パリ講和会議閉幕後およそ半年という一九二〇(大正九)年一月から『国民新聞』に連載が開始されたものである。したがって、ここではそれまでのような「帝国主義」の主張はすっかり影を潜めている。前引の石橋湛山による「満蒙放棄論」が唱えられたのもこの直後であり、米国のウィルソン大統領の主唱した「民族自決主義」が戦後国際社会の通念となったことを受けて、蘇峰も大戦後の世界は「民族を基礎としたる、国家主義の興隆[24]」が主流だという見方を示す。日本の老人(かつての「天保の老人」や蘇峰らかつての「明治の青年」)が「国家」という言葉を濫用しすぎたため、「大正の青年」たちが「国家」に食傷気味になっていることを憂えてもいる。しかし、国際連盟も国家が単位であり、日本は「皇室中心的の一大平民的国家[25]」として押し出していくべきだと結論する。こう述べる蘇峰の立場は、序文にある「排外的愛国者」にも「排内的崇外者」にも与しない「世界的見識ある愛国者[26]」というものであった。

ここまで紹介してきたように、大正期における徳富蘇峰の「帝国主義」というものは、すでに日露戦争での勝利によって世界の一等国に数えられるようになり、「極東の主人公」といえる地位を獲得した日本にとって、「帝国の独立」が問題となるのではなく、「帝国の拡張」こそが課題なのである。具体的な拡張の方向として挙げられたのは朝鮮半島を経由して満洲と内蒙古であり、いわゆる「満蒙経営」が「積極的防禦」であり「国家百年の大計」とされた。

こうした日本の立場は、蘇峰によって米国のモンロー主義になぞらえられて「亜細亜モンロー主義」と呼ばれることになったのである。そして、「日本帝国の使命は、完全に亜細亜モンロー主義を遂行するにあり[27]」とされたのであった。

しかし、第一次世界大戦の終結による、「民族自決主義」の提唱や、ロシア革命の勃発、欧州における君主制国家の相次ぐ転覆などの諸事情を観た蘇峰は、赤裸々な「帝国主義」の主張を行わなくなる。それは、世界の変局をいかに観察した結果なのか、次節ではこの問題について考察してみよう。

二　第一次世界大戦と世界の変局

蘇峰は大正初期の世界――一九一〇年代の国際情勢を観察するのに、時代を一〇〇年遡ったナポレオン大帝の時代から考察を始めている。つまり、現状分析を試みる際に記者であると同時に史家として、史論として議論を立てようとする。背景には、一九一八(大正七)年から『国民新聞』紙上で連載が開始された「近世日本国民史」の構想があったことはいうまでもない。蘇峰によればナポレオンの出現以降、「国民的精神」が勃興し、やがてそれが「民族的運動」となって欧州を席捲し、「独逸主義」や「スラブ主義」という「人種的競争」となって第一次世界大戦を引き起こしたのだという[28]。一九世紀以来のナショナリズムの延長線上に第一次世界大戦直前の欧州を位置づけていたのである。

世界大戦開戦前の一九一三(大正二)年に書かれた『時務一家言』では、当時の国際社会に観られる動向として「帝国主義」と「社会主義」の二つを挙げる。このうち「帝国主義」については、次のように説明する。

惟ふに近時に於ける帝国主義の興隆は、商工業開達の為に、過大なる刺激を被りたると同時に、又た国民的精神の勃興より来る国民的競争の結果たらずとせず。……既に国民的精神勃興し、国民的団結鞏固となるに於ては、国民的競争は、殆んど自然の結果のみ。[29]

そして、この「帝国主義」に付随して領土拡張と軍備拡張が必然化されるという。ただし、同書にまとめられた論説では、英国、米国、日本という順序で具体的な情勢分析がなされ、独国や露国への考察はほとんど見られない。それは、蘇峰が日々閲読している外国の新聞・雑誌が英米二国と中国で発行されていた英字新聞・雑誌に限定されていたため[30]、ニュースソースにおのずから限界があったことが原因の一つと考えられるが、第一次世界大戦が独国と露国の対立を主要因としていたことを読みきれておらず、開戦も予測できていなかったことを示している。

これが開戦後にどう変わるか、『世界の変局』に収録された論説からうかがうことができるので少し詳しくみていこう。まず、この未曽有の世界大戦に対する蘇峰の立場は、「暴力の崇拝者でもなく、正義公道を口にして油断無頓着でもない」とされ、「平和を愛好する一人」だというものである。そのうえで、最近の世界における三大現象として、①「独逸皇帝の世界政策」、②「米国の帝国主義」、③「日本帝国の極東に於ける興隆」[31]を挙げる。同書の叙述は前記したように「春秋の筆法」をもってなされ、最初に独逸建国以来の欧州における三国同盟と三国協商の対立に至る国際関係の推移がバルカン戦争まで描かれる。次いで、一八七三(明治六)年の征韓論争以降、日本を中心とする東アジア情勢が英国、露国との関係を軸に日清戦争と三国干渉、さらに日露戦争の終結まで論じられ、そこでは、日英同盟の締結と日露戦争の結果、「日露提携の端緒は、日露戦争の賜物也。吾人は之を将来に於て、存養育成せざる可らざる也[32]」と結論されているのが注目されよう。ロシア革命が勃発する以前のこの段階で、蘇峰は露国との提携を、後述する米国（英国も含む）との対抗上重視する見解を示していたのである。しかし、ボルシェビキによるソ連の誕生をどうしても容認できなかった蘇峰は、露国との提携論を取り下げざるをえなくなり、大戦後の国際情勢のなかで日本の置かれた立場をことさら厳しく認識することになる。

ここで『世界の変局』は米国の「帝国主義」の分析に移る。モンロー主義を掲げていた米国は、一九世紀の終わり頃からアジアへの進出を開始した。蘇峰は、そもそも国土が広大で資源も豊富な米国が「何の必要に迫られて、帝国主義を取らざる可からざる乎[33]」と問うて、それはニーチェのいうように（「権力への意志」の蘇峰流の解釈か）あらゆる有機物の動機は権勢欲にありということとしか考えられないと述べる。その結果、「最も親好の日米両国は、極東に於ける、国際政局の分野に於て、敢て敵対と云はざるも、相対的の位地に立たざる可らざるに到れり[34]」という状態にあるという。日米関係冷却の背景には、カリフォルニア州における日本人移民排斥問題もあった。とりわけ、セオドラ・ルーズベルト大統領によるパナマ運河開鑿計画の遂行に象徴される「巨棒政策」は（運河は一九一四年開通）、独国皇帝ウィルヘルム二世の「鎧拳政策」に比肩する「帝国主義」の代表的政策であると断定される。

ここで再び、行論はアジアをめぐる国際情勢の分析に戻される。蘇峰によれば、中国は一九一一年の辛亥革命以来混乱を極めていたが、袁世凱の登場でやや平静な状態にあると観る。とはいえ、米国の進出により「支那領土保全主義の如きは、一日たりとも安心の出来ぬ也[35]」という危機感が示されている。日露戦争以来、中国に対する日本外交は不振といわざるをえず、その原因には隣国における共和制の導入を是とするか非とするか、日本の国論が一定しないことがあるという。中国をめぐる国論の統一は、今後の世界政局が、一つは中国問題を中心に展開すると予想されるため、緊急を要する課題だとされる。

以上のような、世界大戦前夜の国際情勢分析を踏まえて、『世界の変局』の結論が導かれる。それによれば、世界大戦の原因は独国皇帝の世界政策と日本の興隆の二つであるとする。そして、中国の領土保全に寄与しているのは日本であり、日本と利害を共有しているのは露国だとされる。それゆえ、露国とは一層強固な同盟関係を構築すべきだという主張が導かれる。さらに、戦争の根本動機は何かと問うて、「軍国主義」や「自由主義」などといった「理想」ではなくて、あくまでも「力」を根拠とする対決、「信義」ではなく「兵力」をめぐる対決であると結論する。三国干渉以来、「力の福音」に帰依した蘇峰の対外関係におけるリアリズムは、このときまで、いささかも揺らいでいないといえよう。

これらは世界大戦がまだ緒戦の段階で勝敗もわからない時点における評言である。二年後のロシア革命の勃発が見通せなかったのは仕方ないとしても、戦時における「大和民族」統一の方途として称揚されたのが「皇室中心主義」であった。ただし、この段階における「皇室中心主義」は、「如何なる異種、異様の主義をも、包容し、網羅し、利用し、善用するを得可しと信ず」(36)とされている。これについては、次節で改めて検討したい。

最後に、世界大戦後にまとめられた『大戦後の世界と日本』によって、蘇峰の国際情勢認識の変化を確認してみよう。すでに一九一九(大正八)年の七月一日から『国民新聞』に毎日掲載され「畢生の大業」とされていた「近世日本国民史」の筆を休んでまで、「記者としての天職」を果たすため同紙上に書かれたのがこの連載であった。前節で述べたように、大戦直後の蘇峰は「帝国主義」を語らなくなる。序文とされた「著者独語」では、「日本の対外関係は、悪より最悪に移りつつあり」(37)という認識が開陳されている。すなわち、大きな期待を寄せていた露国は革命によってソ連に代わり、執筆途中で発生したニコラエフスク事件では多数の邦人が虐殺され、巨費を投じて大軍を送ったシベリア出兵も日本の単独出兵となってその後撤退を余儀なくされたほか、中国においては親日的な段祺瑞(安徽派)政権が斃れ、加えて日米関係も移民問題をはじめ通商貿易問題でも対立が深まるばかりであった。欧州に目を転じても、ソ連との関係をめぐって各国間で混乱が続き、かろうじて英仏の妥協によって破綻を弥縫している状態が観察された。およそ四面楚歌という状態で、蘇峰は日本の活路をいかに描いていたのか。

同書で最も多くの頁を割いて論じられているのはロシア革命である。第六―八章の約一〇〇頁があてられ、新聞では連載二七回に及んでいる。しかし、蘇峰にとって革命後のソ連は世界の「破壊主義」勢力であり、「無二の親友と思ひし露国も、今や無二の敵となれり」[38]と把握されることになった。こうした対ソ観は、第二次世界大戦後まで終生変わることがない。三宅雪嶺が女婿の中野正剛とともにソ連承認論を展開するのとは明白な対照をなす[39]。蘇峰にとって、一番に忌避されるべきは階級闘争であり、現実にレーニンによって実行されつつあった独裁政治である。そのようなソ連と、戦後の国際秩序に関して一四カ条の提案を行い、パリ講和会議をリードしたウィルソンによって代表される米国の間で、日本は両国の挟撃に遭遇する情勢となったとされる。

三　新たな国際情勢下における日本の活路

では、世界大戦後の新たな国際情勢下で、日本はいかなる危機に直面し、それを克服していかなる針路を選択すべきなのか、蘇峰の指南するところを探ってみよう。

蘇峰によれば、世界大戦前から日本は大きな危機に見舞われていた。『時務一家言』にまとめられた連載のなかで、明治—大正の移行期にはすでに青年の間で「忠君愛国思想」の欠乏が顕著に見られ、「我が精神界の土崩瓦解」[40]という傾向が認められるという。それに加え、かつては彼自身が唱えた「平民主義」も、野心家に濫用されれば社会の不安定化に一役買うものと懸念された。一九一三（大正二）年二月の第一次護憲運動に際して、群衆によって国民新聞社が襲撃を受けたことが、蘇峰にとってよほど大きな衝撃となっていたのであろう。「帝国主義」横行の国際情勢を鑑みても、日本は「虚名の一等国」[41]にすぎないと断言される。そして、「平民主義」と「帝国主義」をつなぐものとして「皇室中心主義」を掲げる。それは国民の挙国一致を図るための「根本的思想」だという。

次いで、世界大戦開戦後に執筆され、『世界の変局』として刊行された論説のなかでは、ほとんどの頁が世界情勢の分析にあてられているが、最後に「日本の真面目」として「我が日本帝国には頂点立地自から皇室中心主義の存するあり[42]」とされ、それは異種・異様な主義をも包容して利用することができる思想だという。しかし、これが欧州大戦による世界の変局のなかで日本が採るべき針路といかなる関連を有するのかは一切書かれていない。

さらに一年後に『大正政局史論』と題されて刊行された連載は、第一次桂内閣から執筆時点の第二次大隈内閣までの文字通り国内政局の推移を、桂の「政友」（「御用記者」）としての立場から観察した記録であるが、「皇室を中心として、国民的内閣を組織する[43]」ことがその結論とされており、「皇室中心主義」の国内政治面での具体像が藩閥官僚内閣でも政党内閣でもない「国民的内閣」という名称で現れることになる。蘇峰の場合、明治期から一貫して政党内閣に対しては批判的で、昭和期に入ると天皇親政下で人材を網羅した内閣――「人材内閣」への期待を大きくしていく[44]。

『大正の青年と帝国の前途』となった連載では、当代の青年を「模範青年」「成功青年」「煩悶青年」「耽溺青年」「無色青年」などに分類し、総じて「金持ち三代目の若旦那[45]」のようだと批判する。ここでも「国家の危機」が繰り返され、その理由を「使命を自覚しない国民」の存在に求めている。

日本の今日は、国家が無意識的に、其の惰力によりて、運行しつゝありと云ふの外、他に適当の観察を容れず。……自然に放任したる国家は、無準備の国家也。無準備の国家は、一旦緩急に際すれば、乍ち其の国運を挫折せられ、乍ち其の威信を失墜し、而して往々乍ちにして、其の国家を覆滅に帰せしむる也[46]。

それなら、どうすればよいのか。蘇峰は決して「日本独尊主義」に陥ったり、「白人排斥論」を唱えたりすることは奨めない。むしろ、日本の天職として「東西両界の仲介」を挙げ、具体例として、実際の物流でも思想の交流でも、日本は「問屋」「卸売屋」の役割を果たすことが使命であるという[47]。一九一六（大正五）年六月二〇日に脱稿されたこの連載では、「積極的忠君愛国」が唱えられ、「皇室と国家とは一体」だという考え方は示されるものの、「皇室中心主義」という言葉の使用は避けられている。とはいえ、「日本帝国の、万国に卓越したるは、只だ其の国体にある也[48]」と断言されているので、結局は「皇室中心主義」ということになろう。要するに、国民とりわけ「大正の青年」が国家意識の統一を図るための基軸が「国体」であり「皇室中心主義」の思想だという主張である。

以上のように、世界大戦の戦前から戦中にかけての時期において、蘇峰が示した日本の針路はいずれも「皇室中心主義」という思想を結論とするものであった。その内容はいかなるものであったのだろうか。国内政治の面では「国民的内閣」の組織という具体像が示されたが、それは当時の趨勢であった普通選挙による国民（男子）の政治参加という方向性とは違い、明治天皇と蘇峰が親近してきた元老たちによる寡頭政治を理想とする、いわば古いタイプの「国民的内閣」であった。国家意識の統一という面では、個人主義、社会主義の浸透にともなう多様な価値観の存在を是とする国民とりわけ青年層にとって、過去の価値観を強要するいわば老人の繰り言めいた押しつけとしか映らなかったであろう[49]。

最後に、世界大戦後の蘇峰による日本の針路への提言はいかなるものであったのかを検討しておこう。対象は『大戦後の世界と日本』である。

前節で述べたように、この時期の日本を取り巻く国際情勢は蘇峰にとって「最悪」と感じられた。一方で、国内情勢も「一大禍期」を迎えつつあるように見えた。そのような内憂外患のうちでも最大のものは戦争景気による「成金気分」の風潮であり、「黄金万能主義」の蔓延により社会は俗悪化、険悪化の一途をたどっていることだという。政治も金持ちの名代によって左右され、中等階級は没落し、思想界も乱世のありさまである。思想界の乱世として蘇峰がとりわけ問題視したのは、一九二〇（大正九）年一月、連載の開始と同時に発生した森戸事件であった。蘇峰から見れば、「国家の費用を投じ、国家の為めに、有用の人物を養成する、最高学問の府にして、此の如き事件を出来せしめたるは、果して何の兆ぞ」[50]ということになる。この事件に際して、三宅雪嶺が森戸の特別弁護人として、吉野作造、安部磯雄、佐々木惣一らとともに出廷し、「日本も五大国の一に列したがこんな思想上の一論文を問題にするやうでは未だ到底駄目だ」[51]と陳述したのに対して、蘇峰の思想の骨化ぶりは顕著である。

実は同書では、結論ではなくて、開巻冒頭で「皇室中心主義は、国民連帯の出発点也」と前提されている点に注目すべきである。世界大戦後の蘇峰にとって、ロシア革命によって現実に出現したソ連、マルクス主義思想の青年層を中心とした流行、労働運動の激化に見る階級闘争の現実化といった現象は、「我が帝国の運命は、実に累卵の危きよりも、危き也」[52]としか映らなかった。この連載の結論は次のようになる。

今日の要は、我が大日本をして、上に一君あり、下に万民ある、皇室中心の一大平民的国家たらしめ、国家の威信と並立する限度に於て、世界と協調を保持し、内は我が民族を一致団結せしめ、外は之を挙げて、我が帝国の使命たる、東亜平和の擁護者となり、東亜諸民族の先導者となり、我が黄白人種の重荷を負担し、黄白人種の差別を撤廃し、進んで以て世界的一大平等を打出し、大いに世界の文化に貢献するにあることを。[53]

その後日本は、大戦後の長期にわたる経済不況から抜け出せないままに一九二三（大正一二）年には関東大震災に見舞われ、京浜地域が大きな被害を受けるなかで、蘇峰もまた国民新聞社の社屋を焼失するという大打撃を被った。翌二四年には第二次護憲運動によって「憲政常道」といわれる政党政治への途が開かれ、目を海外に転じると、米国で対日移民法が成立するなど、およそ蘇峰の構想するところとは相反する事態ばかりが続けざまに発生した。同年に刊行された『国民小訓』では、「序」で「我が帝国の対外関係は、決して平常ではない、否な全く異常である」、「内憂は、国民間に於ける思想の混乱(54)」であると述べて、相変わらず「皇室中心主義」を主張して、とりわけ対外関係については、「理想を、国際的に実行せんには、須らく先づ之を国際間に実行せしむるだけの力を養はねばならぬ(55)」と、かつての「帝国主義」の立場を思わせる発言もしている。

次いで、一九二七(昭和二)年刊行の『昭和一新論』になると、「日本は全く世界に孤立してゐる。恃む可き国は、自国より他には、決して一国もない(56)」という厳しい現状認識を披瀝したあと、「吾人は世界に向つて励行す可き実力を擁して、然も之を自制し、世界に向つて奉仕的天職を尽さんことを期す(57)」と、なお武力侵略には慎重な発言をしていた。さらに二年後の『日本帝国の一転機』でも、「世界は、武力的帝国主義、経済的帝国主義、思想的若しくは文化的帝国主義もて、四方八面から日本を包囲しつつある(58)」と述べ、日本が失ったものは次の三点だという。

（第一）　国是の一定せざる事。
（第二）　理想を失墜したる事。
（第三）　国民を挙げて黄金に中毒しつつある事(59)。

これら大正末期から昭和初期の著作のなかで、蘇峰は国際的に日本が孤立していることを強調し、それに対する国内の不統一、不一致に警鐘を鳴らしつつ、いまだ武力的侵略には慎重な姿勢を示し、「皇室中心主義」をもって乗り越えていこうという抽象的な処方箋しか提示することができなかったといえよう。一方で、国際協調の路線があり、一九二八(昭和三)年には不戦条約が調印されるという情勢のなかで、「帝国主義」を封印した蘇峰の論調が鋭利さを欠くのはやむをえないことであった。

おわりに

一九三一（昭和六）年の満洲事変を契機に「非常時」が叫ばれるようになると、蘇峰の言論活動はそれまでとは別の段階に突入すると思われる。それは本章の検討範囲を超えるので、新たな問題意識のもとに考察を加えなければならないが、そのようななかで、一九三九（昭和一四）年に刊行された『昭和国民読本』において、大正期がいかに回顧されているのかだけ瞥見しておこう。すでに日中戦争は泥沼に入っており、同年九月には第二次世界大戦が始まるというタイミングで、「大正の御代は、不幸にして日本が浮腰となり、浮足となり、その心までが自ら陶酔し、自から放心したる時代であった」[60]と総括し、また別言して「大正時代の日本は、内外両ながら赫々たる光明時代では無つた」として、むしろ「停頓時代」[61]であったときわめて否定的に回想されているのである。それはまた、「霜枯れの時代」「曇天時代」として次のように理解される。

世界大戦の終結以来、満洲事変の発生まで、即ち大正七年より昭和六年まで（一九一八―一九三一年）の足掛け十四年間は、日本に取りては、少くとも世界的には、霜枯れの時代であつた。未だ全く暗黒時代と云はざるも、曇天時代であつた。[62]

そのような大正時代を「回転」したのが満洲事変であり、「やがては熱河省に及び、山海関より古北口に亘り、今や方に万里長城を踰えて、其の内面に波及せんとする勢を呈した」[63]と、前述したように第一次世界大戦直前に『時務一家言』で公言していた「満蒙経営」を「国家百年の大計」とする「帝国主義」の主張に舞い戻るものであった。

本章は、大正期における徳富蘇峰の思想構造の一端を解明するために、その前提となった国際情勢認識を中心に検討を加えたものである。第一次世界大戦後に、いったん「帝国主義」を封印したことで、この時期の蘇峰の対外論は昏迷の様相を呈するようになったことを指摘した。

蘇峰はすでに早く、日清戦争後から世界を「帝国主義」の競争場裡にあるという認識枠組みを獲得し、とりわけ日露戦争後になると、朝鮮半島を足場にして満洲から内蒙古に至る「満蒙権益」を視野に入れた「帝国の拡大」を主張するようになっていた。一九一〇年代（大正期）初頭の国際情勢に関しては、米国、独国、日本という英仏両国に比して新興国の勢力伸張を主動因として捉え、そのなかで日露協商論を最も有効な対応策として提唱する。

しかし、第一次世界大戦が始まり、ロシア革命が勃発すると、蘇峰の目論見は存立不可能に陥り、パリ講和会議とその後の太平洋と中国をめぐるワシントン体制の構築により日本は四面楚歌の状況に立ち至ったことに強い危機感を抱くことになった。また、国内においても、大戦景気による経済格差の拡大やそれにともなう中間層の消失、労働者・小作階層の増加と社会主義思想の連動の可能性、なかでも彼が期待を寄せる青年層における「危険思想」の蔓延や「国家意識」の希薄化などが、彼の危機意識に拍車をかけることになった。

その結果、蘇峰は国際的には「白閥打破」や「亜細亜モンロー主義」を掲げることになり、国内的にも「一君万民」的な「皇室中心の一大平民国家化」を主張するようになる。やがて関東大震災によって国民新聞社も大きな打撃を受け、経済恐慌や満洲事変によって「非常時」が常態化するなかで、思想戦の最高指導者へと自らつき進んでいく素地が、本章で検討した大正期における国際情勢認識のうちに胚胎していたと結論できよう。

（1）和田守『徳富蘇峰――人と時代』（萌書房、二〇二一年）。和田氏は最晩年まで、明治三〇年代の蘇峰の言論活動と、大正期の国民教育奨励会、昭和期の蘇峰会に関する基礎的研究を続けておられた。伊藤彌彦氏の同書解説によると清水書院から伝記の刊行をめざしていたらしい。

一方、和田氏のほかに、杉井六郎『徳富蘇峰の研究』（法政大学出版局、一九七七年）、有山輝雄『徳富蘇峰と国民新聞』（吉川弘文館、一九九二年）をはじめビン・シン（杉原志啓訳）『評伝　徳富蘇峰――近代日本の光と影』（岩波書店、一九九四年）、米原謙『徳富蘇峰――日本ナショナリズムの軌跡』（中央公論新社、二〇〇三年）等の単著のほか、杉原志啓・富岡幸一郎編『稀代のジャーナリスト・徳富蘇峰』（藤原書店、二〇一三年）が研究史の山脈を形作っている。

(2) 中野目徹『徳富蘇峰』（山川出版社、二〇二三年）。
(3) 昭和十八年『叙勲』五、国立公文書館所蔵（勲九七三）。
(4) 徳富蘇峰「大勢」（『国民新聞』大正三年四月五日付第三面）。
(5) 澤田次郎『徳富蘇峰とアメリカ』（拓殖大学、二〇一一年）。
(6) 黒沢文貴『大戦間期の日本陸軍』（みすず書房、二〇〇〇年）および同『二つの「開国」と日本』（東京大学出版会、二〇一三年）など。
(7) 中野目徹・日向玲理・長谷川貴志「総力戦体制と国勢院」（『近代史料研究』第一四号、二〇一四年）の特に八二頁以降。
(8) 徳富蘇峰『蘇峰自伝』（中央公論社、一九三五年）三一〇頁。
(9) 本文中前掲『時務一家言』二一〇頁。初出は『国民新聞』大正二年一〇月一四日付第一面。
(10) 同右、二二四頁。初出は『国民新聞』大正二年一〇月一八日付第一面。
(11) 同右、二二五頁。
(12) 同右、二二七頁。
(13) 同右、二四四頁。
(14) 同右、二四七頁。
(15) 三宅雪嶺「露西亜分割は如何に行はる」（『日本人』第二〇七号、一九〇四年三月二〇日）ほかにおける論調。中野目徹『三宅雪嶺』（吉川弘文館、二〇一九年）一六七頁参照。
(16) 石橋湛山「大日本主義の幻想」（『石橋湛山評論集』岩波文庫版、一九八四年）一一二頁。初出は『東洋経済新報』第九六〇号（一九二一年八月六日）。
(17) 同右、一〇七頁。初出は『東洋経済新報』第九五九号（一九二一年七月三〇日）。
(18) 本文中前掲『世界の変局』陳言一則二頁。新聞連載時は「日本より見たる世界の変局」。
(19) 同右、二九四頁。初出は『国民新聞』大正三年一二月六日付第一面。

(20)本文中前掲『大正政局史論』三二〇頁。初出は『国民新聞』大正五年二月四日付第一面。連載時は「大正政局概観」。
(21)同右。
(22)本文中前掲『大正の青年と帝国の前途』緒言四頁。
(23)同右、四一一頁。初出は『国民新聞』大正五年七月二五日付第一面。
(24)本文中前掲『大戦後の世界と日本』七六〇頁。初出は『国民新聞』大正九年九月一九日付第三面。
(25)同右、七六四頁。初出は『国民新聞』大正九年九月九日付第三面。
(26)同右、序文一八―一九頁。
(27)前掲『大正の青年と帝国の前途』四〇二頁。初出は『国民新聞』大正五年七月二十三日付第一面。
(28)前掲『世界の変局』四八頁。初出は『国民新聞』大正三年九月二三日付第二面。
(29)前掲『時務一家言』五二―五三頁。初出は『国民新聞』大正二年九月二六日付第一面。
(30)逗子の徳富家（老龍庵）から山梨県山中湖村徳富蘇峰館に寄贈され整理中の資料のなかには多数の英字新聞・雑誌、たとえば *The Times, The Daily Telegraph, The Nation* 等の切り抜きが確認できる。中野目前掲『徳富蘇峰』六八頁参照。
(31)前掲『世界の変局』五七頁。初出は『国民新聞』大正三年九月二六日付第一面。
(32)同右、三二六頁。初出は『国民新聞』大正三年一二月一五日付第一面。
(33)同右、三四五頁。初出は『国民新聞』大正二年一二月二二日付第一面。
(34)同右、三四九頁。初出は『国民新聞』大正三年一二月二三日付第一面。蘇峰はその後の大正六(一九一七)年九月から中国内地を視察し、「支那の強味は、其の人口の衆にあり」(『支那漫遊記』民友社、一九一八年、四九二頁)と結論した。
(35)同右、三九一頁。初出は『国民新聞』大正四年一月九日付第一面。
(36)同右、五一八頁。初出は『国民新聞』大正四年二月一六日付第一面。
(37)前掲『大戦後の世界と日本』著者独語、四頁。
(38)同右、一四頁。
(39)中野目前掲『三宅雪嶺』二一一頁参照。
(40)前掲『時務一家言』一九頁。初出は『国民新聞』大正二年九月一九日付第一面。
(41)同右、二六頁。初出は『国民新聞』大正二年九月二一日付第一面。
(42)前掲『世界の変局』五一六頁。初出は注(36)と同じ。
(43)前掲『大正政局史論』三九八頁。初出は『国民新聞』大正五年二月二七日付第一面。

(44) 徳富猪一郎『日本帝国の一転機』(民友社、一九二九年)二一八頁。中野目前掲『徳富蘇峰』八六頁参照。
(45) 前掲『大正の青年と帝国の前途』四頁。初出は『国民新聞』大正五年三月二八日付第一面。
(46) 同右、三〇―三一頁。初出は『国民新聞』大正五年四月七日付第一面。
(47) このような認識は、同時期の志賀重昂と共通するものがある。中野目徹『明治の青年とナショナリズム』(吉川弘文館、二〇一四年)参照。
(48) 前掲『大正の青年と帝国の前途』四三五頁。初出は『国民新聞』大正五年八月二日付第一面。
(49) そのような蘇峰の主張への批判と支持の交錯については、中野目前掲『徳富蘇峰』六三―六五頁で検討しておいた。
(50) 前掲『大戦後の世界と日本』三五頁。初出は『国民新聞』大正九年三月五日付第三面。
(51) 『読売新聞』大正九年二月一五日付五面。中野目前掲『三宅雪嶺』二〇九―二一〇頁参照。
(52) 前掲『大戦後の世界と日本』、「予め読者諸君の注意を請ふ」二頁。
(53) 同右、七六四頁。初出は『国民新聞』大正九年九月一九日付第三面。
(54) 徳富猪一郎『国民小訓』(民友社、一九二五年)序二頁。
(55) 同右、一三一頁。
(56) 徳富猪一郎『昭和一新論』(民友社、一九二七年)二五頁。
(57) 同右、四三頁。
(58) 徳富前掲『日本帝国の一転機』〔巻頭言〕五頁。
(59) 同右、一六六頁。
(60) 徳富猪一郎『昭和国民読本』(東京日日新聞社・大阪毎日新聞社、一九三九年)七頁。
(61) 同右、一一頁。
(62) 同右、二一〇頁。
(63) 同右、二一一頁。

第6章　川村竹治と立憲政友会

西川　誠

はじめに

川村竹治は、南部支藩の出身で、原敬内閣で内務省警保局長に登用された官僚である。その後は貴族院勅選議員となり親政友会の交友倶楽部に所属、満鉄社長を経て、政友本党・立憲政友会に所属し台湾総督、司法大臣となった。つまり原に見出され政友会系の官僚となり、さらには政友会に所属した政治家である。しかし竹治本人の著作が少ないこと、関係文書もほぼないことから、竹治の官僚・政治家としての活動は明らかにされてこなかった。

本章では、川村の官僚・政治家としての軌跡を追い、官僚が政友会系となる一例として考察を加える(1)。第一次世界大戦後の新しい国内体制と国際関係の構築に向けて、統治機構の政党化で対応しようとした官僚の考察ともなろう。

一　誕生から官僚へ

川村竹治は、明治四（一八七一）年七月一七日鹿角郡花輪村横町（現在の秋田県鹿角市花輪中花輪）に生まれた(2)。父は俊治、母はクニ。花輪は、現在は秋田県であるが、元来は南部（盛岡）藩領であった。川村家はこの地域を支配する花輪南部（中野）家の家老を務める家柄であったが、花輪南部家は三〇〇〇石で、川村家の家禄も一五石であり（②）、裕福とは言いがたい。

盛岡藩は幕末奥羽越列藩同盟に加入し、新政府と戦って敗北した。そのため減封処分となり、一時は国替えも命じられた。花輪の陪臣は御暇のうえ帰農・帰商を命じられ平民籍となり、士族復帰は明治三〇年以後であった(3)。川村家も同様であったと思われる（竹治の当初の属籍は平民である）。

竹治は明治一八年花輪小学校高等科を卒業し、教員手伝いとなる（②）。竹治は向学心抑えがたく、上京して勉学に励むこととなった。同郷の先輩たちが竹治を経済的に支援した(4)。刻苦勉励の結果、竹治は明治二二年第一高等中学校に入学し、明治二七年七月八日（証書日付は七日）に一高を卒業した。

同年九月帝国大学法科大学に入学する（英吉利法兼修）。明治三〇年七月一〇日東京帝国大学法科大学卒業、家計と学費を稼いでいたため成績は優等ではなかった。

同年七月一三日に内務省入省、県治局勤務の内務属となる。竹治は外交官希望であったが、「老父と二妹とあり、遠く離るゝに忍びず内務省に入」った(5)。当時の有力官庁は内務省、大蔵省であり(6)、竹治は内政を総合的に担う内務官僚を第二の選択としたのであろう。入省後一一月三〇日文官高等試験（高文試験）に合格する。

竹治は、学生時代末松謙澄の知遇を得て仕事の手伝いをしていた。第三次伊藤博文内閣の逓信大臣に就任した末松は、明治三一年三月二日竹治を逓信省にスカウトした（①一六八頁）。本省で法案作成を行った後、明治三三年一二月二一日に多度津郵便局長に転出し、長崎郵便局長、横浜郵便局長となり、明治三九年二月七日にイタリア・ローマでの第六回万国郵便会議に委員として出張を命じられた。帰国後、明治三九年一〇月二〇日に神戸郵便局長、のちに大阪郵便局長を命じられた。

万国郵便会議に行く前に長崎でフランス語を学んでおり、会話には不自由しないようになっていたらしい。(7)官僚として心構えをもち、着実に業務をこなしていたのであろう。(8)

竹治は明治四一（一九〇八）年四月二一日に内務書記官に転じ内務省警保局保安課長兼警務課長兼図書課長となった。このときの内閣は第一次西園寺公望内閣で、原敬が内務大臣であった。警保局は全国の警察を管轄する、警察行政の中心である。竹治の依頼があって原が採用したと考えるのが妥当であろう。

竹治は、学問に優れた少年であった。向学心を満たし立身出世するために上京し、帝国大学から内務省入省と成功を収める。国家を担い、日本を発展させようという意欲に満ちていたであろう。そして内務省を選んだのは、行政を全般的に担いたいと考えていたと思われる。縁があって逓信省に転じ業務をこなすが、逓信官僚として専門性を追求するよりは、内政を総合的に担いたいという初志を思い出したと考えられる。もう一度内務省に戻れないか。そこで頼みとしたのが原敬であった。

二　原敬の旗下に

竹治と原の接触は、南部藩出身同士ということが契機であろう。

周知のように、原敬は日本の統治機構の中心に力をもった山県閥を主敵とし、対抗した。原は、伊藤博文が結成した立憲政友会に参加し、国民に選ばれた政党・国会が政治運営の中心となることを目標とした(9)。政友会が中心となって、国家を繁栄させるために地域社会に富を均霑して発展させることを理想とした。原の、あるいは立憲政友会の、地方に利益散布する積極主義である(10)。豊かにする方策は、産業基盤の整備と教育の拡大であった。地域社会に利益をもたらすことは政友会の選挙基盤を強化することにもなる。

ところで、伊藤博文は試験登用制度を導入することで政府の新陳代謝を図った。帝国大学卒業生が優遇される制度であった。紆余曲折はあったが明治二〇年代後半には制度は落ち着く。帝国大学卒業で得た能力で統治機構に参入する学士官僚が誕生してきた。彼らのなかには山県有朋のネットワークに入る者もいたであろう。しかしそれに飽き足らぬ者は別のネットワークを探す。原は内務大臣になって学士官僚とのネットワークを意識的に作った。吉原三郎（内務次官）、床次竹二郎（地方局長）、水野錬太郎（神社局長）らである。竹治と帝大・高文同期の井上孝哉も警務課長（竹治の前任）に抜擢される(11)。親政友会官僚の誕生である。

竹治もまた長州や薩摩といった倒幕藩の人的ネットワークに直接にはつながらない。立身出世をめざすには、理想の実現を図るには、別の人的ネットワークが必要であった。山県閥に挑戦する、地域社会を豊かにすることで富強をめざすという原の路線は魅力的であったに違いない。竹治は床次・水野らに連なる親政友会の内務官僚となった。

明治四一年七月第一次西園寺内閣が総辞職し、第二次桂太郎内閣が成立した。竹治は一二月二八日に参事官となり大臣官房台湾課長となる。翌四二年一〇月二五日、内務省から台湾総督府内務局長となった。この間の事情を竹治は次のように説明する。内務省官房台湾課の課長のとき藤田組の阿里山林業の官営化問題が起こり、台湾に渡り調査して総督府直轄とした。その後大島久満次民政長官が自分を内務局長に任命しようとした。大島とは外遊当時ロンドンで会い、懇意であった。平田東助内相は強く勧めた。自分は地方長官希望で老いたる父がいると断ったが断りきれず受諾した(12)。

台湾でも竹治を嚆矢として学士官僚が誕生しつつあり[13]、竹治は全くの左遷ではないが、政友会系として本省から出されたのであろう。なお大島は親政友会である[14]。

翌明治四二年九月一五日竹治は台湾総督府を辞める。竹治は原に書簡を送って辞職となったことを報告している[15]。辞任事情について竹治は、大島が推進した林本源製糖会社の土地買収について農民が反対運動を起こした、自分は中心人物の弁護士伊藤政重を治安条例に基づいて退去処分としたが、佐久間左馬太総督はこの処置を妥当としてくれなかった、そこで辞職した、と説明するが[16]、そもそもその大島をめぐる対立があった。

台湾では明治三一(一八九八)年に就任した児玉源太郎総督の下で辣腕を振るった民政長官後藤新平とそれに反発する勢力とが対抗関係にあった。明治三九年総督が児玉から佐久間に替わり、次いで後藤が南満洲鉄道株式会社初代総裁に転出しその後任の後藤派の祝辰巳が亡くなると、反後藤派の大島が明治四一年五月に民政長官に任命された。佐久間は大島に先住民の鎮圧を期待した。その一方大島は疑惑がつきまとう人物でもあり、阿里山官営林払い下げで汚職事件を起こし辞職する[17]。それは後藤新平が第二次桂内閣の逓信大臣となってのちの明治四二(一九〇九)年七月のことであった。竹治も大島退官と同時に辞表を提出し[18]、九月に台湾を去った。竹治は、やはり原・政友会系と数えられていたのであろう。

竹治はその後第二次西園寺内閣で原が内務大臣となってのちの明治四四年九月四日に和歌山県知事となる。原に反発して辞めた山県系知事の後任として、原が指名した[19]。

山県系と提携した反政友会の第二次大隈重信内閣が成立すると、竹治は大正三(一九一四)年六月九日に香川県知事に転任となり、大正四年一月八日には更迭されて休職となる。寺内正毅内閣になって大正六年一月一七日に青森県知事として復帰、翌七年一〇月三日に全国の警察を統括する内務省警保局長に転ずる。

竹治の地方官時代を検討する。竹治は和歌山県知事に登用され三年余り在任した。和歌山県では政友会の力が強かったが、内部は自由党系と陸奥宗光系の対立があり、政友会系とはいえ竹治の意向がすぐに反映される状況ではなかった。竹治自身、政党関係にある有力者がいたが、押しきってある郡長を馘首した、その後は干渉がましいことはなくなったと回想している。[20] 竹治は県政界の状況を原内相にも相談していたようで、神前修三派と千田軍之助派が対抗していること、神前は阪本弥一郎代議士に接近し阪本に政友会への入党を勧めていることを述べ、阪本は桂太郎に近い中央倶楽部であるが自分からも勧めてよいか尋ねる書簡が残されている。[21] 和歌山県選出の立憲政友会所属代議士中村啓次郎は、大正二年四月に原に「川村知事は政友会の為めになるものに候」と書き送り、同じく政友会の前代議士神前派は当初川村を軽んじていたが今は軽視は薄らいでいると報じ、軽便鉄道問題では川村を応援するよう依頼している。[22] つまり、政友会の勢力扶植に、またその統合に、努力していた。[23]

他の事績としては、繭質統一のための原蚕種製造所の設立、財政基礎確立のための一〇年計画の造林などを行い、[24] 交通機関の整備に寄与した。また輸出ミカン振興のための検査制度を設けた。[25] 地方の産業基盤整備と産業育成に尽力していた。

大正四年六月から香川県知事となったが、知事時代は約半年で、「民意の尊重」を掲げたが大きな施策はなかった。[26] 大正六(一九一七)年一月に青森県知事となる。竹治は一〇月の町村長会議で、青森県知事として次のように訓示した。東北の不振は事実である。天産に乏しいが進取の気性にも乏しい。産業に関しては、小浜松次郎前知事が開設した産業調査会を引き継いだ。その成果を印刷しているところである。「産業交通教育」が「県治ノ三大要目」である。教員を優遇するとともに精選してほしい。小学校は一町村一学区として教育の質を統一すべきである。実業補習学校は増設を望む。衛生、特にトラホームに注意してほしい。[27]

原・政友会の積極政策である産業基盤の整備と教育の拡大が、竹治の「三大要目」であった。[28] 大正期の青森県は政友会中心に動いていた。[29] 竹治の回想では、政友会に鼻息の荒い人が多く自分が政友会系とみられたため注文をもってきたがあまり耳を貸さなかった、しかし記憶に残った知事とされているようだ、弘前高等学校の建設、青森港の拡張、八戸港（鮫港）築港の着手を行ったと、述べている[30]。岩木川改修にも尽力した[31]。なお『青森県史』によれば、岩木川改修・青森港修築・鮫港修築・弘前高校の招致の解決は次代の沢田牛麿知事の時代としている[32]。竹治は土台を創ったのであろう。

また赴任後すぐの大正六年四月に総選挙があり、「露骨な選挙干渉」の結果、青森県定員六名中五名が立憲政友会、一名が憲政会という結果であった[33]。

積極政策による地方利益散布と政友会勢力の拡大という実績を受けて、原は大正七年一〇月三日に床次内相の下に竹治を警保局長に登用した。

竹治が同郷の先輩として、国家の発展をめざす方法の発見者として原に私淑するのはわかる。では原は竹治をどのように捉えていたのであろうか。『原敬日記』には、実は竹治はほとんど登場しない。竹治は、帝国大学での官僚として、刻苦勉励が身についた官僚であり、地方官として実直に地方行政を行い、警察行政を統括したのであろう。そして政友会を支援する。そうした実直な事務官としての態度によって原は安心して事務を委ねられ、日記に書くまでの問題を起こさなかったと理解してよいのではないだろうか。原は「努力する者にはさまざまな機会を与えた」が、「安易に政府に頼ろうとする者は味方であっても冷徹な態度で突き放した」というが[34]、竹治は努力の人に映ったのであろう。

さて原内閣の特徴は、積極主義と穏健主義であった。すでに述べたように、積極主義とは産業の育成であり、「四大政綱」、すなわち交通機関の充実、教育機関の充実、国防機関の充実、産業発展のための施策を具体的内容とする。そうした施策を地域社会に散布し、そのことで政友会への支持を集めようとした。穏健主義とは、社会改革については漸進で行うという主義である[35]。普通選挙論には選挙権の拡大を、労働運動には協調会設立などで対応した。

竹治は警保局長として穏健主義の実行に当たった。竹治は実直であったが能弁ではなかった[36]。職務の根幹には寡黙な官僚であったようだ。したがって警保局長時代も大きな発言があるわけではない。前述のように原の日記にもあまり出てこない。したがって事績をあまり挙げることができないが、いくつか紹介しよう。

当時の警察行政の課題は、デモクラシー思想と労働運動の高揚であった。大正七(一九一八)年一二月からの第四一帝国議会では、労働組合公認要求が高まり、組合への参加の強要、同盟罷業（ストライキ）への強要を禁止する治安警察法第一七条廃止が訴えられていた。竹治は労働組合や治安警察法の改正については、そもそも日本は労働組合の結成も同盟罷業も禁じていない、扇動を禁じる治安警察法第一七条の改正は不要であるという考えを示している[37]。

資本家側と労働者側の対立から発生した大正八年七月の新聞休刊問題でも、「融和協調を計り」「両者共に其の闘争の弊に堪えぬ事を覚」るよう提言している[38]。

共産主義については、竹治は次のように論じる。アダム・スミスは人間は利己的であり、その性質に従って社会制度は構築され、自由に競争して分配するから分配は公平になるとした。しかし資本家が資本を集中した結果、労働者の生活が悪化することになった。カール・マルクスは、経済上の生産力の発達が社会組織を規定する、資本と労働は争闘するのが当然である、機械の発達により労働者は生活に必要以上の生産を行い、それが資本家に取られている、という。資本や「脳力」の働きを考慮に入れていないのが自分には誤りと思うがそれは学者の考究に委ねる。マルクスは、必要以上の生産を資本家の手に入れず公有にして分配すればよい、そのために労働者は階級闘争をしなければならないとする。しかし現在はストライキなどの闘争は工場の閉鎖から失業になり、争闘主義は問題を解決しない。第一次世界大戦前からヨーロッパでは資本と労働は調和していくという傾向になってきている。ロシア革命ではレーニンが土地と富を平等に分配するとしたが、農民は生産物を高くなければ売らず、レーニンは農民を圧迫するという恐怖政治を行っている。労働者の団結はヨーロッパでも一九世紀後半に認められるようになったが、日本は元来組合の結成を禁じていない。治安警察法第一七条の廃止問題が起こっているが、これはストライキの扇動を禁じたもので組合の結成とは関係ない。ストライキ権は権利ではない。現在は協調の時代となってきている。協調会も時勢の必要に応じて誕生した。今日の労働問題は、争闘の時代から協調の時代に入るという考えで対処すればよい(39)。

労働者と資本家は協調すべきであるという考え方をもった竹治は、共産主義を批判的に学んでその考え方を強め、世界の潮流と捉えられるようになった。社会・思想の変化には上から協調的に対応していくという考え方であった。

警保局長のもう一つの仕事である選挙についてはどうであったろう。

大正九(一九二〇)年五月第一四回衆議院選挙が実施された。原政友会は新定員四六四のうち二七八を占める大勝利を得た。この選挙で政友会は従来以上の官僚出身者を候補として擁立し、現職の次官や知事も出馬した。それに対し、行政事務の停滞や偏重が起こるのではないかとの批判があった。政友会は議会に人材を供給するためと反論している。竹治も反論の談話を政友会系の新聞に発表している(40)。

原の日記の竹治に関する少ない記述のなかで、原が竹治と岡喜七郎警視総監を批判している箇所がある。それは皇太子と久邇宮良子女王の結婚について、久邇宮家に色覚異常の遺伝があるのではないかと考えられ、婚約を解消させるか否かで対立が起こった、いわゆる宮中某重大事件である。結局婚約解消派が敗れ、中村雄次郎宮内大臣が婚約には変わりがないと発表することとなった。原は内閣に知らされていなかったからと、発表に政府は関与しない方針であった。しかしこの問題は広まりつつあり、竹治と岡は社会の平穏化のために中村宮相の懇願に負け新聞記者に情報を伝達していた(41)。原よりも社会の平穏化への希望や皇室を政争に巻き込まないという観念が強かったのであろう。

内政を総合的に担いたいという初志を貫きたいと考えた竹治は、原を理想とした。地方社会を発展させ経済的利益を均霑させる、特に地域の交通基盤の整備と教育の充実に力を入れる、それとともに立憲政友会の力を伸ばし政党が権力の中心となることを目標とするという理想を原から学んだ。和歌山県と青森県でそれを実践する。その結果治安を担当する内務省警保局長に抜擢される。そして、原内閣の社会改革を徐々に行うという穏健主義を堅実に実行した。

三　政友会系官僚から政友本党入党へ

竹治は、大正一〇（一九二一）年五月二七日に内閣の拓殖局長官に転じた。拓殖局は朝鮮、台湾、樺太および関東州ならびに南満洲鉄道株式会社に関する事務を掌り、前任は竹治が第一次西園寺内閣のときに警保局に戻った際の上司の古賀廉造であった。政友会系官僚として順調な出世であった。

同年一一月四日、原は東京駅頭で暗殺された。原の庇護の下で成長した竹治には大きな衝撃であった。「『もし、オレが警保局長の地位に居れば、原さんをアンな目に会はさなかつたがなア……』と……声を上げて男泣きに泣いたといふ」（①一九七頁）。竹治はのちに「恩人原氏を喪つて以来、ある意味において、孤立無援の立場に置かれて来た」と回想している。[42]『肚の人・川村竹治』によれば、「人の世の秋淋し原さんの法会」と新聞が伝える昭和三年の原敬の八周忌法会には、田中義一も床次も参列しなかったが竹治は参列していた（①一二九―一三〇頁）。竹治にとって原は政治家の理想であった。[43]

原を亡くした後も、竹治は政友会系の官僚として成長していった。大正一一（一九二二）年六月六日には貴族院の勅選議員に任命される。政友会系の勅選議員を中心とする交友倶楽部に、竹治は在職中は所属し続けた。

政友会系の水野錬太郎が加藤友三郎内閣の内務大臣となると、大正一一年六月一四日には内務次官となった。

同年一〇月二四日、竹治は早川千吉郎社長の急死を受けて南満洲鉄道株式会社（満鉄）社長となる。拓殖局長の経験が買われたのであろう。そして満鉄が政友会系であることを継続する目的もあったろう。

赴任に先立ち、竹治は、拓殖局の経験はあるが実際のことは知らないと大きな抱負を語らなかった。[44]やはり理想を語らぬ人であった。秘書の三宅は回顧録のなかで次のように述べる。「役人の時代は、厳格で威風堂々の緊張に満ち、何事も正しく誠実で一貫せられる一方には寛大で温情に富み近寄り易い方」だったが、内務省時代は「自然短気の気象《ママ》が迸」った。「満鉄に移られてからは、各層の人々に揉みほぐされてか、性格は余程緩るやかに円熟し社交術にも長け、常に談笑裡に大衆に接し相手方に満足感を与へられたようであった」[45]。竹治は自己の振る舞いを変えていく。

竹治は、就任後数カ月検討して、一〇年計画を立てる方針である、「デパートメントシステイム」を採用して事業部門ごとの採算を考える、内地関税撤廃を要望する、地方費を関東庁に負担してもらう、未完成の五鉄道を完成させる、撫順炭鉱の露天掘りを拡張する、鞍山鉄山を拡張する、製鋼事業は国家的事業である、といった抱負を記している[46]。

満鉄の経営方針は、前社長早川と早川が登用した理事松岡洋右によって構想されていた。その一つがなかなか実行できていない鉄道網を拡大させる満鉄培養線計画であった[47]。大正一二（一九二三）年一一月には松岡が立案した第一次計画案が満鉄から政府に提出されている。それと同時にすでに建設を中国側が認めていたが中断していた鄭家屯から洮南までの鉄道建設を、松岡は張作霖と交渉して実現している（満鉄の四平街から鄭家屯までは建設されており、洮南から満洲北部の斉斉哈爾へ延伸が構想されていた）[48]。竹治は副社長を空席にして松岡を事実上のナンバー2として実務を委ねていた[49]。竹治も培養線の拡大を急務と考え、洮南からの延伸には松岡洋右の尽力が大きかったと述べている[50]。原の満洲経営方針である満鉄中心主義に基づく早川・松岡の計画を、松岡を重用することで上手く継続させていた。松岡を含め「デパートメントシステイム」に従って各理事にそれぞれの計画を実行させていたのであろう。竹治も満洲の実力者張作霖との交渉のため、秘書の三宅の回想では、在任中に六回奉天の張作霖を訪ねたという[51]。退任間際には中華民国を訪問し、大総統の曹錕と面会している[52]。

国内では加藤友三郎が死去し、次の第二次山本権兵衛内閣は虎ノ門事件で退任した。元老西園寺公望は普通選挙を円満に行うために政党の党首ではない清浦奎吾を首相に推薦した。政友会は党内で清浦支持派と清浦反対派が対立し、大正一三(一九二四)年一月末、やや多数派で清浦支持の床次竹二郎率いる政友本党と、清浦反対派の高橋是清・横田千之助が率いる立憲政友会に分裂した。本党となったのは穏健主義で官僚を中心とする官僚系グループで、政友会となったのは急進的な改革を考え政友会の地方団体を牛耳る代議士中心の党人系グループであり、原敬没後から対立を深めていた(53)。官僚系が脱党を表明すると、党人系が中心となった政友会は清浦を非立憲的内閣として打倒をめざす第二次憲政擁護運動に参入した。

総選挙の結果、憲政会・立憲政友会・革新倶楽部の護憲三派が勝利した。細かく言えば政友本党はやや議員数を減らし第二党となり、立憲政友会も議席を減らし、憲政会が第一党であった。西園寺は第一党党首の加藤高明を首相に奏請し、大正一三年六月加藤を首相とする護憲三派内閣が成立した。

さて竹治は、満鉄総裁として機密費を三〇万円から八〇万円に増額していた(①二〇五)。この増額が問題となる。加藤内閣は満鉄を政友本党系に抑えさせておくつもりはなかった。江木翼内閣書記官長が決算報告を調べて、この機密費増額を発見、早速に社長辞任を迫った。竹治は株主総会終了を待って辞職すると抵抗するが(①二一一―二一三頁)、六月二二日に辞任に追い込まれた。この機密費が政友本党に流れたという噂が政界に流れ、竹治は批判される。竹治が政友本党系の議員を応援しているという報道はすでにあった。八月二七日の憲政会の政務調査総会では、二五万円を本党に交付したというが、「如何に適法であつたとしても其使途が機密費の目的に反し不当と思はれる場合によれば刑事責任をも免れぬ」、内閣は成立直後に調査し川村社長と政府大官が交渉している形跡がある、特別委員によって調査せよ、と決定されている(54)。

竹治は八月一九日に欧米視察に蒼惶として旅立った。念願であったとのことであったが、政治的逃避という批判もあった。

帰国後の大正一四（一九二五）年七月一六日、竹治は床次が総裁を務める政友本党に入党する（『朝日新聞』大正一四年七月一七日）。一〇月一日には床次から常務顧問に指名されている（『読売新聞』大正一四年一〇月二日）。

なぜ竹治は改めて政党に入ろうとしたのであろうか。

時代は政党が国家の統合を担うようになってきていた。第一次世界大戦の衝撃は国内には政党政治をもたらし、国外のワシントン体制とともに「二五年体制」とも呼ばれる安定した政治体制が成立しつつあった(55)。竹治は政党に所属することで、一段の政治的飛躍を考えたのではないだろうか。のちに竹治は後藤新平を悼む文章で、後藤は原敬の入党勧誘を断っているが、それは理想があって、「政党外にあつて理想的の政治をやつて見たいと云ふのであつた」が、「遂に内閣を作るに至らなかつた事は、後藤伯の千慮の一失であると思ふ」と述べている(56)。政党の力があれば自分の理想を実現しやすい、飛躍もあると考えたのであろう。官僚ではあるが、議会と政党の力を信じていた。竹治は「立憲政治と選挙」という論考で、「立憲政体とは国家統治の働きが立法、司法、行政の三権に分立して行はる、政体であり「立憲政体の国に於ては選挙は実に重要なる政治的の行為である」から道義心のない選挙をしてはいけないと論じている(57)。立法機関を重視し、代表を選出する行動を重視している。

政友本党を選んだことについては、竹治は水野に次のように説明する。「榊田よりの勧誘もあり政友本党に入り党内に在って政本合同を主張し其目的を達するに努めたい(58)」。政友本党には水野もいた。本党は原政友会のうち元官僚が多く社会改革に穏健であるグループを中心としていた。人脈的にも政策的にも政友会よりは本党のほうが竹治には親和的である。また榊田とは榊田清兵衛のことで、秋田県出身の代議士で分裂前の政友会の東北選出議員に影響力をもっており、床次の側近であった。秋田出身の有力代議士の説得ということも決断した理由であろう。そして政本合同を実現したいという願望があった。このことは後に述べる。

さて、大正一四年八月二日、政友会が不満を抱き連立政権から離脱して加藤高明内閣は憲政会を単独与党とする内閣となった。政友本党と政友会は、関係修復・合併を実現しやすくなる。両党間で提携の交渉が始まった。

水野は、鈴木喜三郎・山梨半造・大木遠吉（世上「四人組」と呼ばれた）と床次を説得した[59]。山梨と大木は原内閣で陸相と司法相、鈴木も原内閣で検事総長を務め、親政友会である。水野は、政友会と憲政会は歴史と党情が異なり「協調は不自然」、政友会と政友本党は「同一の根幹より発生」「合同することは自然」「政党情誼の上より見るも又地方の地盤より考ふるも当然」と述べている[60]。竹治もこの四人に連なる存在として床次を説得した[61]。

一方憲政会も政友本党と接触を始めていた。床次は、政本合同では田中が総裁である、分かれたままだと加藤の次に自分に大命が降下するかもしれないと迷った[62]。衆議院の委員長配分問題で政友会と本党は妥協できず、本党は憲政会と交渉して予算委員長は憲政会が取った。憲本提携（憲政会と政友本党の提携）の成立である。大正一四年一二月末、憲本提携に不満をもった二十余名が政友本党を脱党する。

大正一五年一月加藤高明が死去して、憲政会の若槻礼次郎が首相となった。床次は揺れる。水野・竹治らは政友会との合同を勧めるが、床次は応じない。ついに水野と鈴木は大正一五年四月立憲政友会に入党する[63]。

竹治はその後も本党にとどまって政本合同の努力を続けた。しかし床次は揺れ続ける。昭和二（一九二七）年二月二五日、憲政会と政友本党は覚書を交わし、憲本連盟が成立した。三月四日竹治は政友本党を脱党する（『読売新聞』昭和二年三月六日）。竹治の行動は単独で、政友本党東北派は、榊原以下床次支持でとどまるものも多かった。竹治は「忘恩の徒」「情誼を解せぬ見かけ倒しの小利口もの」と批判された[64]。

竹治の残された史料には、竹治の自筆のものはほとんどない。ただこの間の状況について、一冊のノートに、ほぼ同じ内容で二つの手記が残されている[65]。竹治はこの間の自分の行動が一貫していることを確認しておきたかったのだろう。内容を紹介する。

竹治が強調するのは、原の残した「大政友会」の維持であった。第二次護憲運動のときは、床次と相談するとともに、護憲運動に走ろうとする横田に大政友会の維持を訴え床次との会談を申し入れている。両者のすれ違いで会談は実現しなかったが、横田はそのことで竹治にわびを入れている。次いで政本の提携論から憲本合同までの状況については、政友会と本党の本質的な差はないことから合同を前述の水野ら四人とともに尽力し、床次に原を死に追いやるような批判をした憲政会と組むことはできないと説得したが、ついには床次が田中の下には立てないと言ったため見限ったと述べる。

次のような回想もある。「別れた原因が消滅した場合に於ては、元の政友会に復帰する事が至当であるといふ見解をもつて、屢々床次氏にも其の事を進言したのであつたが、容易に聞かれなかつた。……最後に元田肇君と、川原義輔君と私と三人で最後の談判を床次総裁にして非常な激論を闘はした事がある。其の時に床次氏は斯う云ふ事を言はれた。『君方は自分を田中の下に置けといふのか』[66]」。

竹治には、原の大政友会、政策の継承が最も重視すべきことであった。また憲政会は原と対立した政党であり、本党が憲政会に近づくことは許容できなかった[67]。合同による大政友会復活もならず、政友本党が憲政会化するならば、竹治には政友会を大政友会にするしか術はない。

四　立憲政友会の重鎮として

昭和二(一九二七)年四月、田中義一政友会内閣が成立する。田中内閣は産業立国策確定を掲げ積極政策を展開しようとしていた[68]。このことも竹治の政友会入りのハードルを低くしたと思われる。政友会内部の党人系グループとその政策(「直結型挙国一致」)の力が弱まったことも[69]、あるいは政友会が皇室中心主義を唱え出したことも[70]、竹治には入党しやすくなったであろう。五月一七日立憲政友会に入党する(『朝日新聞』昭和二年五月一八日)。就任日は確定できないが、長老格の五人の顧問の一人となった(71)。

翌昭和三年六月一六日竹治は台湾総督となる。赴任前は、満鉄と同じように抱負は特に述べなかった(72)。やはり職務については寡黙であった。

赴任の訓示では「抑も本島は帝国領土の一部にして列強の所謂植民地と同視すべからざることは夙に歴代総督の宣明せる所にして」「欧州大戦の経験は……一面に於ては思想動揺の傾向を呈し……苟も統治の根本方針と相背反するが如き事象あるに於ては毫も仮借する所なく直に適切なる処置に出むとす」、「顧ふに本島は天恵甚だ豊にして最も資源に富めり……然れども開発せられざる富源尚多く」「帝国内に於ける経済的使命に鑑みれば海外特に南支並南洋に対する地理的関係は運施経営を待つもの頗る多し」と記す(73)。

台湾に内地と同様の法律や制度を適用する「内地延長主義」は原敬の方針であり、国内法施行を原則とし台湾総督の律令制定を例外的とする法律を制定していた（「法三号」と呼ばれる(74)）。訓示冒頭の植民地ではないという表現は、この方針を指す。そして、竹治は過激な運動を認めないと明言する。着任二日後の七月七日に思想犯取り締まりのための「高等警察」を新設する(75)。当時盛んであった台湾議会設置運動にも冷淡であった。

竹治が着目したのは「天恵」の資源を生かすこと、すなわち台湾の産業立国であった。のちに、二度目の台湾行きでは生活の向上と知識階級の政治への関心の高まりが目についたが、「職業を与へ生活の安定を得せしめ」「徒に権利義務とかさういふことを教育せずに」「思想を緩和する」のがよいと考え、「実業教育を盛ん」にし「電力を起して」「産業を興さん」「それが私の台湾に於ける統治方針の一方面であつた」と回想している(76)。具体的には高等工業高校の新設、衛生の改善、農業の振興（米の内地移入の増加・紅茶への転換・パイナップルの缶詰製造機への補助）、アヘンの漸禁、日月潭水力電気事業の再興、南洋との関係強化、思想対策などを掲げている(77)。解任直後の感想では、思想問題の取り締まりを最初に行い、八月に全島視察を行い、「二大政策すなはち台湾全島の大工業化及び南支南洋進出発展策を樹立した」と述べている[78]。

資金不足と技術力、電力需要予測の低さなどから中断していた日月潭の電力開発を、外資を導入して再開させ、台湾の工業化をめざした。そして産業拡大のため、中国南部・南洋方面への発展を考慮した。教育の拡充も試みた。原の考える地域開発と富国の均霑を台湾でも実施した。その一方で権益を政友会に還元することも行った。土地の払い下げを積極的に行い、立憲民政党に近い会社の首脳を更迭した。機構の政友会化と政友会の地盤形成・利益供与を行った。それは産業化に必要な措置ではあったが、政友会系の人々が恩恵にあずかったのも事実であった[79]。

『肚の人・川村竹治』(1)が書かれたのは台湾総督時代の後半である。万里閣書房という出版社から出された。著者の新山虎二(愁波)は、床次竹治と榊田清兵衛の伝記を書いていることから、政友本党に近い人物と思われる。万里閣書房は小竹即一が代表で、『事業之日本』という評論誌も出しており、そこでは昭和三、四年に突如として竹治の記事が多くなり、総理をめざせる人物と持ち上げている。小竹が竹治に期待していたのであろう。『肚の人・川村竹治』では、「肚の政治人らしいゆとりとおちつきとを現はして居る風采面貌」「石の如く黙してかたらざる」(一二頁)、「理想がないらしい」が「仕事欲がある」(一四四頁)と評している。「原敬の一蓮托生主義」つまり子分の面倒見がよい点を引き継いでいると述べ、西郷隆盛に比べうると持ち上げる(一〇六―一〇七頁)。「理論ギライな肚の人」(一四四頁)と評価する。「ブツキラ棒で無愛嬌」だが「不思議に人をひきつけ」るのは、「人間的スケールの雄大さから来たもの」という(二九六頁)。

軽々しくものを言わない、それでいて思いやりのある人物であり、経綸を肚に納めた大西郷のような人物と述べている。竹治は満鉄社長となってさらに大臣が望める位置になり、これまでより寡黙で、しかし時には思いやりのある言葉を発する人物となろうとしていたのであろう。そして期待する人々も増えてきた。

田中内閣が辞職し浜口雄幸民政党内閣が成立すると、竹治は昭和四年七月三〇日に台湾総督を更迭される。浜口内閣に対しては、その緊縮政策を「国勢をして漸次衰退に導く亡国的政治」と非難している[80]。

そして次の犬養毅政友党内閣が内閣を改造したとき、竹治は昭和七年三月二五日に司法大臣になる。改造問題は中橋徳五郎が内務大臣を辞任したことから発生し、鈴木喜三郎司法大臣が内務大臣に異動し、その後任が竹治であった。しかし内務大臣を望む久原房之助が反対し、正式の任命は一週間ほど遅れてしまう。奥健太郎によれば、昭和七年総選挙後の政友会の派閥構成では、竹治は鈴木喜三郎派の外様で、自らの系列を抱える存在であった。竹治は、東北各県の代議士に援助を惜しまない人物であったので、鈴木は味方に引き入れるために司法大臣に入閣させようとしたという[81]。

実際、竹治は政友会に入党すると昭和二(一九二七)年一一月の政友会秋田支部大会の座長になっているし(『読売新聞』昭和二年一二月五日)、翌年の田中首相の東北遊説については計画に参画している[82]。『肚の人・川村竹治』は、竹治は「あの薄ボンヤリした不得要領なところが人をひきつける。児分がもとめずしてぞくぞくついて来る」(三一五頁)存在で、東北の「児分」には「選挙のときは、大々的援助をおしまなかつた」(二三五頁)と述べている。竹治は東北出身の議員中心にグループを形成し、司法大臣に推薦される程度に鈴木派に近い存在であった。

大臣就任にあたっては、司法権の尊重、人心の安定、裁判の迅速化を抱負として述べている[83]。しかし五・一五事件のため、在任期間は二カ月であった。

この後も竹治は政友会東北派に一定の力をもち続けた。秘書の三宅の回想では「総裁の指名を承けて東北六県北海道を担当し、党の長老として重責を果し、屢々総選挙の応援に出掛け、毎年の東北地方党の総会には必ず総裁一行に参加」していた[84]。昭和一〇年八月には政友会内で組織された東北振興並に北海道拓殖特別委員の委員長になっている[85]。新聞にも、大臣候補の一人として挙げられ続けた。

おわりに

川村竹治は刻苦勉励の人であった。若い頃は貧乏でという修辞ではなく、朝敵藩出身であり上京して学び続けるには学資の点で本当に困難であった。それを郷里の先輩の援助と自らが家計を助け学費を捻出することで帝国大学を卒業した。

官界に入り、国家に貢献すること、立身出世を果たすことが目標であった。官僚としてはゼネラリストである内務官僚をめざした。縁あって逓信官僚となったが、内務官僚への復帰をめざした。そのとき頼ったのが同じ南部藩出身の原敬であり、日本の富国化、その富を地域社会に均霑すること、方法としての政友会の強大化という原の理想に共鳴した。地方統治でそれを実質化させ、原に評価されて内務省警保局長となった。典型的な、原に見出された親政友会官僚であった。

したがって竹治にとって原の死は痛手であった。そこで、第一次世界大戦がもたらした政党政治への期待の高まりのなかで、政党に入党することで飛躍をめざした。しかし大政友会を維持しようとしたために停滞する。満鉄社長と台湾総督に就任して植民地の富裕化に貢献した。地域への均霑を東北地方の政友会員に期待された。総理大臣を期待する人もいた。そして司法大臣のポストを得るまでの政治力を獲得した。

しかし政党政治の凋落は、竹治のこれ以上の政治的伸張を阻んだ。竹治自身が、富国化、地域社会への均霑、大政友会の実現という原の理想以外の目標を持たなかったのも要因であろう。少なくとも竹治は語らなかった。統治機構の改造や、強硬外交や、新体制は論じなかった。第一次世界大戦の衝撃を政党政治の実現で受け止めようとしたといえよう。原の政治の実現を目標としたことは、竹治の渇望ではあったが竹治の政治的限界をもたらした。

五・一五事件後も、竹治は、大政友会を維持し、政党を国家運営の中心とすることをめざして活動し、政友会と貴族院交友倶楽部に一定の力を保持したが、新たな職を得ることはなかった。大政翼賛会の成立と前後して、竹治は事実上政治活動から引退する。

（1）竹治の主な伝記としては、①新山虎二『肚の人・川村竹治』（万里閣書房、一九二九年）、②翠川文子「川村竹治先生と花輪」（『川村短期大学研究紀要』第一九号、一九九九年）がある。学校法人川村学園にある史料としては、③田丸啓から学園に寄付された伝記執筆のための史料ファイル、④七十年史編纂と②執筆のために集められた史料ファイル、⑤七十年史編纂の際にまとめられた史料段ボール箱四箱、⑥法人が古書店から購入した関係史料段ボール箱三箱がある。⑤は、竹治自筆の書・家族関係の書簡・学園史料で、書以外の竹治自筆の史料はほとんどない。⑥は古書店から購入したものであるが竹治関係文書中心で、自筆文書はほぼない。これらの伝記・史料を典拠とする場合は本文に（①）等と注記する。なお竹治の生いたちと五・一五事件後については拙稿「川村竹治と川村学園」（川村学園編『近代日本教育史と川村学園』ゆまに書房、二〇二四年）参照。
（2）④に竹治の辞令コピーが、また川村学院中学設立の際に文部省に提出した竹治の履歴があり（川村学園所蔵『学院中学設立・廃止関係書類綴』）、年月日はそれを用いる。官歴以外は新聞に依拠した。
（3）安村二郎「戊辰戦争と鹿角」（『上津野』第二四号、一九九九年三月）。
（4）川村薫「川村竹治　県出身の司法大臣」（秋田県総務部秘書広報課編『秋田の先覚――近代秋田をつちかった人びと　第4』秋田県、一九七〇年）。
（5）一記者「内務次官川村竹治氏」（『東北日本』第六巻第一二号、一九二二年一〇月）。
（6）「戦前の官庁のなかで、学生の希望が集まり、官界をリードした双璧が大蔵省と内務省で、大学・高文トップ・クラスの官僚志望者はたいていこの二つを念頭に置いた」（水谷三公『日本の近代13　官僚の風貌』中央公論新社、一九九九年、一三四頁）。武石典史の研究では、明治二八（一八九五）―三五（一九〇二）年では東大卒業席次と高文席次の平均は、内務省が他の省に比べ高い（「官僚の選抜・配分構造」『教育社会学研究』第一〇〇集、二〇一七年）。
（7）「外遊の感懐」（『逓信協会雑誌』第三一九号、一九三五年三月）。
（8）①一七〇頁では「平凡単調、味も卒気もない逓信事務に倦怠し……花々しい立身出世は出来ぬと大いに悲観もし煩悶もしたが……最善の努力をつくすに如かずと大馬力をかけた」、「洋行のチヤンスを得たいばかりに一生懸命仕事にはげんだ」と記す。

(9) たとえば清水唯一朗『原敬――「平民宰相」の虚像と実像』(中公新書、二〇二一年)一四五頁。「原の認識は、山県の政治力を背景に、国民から選ばれたわけでもない非選出勢力が恣意的な政治を行っているというものであった。国民に選ばれた大政党が一致して行動し、非選出勢力による支配を打ち破ることが原にとっての立憲政治の目標となった」。

(10) 季武嘉也『大正期の政治構造』(吉川弘文館、一九九八年)三一頁。
積極主義についてもう少し述べれば、日露戦後の積極主義は、(ア)経済的国際競争に勝つために殖産興業をめざすが、重化学工業が勃興しておらず農業・繊維産業が中心で地方が舞台となることから、地方の発展と国家の発展が直結する、(イ)鉄道・道路・河川・港湾の建設を計画的に推進する、を特徴としている(季武嘉也「大日本帝国憲法下での政党の発展」季武嘉也・武田知己編『日本政党史』吉川弘文館、二〇一一年、一〇〇―一〇一頁)。第一次世界大戦後の原内閣では財政状況が改善され積極主義には最高の環境となり、原内閣は鉄道・道路・港湾など交通機関の整備拡充、高等教育機関の増設、軍事力の充実、産業発展のための諸施策を四大政綱とした(同右、一一七―一一八頁)。

(11) 第一次西園寺内閣における原内務大臣の内務官僚への浸透については、水谷前掲書、一七八―一八四頁。原はやがて「官僚出身者を政党に取り込むことで人材から政党を改良し、さらには彼らを通じて行政の統御を可能とする横断的な統治構造を実現したのである」(清水前掲書、一三九頁)。

(12)「農工併立から南洋貿易へ」(日本合同通信社編刊『台湾大観』一九三二年、一三四―一三五頁)。

(13) 岡本真希子『植民地官僚の政治史――朝鮮・台湾総督府と帝国日本』(三元社、二〇〇八年)三三二―三三三頁。

(14) 黄昭堂『台湾総督府』(教育社、一九七一年、のちに、ちくま学芸文庫、二〇一九年。頁は文庫版による)九一頁。

(15) 明治四三年八月一〇日付、九月七日付、九月二八日付書簡(原敬文書研究会編『原敬関係文書』第一巻、日本放送出版協会、一九八四年、四八三―四八五頁)。

(16) 注(12)に同じ。

(17) 黄前掲書、九〇―九一頁。

(18) 明治四三年九月七日付原敬宛書簡(『原敬関係文書』第一巻、四八四頁)。

(19) 原は日記に辞職した三重県知事・有田義質と和歌山県知事・川上親晴は「大浦の子分」、「之に代ふるに川村竹治、久保田政周を以てしたり」と記す(原奎一郎編『原敬日記』第三巻、福村出版、一九八一年、一六四頁、明治四四年九月二日条)。原には、原系と見られ閑職に追われた人物をほとんど復活させるという特徴があった(水谷前掲書、一八二頁)。

（20）和歌山県史編さん委員会編『和歌山県史　近現代』一（和歌山県、一九八九年）六七三頁。
（21）「府県制発布五十周年記念座談会」（『斯民』第三五巻第九号、一九四〇年九月、①一八三頁）。
（22）明治四四年一一月二二日付原敬宛川村竹治書簡（『原敬関係文書』第一巻、四八五頁）。一一月二三日付書簡でも政情を説明している（同右、四八六頁）。
（23）大正二年四月二九日付原敬宛中村啓次郎書簡（原敬文書研究会編『原敬関係文書』第二巻、日本放送出版協会、一九八四年、四七三―四七四頁）。
（24）歴代知事編纂会編『日本の歴代知事』第二巻下（歴代知事編纂会、一九八一年）三四八頁。
（25）和歌山県史編さん委員会編『和歌山県史　人物』（和歌山県、一九八九年）一二八頁。
（26）香川県編刊『香川県史』第六巻（通史編　近代2、一九八八年）三〇―三一頁。
（27）青森県史編さん近現代部会編『青森県史』資料編　近現代3（青森県、二〇〇四年）二二一―二二五頁。
（28）大正六年一一月の県会でも、予算編成においては「教育、産業、交通の改善に重点を置いた」と説明している（青森県議会史編纂委員会編『青森県議会史　大正2―15年』青森県議会、一九六七年、三〇七頁）。
（29）青森県史編さん通史部会編『青森県史』通史編3（近現代　民俗）（青森県、二〇一八年）一九八頁。
（30）注（21）前掲「府県制発布五十周年記念座談会」。大正七年、竹治は原に東北に高等学校を二校開校することを陳情している（大正七年三月五日付原敬宛川村竹治書簡、『原敬関係文書』第一巻、四八六頁）。
（31）歴代知事編纂会編『日本の歴代知事』第一巻（歴代知事編纂会、一九八〇年）二一六頁。
（32）注（29）前掲『青森県史』通史編3、二〇二頁。
（33）注（28）前掲『青森県議会史　大正2―15年』三〇二―三〇三頁。「露骨な選挙干渉」はこの本の節のタイトルである。
（34）清水前掲書、Ⅴ頁。
（35）季武前掲書、二九〇―二九六頁。四大政綱や穏健主義は政友会を二分する官僚系グループが支持する政策で、竹治は人的にはこのグループに属し、政策論においてもこのグループに内包される存在であった。
（36）「川村竹治君」（『秋田魁新報』一九二八年六月一八日）では、局長時代に記者の質問に答えられず部下の横山助成が回答していたことを引き、「精細緻密なる説明に当るの資格のなかつた頭脳の持ち主であつた」と辛い批評が述べられている。なお横山、後藤文夫、河原田稼吉が「川村三羽烏」と呼ばれた。
（37）竹治の国会答弁の趣旨、警察文化協会編集部『警察時事年鑑一九七九　歴代法務大臣』（警察文化協会、一九七八年）三五二頁。竹治は「将に一転せんとする世界の思潮」（『東北日本』第五巻第三号、一九二一年一月）で、同様のことを記している。
（38）「労資両者の握手を図れ」（『実業の世界』第一六巻第九号、一九一九年九月号）。原奎一郎編『原敬日記』第五巻（福村出版、一九八一年）一二三頁、大正八年七月三一日条には「政府として捨置き難きに付、川村警保局長、岡警視総監を招き、穏かに職工側に注意し又新聞社にも好意的態度を取りて調停を試むべしと注意したり」と竹治が登場する。
（39）川村竹治「労働問題に就て」（『警察協会雑誌』第二四七号、一九二一年一月）。
（40）清水唯一朗『政党と官僚の近代――日本における立憲統治構造の相克』（藤原書店、二〇〇七年）二一二、二三五頁。
（41）『原敬日記』第五巻、三四八―三四九頁、大正一〇年二月一〇日条。皇太子妃問題については、黒沢文貴「裕仁親王の外遊と結婚」（同『大戦間期の宮中と政治家』みすず書房、二〇一三年）参照。
（42）新山愁破編『犠牲の人・榊田清兵衛翁』（誠山堂、一九三〇年）五七頁。竹治の談として記されている。
（43）⑥のなかに、昭和九年度収支予算決算表が書かれた謄写版史料があり、東京邸と盛岡邸の経営をどうするか検討しており、おそらく原家の維持に関するものであろう。竹治は原家の維持に関与し続けたと思われる。
（44）芳水生「時の人　応接室の三十分間　新満鉄社長川村竹治氏」（『実業の日本』第二五巻第一三号、一九二二年一一月）。満洲に出発する一一月一二日の東京駅の待合室での声かけなので記者を煙に巻いたのかもしれない。
（45）三宅恒永『回顧録』（書道教室八方書院、一九六六年）一五丁。三宅は和歌山県時代の下僚で、竹治が内務省に呼び寄せた。その後竹治が公職にあったときは概ね秘書を務めている。
（46）「満鉄の事業計画」（『実業公論』第九号・二月号、一九二三年二月）。
（47）加藤聖文『満鉄全史――「国策会社」の全貌』（講談社選書メチエ、二〇〇六年、のちに講談社学術文庫、二〇一九年。頁は文庫版による）八〇、八四頁。
（48）同右、八四―八五頁。
（49）同右、九四頁。
（50）関東州庁長官房庶務課編刊『関東州施政三十年回顧座談会』（一九三七年）七六―七七頁。
（51）三宅前掲書、一五丁。
（52）高畠護輔編・発行『川村満鉄社長燕京訪問記』（一九二四年）。
（53）季武前掲書、三二頁。当該期の政友会については森田寛希「大正末期立憲政友会における党路線の模索」（『史学雑誌』第一三二編第一〇号、二〇二三年）も参考になる。
（54）『読売新聞』一九二四年八月二八日。

(55) 黒沢文貴『大戦間期の日本陸軍』(みすず書房、二〇〇〇年) 序章、第七章、第九章。
(56) 「我観後藤伯」(東洋協会編刊『吾等の知れる後藤伯』一九二九年)。
(57) 『鹿友会誌』第一八冊 (一九一六年四月一五日)。
(58) 水野錬太郎「政本合同に関する経緯」(尚友倶楽部・西尾林太郎編『水野錬太郎回想録・関係文書』尚友倶楽部、一九九八年) 二一三頁。
(59) 西尾林太郎「官僚政治家・水野錬太郎」(同右) 四四〇—四四二頁。
(60) 水野前掲「政本合同に関する経緯」二〇九頁。
(61) 『読売新聞』一九二五年一〇月一六日では「四人組」に竹治を加え政本合同に尽力する五人と報じており、後に述べる竹治の回想でも五人と捉えており、四人組に次ぐ存在であったのだろう。
(62) 升味準之輔『日本政党史論』第五巻 (東京大学出版会、一九七九年) 一〇九頁。床次の政治行動全般については、村瀬信一『首相になれなかった男たち——井上馨・床次竹二郎・河野一郎』(吉川弘文館、二〇一四年) 参照。
(63) 西尾前掲論文、四四二頁。
(64) 新山編前掲『犠牲の人・榊田清兵衛翁』五六頁に、竹治の談として記されている。なお竹治は、床次と榊原とは、両者が立憲政友会に復党して関係を修復している。昭和四年の榊原の葬儀委員長は床次、副委員長は竹治と秦豊助であった。竹治は榊原の死を「僕にとつて原敬氏の死以後における最も大きな悲しみではあつた」(五五頁) と述べている。
(65) ⑤のなかのノート (手帳)。そのうち「余か本党ニ入党の理由及其後の経過」と題されているものをまとめる。なおこの史料については、奥健太郎『昭和戦前期立憲政友会の研究——党内派閥の分析を中心に』(慶應義塾大学出版会、二〇〇四年) に紹介されている (四五頁)。
(66) 「政界に充分力を伸ばさせたかつた」(蕙堂会編刊『栗林五朔翁追憶録』一九四〇年)。栗林五朔は室蘭の実業家、政友会・政友本党所属。
(67) ①は満鉄社長の地位を剝奪した帝大同級生江木翼への憤りを指摘する (二三〇—二三一頁)。
(68) 季武前掲書、三九八—三九九頁。
(69) 新しい路線 (「直結型挙国一致」) を追求した横田は亡くなったし、田中義一も立憲政友会入党後この新しい路線から離脱する (季武前掲書、三九九—四〇一頁)。
(70) 田中が総裁になって以後、政友会は「過激思想の防遏政策」の強化、中国に対する強硬外交、「皇室中心主義」を唱えており、坂野潤治は政友会の「保守化」と判断している (坂野潤治『近代日本政治史』岩波書店、二〇〇六年、一三五頁)。

(71)『読売新聞』一九二八年七月二六日では、竹治が台湾総督となったので顧問に欠員が生じていると報ずる。
(72)「別に抱負も経綸もない、よしあつてもこの際一切無言ぢゃ」と記者団に語っている(①四九頁)。
(73)「川村新総督訓示」(『台湾時報』一九二八年八月号)。
(74) 伊藤潔『台湾──四百年の歴史と展望』(中公新書、一九九三年)一〇〇─一〇一頁。
(75) 許世楷『日本統治下の台湾──抵抗と弾圧』(東京大学出版会、一九七二年)三一五頁。
(76)「[台湾]座談会」(『東洋』第三八巻第九号、一九三五年九月)。
(77)「最近の台湾」(『東洋』第三二巻第六号、一九二九年六月)。
(78)「台湾思出の記」(『事業之日本』第八巻第一一号、一九二九年一一月)。なお竹治には『台湾の一年』(時事研究会、一九三〇年)という回顧録がある。
(79) こうした点を非難した記事に「鼠輩利権屋の為めに太っ腹を見せた川村前総督」(『実業時代』第六巻第一〇号、一九二九年一〇月)がある。
(80) 前掲「台湾思出の記」。
(81) 奥前掲書、五九─六二頁。
(82)『読売新聞』一九二八年二月一二日。首相を訪問して東北地方遊説に関して「打合」をしている。
(83)『読売新聞』一九三二年三月二六日。
(84) 三宅前掲書、一六丁。読点は筆者。
(85)『読売新聞』一九三五年八月一一日。

第7章　独探と『神戸新聞』
——第一次世界大戦期の戦時意識とスパイ流言

諸橋英一

はじめに

一九一四年に始まった第一次世界大戦ではスパイ・フィーバー（Spy Fever）という現象が欧米で発生したことが知られている。これは敵国のスパイが自国内で活動しているのではないかという恐怖に駆り立てられた人々がスパイに関する「情報」を熱心に収集し噂やマスメディアを通じて拡散した現象のことで、八月の開戦以降、交戦国で広く発生した[1]。マスメディアや当局に寄せられたスパイに関する情報のほとんどは誤りであったが、対外的な脅威認識や恐怖感は必ずしもスパイの実態をともなわない狂騒をもたらしたという。日本でいえば日露戦争時に発生した「露探」騒動と類似の性質のものといえるだろう。「露探」とは露西亜（ロシア）の軍事探偵の略称であり、一言でいえばロシアのスパイを意味し、日露戦争中にマスメディアなどで用いられた。同様の言葉として「独探」がある。これは独逸（ドイツ）の軍事探偵の略称であり、第一次世界大戦中に日本のマスメディア上で用いられた。ドイツ人が独探の場合もあればドイツに雇われた、あるいは利用された日本人や外国人が独探とされることもある。独探のほかにも袁世凱のスパイを指す「袁探」やオーストリアのスパイを意味する「墺探」などの語も同時期に存在した。

独探に関する研究は多くない。まず露探研究のなかで独探にも言及しているものとして、奥武則は、露探の場合に比べて独探に関する新聞報道の場合、日本人が敵国に内通する売国奴として糾弾されるケースは少なかったことや、日本国内のドイツ人が退去することに関する記事が目立つと指摘している。[2] 独探という言葉は露探のアナロジーとして出現したワードにすぎず、露探という言葉が含んでいた国家存亡の戦いに対する危機感や切実さは存在しなかったと結論づけられている。ただしこの研究は露探を主な対象としており、独探について包括的・実証的な分析はなされていない。

独探研究において目立つのは谷崎潤一郎の小説「独探」（『新小説』、一九一五年一一月）に焦点を合わせた文学研究であり、谷崎潤一郎の西洋観が論じられる傾向にあるようだ。[3] そこでは社会的現象（それが発生していたか否かも検討課題となりうる）としての独探という観点は検討視野に入っていない。しかし、この谷崎の「独探」を扱う研究も近年では、独探報道との関係で論じるものが現れてきている。まずグレゴリー・ケズナジャットは谷崎「独探」の背景説明として、実際社会における独探現象を、『東京朝日新聞』の記事をいくつか用いて簡単に解説している。[4] ケズナジャットが、一九〇〇年代から英米における独探ブームがわずかな時差で日本に新聞報道や翻訳本として流入していたことを指摘した部分は注目すべき点だろう。これは欧米における独探ブームが日本に影響しており、「露探のアナロジー」という文脈とは別に日独開戦以前から独探という概念が存在していたことを示すものとして興味深い。加えて福岡大祐の論文は谷崎「独探」を手がかりに政府の情報統制がマスメディアの報道とそれを読む読者の認識をどのように変化させるかを明らかにした興味深い内容となっている。[5] それまでの研究とは異なり、福岡論文は谷崎のテキストを超えて、日本国内に在留していたドイツ人の国外退去を整理・分析しているため、現在までのところ唯一の本格的な独探現象に関する研究といえる。このほかに田嶋信雄は満洲方面で活動する独探を分析している。[6] 政府の文書には満洲方面の独探に関する史料が多く残されており、シベリアに出兵する軍の安全確保という意味でも実際に政府が警戒していた独探の脅威は国内よりも国外であった可能性がある。

以上のように独探研究は近年ようやく谷崎「独探」を超えて社会との関係が意識されはじめたところにすぎず、報道の全体像も政府の独探対応もほぼ未解明のままである。したがって本章では新聞紙上に現れた独探に関する記事を検討対象とし、第一次世界大戦中の独探報道の量や頻度、内容の整理に取り組みたい。特に神戸の地元紙『神戸新聞』（以下『神戸』）を主な対象とし、『神戸又新日報』（以下『又新』）を補足的に用いつつ、大戦中にどの程度、そしてどのような「独探」に関する言及がなされていたかを整理する。端的に言えば独探報道の全体像を摑むことが目的となる。独探の報じられ方を通して日本の第一次世界大戦に対する意識を理解することにつながると同時に、独探報道にはデマ・流言の問題、さらに在留敵国人の扱いの問題などを考えるうえでも示唆するところがあるように思われる。本章はこうした発展的なテーマを考えるための基盤を整えるものである。

神戸に注目する理由は、神戸が元外国人居留地と国際港を抱え外国人が身近に存在するため、住民の独探に対する関心が国内でも高いと考えられるからである。つまり報道の全体像といっても日本国内においてすら地域ごとのばらつきがある可能性を考えた場合、まずは最大値候補の場所に注目するということである。「居留地の歴史はそのまま神戸の歴史」といわれるほど神戸の形成に外国人居留地の存在は際立った影響を及ぼし(7)、住民の身近に存在してきた。第一次世界大戦中においても、多数の敵国籍・外国籍の住民や船で諸国を往来する人たちが頻繁にもたらす情報によって、神戸は日本のなかでは最も大戦を身近に感じられる場所だったと考えられる。日本在留の外国人は開戦前年の一九一三（大正二）年末段階で一万八七六二名であり、県別では神奈川県が七〇八二名、兵庫県が三九四一名、東京府が三四六一名となっており、この三府県が他を圧倒する(8)。この分布は開戦後も基本的に変わらない(9)。加えて当時の神戸市の面積は現在の東京でいえば葛飾区と江東区の中間くらい、また神戸市の大戦期の人口は約五、六〇〇万であり現在の江東区の五四万や杉並区の五八万が近い[10]。市とは直接の比較対象にはならないが、同時期の東京府の人口は約二八一—二九二万である[11]。このように東京府と比べれば小規模な人口・空間に東京府以上の外国人が居住し、さらには不特定多数が港を通じて往来しており、当時の日本においては国際的な空気をおそらく最も感じられる場所であったといえよう。この意味では横浜も候補となりうるが、横浜は東京に近すぎるため、神戸のほうが地域独自の特色が新聞報道に出やすいと推測し神戸を採用した。住民にとって外国人が身近で、「独探」に対する感度が最も高いエリアであろう神戸は日本における独探報道の最大値を示すと考えられる。

一　神戸を騒がせたスキャンダラスな独探事件——ニッケル事件とブロベック事件

1　居留地に店を構える「独探」商会——ニッケル事件

神戸市は「外国航路の中心地点」であり、さらに「居留地を控え居れる」関係上「其の筋においても一層の繁忙を呈し」、「市内四署の視察係は連日連夜奔命に之れ疲れつつある現状なり」、「外人中には事実挙動の訝しきものも少なからず、現に居留地某大商会支配人某の如きは開戦前青島へ石炭其他の軍需品を輸送せる事実ありて今日と雖も其行動上に疑念を挿むべき点少なからざるより其筋にては引き続き厳重に注意中」とは八月二三日の開戦から三週間近くが経過した九月一〇日の『又新』の記述である[12]。当局が不審な動きをする外国人への警戒を強めている様子が伝わる。同時に注目したいのが後段の「某大商会支配人某」の軍需品輸送疑惑である。これは以下に見ていく事件に関してのものと思われる。

第一次世界大戦中の神戸で最もマスメディアを騒がせた独探報道はニッケル・ライオンス商会（NICKEL & LYONS, 神戸市海岸通二丁目[13]）とその専務取締役クリスチャン・ホルスタイン（Christian Holstein）をめぐる事件である（以下本章ではニッケル事件と呼称する）。この事件は現代でいえば午後のワイドショーが連日スキャンダルを報道するように、新聞紙上で短期間に集中的にセンセーショナルな報道がなされた[14]。国際港と外国人元居留地という特徴をもつ神戸らしい事件である。特にこの報道は一九一四（大正三）年一一月七日の青島要塞降伏の少し前、一〇月下旬から本格的に始まったため、日独戦の興奮の煽りを受ける形で身近な独探の脅威を神戸市民に印象づけ、定着を促したものと考えられる。

本章ではあくまでも紙上を通じて流布されたイメージを扱っているので、報道から得られる情報で事件を概説しよう。南洋諸島を占領した日本海軍はマーシャル諸島ヤルート（Jaluit）島で監禁されていた日本人の塚村兼吉を九月二九日に発見した。塚村とは兵庫県武庫郡西瀧村に住む男性でニッケル商会の経営する農園で牛や豚の世話をしており、八月五日に青島まで運ぶ牛の世話をせよと急に命じられ、着の身着のままマーク号へ乗船したところ、そのまま南洋につれていかれた。そこで貨物を軍艦に移し替える作業を終えた後は下船させられ、八月三一日以降は現地のドイツ軍の使役する「土人兵」に監視されヤシの丸木で作った粗末な小屋に拘禁されていた。日本の海軍に保護されたのち、一〇月二三日に神戸に帰着したものである。彼を南洋へ連れ去ったマーク号はドイツ政府御用達船であり、ニッケル商会はイリス商会（C. Illies & Co. 神戸市海岸通一二番）と共謀して戦時禁制品を南洋でドイツ軍艦に供与したのではないかとの疑いがかかり、ホルスタインの収監・起訴に至った事件である。最終的にドイツ軍への禁制品供与など独探疑惑は認定されず、塚村の誘拐容疑のみ有罪判決が下された[15]。

塚村発見は一〇月七、八日に『神戸』紙面で報じられていたが、大々的に報じられるのは塚村が帰国したあとの二四日で、そこでは丸一頁を使用して、南洋へ送られて監禁され、救出・帰国するまでの様子が本人から語られ[16]、さらに同日の別記事でも塚村がニッケル商会に対する怒りを語った[17]。この記事には「独探」の文字こそないが、日本人が騙されて神戸港から南洋へ連れていかれて虐待を受け、また物資が敵国軍艦に供与された可能性があるというストーリーはニッケル商会とホルスタインに対する敵愾心を喚起するに十分であっただろう。この記事のあと『神戸』では三一日まで連日関連記事を載せ、ニッケル商会がドイツの軍艦に渡した物資で青島要塞のドイツ軍人が食いつなぎ、「帝国の精鋭及同盟国たる英国軍人に向かって弾丸」を撃っていると糾弾し[18]、ニッケルには「憎蹴」と当て字をして憎悪を示した。そして三一日の記事ではついに検事局が捜査を開始した旨が報じられる。

大きく事件が動いたのが一一月三日で、ニッケル商会とイリス商会に家宅捜査が入り関係者が検事局に召喚され、ホルスタインが収監されるに至った。その様子は翌四日に大々的に報道され、慌ただしい一日の出来事が掲載された。ニッケルやホルスタインを「独探」と呼称したのはこれが始まりである。収監されたことを受けて「独探」呼ばわりを解禁したのであろう。五日にも第七面すべてを用いて続報を掲載している。ここでは家宅捜索を受けた須磨六軒浜のホルスタイン邸と武庫郡の石田佐太郎（日本人職員番頭）邸の写真が掲載されている[19]。今でいえば「容疑者自宅前から中継」にあたるだろう。それまでニッケル事件について触れていなかった『又新』も三日の収監を受けて四日から報道を開始している。このあと『神戸』と『又新』には一一月四―一五日の期間、連日ニッケル関連の記事が紙面に踊る。この間の記事ではニッケル商会だけでなくイリス商会[20]、アーレンス商会、ハンスウォルフ商会という有力なドイツ系商会にも捜査が及び、加えて独亜銀行や駐日ドイツ大使館、そして上海のドイツ官憲との関係をも疑う記事が見られる[21]。したがって敵国ドイツを支援する一大ネットワークが在日ドイツ人によって構築されているのではないかという印象を読者が受けてもおかしくない。『神戸』では半数以上のニッケル事件記事において「独探」のワードが使用され、使用されていない記事においても「伏魔殿」「帝国の領土内から彼らを抹殺[22]」「奸商[23]」などの言葉でニッケル商会やホルスタインを悪とイメージづけている。これと並行して青島要塞戦の模様が逐次報じられ、特に一一月七日には青島が陥落しドイツに対する敵愾心は最高潮を迎えており、ニッケル事件報道に熱が入ったのもこれと関係していると考えられる。一一月八日の『神戸』ではニッケル事件関連記事の隣に「戦勝と神戸」という記事があり、

「七日は国民熱狂の極に達した」と伝えているのは象徴的である。(24)しかし、誰それが尋問を受けたことや収監中のホルスタインの様子などを細かく報じはするものの、何か新しい事実が発覚しそうでしない状態のまま次第に扱いは小さくなり、『神戸』では一一月一五日を以て関連記事はいったん途絶える。その記事の隣には天皇が帰還軍を閲兵し労うために大阪城大本営に行幸している記事が大きく取り扱われており、一般に戦時の緊張感や興奮よりも祝勝ムードが支配的になっていたと考えられる。おそらくこのあと政府から捜査方針に指示があったのだろう、一二月二日の記事に「ホルスタインの犯罪は単に誘拐のみに止まらず独探の疑いもありて其関係する範囲頗る汎く、一時は何所まで波及するならんかと思はしめたるも、事件の進行中俄に其範囲を局限せざるべからざるに至り聊か呑舟の大魚を逸したる嫌あり」との記述があり、誘拐の件のみが追及されることになったことが読者に知らされる。(25)『神戸』では二七日の収監中のホルスタインの様子を伝えた記事が年内最後の記事である。

一方『又新』では、「魔物ホルスタイン(26)」「怪物ホルスタイン(27)」などホルスタインを悪魔化する表現は見られるものの、独探と呼んだのは一一月七日の記事のみであり、(28)『又新』のみを購読していた読者がこの事件で独探を意識したかは微妙だろう。『又新』では一一月二八日の関連記事が年内最後となった。(29)

『神戸』では翌一九一五(大正四)年一月に予審が開始されるのにともない報道が再開されたが、すでにその頃には「一時社会を驚かしたる」という過去の出来事扱いになっており熱が冷めていることがうかがえる。(30)それでも『神戸』では一月一一日に予審が終結した件とその後の公判について一月中に五件、二月に五件、三月に四件と続報が掲載されるが、当初に比べると扱いは小さい。ただ二月二六日の公判の模様はページ内の四段ほど、三月九日と一三日の公判では二段ほどを用いて報じられ、(31)さすがにやや大きい扱いとなっており完全に話題性がなくなったわけではない。最終的に、ホルスタインは「証拠不十分のため」独探の件では起訴されず、塚村兼吉誘拐の件で懲役三年の判決が下ったことを三月二四日の記事で読者は知らされる。(32)大騒ぎした割には拍子抜けの結末である。とはいえ以後も『神戸』では時折ホルスタインの挙動や塚村が起こした損害賠償訴訟の続報が掲載されており、独探としての印象は残っていたものと思われる。

また二月にはノルウェー船籍のクリスチャンボウス号が神戸港で海軍に拿捕され、二月前半『神戸』の紙面を賑わせた。二月六日の第二報では一頁全面を使用して注目しており、その前後の日でも一頁の三分の二ほどを使って報じている。[33]この船はニッケル事件との関係を疑われて「怪汽船」「怪船」と呼ばれ、乗船していたドイツ人は「軍事探偵」ではないかと疑惑の目を向けられた。[34]二月後半には前述の第二次追放によって横浜を追われたドイツ人四名が神戸に到着しており、そこでも独探というワードが使われる。つまり、この二月は独探を読者に連想させる出来事・記事が再度集中していたことになる。

一方『又新』では一月一一日の予審終了にともないホルスタインが保釈されたことを一三日に報じている。[35]その後、一・二月は一件ずつ、公判が行われた三月には少し増えて三件の記事が見られたが、もともと『神戸』ほどニッケル事件に前のめりでなかった『又新』では、この時期むしろ第二・三次追放のドイツ人らについて頻繁に報じており、そちらには独探の用語を積極的に用いている。

ちなみに海軍の史料によると、南洋で敵艦シャルンホルストとグナイゼナウなどがヤルート島と同じマーシャル諸島のマジュロ島（Majuro）にいたらしいことがわかっており、敵艦への物資の供給に関しては事実であった可能性が高いことがうかがえる。[36]ニッケル社が積荷した物資がドイツの軍艦に供与された事実に関しては概ね報道は正確だったようだ。もとより新聞社は塚村への取材以外にも当局者から情報を得ており、政府が途中から方針を転換し事件を誘拐に限定したのは、何らかの外交的配慮があったのではないかと思われ、そのあたりの検証は他日を期したい。

2　ヒンツェの片腕？——ブロベック事件

ニッケル事件ほどではないが、もう一つ地元神戸でスキャンダラスな報じられ方をしたのはブロベック事件だろう。これは神戸にやってきた外国人が嫌疑を受けるパターンである。この事件は一九一五年一二月二三日の『神戸』記事を皮切りに年末まで連日のように報じられた後、翌一九一六（大正五）年も一月五—七、九日、五月六日、そして三〇日の判決報道のあとも、エーレンフェルト（後述）が一九一七（大正六）年三月上旬に出獄と出国をする際に四回紙面に登場している。継続的なフォローは神戸である程度関心が高かったことを感じさせる。

事件の内容を紹介すると、オーストリアの海軍予備下士官で上海公務局官吏のフィリッツ・エーレンフェルト（新聞の外国人名表記にはブレがあり正式名は不明）が、上海の雑貨商でスウェーデン人ゼームス・ブロベックの旅行免状を利用し、上海から日本と米国を経由して帰国の途中、神戸のオリエンタルホテルに宿泊中のところを神戸署の手によって逮捕されたものである。エーレンフェルトは逮捕当時ブロベックの旅行免状を所持していたため、最初の逮捕報道から事情が判明するまではブロベックの名前で報じられており、本章でも便宜上ブロベック事件と呼称する。エーレンフェルト（偽ブロベック）は逮捕直後から国籍を疑われて独探の嫌疑を受け、駐北京ドイツ公使ヒンツェ（Paul von Hintze）に「辣腕を見出され」その「片腕」として密使の役目を追っているとの報道がなされている。[37] ヒンツェといえば一九一四年の開戦後に支那公使に赴任した当初から「稀代の悪辣手腕を有する外交家」として報じられ[38]、それ以来日本と支那の関係を邪魔する者としてたびたび新聞に登場するいわば悪者である。その「片腕」と報じられることで読者はブロベックのネガティブイメージを膨らませただろう。本物のブロベックも一九一六年一月四日に来神し、取り調べを受けて六日に収監されている。彼も日本と支那の事情に精通し、商用を装い頻繁に横浜や東京を往来し、潜伏している一味の者と密議して「独逸公使館に密報し独墺国の利益を図りいたる形跡」があり[39]、また俘虜となったドイツ兵のために「大いに画策」し「ワルデック総督以下の俘虜の消息は細大漏らさず之をヒンツェに密報し」、両人の「間諜的犯罪あるは最早適確」と紹介される。[40] したがって簡単な抑留や退去処分にとどまらず刑法八五条「敵国の為に間諜を為し又は敵国の間諜を幇助したるものは死刑又は無期若くは五年以上の懲役に処す」が適用されているとの観測も出され[41]、ドイツのスパイ網の存在を読者に感じさせる。しかし年が明けて一九一六年一月九日で報道はいったん途切れ、再開されるのは第一回公判が行われた五月五日であった。このときの記事は二段ほどを使用しており目につきやすいが[42]、判決を報じた三〇日の記事は一段にも満たない小さいもので、内容もブロベックは無罪、エーレンフェルトは旅行免状偽造の罪で懲役一〇カ月、「本件を犯すに至りたる裏面の或る重大事件」に関しては証拠不十分で不起訴となったことを伝えた。[43] ニッケル事件と同様、独探疑惑については追及できず尻切れトンボに終わったのである。大した新情報もないのに連日騒ぎ立てるが、時間が少し経つと取り上げられなくなり、ことの真相は結局わからずに終わるという現代のワイドショー的な報道様式がすでにここに見られる。読者・視聴者に残るのは漠然とした印象であり、この場合は「独探のネットワークが国内・神戸内にあるのかも」というイメージだろう。

一方で『又新』はエーレンフェルトの検挙時に、容疑者が国籍を偽っていることや軍籍にあることを伝え、「容易ならざる秘密事件」に関与した形跡を発見したようだと述べるなど重大な背景があることを匂わせるが[44]、その後は一六年五月一七日の続行公判まで続報がなく、「独探」の言葉も使われない。[45] ただこの日の公判には午後から湊東女学校の生徒一〇〇名余りが傍聴に来たとあり、この事件への関心の高さを示すものといえよう。結局『又新』においてはエーレンフェルトが一九一七年三月に神戸監獄を出獄しアメリカへ退去する記事においてようやく「軍事探偵」という呼称が用いられただけであり『神戸』とは温度差があった。[46]

以上のように『神戸』では在留外国人や神戸に去来する外国人に対して独探疑惑をかける記事がしばしば見られた。ニッケル事件やブロベック事件はその最たるものだが、このほかにも身近にいる「怪しい」外国人に対して独探嫌疑をかける記事が紙面を賑わせたのである。

表1　『神戸新聞』における「独探」「墺探」の記事数（1914-18年）

年	1月	2月	3月	4月	5月	6月	7月	8月	9月	10月	11月	12月	合計	月あたり平均件数
1914	-	-	-	-	-	-	-	4	7	15	19	3	48	9.60
1915	1	3	3	1	3	7	3	3	0	4	6	10	44	3.67
1916	5	4	3	2	2	0	2	1	3	0	1	2	25	2.08
1917	3	4	4	6	4	2	7	4	10	4	4	2	54	4.50
1918	10	15	1	5	6	0	0	2	2	3	0	-	44	4.00

注）小数点以下第3位を四捨五入.

二　「独探」報道の全体像

1　独探報道の数的推移

調査を行った一九一四年八月以降で「独探」の文字は、『神戸』では東京に独探が入り込んだことを伝える八月一三日の記事が初出であり、(47) また神戸の地元ネタに関しては八月一五日の記事とみられ、(48) 二三日の日独国交断絶よりも早い。『又新』も一八日の記事が初出と思われる。(49) 両紙ともに国内における独探を話題にしており、単に英仏における独探報道を紹介するのではなく、ある程度自分たちと関係のある問題としてとらえている。この一三日の『神戸』記事は新橋から神戸駅へ到着した二人の「怪しき」ドイツ人についてのもので、二人はカメラを持ち歩き数日風景の写真を撮って廻り神戸港から上海に向かったことや、居留地の洋館に以前から滞在しているドイツ人らしき者がウラジオストクで大型の写真機を入手して帰ってきており「軍事探偵」かもしれず、神戸署がすでにマークしていることを報じている。また『又新』の二〇日記事では「過日来独探説はチラホラ世間に流布せられ居る」(50) とあり、神戸の巷間においてすでに独探の存在が噂されていることがうかがえる。

参戦と休戦の関係から一四年は八月から、一八年は一一月までの調査期間の『神戸』における独探記事数を見てみよう。表1はタイトルや記事中に「独探」または「墺探」のワードを含む記事の数をカウントしたものである。総件数二一五件（うち墺探四件）で、

表2　「独探」「堺探」の1年ごとの平均件数（1914-18年）

	月あたり平均件数
1年目（1914/8-1915/7）	5.75
2年目（1915/8-1916/7）	3.42
3年目（1916/8-1917/7）	3.08
4年目（1917/8-1918/7）	5.08

注）小数点以下第3位を四捨五入.

大戦が勃発した一九一四年の四八件から一九一五年の四四件、一六年の二五件と減少する。その後、一九一七年には五四件、一九一八年に四四件と大幅な増加を見せている。「堺探」は一九一六年に三件、一七年に一件とごく少数である。また「軍事探偵」や「間諜」といった類語の登場傾向も同様である。これらの類語は独探の数倍の量が紙面に登場する。

月平均では、一九一四年の九・六件から一九一五年三・六七、一九一六年約二・〇八と減少したあと、一九一七年四・五、一九一八年に四・〇とやはり増加に転じている。開戦と青島戦が行われた一四年の一カ月あたり件数が最も多いのは関心度の高さからいっても当然であろう。しかし一九一五年に入ると対華二一カ条要求をめぐる外交・支那情勢に関心の比重が移り、一九一六年も戦争の終局はいまだ見通せない一方で、袁世凱の中華帝国の建国と崩壊や大隈首相の退陣など、大きく動いた東アジア情勢に関心が向けられ、紙面の構成にもそれは顕著に表れていた。この二年間に「袁探」が紙面で用いられたことにもそれは示されている(51)。大戦関連の記事自体が一面トップを譲ることが増え、独探関連の記事も減少したのである。『又新』も同様の推移を辿っているものの、『神戸』に比べるとこれらのワードを含む記事数は数分の一にとどまり、「独探」や「堺探」を含む記事が登場しない月も多い。調査を行った全五二カ月中、『神戸』においてそれらの語が登場しなかった月は六カ月しかなく、二カ月連続でなかったのは一回だけである。したがって『神戸』読者は交戦期間を通じて「独探」というワードにある程度触れ続けており、独探というワードが使われていない関連記事を見て独探を連想した可能性は高くなるだろう。逆に『又新』のみを購読していた読者は「独探」という単語が意識から消えてしまい、独探を連想してもおかしくない記事を見ても「独探かもしれない」という意識をもちにくかったかもしれない。

表2は八月スタートの翌七月までを一年とした場合の月あたりの平均件数で、この場合表1よりも件数の増減はや

やマイルドになるが、全体的な推移は同様といえる。やはり初年が五・七五件と一番高く、その後低下し中だるみともいえる二年間を経て、四年目に約五・〇八件へと上昇している。以下の文章で二年目や三年目などの表現を用いた場合はここでの使い方と同様とする。

2　戦争初年から二年目

ここからは独探報道の内容を特徴別に分類していく。基本的に独探などのワードは大戦と日本が強くリンクする出来事が発生した際に増加する傾向にあり、大まかにではあるが自然と時系列に沿った形で整理できる。無論それに当てはまらない独探記事も多いため、あくまでも一つの整理である。

（1）対ドイツ青島要塞戦と独探支那人

まず一九一四年八月の開戦から一一月七日に終結した対青島要塞戦前後の期間に独探報道が最も多く紙面に現れた。『神戸』はニッケル事件を大特集したので一一月の記事数が異常に多いが、九・一〇月も多いほうである。『又新』もこの九・一〇月に記事数が戦中最も多くなっている。この時期で特徴的なのは「独探支那人」などのドイツ軍に雇われた支那人を指す用語である。彼らは現地で日本軍を監視し、ドイツ軍に通報する役目を担っていた。陸軍の一部が九月上旬に山東省に上陸しはじめる頃にはそうした記事が掲載されはじめ、一〇月末の要塞包囲までの時期に集中して、全部で一二件確認できる。例えば九月一一日の『神戸』には「独探支那人の打明け話」として、ドイツ軍は「お金で以て支那人を拝み倒して天晴れ独探に仕込み日本軍の行動を探らして」いるが、日本人に捕縛されてしまうと「今度こそは忠実な日探になります」という者もあると伝えている。[52]このように独探支那人の記事では支那人の軟弱さが強調される傾向にある。ほかにもドイツ人宣教師が経営する学校の学生を独探として使用しているとか、日本軍の陣地や鉄道沿線を監視しドイツ軍へ知らせているといった話が伝えられている[53]。これらの記事において、独探支那人は注意を要するものの深刻な脅威とは捉えられていない。このように開戦から青島陥落までの時期の独探報道は多くが戦場近くの独探支那人に関するものだった。

(2) 国内の独探

次に神戸に居住・去来する外国人の報道でも「独探」が使われやすい。大きく分類すると①神戸のドイツ領事館やドイツ系商館と、そこで働く日本人へ疑惑の目を向けるタイプ、②神戸近辺に出没する外国人へ疑惑の目を向けるタイプ、③国外退去を命じられ各地から神戸港へ送られてくる外国人へ疑惑の目を向けるタイプに分類することができる。

前述のニッケル事件報道は①の最たるものであるほか、領事館の日本人通訳が独探として白い目で見られて難儀していることが報じられている[54]。②のタイプは前述のブロベック事件が象徴的だが、ほかにも開戦直後の不安定な心理がうかがえるものとして、本節冒頭で紹介した「独探か怪しき外人　写真機を携えて東京より」(『神戸』一九一四年八月一五日)や「怪しき二米人洲本町に入込む　由良要塞を窺う独探か」(『神戸』一九一四年八月一八日)、「怪しの投宿二外人　洲本へ入込む」(『又新』一九一四年八月一八日)に加えて、「独探か怪しき外人　三宮駅より密に門司に向う」(『神戸』一九一四年九月三日)、「怪しき米人　舞鶴方面に向かう」(『神戸』一九一四年九月九日)、「独探か怪しき亀屋の大盡客　窃に外人と往来して姿を晦ます」(『神戸』一九一四年一二月六日)がある。これらの記事はタイトルからもわかる通り、見知らぬ外国人や外国人と頻繁に接触する日本人を特に根拠なく独探扱いするタイプの記事であり、人心の定まらない開戦から間もない時期における過剰な反応と見ることができる。欧米のスパイ・フィーバーはこの規模や程度を激しくしたものといえよう。

　ここで興味深いのは日本人に独探疑惑をかける記事が非常に少ないことである。先述の領事館の日本人通訳や亀屋の日本人客に加えて、「咄、独探か、この大尉！　某予備大尉家宅捜索を受く」（『神戸』一九一四年九月一〇日）では東京のドイツ系商館に出入りする日本人に独探疑惑をかけているが、ほかに日本人の独探疑惑を報じる記事はほぼ見られない(55)。その領事館の日本人通訳にしても新聞記事が疑惑をかけているのではなく、世間からそう見られて当人が困っていることを伝える記事である。後述するようにこれは露探の例とは大きく異なる点である。

　③のタイプに関して、まず外国人追放の事実関係を確認しておくと、福岡大祐によれば国内からのまとまった退去命令は三次にわたって出されており、一九一四年九月一五日の第一次追放でドイツ人一名、一九一五年二月一五日の第二次追放でドイツ人四名とイギリス人一名、一九一五年三月一五日の第三次追放で東京のドイツ人二名、オーストリア人一名、神戸のドイツ人九名、オーストリア人二名、そして敦賀の独墺人が一名ずつ退去処分にされている(56)。ただし、このなかで『神戸』において独探呼ばわりされているのは、独亜銀行関係者や『日独郵報』および『ジャパン・ヘラルド』で健筆をふるいすでに退去処分となっていたマルチン・オストワルドの「股肱」アール・クンツェを含む第二次追放者と(57)、第三次追放者で谷崎の小説にも登場するオーストリア人のシャッツマイヤーだけであり(58)、この三次にわたる追放は独探報道全体のなかでは数的な規模は小さい。第三次追放の神戸の九名に関しても独探を感じさせるような記事にはなっていない(59)。とはいえ外国人の追放はこの後も時折あり、記事において独探扱いされることがある。たとえば追放命令を受けて横浜から上海に向かう途中で神戸に寄港したあるイリス商会員は「開戦以来盛に暗中飛躍を試み専ら独探的行為を恣に」したと報じられ、また横浜でパン屋兼カフェを経営してドイツ人を集め策略をめぐらし、「独逸俘虜に宛てた密書をパンの中に封入して送った」として追放命令を受けた「独探」も神戸に寄港した際に記事になっている(60)。退去外国人が乗る船に記者が乗り込み、インタビューを本人や付き添いの警官に行い、その様子が報じられるのは神戸ならではである。こうした記事が神戸に他の地域と異なる情報空間を形成させ、それに

より『神戸』読者は他地域の人よりも大戦を身近に感じていたのではないかと考えられる。

　このように開戦から約二年間における記事の多数は、国内における独探と戦地の独探支那人に関する記事ということになる。しかしそうした報道が落ち着いた後は散発的に国内の外国人に独探疑惑がかかることはあるものの、以下に見るように独探関連記事の大部分は海外の独探に関するものが大多数を占めるようになっていく。

3　海外の独探と日本への脅威――戦争三―四年目

　日独間の実質的な戦闘が終結し、国内からの追放も一段落した戦争三年目からは海外での独探情報が大多数を占めるようになる。記事数において他国を大きく上まわる米露だけでなく、フランスの独探に関する全二一件の記事のうち一八件は大戦三年目以降のものである。有名なマタ・ハリに関するもの六件、ボロー・パシャ（Bolo Pasha）に関するものが九件と特定の独探に関する報道が大部分を占めた。このほか雑多な海外の独探関連記事の数も同様の増減傾向にある。ただし例外的にイギリスの独探関連記事は第二年目までに一一件が報じられ、その後は三件しかない。全一四件のうち四件がアイルランド地域に関するもので、統治が不安定な場所はスパイの策源地として報じられる傾向にある。

（1）アメリカの参戦

　アメリカにおける独探に関する記事は全三四件で、そのうち二六件が第三年目以降のものである。とりわけ一九一七年の記事が一八件と過半数を占め、二月三日の米独国交断絶を契機に在米ドイツ人やドイツ系アメリカ人の独探に関する記事が多数掲載された(61)。つまりアメリカのスパイ・フィーバーが日本に伝わり紙面に現れた形である。

　これに加えて目立つのは船舶に対する独探の破壊工作に注意を促す記事である。神戸に寄港した船の船長や乗組員による談話という形式の大戦関連記事は港湾都市である神戸の特徴となっている。たとえば日本郵船の若狭丸船長が、ニューヨークの港は独探の工作活動が活発で、停泊中の船舶が三日間に四隻も爆沈され、治安維持に当たる警官中にも独探がいると伝えている。(62) 船員談ではないが、独探がアメリカ船に爆弾を仕掛けた罪で処刑されたことを伝える記事では、「日本郵船の北米航路船にも二回原因不明の火災を起こしたことがある。之等も独探の為す仕業ではないかと疑えば疑うだけの余地は十分ある」として、日本船にとっても独探は脅威であることをにじませている。(63) 日本人船員にとって生命の危機であるだけでなく、戦争後期に入り逼迫の度を深めていた海運への脅威はそのまま日本経済にとっての脅威でもあったことをこうした記事は反映しているだろう。

このようにアメリカ関連の独探記事はアメリカ国内の独探取り締まりに関するものに加えて、日本にとっても関係のある問題として報じられているのが特徴である。その多くがどこまで事実か疑わしい内容ではあるが、わからないからこそ虚実ないまぜの噂として拡散する余地があった。

（2）ロシアの革命と敗退

ロシアの独探関係記事は全三四件で、そのうち二四件が戦争三年目以降のものである。一九一七年の二度のロシアの革命と混乱を契機として、ロシア関係の独探記事が増加したことが原因である。全体数も件数の推移もアメリカに近いことがわかる。ロシアの一一月革命によって単独講和の可能性が高まると、東部戦線の再構築を望む連合各国は日本のシベリア地域出兵を期待し、それを受けて第四〇回帝国議会（一九一七年一二月末から一九一八年三月下旬まで）では軍需工業動員法や戦時利得税が成立するとともに、緊急勅令の戦時船舶管理令が承認され、俄かに戦時意識が高まった時期である。(64) 一九一八年二月の独探記事数が『神戸』『又新』ともに二番目の高さを記録しているのはこうした世情を反映しているといえよう。しかし翌三月に一件へと激減し、それ以降もシベリア出兵・米騒動が行われたにもかかわらずあまり増加しない。独探記事の傾向としてストライキ、サボタージュ、暴動は独探の関与が真っ先に疑われるタイプの事件である。従って米騒動についてそうした記事が掲載されないのは奇異といえる。これは三月二三日に内務省から出された通牒の影響だろう。この通牒は「時局の関係上頗る重要にして利害に関する所極めて大」であるため「今後国内における独探被疑者の行動に関する記事は時局中之を安寧秩序を紊すものと認め発売頒布禁止の処分を為す」こととした(65)。この通牒が出されたことも政府レベルでは戦時意識が高まっていたことを裏づける。

ロシア関係の独探について開戦当初まで遡ると、ウラジオストクの有名なドイツ系百貨店であるクンスト・アリベルス商店（Kunst & Albers）に対して独探嫌疑がかけられ、一九一五年には商店主ダッタン（Adolph Dattan）が独探容疑でシベリアへと送られたこともあり、ウラジオストクの独探に関する記事は開戦の年から『神戸』に散見される(66)。このときはまだロシアは「味方」だったわけだが、革命による統治の不安定化と最終的なドイツへの屈服によって、ロシア全体が独探の策源地という扱いになった。独探が極東ロシアから満洲地域を経て日本へ侵入するのではないかという懸念につながったのである。たとえばあるロシアの宮廷軍人がドイツと通じており、革命に乗じて機密書類を盗んで日本まで逃げてきたところをロシア政府の依頼を受けて広島憲兵隊が逮捕したという記事がみられる(67)。革命勃発時には皇帝や皇后が独探だという話を伝える記事が見られたが(68)、事態が進行すると逆にレーニンはドイツが送り込んだ独探であるとして、継戦を主張するケレンスキー政権に対して休戦を主張する革命派の背後にドイツと独探の影を見る記事も掲載されていた(69)。露独が講和する頃になるとロシア人に対する警戒感は一層強まり、神戸に在留するロシア人のなかに独探がいるのではないかという懸念も紙面に表出する(70)。二月にはウラジオストクから船で来神したものの上陸拒否をされたため脱船逃亡したあと逮捕された者や(71)、横浜港から脱船して神戸まで逃げてきたロシア人二人組を神戸市中央区花隈町の横浜館で取り押さえ三宮署に連行した事件などがあり(72)、神戸市住民に身近なロシア関連の独探事件が続いた。またウラジオストクで独探が日本船を爆破したらしいという不確かな敦賀からの電報を伝える記事

表3　『神戸新聞』における「露探」記事（1904-05年）

年	1月	2月	3月	4月	5月	6月	7月	8月	9月	10月	11月	12月	合計	月あたり平均件数
1904	欠	欠	7	3	3	5	4	1	4	4	0	0	31	3.1
1905	2	3	3	3	1	2	3	0	1	-	-	-	18	-

は、開戦当初の見境なく独探に結びつけるタイプの記事と同じで、ロシアの敗退に動揺した心理を感じさせる(73)。

以上のように記事数の分布や内容からは戦争の発生や発生しそうという予想によって人心が動揺した時期に独探報道が増えていることがうかがえる。動揺とは不安や恐れに限らず高揚感なども含めて、心が揺れた状態になっているときのことである。開戦直後やロシア敗退時は不安感が、ニッケル事件や国外退去には国内の敵を一掃しようという高揚感が独探記事に反映されていたといえよう。またアメリカの参戦やロシアの革命・敗北に伴い独探記事が増える傾向は、例えば『東京朝日新聞』など他紙においても確認できる。しかし『神戸』では見てきた通り、アメリカからの船が寄港し直接取材を行えたり、ロシア人が市内で逮捕されたりと事件の身近さを感じさせる記事の豊富さが大きな特徴となっている。神戸という街の国際性は当時の日本において際立っていた。

三　露探と独探

最後に露探との簡単な比較を通じて『神戸』における独探報道の特徴を検討したい。個別の露探エピソードは前述の奥の研究が詳しいが、数量の増減を整理した研究はなく、全体像がつかめない。したがってここではまず『神戸』における露探記事の数量を調査し、独探と比較する。調査を行った一九〇四(明治三七)年三月から日露間の講和が成立した翌年九月までの露探記事は全四九件である。月あたり平均が二・五八件、一九〇四年の一〇カ月では平均三・一件となり、およそ月平均三件弱といえよう。開戦月の二月は露探報道も過熱した可能性もあるが、あいにく『神戸』のマイクロリールは一九〇四年一・二月が欠落しており、確認することができない。参考までに『又新』の露探件数を見ると一月に一〇件、二月に三件であり、意外にも開戦後に数字が上昇した様子はない。『神戸』の平均約三件は独探報道の平均値と同等以下の数字であり、日露戦争の交戦期間において露探報道が独探報道より特別多かったわけではないことがわかる。とはいえ日本人は日露戦争時のロシアよりも大戦時のドイツを恐れていたということにはならない。ただ、独探報道は露探報道と比べて決して少なかったわけではなく、内容やそこに込められた心象を精査する必要がある。

露探報道のタイプとして一つ目が露探支那人・朝鮮人に関するもので、これは独探支那人と全く同じタイプである。露探の場合、総数四三件のうち一五件は露探支那人に関するものである（三五％弱）。これに対して開戦から青島陥落までの独探報道三二件中、独探支那人に関するものは一二件であり（三八％弱）、割合としては概ね同じといえるだろう。もちろん第一次世界大戦の全期間に占める独探支那人の報道割合は非常に小さい。このタイプは露探や独探を国内的な問題の角度から考えるときあまり重要でない。ただ、露探・独探支那人の報道は日清戦争以来の日本人の支那人に対する軽蔑感の現れでもあり、それを再強化することにもなっただろう。

二つ目は不安や恐怖感といった国民の動揺が露探記事として表出しているタイプの記事である。京都高島屋に露探の噂が立ち暴徒に襲撃されたことを報じる記事(74)、あるいは露探と噂されたことを恥じて軍人が自殺したという記事(75)や、露探流言を慎めという記事(76)などからは、内なる敵の幻想と不安が強く国内に広がっていたことがうかがえる。基本的にこのタイプは露探が現実に存在していることは稀である。加えて『神戸』の露探報道は独探報道よりも地域色が薄い。そもそも日露戦争期の『神戸』は大戦時と比べて外国人居留民や往来する船舶に関する注目が著しく低く、それが地域的な露探報道の少なさにも直結している。この違いが何に起因するのか現在のところ不明である。地域の独探関係記事は神戸から姫路まで広げても、開戦から同年七月までの戦争序盤に掲載された四件しか確認できない(77)。「身近に潜む露探」の脅威は少なくとも開戦後の新聞記事にはあまり表出していない。そして基本的に勝報が続くなかでそうした不安感は低下していっただろう。

前述のように感情の発露としての独探報道という意味では、開戦から戦争前半はそうしたタイプの独探記事が主流である。つまり恐怖感といわないまでも、どうなるかわからない不安感が独探記事に発露した後、青島や南洋での勝利に後押しされ、ニッケル事件などで見たように国内の敵を駆逐しようという高揚感が独探報道に現れる。その後、ロシアの敗退は再度不安感を高め、独探記事にそれは現れた。また露探報道の場合、基本的に諜報活動に関心が集まる以外は曖昧で不安な心理だけが際立つが、独探の場合はより具体的に海運や生産施設への破壊工作、プロパガンダ活動、被支配民族の反乱支援など多岐にわたって報じられるようになった。総力戦の出現にともなう後方の重要性を踏まえた独探の活動に関する報道が戦争後半には顕著になったのである[78]。制限戦争である日露戦争と総力戦となった第一次世界大戦の違いが露探と独探の報道にも明確に表れているのである。

もう一つ独探報道と露探報道の違いで注目すべきは、露探の場合は『神戸』でも主に日本人同士で露探疑惑をかけあっていたのに対し、独探の場合は主に国内の外国人に疑惑の目を向けていたという点である。この違いの背後にある心理や時代状況は何なのか。さらには日中戦争や日米戦争ではどうだったかということも含めて、外敵が存在するときに集団内部に矛先が向く要因を考察するうえで興味深い点であろう。

おわりに

たしかに奥の指摘通り国家存亡の脅威感・切実感といったものは独探報道にはない。これは青島戦や南洋諸島の占領が日本にとって国家存亡の危機を感じさせるものではなかったのだから当然だろう。しかし多くの独探報道には総力戦の特徴が反映されていたし、『神戸』においては地域性を反映した独探報道がそれなりに過熱した。加えて一九一七年以降はアメリカ参戦やロシア革命・敗退といった事件に合わせて、日本とのつながりを意識した独探報道が再度増加したのは見てきた通りである。『東京朝日新聞』では独探記事の大多数が外電由来の海外の独探に関するものであり、地元東京の独探についての話題はごく少数であった[79]。やはり国際港と元居留地を持つ神戸の独探報道は独自色が強かったといえる。このことは東京や大阪の大手新聞だけを参照して日本全体を推測することの危険性も示している。

本章では検討の対象を『神戸』の記事に絞って、その整理を主目的としており、独探をめぐる本格的な研究はむしろここからである。たとえば公文書と報道を突き合わせることで、政府の把握していた独探情報と公に報道された内容の差異とその意味を探ることは戦時の情報政策という観点からも意義があるだろう。また国際的なインテリジェンス網と紐づけた検討も必要だろう[80]。とはいえまずは、最大値としての神戸の次は最小値を示すだろう地域や政治の中心地としての東京の事例と比較することで、日本全体の独探への意識、ひいては第一次世界大戦への日本人の意識を推論することが可能になる。そして、こうした独探報道は当時の対ドイツ言説全体のなかで位置づけることが必要だろう。

そうした基礎研究の先には戦時や大災害などの非常時における流言・デマや在留敵国民の問題が存在する。第一次世界大戦期のスパイ・フィーバーでは、不安感もさることながら、国家的戦争に貢献しようとする国民の意欲がスパイ・フィーバーを燃え上がらせた側面がある。これは関東大震災の際によき国民としての使命感に駆られて不逞朝鮮人の噂を拡散し、さらに虐殺まで行ってしまった民衆の事例と類似している[81]。今後起こりうる災害や戦争において、国民が流言・デマの被害者や加害者にならないように、緊急時の流言・デマと報道・ＳＮＳの関係や対策を講じるための示唆を得ることが最終的な目標となろう。

(1) スパイ・フィーバーに関しては差し当たり Bischoff, Sebastian: Spy Fever 1914, in: 1914-1918-online. International Encyclopedia of the First World War, ed. by Ute Daniel, Peter Gatrell, Oliver Janz, Heather Jones, Jennifer Keene, Alan Kramer, and Bill Nasson, issued by Freie Universität Berlin, Berlin 2019-03-25. DOI: 10.15463/ie1418.11355 とその参考文献。

(2) 奥武則『ロシアのスパイ——日露戦争期の「露探」』（中公文庫、二〇一一年）二四八—二五一頁。同書は同『露探——日露戦争期のメディアと国民意識』（中央公論新社、二〇〇七年）の再刊であり、若干の補筆が加えられている。ほかに露探を扱った研究としては牧原憲夫「覚書　１９０７年「露探」刺殺事件」（『東京経済大学人文自然科学論集』第一一六号、二〇〇三年）、藤野裕子「日露講和問題をめぐる政治運動と民衆の動向——日比谷焼打事件再考にむけて」（『民衆史研究』第六六号、二〇〇三年一一月）、吉村道男『増補　日本とロシア』（日本経済評論社、一九九一年）、同「露探と日本社会」（『歴史読本』第四九巻第四号、二〇〇四年四月）。

(3) 新保邦寛「「独探」を読む——〈谷崎もの〉という形式」（『稿本近代文学』第二一集、一九九六年）。風巻景次郎・吉田精一編『谷崎潤一郎の文学』（塙書房、一九五四年）三五一—三五二頁。中村光夫『谷崎潤一郎論』（新潮社、一九五六年）一三三頁。千葉俊二「解説　彼方への憧れ」（同編『潤一郎ラビリンス６　異国綺談』中央公論社、一九九八年）三〇九—三一九頁。野崎歓「フランス語入門——「独探」」（『谷崎潤一郎と異国の言語』人文書院、二〇〇三年）一五—四八頁、二〇一五年に中公文庫として再刊。

(4) グレゴリー・ケズナジャット「谷崎潤一郎の〈スパイ〉小説——「独探」における越境者像」（『日本文学』第六五巻第二号、二〇一六年）。

(5) 福岡大祐「追放された「スパイ」——第一次世界大戦における独墺人強制追放と谷崎潤一郎「独探」」（20世紀メディア研究所『Intelligence』第一六号、二〇一六年）。

(6) 田嶋信雄「第一次世界大戦と「独探馬賊」」（田嶋信雄・工藤章編『ドイツと東アジア　一八九〇—一九四五』東京大学出版会、二〇一七年）。他の関連研究として吉村道男「第一次大戦末期における情報戦下の日本——在米インド人といわゆる「独探」問題」（『政治経済史学』第四〇〇号、一九九九年）。

(7) 神木哲男「居留地と外国貿易のはじまり」（神戸外国人居留地研究会編『神戸と居留地——多文化共生都市の原像』神戸新聞総合出版センター、二〇〇五年）四一頁。

(8) 内閣統計局編『日本帝国第三十四統計年鑑』（東京統計協会、一九一五年）八八—八九頁。

(9) 内閣統計局編『日本帝国第三十五統計年鑑』（東京統計協会、一九一六年）九二頁。同『日本帝国第三十六統計年鑑』（東京統計協会、一九一八年）八〇頁。同『日本帝国第三十七統計年鑑』（東京統計協会、一九一九年）七八頁。

(10) 神戸市HPより「神戸市域の変遷」(https://www.city.kobe.lg.jp/a89138/shise/about/energy/rekishi.html)。神戸市HPより「第90回神戸市統計書 平成25年度版」(https://www.city.kobe.lg.jp/a47946/shise/toke/toukei/toukeisho/25toukeisho.html#3)。
(11) 東京都総務局統計部「東京都統計年鑑 平成21年」(https://www.toukei.metro.tokyo.lg.jp/tnenkan/2009/tn09q3i002.htm)。
(12)「独探嫌疑　怪しの外人入込む」(『又新』一九一四年九月一〇日)。
(13) 同社は現在もニッケル．エンド．ライオンス株式会社として港湾運送などを行い、神戸本社と大阪・東京に支店を構えている。また後出のイリス商会も株式会社イリスとして東京本社と大阪・名古屋に支店をもっている。
(14) 神戸新聞は社史においてこの事件報道に誇らしげに言及している。神戸新聞社社史編纂委員会編『神戸新聞五十五年史』(神戸新聞社、一九五三年)九三―九四頁。
(15)「ニッケル事件の予審決定書　塚村誘拐の證憑歴然たり」(『神戸』一九一五年一月一五日)には予審判事が地裁に提出した決定書が掲載されており、事件のあらましが端的に理解できる。
(16)「南洋の敵に囚われし塚村兼吉帰る」(『神戸』一九一四年一〇月二四日)。
(17)「塚村ニッケルを告訴すべし――塚村兼吉憤慨して曰くニッケルは私を殺さんとせり」(『神戸』一九一四年一〇月二四日)。
(18)「ニッケル社員は先ずホルスを葬れ」(『神戸』一九一四年一〇月二九日)。
(19)「奸賊検挙の手愈峻烈なり　ニッケル、イリス両商会の取調続行され判検事と憲兵隊更に八方に大活動」(『神戸』一九一四年一一月五日)、「検事局益活動を加ふ　ハンス商会亦家宅捜索」(一九一四年一一月一三日)。
(20)「横浜イリス商会大捜索――判検事俄然出動、電話線を切断し厳き取調夜に及ぶ」(『神戸』一九一四年一一月五日)。実際イリス商会は不正に日本から禁制品をドイツへ輸出しているとしてイギリス政府から日本政府へ警告がされており、ニッケル事件の真実性やイリス商会の関与についても可能性はある。諸橋英一『第一次世界大戦と日本の総力戦政策』(慶應義塾大学出版会、二〇二一年)。
(21)「独探商会事件の其後　意外の怪事実発見されん」(『神戸』一九一四年一一月一五日)。
(22)「ニッケルの罪悪史を観よ海岸の伏魔殿は崩れかけた！　秘密漏洩防止の大運動を起す」(『神戸』一九一四年一一月九日)。
(23)「奸商排斥の声高し　ニッケル問題愈発展し世論益々囂々」(『神戸』一九一四年一一月一〇日)ほか。
(24)「獄中の予審　収監のホルス食欲著しく減ず」、「戦勝と神戸」(『神戸』一九一四年一一月八日)。
(25)「予審は不日終結せん　ニッケル事件の其後」(『神戸』一九一四年一二月二日)。年内最後の記事は「裁判所覗き」(『神戸』一九一四年一二月二七日)で、ホルスタインの様子を伝えている。
(26)「米国領事とホルスタイン　世間の疑いを解く」(『又新』一九一四年一一月一二日)。

（27）「ニッケル新専務の談」（『又新』一九一四年一一月一三日）。
（28）「驚嘆すべき一大秘密の暴露――ホルスタインは正札付きの軍事探偵」（『又新』一九一四年一一月七日）。
（29）「偽名独人　ニッケル事件唯一の証人」（『又新』一九一四年一一月二八日）。
（30）「ニッケル事件　副支配人召喚さる」（『神戸』一九一五年一月九日）。
（31）「ニッケルの誘拐公判　ホルスタインは知らぬ一点張り」、「誘拐事件公判　塚村兼吉法廷に身慄い」、「ホルスタインは八ヶ年　検事の峻烈なる論告求刑」（『神戸』一九一五年二月二七日、三月一〇日、一四日）。
（32）「ホルスタインは三年　誘拐事件の判決言渡さる」（『神戸』一九一五年三月二四日）。
（33）「軍艦龍田当港内において怪しき諾威船を抑留せり」（『神戸』一九一五年二月六日）。
（34）「怪船坊主号の審検　怪しき独人は軍事探偵」（『神戸』一九一五年二月一三日）。
（35）「保釈出獄　ホルスタイン悄然として帰る」（『又新』一九一五年一月一三日）。
（36）「第3戦隊日令第6号」JACAR（アジア歴史資料センター）: Ref. C10080134300, 大正3年　第3戦隊　日令　法令及機密級（10月1日以後第1南遣枝隊）（防衛省防衛研究所）。「第1南遣枝隊　告示（1）」JACAR: C10080122800（第五、六画像）、第1南遣枝隊　法令　日令　公報　告示綴（防衛省防衛研究所）。
（37）「怪しき墺国人はヒンツェの密使――神戸署における取調愈進捗―彼は支那政府の扇動者なり」（『神戸』一九一五年一二月二五日）。
（38）「新駐支独逸公使　悪辣なる外交家」（『神戸』一九一四年一一月一二日）。
（39）「真ブロベックの収監――峻烈果敢なる判検事の態度」（『神戸』一九一六年一月七日）。
（40）「鉄窓裡の二独探――強情にして実を吐かず」（『神戸』一九一六年一月九日）。
（41）「独探終に収監さる――刑法に照らすべき犯跡充分」（『神戸』一九一五年一二月二七日）。
（42）「プロベック公判――旅行免状偽造事件の取調」（『神戸』一九一六年五月六日）。
（43）「墺探判決――エーレンは有罪ブは無罪」（『神戸』一九一六年五月三〇日）。
（44）「怪しき外人　遂に裁判所に送らる」（『又新』一九一五年一二月二七日）。
（45）「峻厳なる検事の追窮――ブロベック遂に恐れ入る」（『又新』一九一六年五月一八日）。
（46）「出獄墺中尉頻に感謝」（『又新』一九一七年三月七日）。『神戸』も退去することを報じ「軍事探偵」として扱っている。「エーレンフェルトに退去命令」（『神戸』一九一七年三月二日）。
（47）「独探入込む」（『神戸』一九一四年八月一三日）。

(48)「独探か怪しき外人　写真機を携えて東京より」(『神戸』一九一四年八月一五日)。
(49)「怪しの投宿二外人　洲本へ入込む」(『又新』一九一四年八月一八日)。「由良要塞に中の眼を配り居れる模様」で洲本署と憲兵隊が厳重に監視警戒中であり、「横須賀軍港を窺はんとせし外人と気脈を通じて帝国要塞の秘密を探らんとする独探に非ずやと専ら噂しつつあり」という。これは『神戸』にも同様の記事がある(「怪しき二米人洲本町に入込む　由良要塞を窺う独探か」『神戸』一九一四年八月一八日)。
(50)「居留地の今　独探は内」(『又新』一九一四年八月二〇日)。
(51)六件確認した。「上海の排日熱　事態頗る不穏」(『神戸』一九一五年三月三日)、「袁探有賀博士？　支那公使館へ秘密通信発覚」(『神戸』一九一五年五月七日)、「袁探か　急虜下の関より上京」(『神戸』一九一五年五月八日)、「袁探を狙撃せし犯人　革命党員沈貞一か」(『神戸』一九一五年一〇月二一日)、「袁探密に東上」(『神戸』一九一六年三月二日)、「落人姿の有賀博士　故国の土を踏みながら人を恐れて逃げ回る」(『神戸』一九一六年七月二四日)。
(52)「独探の支那人――山東通信第二便」(『神戸』一九一四年九月一一日)。
(53)「即墨の近状――独探所在に潜行す」(『神戸』一九一四年九月二六日)。「独探逮捕さる」(『神戸』一〇月一七日)。「支那人独探の数」(『神戸』一〇月一九日)。「支那人独探出没」(『神戸』一〇月二二日)。
(54)「居留地まはり　往き場のない浦塩領事　独探兼日探　独商は居残」(『神戸』一九一四年八月一九日)。
(55)墺探シャッツマイヤーとの関係を疑われた朝見義明の記事が数個存在する程度。
(56)福岡前掲「追放された「スパイ」」一五三頁。
(57)「一週間以内に立去れ　独探四人に退去命令」(『神戸』一九一五年二月一七日)。「独探の妻　哀れ路頭に迷う」(『神戸』一九一五年二月二八日)。
(58)「売国奴は早大学生　昼は学校へ夜は独探の家へ」(『神戸』一九一五年一〇月一七日)。
(59)ただドイツ人ヘンリー・ワグネルについて兄弟が日露戦争の際に「軍事秘密漏洩の嫌疑者となりしことあり」と伝えられている(「当地在留の独墺人六名に退去命令　近く追放さるべき者二名あり」『神戸』一九一五年三月一七日)。「退去命令米国の便船に困る」(『神戸』一九一五年三月一八日)。「退去期日　独墺人は二十五日限り出発」(『神戸』一九一五年三月二二日)。
(60)「独探来る　追放されたる二独人」(『神戸』一九一五年六月八日)。「麵麭に密書を入れた独探　元当地独逸麵麭屋の主人」(『神戸』一九一五年六月九日)。
(61)ここに該当する独探記事は「一千万人の独探在り　国交断絶後の独逸系米人」(『神戸』一九一七年二月五日)、「在米独探

の監視　独探の活動開始さる」(『神戸』一九一七年二月七日)、「米国独探狩開始」(『神戸』一九一七年三月一二日)、「紐育の独探活動」(『神戸』一九一七年三月一六日)、「独探嫌疑者逮捕」(『神戸』一九一七年四月九日)、「米国の独探逮捕」(『神戸』一九一七年四月一〇日)、「米国の独探警戒」(『神戸』一九一七年四月二五日)。これ以後も在米独探の記事は継続的に登場する。

(62)「独艇及独探の跳梁　郵船若狭丸無事帰着す」(『神戸』一九一七年四月三日)。

(63)「独探の爆裂弾　貨物船破壊の陰謀発覚」(『神戸』一九一八年二月九日)。「巧妙なる船舶爆破　在米独探の活躍」(『神戸』一九一八年二月一一日)。ほかに船舶への独探の工作関連として「米国の独探跳梁」(『神戸』一九一七年七月五日)、「在米独探の陰謀」(一九一七年七月七日)、「独探極刑に処せられる」(『神戸』一九一八年二月八日)など。

(64)諸橋前掲書。

(65)粟屋憲太郎・中園裕編『国際検察局押収重要文書3　内務省新聞記事差止資料集成　第1巻』(日本図書センター、一九九六年)六九—七〇頁。

(66)「独逸は兜を脱がぬ　囚われし独逸大尉の妻を訪ふ」(『神戸』一九一四年一一月一一日)。「浦塩の独探逮捕　独支両国人の恐慌」(『神戸』一九一五年五月一四日)。「浦塩の独探　貨物依然山積」(『神戸』一九一五年六月一八日)。「夫を慕ふて浦塩へ　愛児を抱へしドイツ婦人」(『神戸』一九一五年八月二六日)。「独探の子戦死す」(『神戸』一九一六年九月一三日)。

(67)「露国大佐は独逸の間諜——革命の混乱に乗じて機密書類を盗む　広島憲兵隊の手に逮捕」(『神戸』一九一七年七月二三日)。「独探の活動も加はる——露国にて排斥さるる日本商品の裏面の消息」(『神戸』一九一七年二月二七日)。

(68)「浦塩の革命謳歌」(『神戸』一九一七年三月二〇日)。「独探前露后」(『神戸』一九一七年四月三日)。ただし皇后アレクサンドラには一九一五年秋のいわゆる大撤退以降ドイツのスパイの疑いがロシアにおいてかけられるようになっていたのは有名な事実である。

(69)「露都漸く静穏」(『神戸』一九一七年五月九日)。「独探尚跳梁す　露都の騒擾は其の扇動」(『神戸』一九一七年五月一〇日)。「独探の行方捜索」(『神戸』一九一七年七月二五日)。「独探露国に跳梁」(『神戸』一九一七年七月三〇日)。

(70)「外事課俄然動く　露国人に胡散者はなきや」(『神戸』一九一八年二月二六日)。「滞留露人の怪行動　敵国人と屢々会見密議す」(『神戸』一九一八年三月八日)。また神戸にやってきたロシア人を警戒する記事としては「怪露人の行方　敵国軍事探偵の首魁東海道線米原駅付近にて本県外事課の物々しき活動」(『神戸』一九一八年五月二八日)。

(71)「監視を破りし怪外人」(『神戸』一九一八年二月二日)。

(72)「怪しき二外人は何者　露国人と自称する二人連れ」(『神戸』一九一八年二月一一日)。ほかにも革命にともない家族とともに来日したウラジオストクのドイツ資本の大会社商事部の支配人が尾行を振りきり、神戸に来る可能性ありとして当局が交通機関や宿泊施設に張り込んでいることを伝える記事など。「怪露人の行方　敵国軍事探偵の首魁東海道線米原駅付近にて本県外事課の物々しき活動」（『神戸』一九一八年五月二八日）。

（73）「平安丸爆沈か　浦塩港停泊中沈没との急電」（一九一八年五月二一日）。

（74）「露探騒ぎ」（『神戸』一九〇四年六月二四日）（湊町の呉服商日野屋は露探であると噂が立って暴徒が乗り込み、兵庫署から警部巡査などが取り締まるも騒ぎが収まらず）。「露探騒と高島屋」（『神戸』一九〇四年六月二七日）（京都高島屋や京都の貿易商は誰もかれも露探であるなどの噂が立っている）。

（75）「中尉露探の疑を受け自殺す」（『神戸』一九〇四年五月二日）。

（76）「所謂露探に就て　石黒男の話」（『神戸』一九〇四年四月二七日）。「紛々録」（『神戸』一九〇四年五月二六日）。

（77）ロシア領の某役所で勤務していた小川仙次は帰郷して神戸市天王寺に住んでいたが、警察が露探の嫌疑ありと監視していたところ、それを知った近隣住民が「叩殺せとて八釜しく騒ぎ廻る」ため、小川が逃走したという記事（「露探の嫌疑者顕はる」『神戸』一九〇四年三月七日）、湊町の呉服商日野屋に露探の噂が立ち暴徒が乗り込み、兵庫署から警部巡査などが取り締まりに来るも騒ぎが収まらずという記事（「露探騒ぎ」『神戸』一九〇四年六月二四日）、また「悪戯か故意か」（『神戸』一九〇四年七月六日）、「線路の上に古筵」（『神戸』一九〇四年七月七日）では姫路駅近くの転轍機に石が嚙ませてあったり姫路西方の飾磨郡八幡村辺りの線路に筵がかぶせてあったとして、露探が日本軍の輸送を妨害しているのではないかという推測がなされている。

（78）拙稿「第一次世界大戦と「独探」――『東京朝日新聞』による粗描」（『法学研究：法律・政治・社会』第九七巻第一号、玉井清教授退職記念号、二〇二四年）において同時期の『東京朝日新聞』を簡略化した手法ではあるが調査した。その結果、同紙の独探報道は海外の事件が大多数を占め、内容は『神戸』における海外独探記事と同様、総力戦を反映したものとなっていた。

（79）前掲拙稿「第一次世界大戦と「独探」」。

（80）Peter Overlack, "The German Naval Intelligence Network in East Asia and Australia before the First World War," *War & Society* 42-2 (February 2023), pp. 157–177.

（81）藤野裕子『都市と暴動の民衆史――東京・1905–1923年』（有志舎、二〇一五年）。

（付記）本章は日本政治学会二〇二三年度総会・研究大会（二〇二三年九月一六日）において報告した内容をもとにしている。コメンテーターを務めてくださった奈良岡聰智先生、久保田哲先生、司会の境家史郎先生をはじめとしてフロアの方々にこの場を借りてお礼申し上げます。

第8章　日本海軍による遠洋練習航海の外交史的意味
——第一次世界大戦期を中心にして

奈良岡聰智

はじめに

大日本帝国海軍（以下、日本海軍）は、若い海軍軍人の慣海性や国際感覚を養うことを主目的として、一八七五年以来遠洋練習航海（以下、遠航）を実施していた。明治期後半以降は戦争中などの例外を除いてほぼ毎年行われ、その実施総数は一九四〇年までで実に六一回に及んだ。

遠航は、日本海軍において、江田島の海軍兵学校（以下、海兵）を卒業し、少尉候補生に任官したばかりの海軍軍人にシーマンシップの基礎を身につけさせるうえで、きわめて重要視されていた。また、多くの海軍士官にとって、遠航は初めて長期の航海を行うとともに、日本全土と世界を巡ることで見識を大きく広げる機会であり、江田島時代と並んで、いわば海軍士官生活の「原点」として位置づけられるものであった。このことは、主な海軍士官の自伝のなかで、江田島時代と同等またはそれ以上に遠航にページ数が割かれ、その意義が強調されているものが多いこと（表1）、海兵の同窓会（同期会）に在籍時の海軍兵学校長のみならず、遠航時の練習艦隊司令官がゲストとして招待

表1　主な海軍軍人の自伝における江田島・遠航に関する記述

人　名	海兵期	江田島	遠航	自伝（総頁数）
鈴木貫太郎	14	2	3	鈴木一編『鈴木貫太郎自伝』（342 頁）
岡田啓介	15	5	5	岡田貞寛編『岡田啓介回顧録』（377 頁）
豊田副武	33	△	2	豊田副武『最後の帝国海軍』（292 頁）
新見政一	36	3	×	提督新見政一刊行会『提督新見政一』（自伝部分 92 頁）
福留繁	40	1	×	福留繁『海軍生活四十年』（352 頁）
草鹿龍之介	41	23	9	草鹿龍之介『一海軍士官の半生記』（306 頁）
大西新蔵	42	58	34	大西新蔵『海軍生活放談』（646 頁）
高木惣吉	43	11	2	高木惣吉『自伝的日本海軍始末記』（298 頁）
中澤佑	43	△	×	中澤佑刊行会編『海軍中将中澤佑』（246 頁）
松島慶三	45	31	30	松島慶三『海軍』（301 頁）
源田実	52	3	×	源田実『海軍航空隊始末記発進篇』（253 頁）
淵田実津雄	52	4	1	中田整一編『真珠湾攻撃総隊長の回想』（493 頁）
福地誠夫	53	6	4	福地誠夫『回想の海軍ひとすじ物語』（238 頁）
寺井義守	54	6	14	寺井義守『ある駐在武官の回想』
久住忠男	56	17	6	久住忠男『海軍自分史』
富岡定俊	58	2	0	富岡定俊『開戦と終戦』（247 頁）
奥宮正武	58	4	△	奥宮正武『さらば海軍航空隊』（233 頁）
山本啓志郎	60	57	8	山本啓志郎『航跡』（266 頁）
吉川猛夫	61	3	3	吉川猛夫『真珠湾スパイの回想』（327 頁）
中村悌次	67	13	2	中村悌次『生涯海軍軍人』（404 頁）
松永市郎	68	69	△	松永市郎『思い出のネイビーブルー』（260 頁）

注：江田島・遠航の欄の数字は記述総頁数，×は全く記述がないこと，△は一言しか記述がないことを示す．

されることが少なくなかったことからもわかる。遠航は、日本の海軍士官共通の「原体験」であり、自らが一人前になるために必要欠くべからざるものであると認識されていたのである。

しかし、第二次世界大戦後、「江田島教育」を再評価する著作が多数発表されてきたのに比べて[1]、遠航に関する本はあまり刊行されず、研究についてはほぼ皆無に近い状態が続いてきた[2]。海上自衛隊（以下、海自）は、一九五八年以来毎年遠航を実施している。近年遠航は広報の一環としても重視されており、海自によってホームページなどを介した発信が盛んに行われているが、その長い歴史が振り返られることは稀で、研究者の間ですら遠航の存在がよく知られているとは言い難い。近年筆者は、遠航を日本海軍・海自が連綿として続けてきた一つの伝統だと捉え、その実態に関する実証研究を進めている。その成果は、戦前・戦後の歴史を通観した論考「遠洋練習航海論」として発表したが、多くの問題が未検討のまま残されている。そこで本章は、前稿を踏まえつつ、時期を第一次世界大戦期に絞り、この時期の日本海軍による遠航の実態を明らかにすることを狙いとする。本章の分析によって、①第一次世界大戦による世界変動が遠航に大きな影響を与えていたこと、②戦間期以降の遠航の実施の枠組みが同大戦期までにほぼ固まっていたこと、③この頃までに北米やハワイなどで在外日本人が組織的に遠航を出迎える体制が整えられていたことなどが明らかになるであろう。

一　海軍兵学校卒業式から練習艦隊の江田島出発まで

まず、第一次世界大戦期の遠航の実施状況について概観する。前述した通り、遠航は海兵を卒業し、少尉候補生に任官したばかりの海軍士官の実習のために行われたものである。海兵の就学期間と卒業時期は時代によって異なるが、この時期は三年制で、九月に入校し、一一月または一二月に卒業式が行われていた[3]。卒業式には天皇の名代たる皇族と侍従武官が差遣され、成績優秀者数名に侍従武官から恩賜の短剣が授与されていた[4]。この時期派遣されていた皇族は、東伏見宮依仁親王（海軍中将、一九一五年）、伏見宮博恭王（海軍少将、一九一四年、一七年、一八年）であった[5]。彼らは御召艦に乗艦し、供奉艦として駆逐艦数隻を従えて式当日に江田内（江田島湾）から入校し、式が終了すると直ちに離校するのが常であった。

一九一四年の卒業式の様子を見てみよう。この年は海兵四二期一一七名の卒業式が一二月一九日に行われたが、卒業生の一人大西新蔵（のち海軍中将、海兵副校長）によれば、当時の卒業式は「すべてが厳粛そのものであった」ものの、「いかにも質素地味な通り一遍のもの」であった。当時はまだ大講堂（一九一七年竣工、鉄骨煉瓦石造、一二〇〇人収容、現海自幹部候補生学校大講堂）がなかったため、卒業式は練兵場で行われ、テントは臨席する皇族用のもののみが準備され、侍従武官、大臣、教育本部長などはテントの横に並んでいたという。また、卒業生家族の参列はなく、式場には教官、生徒らが整列して姿勢を崩さずに立っていた。卒業証書は、今日の幹部候補生学校のように各人に手渡されるのではなく、代表者四名がそれぞれ証書の四分の一ずつを受け取っていた。その後、総合成績九割以上を得た優等卒業生（この年は二名）が、侍従武官から恩賜の短剣を授与された。大西は、「いかにも優等生のための卒業式のような外観」を呈していたと振り返っている。最後に、名和又八郎教育本部長、有馬良橘海兵校長の訓示が行われて、式は終了した。一同は御召艦の出港を見送った後、教室を利用した立食形式の祝賀会に参加した。その後少尉候補生たちは直ちに練習艦に乗り込んで出港するのが通例だったが、この年は翌二〇日に乗艦し、二一日に江田内（江田島湾）を出港した。(6)このときも、教官たちが桟橋まで送り、在校生はカッターを漕ぎ出して見送ったものの、「万事が淡々」としていたという。このように当時はやや簡素なものであったとはいえ、卒業式から遠航出発に至る一連の流れが海兵卒業生にとってきわめて感慨深い、一生の大事であったのは間違いない。(7)

これに先立って、すでに練習艦として海兵生徒などの実習に従事していた阿蘇（舞鶴鎮守府所属）、宗谷（横須賀鎮守府所属）が一一月一日付で練習艦隊に編入されていた。練習艦隊司令官には同日付で海軍少将千坂智次郎が任命され、幕僚・司令官附の士官三名も決まった。練習艦の准士官以上の乗組員は、阿蘇は小山田仲之丞艦長以下四四名、宗谷は斎藤半六艦長以下三九名であった。(8)両艦は呉港で船体の小修理を行い、物資を補充するなど準備を整えた後、少尉候補生を乗艦させて江田内を出港した。

遠航は海軍の教育のなかで非常に重要な役割を負っており、練習艦隊司令官には中将または少将のなかから特に有能な者が選任されていた。表2は第一次世界大戦期の練習艦隊司令官および参加艦の艦長の主要キャリアを一覧にしたものであるが、五人中二人がその後大将に昇進していることがわかる。同司令官は通常各期でトップの経歴を歩む者が就く配置ではなかったが、この時期には海軍次官を務めた鈴木貫太郎が司令官になるというやや異例の人事が行われていたことが注目される。人選の詳細は不明だが、海軍首脳部には、石井・ランシング協定締結（一九一七年一

表2　第一次世界大戦期の練習艦隊司令官および参加艦艦長のその後の海軍における主なキャリアパス

人名	参加年	海兵期（卒業年）		最終階級（予備役編入年）
		司令官		
黒井悌次郎中将	1914	13期（1886）	馬公要港部司令官，旅順要港部司令官，第3艦隊司令長官，舞鶴鎮守府司令長官	大将（1921）
千坂智次郎少将	1915	14期（1887）	馬公要港部司令官，第2遣外艦隊司令官，鎮海要港部司令官，海兵校長	中将（1923）
松村龍雄少将	1916	14期（1887）	第1水雷戦隊司令官，馬公要港部司令官，旅順要港部司令官	中将（1922）
岩村俊武少将	1917	14期（1887）	大湊要港部司令官，将官会議議員	中将（1921）
鈴木貫太郎中将	1918	14期（1887）	海兵校長，呉鎮守府司令長官，第一艦隊司令長官兼連合艦隊司令長官，海軍軍令部長	大将（1929）
		艦長		
佐藤皐蔵大佐（吾妻）	1914	18期（1891）	扶桑艦長，第二特務艦隊司令官，海軍砲術学校長，大湊要港部司令官	中将（1923）
平賀徳太郎大佐（浅間）	1914	18期（1891）	生駒艦長，舞鶴鎮守府参謀長，第3艦隊参謀長，海軍教育本部第1部長兼第2部長	少将（1919死去）
小山田仲之丞大佐（阿蘇）	1915	17期（1890）	相模艦長，河内艦長	少将（1918）
斎藤半六大佐（宗谷）	1915	17期（1890）	練習艦隊司令官，舞鶴要港部司令官，佐世保鎮守府司令長官，第2艦隊司令長官	中将（1925）
百武三郎大佐（磐手）	1916	19期（1892）	第3戦隊司令官，舞鶴要港部司令官，練習艦隊司令官，佐世保鎮守府長官	大将（1928）
飯田久恒大佐（吾妻）	1916	19期（1892）	イギリス大使館付武官，第4戦隊司令官，第3戦隊司令官，馬公要港部司令官	中将（1924）
谷口尚真大佐（常磐）	1917	19期（1892）	練習艦隊司令官，海兵校長，第一艦隊司令長官兼連合艦隊司令長官，海軍軍令部長	大将（1933）
斎藤七五郎大佐（八雲）	1917	20期（1893）	呉鎮守府参謀長，第5戦隊司令官，練習艦隊司令官，海軍軍令部次長	中将（1924死去）
筑土次郎大佐（磐手）	1918	24期（1897）	第一特務艦隊参謀，呉鎮守府人事長，呉防備隊司令	少将（1924）
内田虎三郎大佐（浅間）	1918	22期（1895）	安芸艦長，摂津艦長，第三艦隊参謀長，舞鶴鎮守府参謀長，水路部長	中将（1925）

注：艦長名の下に艦名を示した．

一月）により日米間で緊張緩和が促進されているなかで、従来よりも格上の鈴木を練習艦隊司令官として訪米させることで、対米関係をさらに改善しようという狙いがあったように思われる。なお、この時期の遠航には毎年二艦が参加していたが、艦長、司令官ともに外国要人と会見し、各種レセプションでスピーチをする機会も多かったため、操艦能力のみならず、英語力その他の能力も高い者が選ばれる傾向があった。この時期の艦長一〇人中七人がのちに大中将に昇進していること、三人がのちに練習艦隊司令官を務めていることは、このことを裏づけている。

二　近海練習航海

こうして少尉候補生（実習生）は洋上での実習生活に入ったが、実は彼らを乗せた練習艦隊が直ちに遠航に出発したわけではない。この時期少尉候補生を乗せた練習艦は二隻で練習艦隊を編制していたが、遠航に出発する前、まず約三—四カ月間は近海練習航海（以下、近航。内地巡航ともいう）を行うのが通例であった。寄港地は日本国内に限られず、中国、朝鮮半島の主要軍港も含まれていた（表3）。この間実習生は、船酔いを克服するなど、慣海性を養うとともに、基礎的訓練を繰り返し、船乗りとして必要な技能を習得していった。

日本国内の各都市訪問の際は、実習生の見聞を広げるため、海軍の施設見学のみならず、名所・旧跡見学、神社参拝、地域有力者訪問、登山や各種訓練など幅広い行事が組まれた。たとえば一九一八年の例を見ると、佐世保では軍港諸施設や松島炭鉱の見学が行われるとともに、弓張岳登山競争、経線儀差測定の訓練も実施された(9)。海軍の施設がない佐伯湾、鹿児島、別府、大阪、鳥羽では、市中などの見学のほか、桃山御陵、伊勢神宮への参拝も行われた(10)。この年の中国、朝鮮半島の寄港先は、上海、青島、旅順、大連、仁川、鎮海であった。このうち旅順、大連、仁川、鎮海への訪問は毎年のように行われ、日清・日露戦争ゆかりの戦跡や戦略的要地の見学が実施されていた。この見学は少尉候補生に海軍軍人としての自覚を促すうえで大きな効果があり、強烈な印象を残すのが常であった。この年少尉候補生として参加していた松島慶三（のち海軍大佐、支那方面艦隊報道部長）も、回顧録に以下のように記している(11)。

> 旅順、大連をはじめ南山、首山堡あたりの戦跡、赤い夕日の満洲の広野に、乃木将軍や橘大隊長の風貌を偲んで若人の胸は感激にぬれた。

表3　第一次世界大戦期の近航の寄港地（1914-18年）

	14	15	16	17	18
江田内	○	○	○	○	○
有明海	○	○	○	○	
徳山					○
佐伯湾					○
鹿児島	○	○		○	○
佐世保	○	○	○	○	○
三池		○			
長崎		○			
呉淞（上海）	○				○
旅順	○	○	○	○	○
青島		○	○	○	○
大連	○			○	○
威海衛				○	
仁川	○		○	○	○
鎮海	○	○	○	○	○
釜山					○
竹敷（尾崎湾）	○				○
別府					○
舞鶴	○	○	○	○	
安下庄				○	
広島湾	○	○			
大阪	○	○		○	○
神戸		○	○		
鳥羽					○
津（伊勢湾）	○	○	○	○	
清水		○		○	
横須賀	○	○	○	○	○

出典：「近海航海記事　練習艦隊司令部」（「公文備考」1914年，レファレンスコードC08020426600），「練習艦隊任務経過一般」（「公文備考」1915年，レファレンスコードC08020620500），「第四十三期海軍少尉候補生第一期実務練習経過概報」（「公文備考」1916年，C08020780500），「練習艦隊行動作業報告」（「公文備考」1917年，C08020934700），「第四十五期海軍少尉候補生第一期練習航海経過概報」（「公文備考」1918年，C08021125000）

この年は、少尉候補生として航海に加わっていた伏見宮家の博義王が青島で体調を崩し、急遽日本に帰国するという一幕はあったものの、それ以外は順調に進行した(12)。練習艦隊は最後の寄港地横須賀に到着すると、横須賀や東京で海軍関係の各種施設・学校のほか、東京帝国大学、陸軍士官学校、近衛歩兵第一連隊、砲兵工廠、天文台、気象台など多くの場所の見学が行われた。最後に近航の締めくくりとして、皇居訪問が行われた。例年は天皇への拝謁が行われたが、この年は大正天皇の病気のため遠航終了後に延期され、出航前は賢所参拝、振天府・新宿御苑拝観などのみとされた[13]。このように近航は、少尉候補生が日本の国土や東アジアの現状についての見聞を拡げ、海軍軍人としての自覚を養ううえで、遠航に負けず劣らず重要であった。近航が終了すると練習艦隊の艦艇は横須賀港で約一カ月間準備を整えたうえで、遠航に出発した。

三　遠洋練習航海

遠航に使われる練習艦は、一九〇一―〇八年は日清戦争に主力として参加した防護巡洋艦の松島、厳島、橋立（いわゆる三景艦）が使われることが多かったが、一九〇九年以降は日露戦争に主力として参加した装甲巡洋艦（一等巡洋艦）がよく使われた（表4）。第一次世界大戦勃発当時、日本海軍は戦艦を中心に第一艦隊、巡洋艦を中心に第二艦隊を編制しており、装甲巡洋艦のいくつか（磐手、八雲、吾妻）は第二艦隊に所属していたが、すでに老朽艦となりつつあった。しかし、近航・遠航で実習生（少尉候補生）が行う訓練内容は、遠航終了後に各艦艇に配置されて行う術科訓練とは異なり基礎的なものであり、古い艦でも大きな問題はないと考えられていた。むしろ、日露戦争に参加した艦艇に長期間乗船することは、海軍士官としての自覚を促すうえでは大きな意味をもっていたともいえる。

海兵在学中にも乗艦実習はある程度行われていたが、候補生の操艦や武器についての知識はまだ十分とはいえないレベルであった。この辺りの事情について、一九一四年の遠航に参加した草鹿龍之介（海兵四一期、のち海軍中将、連合艦隊参謀長）は以下のように回顧している[14]。

表4　第一次世界大戦期遠航に参加した練習艦

艦名	艦種	常備排水量	竣工	製造国	遠航参加年	除籍
吾妻	装甲巡洋艦	9326トン	1900	フランス	1912-1913 1914 1916 1919 1919-1920	1944
浅間	装甲巡洋艦	9700トン	1899	英国	1910-1911 1914 1918 1920-1921 1922-1923 1924 1924-25 1927 1929 1932 1934 1935	1945
阿蘇	装甲巡洋艦	7726トン	1900	ロシア	1909 1910 1911-1912 1915	1932
宗谷	防護巡洋艦	6604トン	1901	米国	1909 1910 1911-1912 1912-1913 1915	1916
磐手	装甲巡洋艦	9750トン	1901	英国	1916 1918 1920-1921 1922-1923 1925-1926 1927 1929 1932 1933 1934 1936 1937 1938 1938-1939 1939	1945
常磐	装甲巡洋艦	9700トン	1899	英国	1917 1919 1919-1920 1923	1945
八雲	装甲巡洋艦	9695トン	1900	ドイツ	1917 1921-1922 1923 1924-1925 1926 1928 1931 1933 1935 1936 1937 1938 1938-1939 1939	1945

兵学校三学年は兵学校では一とかどの海軍士官にでもなったつもりで大きな顔をして居たが、さて練習艦に乗って見ると、また兵学校新入生と同様である。艦内日課のことから分隊事務やら訓練のこと何一つとして満足に出来ない。指導官を始め乗組士官に叱られ通しに叱られて、うろうろする許りであった。こんなことで一体何時になったら艦船勤務に馴れ、一と通りの青年士官として仕事が出来るのであらうか、自分ながら呆れ果てるのであった。

もちろん海軍当局は、こうしたことを十分織り込み済みであった。少尉候補生のための実習内容は明治以来の長年の経験によってすでに確立されており、各回大きな変化はなかった。一九一四年の報告書に訓練の概要が手際よく記載されているので、以下に列挙しておく(15)。

〔近航〕
・艦内各部の大要を実地に就き会得せしめる。
・基本教練その他艦内一般作業の概念を得さしめる。
・諸法令、艦内部署の一般を知らしむるを期す。
・重きを砲術並びに水雷術に関する諸作業に置き、艦砲射撃、魚形水雷発射に於ける成果の大ならんことを期す。

表5　第一次世界大戦期の遠航の寄港地（1914-18年）

		14	15	16	17	18
小笠原諸島			○	○		○
沖縄					○	
アメリカ合衆国		○			○	○
ハワイ（米領）		○			○	○
オーストラリア（英自治領）			○	○		
シンガポール（英領）			○	○		
香港（英領）				○	○	
中国	上海					
	呉淞					
	馬公				○	
台湾（日本領）	基隆				○	
	高雄				○	
カナダ（英自治領）		○			○	
ニュージーランド（英自治領）				○		
メキシコ						○
パナマ						○
パプアニューギニア（独領→豪領）			○			
インドシナ（仏領）			○			
ミクロネシア連邦（トラック島，ヤップ島：独領→委任統治領）			○	○	○	○
パラオ諸島（独領→委任統治領）			○		○	
マーシャル諸島（ヤルート島：独領→委任統治領）				○	○	○
サイパン島（独領→委任統治領）						○

・標的設置、錨運搬、狭水道通過など実地につき運用術、航海術に関する知識の増進を図る。

・基本演習を施行して戦闘諸勤務の大要を知らしめる。

〔遠航〕

・主として航海術、運用術に力を注ぎ、遭遇した各種の天候気象、天測、潮流の状況、河川の遡下、桟橋横付などにより行船運用法を実地に習得せしめる。

・外国望楼、艦船との通信の状況ならびに通信検定などにより通信術に関する技能を養成する。

・砲術、水雷術に対し知識の増進を図る。

・機関術に関しては全期を通して機関室に当直させ、停泊中は特に汽動艇機関を実地に取り扱わせ、必要な概念を得さしめる。

日露戦争後、遠航は概ね五、六カ月程度で行われるようになった。ルートは、オーストラリア中心ルート、北米中心ルート、東南アジア中心ルートのいずれかになることが多かった（第一次世界大戦期の遠航ルートについては表5、表

表6　第一次世界大戦期の遠航の概要

実施年	海兵卒業式	近航期間	遠航期間	司令官	参加艦艇（艦長）	実習参加者
1914年	前年12月19日	12月21日–3月28日	4月20日–8月11日	黒井悌次郎中将	吾妻（佐藤皐蔵大佐） 浅間（平賀徳太郎大佐）	海兵41期（118名）
1915年	前年12月19日	12月19日–4月20日	4月20日–8月23日	千坂智次郎少将	阿蘇（小山田仲之丞大佐） 宗谷（斎藤半六大佐）	海兵42期（117名）
1916年	前年12月16日	12月16日–3月24日	4月20日–8月22日	松村龍雄少将	磐手（百武三郎大佐） 吾妻（飯田久恒大佐）	海兵43期（95名）
1917年	前年11月22日	11月22日–3月3日	4月5日–8月17日	岩村俊武少将	常盤（谷口尚真大佐） 八雲（斎藤七五郎大佐）	海兵44期（93名）
1918年	前年11月24日	11月24日–2月8日	3月2日–7月6日	鈴木貫太郎中将	磐手（筑土次郎大佐） 浅間（内田虎三郎大佐）	海兵45期（89名） ＊伏見宮を含む

6を参照）。一九一四年の遠航では北米中心ルートがとられ、ハワイ（ホノルル、ヒロ）、アメリカ（サンペドロ、サンフランシスコ、タコマ、シアトル）、カナダ（バンクーバー、ビクトリア）への訪問が行われた。

一九一四年の遠航は第一次世界大戦勃発直後に終了したため、大戦から特に影響を受けることはなかったが、翌年以降の遠航は大戦から大きな影響を受けた。まず、国際法の中立規則を遵守するため、中立国（アメリカや中南米諸国）への寄港を避けなければならなくなった[16]。よって一九一五、一六年の遠航の寄港地は、イギリス領（オーストラリア、シンガポールなど自治領や植民地を含む）、フランス領インドシナおよび大戦中に日本が占領した旧ドイツ領ミクロネシア（南洋群島）に限定されることになった。

また、大戦中に行われた遠航は、戦況や外交交渉の進展も強く意識しながら行われた。一九一五年の遠航に関しては、航海中阿蘇艦内で乗組員中原達平中尉が作成した『阿蘇新聞』を後日編集した『遠航日誌』が残されており、航海中の雰囲気を知ることができる[17]。同年の遠航は四月二〇日から行われたが、時あたかも二十一ヵ条要求をめぐる日中交渉が大詰めを迎えていたときで、場合によっては日中開戦の可能性もあった。そのため航海中同艦には電報で日中交渉の進展状況が伝えられ、最後通牒によって交渉が妥結した翌日の艦内新聞には、「本問題も此処に円満なる解決を見るに至りたるは、日支両国の為め慶賀の至りなり」と記された[18]。寄港先のフランス領インドシナでは、サイゴン在住フランス人一同から、同じ連合国側の人間として「御互いの精神がより以上接近しつつある」という趣旨のメッセージが現地新聞に寄せられ、練習艦隊乗組員一同に伝えられた[19]。オーストラリアでは、練習艦隊が大戦への出征兵士のためのチャリティー運動会を開き、艦内観覧の際に青島戦の様子を展示するなどしたが、いずれも大盛況で、七月四日シドニーで行われた艦内観覧の際には二万人が押し寄せたと記録されている[20]。

遠航によるミクロネシア訪問は大戦前一度も行われていなかったが、一五年以降五年連続で実施された。戦後の領土化に向けて、国家意思を示す狙いもあったものと思われる[21]。もっとも、この時期日本はトラック島に少数の臨時南洋群島防備隊（一九一四年一二月設置、初代司令官松村龍雄海軍少将）を置くのみで、在留邦人の数も少なく、実際になしうることはまだ多くなかった。一九一五年には、ラバウル、ニューギニア島、トラック島、ヤップ島、パラオに寄港し、防備隊や日本人経営の造船所の訪問、原住民の調査、地形の調査や地図の作成などが行われたが、いずれも将来のための基礎的調査といった趣であった[22]。この状況は一九一八年になっても大きく変わらなかった[23]。

一九一七年の遠航も、引き続き中立国を避ける方針でルート策定が進められた。当初この年の寄港地としては沖縄（中城湾）、台湾（基隆、馬公）、香港、英領マレーシア（ペナン、シンガポール）、英領インド（ボンベイ）、英領スリランカ（コロンボ）、旧独領ポリネシア（パラオ、アンガウル、ヤップ、トラック）、小笠原諸島（父島）が予定されていた[24]。しかし、同年四月二日にアメリカが対独参戦するに至って事態は一変した。アメリカとの間ではもはや国際法の中立規則が問題とならなくなり、同国政府も練習艦隊の寄港を歓迎している旨が確認されると、この年の遠航ルートはカナダ（エスカイモルト、バンクーバー）、アメリカ（サンフランシスコ、サンペドロ、ホノルル）と旧ドイツ領ミクロネシアなどに変更された[25]。練習艦隊のアメリカ寄港は、翌一八年も実施された。なおアメリカは、ヨーロッパ方面に海軍主力を展開するため、太平洋・ハワイの警備を日本に依頼し、石井・ランシング協定が結ばれる三日前の一九一七年一〇月に日米海軍協定が締結された。これに基づいて日本は、同年一一月以降軍艦常磐、浅間をハワイに派遣した[26]。当時日米間には移民問題などをめぐって緊張関係があったが、練習艦隊の派遣は日本軍艦によるハワイ警備と相俟って、緊張緩和のうえで一定の役割を果たした。

四　在ハワイ日本人から見た遠洋練習航海

日本の練習艦隊は、日本人移民が多い地域を訪問すると、現地で熱烈な歓迎を受けた。特に、一九世紀後半以降多数の日本人が移住していたハワイでの歓迎ぶりは突出していた[27]。以下では、一九一八年の遠航の際のハワイについて取り上げ、同地在住の日本人が練習艦隊をどのように受け入れたか、練習艦隊が現地でどのような活動を行ったかを詳しく検討する[28]。

一八七五年の第一回遠航以来、明治期に日本の練習艦（隊）は合計一六回ホノルルに寄港していた。そのため遠航に関する証言は多数残されているが、明治期のハワイ訪問は全体としてのんびりとしたものであった。一八八八年に遠航で少尉候補生としてホノルルを訪問した鈴木貫太郎は、回顧録のなかで「今日のハワイのような繁栄はありませんでした」と振り返り、バナナとアイスクリームを食べた思い出を書き残している[29]。翌年の遠航で少尉候補生としてホノルルを訪問した岡田啓介も、皆初めて見るバナナに夢中になったという逸話を書き残している[30]。もっとも、岡田が訪問した当時ハワイ在住日本人の数はすでに二万人近くにのぼっており、ホノルルの街には日本旅館も相当あり、日本語新聞も発行されていた。日本人の増加とともに、遠航で来訪した練習艦隊の歓迎行事は次第に大規模化し、組織的に行われるようになっていったと考えられる。

一九一八年の遠航は、三月二日に開始した。同日横須賀を出港した鈴木貫太郎司令官率いる練習艦隊（参加艦艇は旗艦浅間と磐手）は、三月二二日にサンフランシスコに到着し（三〇日まで滞在）、以後ロサンゼルス（四月一―六日）、サンディエゴ（六―一〇日）、マンザニヨ（一五日）、アカプルコ（一六日）に寄港し、四月二三日にパナマ運河港外に投錨した後、五月二〇―二七日にホノルルに滞在した。ホノルル寄港に際しては、ハワイ警備にあたっていた常磐も合流した。ハワイにおける練習艦隊歓迎準備は、同艦隊がサンディエゴを出発した頃から本格化した[31]。四月一六日、ハワイ日本人会の発起で初めて協議が行われ、一三日に帝国練習艦隊歓迎会（以下、歓迎会）が組織された。その後歓迎会内に設置された委員会を中心に準備が進められ、四月三〇日に「例年の例に倣」った歓迎法が決定された[32]。歓迎費として二二〇〇ドルを計上する、経費は会員の会費（一人一ドル）で賄う、艦隊入港の際は委員長ら七名がホノルル港外で出迎え、ほかの委員は桟橋で歓迎する、その後少尉候補生や乗組員に対して市内案内など各種の便宜を供与するというのが、主な内容であった。これに対して練習艦隊側からは、在ホノルル総領事館を通して事前に要望が届けられていた。その内容は、漁船などの出迎えを謝絶する[33]、候補生にハワイ事情を理解させる機会と便宜を与えられたし、乗組員に十分見学できるよう案内の労を取られたし、などであった。

練習艦隊のホノルル寄港は過去に何度も行われていたため、歓迎方法はすでに確立しており、基本方針で紛糾することはなかったが、細部をめぐっては対立があった。特に、歓迎費用をすべて会費で賄うことが不可能だったため、実際には委員長の個人負担というのが慣例になっていたが、この年委員長に選任された毛利伊賀（医師）はこれが不満だったようで、艦隊来航約一〇日前に突如辞任した。そのため新委員長には急遽横浜正金銀行ホノルル支店勤務の青木清太郎が就任することになった[34]。青木は就任にあたって、総領事館との連絡、日本語新聞四社の支援を条件に挙げた。他方で、一般会員の間にも、会費を払っていながら代表者以外は桟橋での出迎えすら許されないことに対する不満が渦巻いていた。

こうして委員長の突然の辞任をきっかけに各方面からの不満が噴出し、歓迎行事の開催すら危ぶまれる事態となったが、ここで有益な提案を行ったのが諸井六郎総領事であった。諸井は、会費を払っている一般会員に満足してもらうため、少尉候補生、乗組員および歓迎会員が一堂に会する一大園遊会を総領事館の後庭で開催することを提案した。有力日本語新聞『布哇報知』の報道によれば、従来このような園遊会が開かれたことはなく、同紙は「実に好い発意」だと歓迎した(35)。この結果、艦隊入港第四日目の午後六時から総領事館後庭で画期的な園遊会が開催されることになり、歓迎の雰囲気は大いに盛り上がった。

五月二〇日、浅間、磐手の二艦はホノルル港外に現れた。両艦が投錨して検疫を受けた後、諸井総領事、青木委員長、常磐の森本艦長の三名が常磐の艦載水雷艇に、日本語新聞の記者たちが米海軍の小蒸気船に乗り、停泊中の二艦に乗艦した。日清・日露戦争の勲功者で、前海軍次官の鈴木司令官は、来航前からハワイの日本人関係者の間で前評判が高かったが、彼らに感謝の意を述べるのを見た『布哇報知』の記者は、「海軍部内有数の智謀家として知られたる人、流石に威風堂々」と感じた。その後しばらく艦隊の森電三首席参謀や磐手、浅間の両艦長が対応した後、両艦は真珠湾で石炭積み込み作業を行った。

アメリカは併合後ハワイの軍備を増強し、一九一五年までに四カ所に砲台、二カ所に兵営を設置していた。真珠湾軍港では一九一一年に大規模な開通式が行われ、一九一五年までには乾ドックを除く造営物がほとんど完備していた。真珠湾の海軍施設は当然軍事機密だったはずであるが、一九一一年にホノルルを訪問した練習艦隊は真珠湾訪問を許され、多数の士官が築港の様子などについて詳細な説明を受けた。当時の浅間の艦内新聞は、この「宏量には敬服せざるを得ない」と書き残している(36)。この年の真珠湾訪問に際しては、鈴木司令官が次のように書き残している(37)。

ハワイは初めホノルルに行きまして石炭を積むのに真珠湾へ行って積みました。これなどもとても従来は難しいことであった。ヨーロッパ大戦で日米は同じ味方同士だったから好意で入れてくれたのだろうと思うが、その当時も軍港の設備があり造船所ドックもあった。ドックはあまり大艦を入れるような大きなものではなかったが、あそこは下が珊瑚礁で湧水が出るので、大きなドックを作るには困るといっていたが、もう作りかけていた。

翌二一日、鈴木司令官以下艦隊司令部一行は日本総領事館を訪問した。これに合わせてアメリカ陸軍ハワイ司令官のブロックサム少将も総領事館に来訪し、鈴木司令官を公式訪問した。その後鈴木はビンカム知事や米海軍司令官を訪問し、夜には諸井総領事主催の招待晩餐会に出席した。二二日にはいよいよ浅間・磐手の二艦がホノルル港に入港し、海軍桟橋に係留された。旗艦浅間には、ビンカム知事、ブロックサム少将、チリの練習艦長や日本人記者ら来訪者が相次いだ。二三日は、午後一時からクラーク鎮守府司令官の招待午餐会が開かれる一方で、少尉候補生に対しては午後三時から浅間艦内で諸井総領事、青木委員長のハワイ事情に関する講演会が行われた。

次いで午後六時半からは、寄港中最大のイベントといってもよい園遊会が総領事館後庭で開催された。園遊会会場の正面には緑門が設置され、場内は八七〇個もの三色電灯で装飾された。『布哇報知』は、在ハワイ日本人の参加者は「空前の盛況」を呈し、総参加者数は三〇〇〇人と報じていた。艦隊側からは少尉候補生、磐手・浅間・常磐の士官合計二〇〇名が出席していた。軍楽隊も参加し、開会の辞の後に君が代を演奏した。その後諸井総領事、青木委員長、鈴木司令官と挨拶が続き、天皇陛下万歳、帝国海軍万歳を三唱し、鈴木が在留民の万歳を唱えて第一式が終了した。続く第二式は、食事と余興がメインであった。艦隊側の参加者が食卓に着くなかで、舞台で有村一座による喜劇が上演されたあと、活動写真も上映された。最後に少尉候補生が軍艦マーチを歌い、練習艦隊万歳を三唱して閉会となった。閉会時間は午後一〇時半頃だったというから、いかに盛り上がったかがわかる。

二四日以降も各種イベントが続いた。艦隊司令部、乗組員の士官、少尉候補生が関係した主な公式行事を列挙すると、以下の通りである。

二四日　①ワヘアワ・ワイパフ耕地見学（鈴木司令官以下一四〇名が参加、午前八時四五分から）
②布哇中学校による候補生・乗組員歓迎会（午後六時から）
③独立日本語学校で北川清少佐による講演会（午後七時から）
二五日　④マキキ海軍墓地に墓参（午前）
⑤マキキ公園で練習艦隊と布哇中学校による野球の試合（午後一時から）
⑥大正学校で田辺謙吉少佐、桑折英三郎大尉らによる講演会（午後）
⑦ヤングホテルで諸井総領事の公式晩餐会（一五〇余名招待、午後七時から）
⑧汎太平洋倶楽部による少尉候補生招待の夜宴（午後七時から）
⑨アアラ公園で軍楽隊の演奏会（午後七時から）
⑩アイエア耕地日本人学校で北川清少佐、松本益吉大尉による講演会（夜）
二六日　⑪旭劇場で南部道次郎少佐、小野弥一少佐による講演会（午後二時から）
⑫浅間で日本人二〇〇名を招待した撃剣・柔道・相撲の催し物（午後三時から）
⑬浅間で招待会（午後三時から）

これらの行事は、いくつかの種類に大別できる。第一は④慰霊行事（墓参）で、少尉候補生に対する教育を兼ねて、練習艦隊の任務として行われたものと見ることができる。マキキはホノルルのダウンタウン北東に位置する地域で、明治元年以来の日本人移民史の縮図ともいうべき日本人墓地があった。同墓地内の海軍墓地は日本海軍最初の海外墓地で、一八七六(明治九)年に第一回遠航の途中で亡くなった筑波艦二等水夫の荒川又十郎をはじめ、一八九九(明治三二)年までに病没した一六名が埋葬されていた。慰霊行事の詳細は不明だが、二五日午前中に少尉候補生(人数不明)および下士卒一五名が参加して行われたようである。

第二は、ハワイ在留日本人による練習艦隊の歓迎行事である(①②)。①は歓迎会が主催したもので、鈴木司令官引率のもとで少尉候補生一同がワヘアワとワイパフの耕地を見学した。一行は朝九時前に汽車でオアフ停車場を発し、ワヘアワ停車場で出迎えた数百名の日本人から大歓迎を受けた。ワヘアワではパイナップル栽培地、ワイパフでは糖業の実地を見学し、両地域の日本人小学校も訪問した。鈴木司令官は両校で温情あふれる講話を行い、校庭では君が代の斉唱が行われた。一行はワイパフ停車場から汽車に乗り、帰艦したのは午後五時頃であった。②は同日夜に行われた歓迎会主催行事で、少尉候補生と乗組員が参加した。会場は同中学校大講堂で、生徒の「歓迎の歌」に始まり、少尉候補生の謝辞の後、寿司、うどんなどが振る舞われた。「歓迎の歌」の歌詞は左記の通りで(38)、ハワイ在留日本人が日本海軍に対して強い誇りを抱いていたこと、練習艦隊の来訪が彼らの日本に対する思いを刺激していたことがうかがわれる。

一、海幾万里せましと廻くる　若殿原をむかふるわれら　イザヤ歌はん声高く
　海軍！　海軍！　海軍！　日本海軍万々歳！　祝へ健児の行末を
二、波千万波よわしと語る　若殿原をむかふるわれら　イザヤ歌はん声高く
　海軍！　海軍！　海軍！　国光輝く万々歳！　祝へ健児の行末を

食事の後は余興に移り、生徒による子守歌合唱、琴合奏、劇(演目は「花咲爺」「桃太郎」など)、狂言(演目は「カチ

カチ山」）、歌劇（演目は「白鳥伝説」）が行われた。新聞報道では、歌劇の際の様子を「賑かなコーラスに合はせ異国に咲いた大和撫子の舞の手振の鮮やかさは若き士官の心を慰るに十分なるものがあった」と伝えている。余興終了後は、少尉候補生が軍艦マーチを歌い、帝国海軍万歳、布哇中学校万歳の三唱が行われた後、アイスクリームが振る舞われて閉会となった。少尉候補生は「日本出発以来コンナ愉快な事はない」と非常に満足の様子であったという。

興味深いのは、これらの公式行事とは別に、ハワイにある各県人会が独自の催し物を開催していたことである。ハワイへの日本人移民は、県別では広島県出身者が最も多く、山口県がそれに次ぎ、両県で全体の七割を超える時期もあった。熊本県、新潟県、沖縄県などの出身者も多く、彼らはハワイで県人会を組織し、日頃からさまざまな互助活動を行っていた(39)。県人会は日頃から日本からの来訪者の歓迎行事を行っていたが、これは単に故郷を懐かしむのみならず、身内の消息やさまざまな最新情報を得るための貴重な機会にもなったからだと思われる。練習艦隊の寄港はこうした一環であると同時に、日本人としての誇りを感じることができる特別な機会としても捉えられており、熱烈な歓迎が行われるのが常であった。この年は、広島県、山口県（二五・二六日）、熊本県、福岡県、新潟県（二六日）の出身者歓迎行事が開催されたことが確認できる(40)。たまたまこの年の練習艦隊では、乗組員の水兵中一二四名が熊本県出身で、これほど多くの同県出身者が同じ軍艦で来訪することは珍しかったため、常磐園で大々的に歓迎行事が行われ、記念品として煙草と絵葉書が贈られた。また、同県のなかでも浅間艦長の内田虎三郎大佐ら鹿本郡出身者には、鹿本郡人会から別途時計が記念品として贈られた(41)。

少尉候補生や乗組員たちは研修や歓迎行事のため多忙だったが、滞在中午前八時から午後四時まで半舷上陸（半数ずつが交代で上陸）が許されていた。このうち乗組員の水兵は二〇組に分けられ、在ハワイ日本人の青年会員の案内で観光を行った。行き先は、布哇中学、中央学院といった学校、出雲大社、加藤神社、本願寺別院といった寺社仏閣、青年会館、仏教青年会館といった日本人関係施設などであった。下士卒の半舷上陸は、二三日から二六日まで毎日実施され、長期航海の疲れを癒す機会となった[42]。彼らは各地で歓迎され、ラマ西部青年会員の案内でジェームス・ドールが経営するハワイアン・パイナップル社を見学した水兵二七〇名は、支配人からパイナップルの缶詰を一つずつ贈られた[43]。

なお、第一次世界大戦中アメリカでは禁酒の機運が高まり、ハワイではこの年三月に禁酒令が発布されていた[44]。例年練習艦隊が寄港した際には酒宴が行われ、海軍軍人と芸者の間でさまざまな艶聞が生まれるのが常だったが、この年の各種宴会は一切酒なしで行われたため、そのようなことはなかったという。『布哇報知』に投書したある人物は、これを踏まえて「禁酒は好い結果を来す」と評し、森首席参謀もホノルルを離れる際のインタビューで、禁酒は「好酒家諸君には気の毒」だが大局的にはよい結果を来すので、在留日本人はアメリカの法律をよく遵守してほしいと語った[45]。

第三は、練習艦隊一行とハワイ在住アメリカ人の交歓を目的とした歓迎行事で、二五日に開催された⑦⑧が該当する。このうち⑦は、二三日の園遊会に引き続き諸井総領事が主催したものである。この晩餐会は、二五日夜にヤングホテル楼上の大食堂で行われ、鈴木司令官、磐手・浅間・常磐の艦長、三艦の士官数十名、ビンカム知事、マーカセー元知事、米海軍司令官、在留民有志二百余名が参加した。開会に際しては、諸井総領事がウィルソン米大統領に祝杯を挙げて米国国歌の演奏が行われた後、ビンカム知事が天皇に祝杯を挙げて君が代の演奏が行われた。その後諸井が日露戦争のエピソードを交えながら鈴木司令官らを紹介した後、鈴木によるスピーチが行われた。鈴木は謝辞を述べた後、「日本の欧州出兵不可能なる事」を詳細に説明したという[46]。ハワイ県の新旧知事も、それぞれスピーチを行った。閉会にあたっては、アロハオエが演奏された。演奏者についての記録はないが、練習艦隊の軍楽隊が演奏したものと見て間違いない。一方⑧は、汎太平洋倶楽部および基督青年会という二団体が主催し、少尉候補生を招待した夜宴で、「ハワイナイト」と称された（会場はワイキキアウトリガー倶楽部）。主催者を代表して、フォード、松澤光茂という人物が挨拶をした後、中瀬候補生が英語で謝辞を述べた。スピーチの後は余興として、ハワイ音楽隊による演奏、菊池候補生による薩摩琵琶「乃木将軍」の演奏、ハワイの風景を映した活動写真の映写が行われた。

第四は、練習艦隊によるハワイ在住者を対象とした催し物である（③⑤⑥⑨⑩⑪⑫⑬）。こうした催し物は広報や国際親善のため非常に重視されており、上陸中活発に行われた。このうち回数が最も多かったのは講演会で、いずれも盛況だったようである。たとえば、磐手水雷長の北川清少佐が「我帝国海軍」と題して行った講演会（③）は二時間半にわたって行われ、約七〇〇名もの聴衆が集った。旭劇場で行われた講演会（⑪）には約一二〇〇名が参集し、小野弥一少佐がドイツ軍艦エムデンの追跡について、南部道次郎少佐が海軍一般について話した。このほか、当時はまだ日露戦争経験者が現役の乗組員として乗艦しており、彼らの経験談が新聞を通して報じられることもあった。この年は、旅順港閉塞作戦に参加した栗田富太郎大佐が、同作戦で戦死した杉野孫七兵曹長の遺族のことなどを語った(47)。

上陸時の催し物としては、音楽演奏会やスポーツ大会も重要であった。軍楽隊によるハワイの一般市民向けの演奏会（⑨）は、二五日午後七時からアアラ公園で行われた(48)。寄港地の演奏会での演目は、欧米人に好まれる曲、ご当地にちなむ曲、日本的な曲などを組み合わせて選ばれ、大いに盛り上がるのが常であったが、残念ながらこの年の演目や当日の様子は不明である。スポーツ大会は、乗員の運動不足解消と現地在住者との交流を目的として、寄港の際によく行われた。この年は、二五日に布哇中学校と野球の試合が行われた（⑤）。練習艦隊は、浅間・磐手両艦の乗組員・少尉候補生でチームを編成した。ハワイ在留日本人の間では、試合前から「大いに見物である」「海の勇士が陸上の運動場で如何許り活躍するか注目すべしだ」と前評判が高かったが(49)、残念ながらこちらも当日の様子や試合結果は不明である。

練習艦隊側の催し物のなかで最大のものが、ホノルル出港前夜に浅間艦上で行われたレセプション（アットホーム）であった。練習艦隊の艦上レセプションは外国人に対して開かれることも多かったが、この年のホノルルでは主だった在留日本人（事前に案内された歓迎会関係者）を対象として行われた。レセプションは、二六日午後三時から開始された。満艦飾で鮮やかに装飾された浅間の艦上では、各分隊の担当により日露戦争などに関する展示物が並べられた。まず、艦尾には浅間神社と書かれた紫の幕が設置され、そのなかに日本海海戦の際浅間艦上で戦死した犠牲者の姓名が記された。後甲板には同海戦の際浅間に落下した砲弾が陳列されたほか、楠木父子の「桜井駅の別れ」、犬を連れた西郷隆盛の人形、弁慶が石山寺に大鐘を運ぶ様子なども展示された。一方前甲板では浪花節が披露され、中甲板では撃剣、柔道、相撲の展示が行われた。武道の展示は練習艦隊のレセプションでは恒例だったが、見学した新聞記者は「海軍軍人だけに見る者をして骨鳴り肉躍るの感あらしめたりき」と評した。四時半になると後甲板の食堂が開き、鈴木司令官以下の乗員と招待者一同がテーブルに着席し、「君が代」が演奏された後、宴会が始まった。食事の後は、鈴木司令官発声による天皇陛下万歳、諸井総領事発声による帝国海軍万歳の三唱、鈴木司令官や青木歓迎会委員長の挨拶などが行われ、閉会した。『布哇報知』は、レセプションは「盛大」に行われ、「時節柄実に印象深」かったと報じた。(50)

鈴木司令官はハワイ在留日本人に対して強い思いを抱いており、以上の諸行事に積極的に参加した。上陸時には『布哇報知』紙に「祝在留民諸君之発展」と墨書した揮毫を寄せるとともに、記者へのインタビューで、約三〇年ぶりにホノルルを訪れた感慨を語った。鈴木によれば、彼が初めて訪問した当時のハワイは「未だ未開の国にして何一つとして見るべき物は無かりし」が、眼前のホノルルの光景を見るに「三十年後の今日は驚くべき発展を成し居れり」という状況であった。鈴木はそれを踏まえて、「願くは多々益々奮励努力して日本人としての進歩発展に非ずして、在留各国人と肩を並べるだけの所謂世界的の発展を遂ぐべく衷心より希望せざるを得ず」と熱心に語った。(51)野球の試合などで交流した布哇中学校には記念品として軍艦を写した大額面を寄贈し、二六日に浅間艦上で行われた招待会では自ら在留日本人を艦内に案内した。(52)こうした姿勢が伝わったのであろう、ハワイの日本人の間における鈴木に対する評価は上々であった[53]。

浅間の艦上レセプションが行われた翌二七日朝、鈴木司令官はビンカム知事、ブロックサム司令官を訪問し、謝意を伝えた。また、諸井総領事、青木委員長以下歓迎会メンバーが浅間を訪問し、別離の挨拶を行った。鈴木司令官は改めて感謝の意を伝えるとともに、在留民の健康と成功を欲すると述べ、一同祝杯を上げた。その後諸井らは磐手も訪問し、艦長らに挨拶を行った。午後三時、在留日本人が見送るなか、浅間はホノルル港を出港した。艦上では軍楽隊が演奏するなか、鈴木司令官以下乗員が白い帽子を右手に高く上げて振り、名残りを惜しんだ。続いて磐手も出港し、両艦は日本へ向かった。こうしてこの年の練習艦隊のハワイ寄港は滞りなく終了した。

艦隊歓迎にかかった費用は、結局のところ青木委員長が個人で多額の費用負担を行ったようである[54]。また、実際に少尉候補生や乗組員をホノルル市内で案内したのは青年会員たちであったが、乗組員らを長時間歩かせるのを気の毒がり、自腹を切って電車賃を払う者も少なくなかった[55]。そのため、費用負担に内心不満をもつ者もいたようだが、全体として在ハワイ日本人は練習艦隊の寄港を大変喜び、積極的に歓迎行事に参加した。在留日本人との交流を深めるという点では、この年の遠航は成功を収めたといえる[56]。

おわりに

本章では、第一次世界大戦期に日本海軍が実施した遠洋練習航海について、一次史料に基づいてその実態を明らかにし、その外交史的意味を考察した。本章で明らかにしたことは、主に以下の三点にまとめられる。

第一に、遠航について分析する前提として、海軍兵学校の卒業式および近海練習航海の実施状況について明らかにした。成績優秀者に銀時計が授与されるなど、海兵の卒業式が華やかに行われていたことは、海軍関係者の回顧録や海軍関係の著作によってよく知られている。卒業したばかりの少尉候補生たちがその後近航で日本および東アジア各地を巡っていたことも、それなりに知られた事実である。しかし、これらの事実は個々の回顧録や著作では詳しい叙述がなされているものの、それぞれ注目している部分が異なり、全体としてどのように実施されていたのかは、今日ではほとんど記憶されていない。本章では、それらが若い海軍士官を教育するための一連の教育・訓練の一部として実施されていたという観点に立って、時系的に整理して考察を行った。本章の分析により、海兵卒業式から遠航実施に至る各行事の実施のあり方は、第一次世界大戦期までにほぼ固まっていたこと、ただし大正後期以降とは異なり、卒業式はやや地味に行われていたこと、遠航に劣らず近航も非常に重視されていたことなどが明らかになった。本章の分析は第一次世界大戦期に限定されているが、今後海軍士官の教育のあり方全体を解明するうえで重要な基礎的事実を整理したものである。

第二に、参加艦艇、練習艦隊司令官や艦長のキャリアパス、寄港地など、この時期の遠航に関わる基礎的情報を詳細に分析した。第一次世界大戦直前の二、三〇年は、海軍の技術革新が急速に進んだ時代であり、日本海軍も英仏などからの最新鋭艦の購入、英国への発注先の集中、主力艦の国産化、建造艦艇の大型化などといった形で時代の変化についていき、英米に次ぐ世界三大海軍国の一角を占めるとまで評されるに至った。技術革新が急速に進んだため、この時期は最新艦艇の陳腐化も早く、第一線で活躍していた艦艇が一〇年ほどで老朽艦とみなされるようになることも珍しくなかった。こうした状況のなかで、日本海軍は日清・日露戦争に参加した主力艦艇（防護巡洋艦、装甲巡洋艦）を、日露戦後に練習艦として活用するようになり、第一線での戦歴をもつ軍艦が練習艦隊を構成するようになっていった。また、練習艦隊の司令官や艦長たちはきわめて優秀な者たちが選ばれ、教育・訓練のみならず、諸外国との親善や広報外交においても大きな役割を果たした。とりわけ第一次世界大戦期は、中立国への寄港の困難、日米関係の緊張化、旧ドイツ領南洋諸島の占領など、新たな事態が続出し、それらへの対応が迫られた時期であった。本章では第一次世界大戦期の遠航の実施状況を具体的に明らかにすることで、この時期の遠航が同大戦から非常に大きな影響を受けていたこと、そのため練習艦隊の外交上の役割が大きく増していたことなどを指摘した。

第三に、一九一八年に練習艦隊がホノルルに寄港した際のハワイ在住日本人の反応について分析し、遠航が在外日本人の精神や生活に大きな影響を与えていたことを明らかにした。第一回遠航以来、ハワイは遠航の最多寄港先の一つであった。一九世紀後半以降多数の日本人が移民していたハワイでは、遠航で練習艦隊が来訪すると大々的な歓迎が行われるのが常で、第一次世界大戦期までに歓迎行事の仕方は概ね固まっていた。本章ではその実態を分析し、ハワイ在住日本人にとって練習艦隊の来訪は「祖国」を感じることができる貴重な機会で、寄港を心待ちにしている者が多かったこと、そのため地元有力者が音頭を取ってさまざまなイベントが行われていたこと、練習艦隊の側もそれを積極的に受け入れていたことなどを明らかにした。また、各種歓迎行事が練習艦隊の側にとっても貴重な対外発信の場になっていたことは見逃せない。練習艦隊は各種レセプションや歓迎行事の場を通して、ハワイ在住のアメリカ人、日本人双方に対して日米親善や在留日本人との絆を強調するメッセージを伝達した。遠航は国家意思の表明や自国のプレゼンスを示す役割を担っていると見ることができるが(57)、第一次世界大戦期のハワイ訪問時の様子からはそれが明瞭にうかがわれる。

紙幅の都合により、本章では第一次世界大戦期の遠航の一断面を明らかにするにとどまった。このほかにも、遠航における教育・訓練の内容、アメリカ西海岸など他地域の反応、日本占領後の南洋諸島の動向など、明らかにすべきことは多い。また、アメリカなど各国政府が本章で紹介した遠航をどう見ていたかという問題も興味深い。今後各種史料を用いて、これらの問題についても解明を進めていきたい。

（1）豊田穣『江田島教育』（新人物往来社、一九七三年）、同『続江田島教育』（新人物往来社、一九七七年）、新人物往来社戦史室編『海軍江田島教育』（新人物往来社、一九九六年）、平間洋一ほか『今こそ知りたい江田島海軍兵学校——世界に通用する日本人を育てたエリート教育の原点』（新人物往来社、二〇〇九年）、徳川宗英『江田島海軍兵学校——世界最高の教育機関』（角川書店、二〇一五年）など。

（2）遠航に関する先行研究や著作については、さしあたり奈良岡聰智「遠洋練習航海論」（太田出ほか編『領海・漁業・外交——一九—二〇世紀の海洋への新視点』晃洋書房、二〇二三年）一六六頁を参照。

（3）卒業式は、一九一四、一五年は一二月、一六—一八年は一一月に実施されていた。

（4）『東京朝日新聞』一九一四年一二月七日、一九一五年一二月一六日、一九一六年一一月二三日、一九一七年一一月二五日、一九一八年一一月二二日。

（5）一九一六年は、在校生に細菌感染症（パラチフス）患者が大量発生したため、海軍側が皇族の差遣を辞退した（『東京朝日新聞』一九一六年一一月二三日）。

（6）『東京朝日新聞』一九一四年一二月二二日。

（7）大正後期以降海兵の卒業式は大規模化して、儀礼性を増していき、昭和初期には天皇名代の皇族のみならず、海軍大臣、海軍軍令部長、呉鎮守府司令長官が列席し、家族も参列するほか、江田内出発の際に一同が見送るなど、より華やかに行われるようになった（一九三二年に卒業した海兵六〇期の山本啓志郎の証言、同『航跡』海上自衛新聞社、一九七七年、六八—六九頁）。

（8）遠航出発までに司令部に二名、阿蘇に二名、宗谷に五名が追加され、宗谷では二名が退艦した。

（9）『大正七年練習艦隊記事』（一九一八年、昭和館所蔵）。以下近航中の訪問先は、同史料の記述に基づく。

（10）大阪では大阪朝日新聞本社を見学したが、同紙は伏見宮家の博義王の台臨を大々的に報じ、来訪した少尉候補生一同の記念写真を大きく掲載した（『大阪朝日新聞』一九一八年二月二日夕刊）。

（11）松島慶三『海軍』（小原書房、一九五三年）五二頁。

（12）『博義王殿下御事蹟』（伏見宮家、一九四八年）一八頁。通常途中で病人が発生した場合は、必要に応じて介添のための乗組員をつけて寄港地で下船させ、帰国させるのが常であった。一九一八年もホノルルで三名が下船し、帰国した。

（13）振天府とは皇居内にある御府の一つで、日清戦争関係の戦利品・記念品を展示していた倉庫で（井上亮『天皇の戦争宝庫——知られざる皇居の靖国「御府」』筑摩書房、二〇一七年）、この見学も海軍軍人としての自覚を養ううえで大きな意味があったと思われる。

(14) 草鹿龍之介『一海軍士官の半生記』(光和堂、一九七三年) 九七頁。
(15)「練習艦隊任務経過一般」(「公文備考」一九一五年、防衛省防衛研究所所蔵、アジア歴史資料センターレファレンスコード C08020620500)。
(16) 同右。
(17)『大正四年度　第四十二期海軍少尉候補生遠航日誌』(発行所不明、一九一五年、昭和館所蔵)。
(18) 同右、四四頁。
(19) 同右、四二頁。
(20) 同右、一一三―一一五、一二八―一二九頁。
(21) 第一次世界大戦期の旧ドイツ領ミクロネシア占領は、日本で南進論が高まる大きなきっかけとなったが (矢野暢『「南進」の系譜』中公新書、一九七五年)、その後日本海軍が同地を定期的・継続的に訪問していたことは従来注目されていない。
(22) 前掲『大正四年度　第四十二期海軍少尉候補生遠航日誌』一六二―二一〇八頁。
(23) 前掲『大正七年練習艦隊記事』。
(24) 一九一七年二月一九日付本野一郎外相宛加藤友三郎海相書信および同附属書類 (「帝国練習艦隊関係雑纂」第五巻、外務省外交史料館所蔵、アジア歴史資料センターレファレンスコード B07090185800)。
(25) 一九一七年四月二六日、二八日付鈴木貫太郎海軍次官宛幣原喜重郎外務次官書信 (前掲「帝国練習艦隊関係雑纂」第五巻)。
(26) 平間洋一『第一次世界大戦と日本海軍――外交と軍事との連接』(慶應義塾大学出版会、一九九八年) 一二〇―一三一頁。
(27) さしあたり、妹尾作太男『遠洋航海余話――海の男の友情と献身の航跡』(大和会出版部、一九七一年) 一八九―一六九頁を参照。
(28) アメリカ西海岸に関する一次史料も多く残されているが、紙幅の都合により別稿で検討する。
(29) 鈴木一編『鈴木貫太郎自伝』(時事通信社、一九六八年) 一九―一二〇頁。
(30) 岡田貞寛編『岡田啓介回顧録』(中公文庫、一九八七年) 三三頁。
(31) 練習艦隊のカリフォルニア州での様子はハワイでも報じられ、鈴木貫太郎司令官や森電三参謀の談話などが新聞で紹介されていた (『布哇報知』一九一八年四月三日)。
(32)『布哇報知』一九一八年五月一日。
(33) 一九一一年に練習艦隊がホノルルに寄港した際は、数十隻の漁船が紅白様の旗を立て連ねてホノルル港外で出迎え、船員が艦の周りで帽子や旗を振って出迎えたという (練習艦隊軍艦浅間編『浅間遠航記事』軍港堂、一九一一年、三九頁)。

(34) 毛利は日清戦後にハワイ在留日本人のために病院を開設した医師で、ハワイ静養中の陸奥宗光の治療も行った名士であった。彼は表向きの辞任の理由として、自身の日本への帰国が近い、体調が悪いといったことを挙げていたが、実際には要望していた一〇〇〇ドルの出費を諸井総領事が断ったのに怒ったというのが真相だったようである(『布哇報知』一九一八年四月二五日、二九日、五月一一日)。
(35) 『布哇報知』一九一八年五月一五日。
(36) 前掲『浅間遠航記事』四九頁。
(37) 前掲『鈴木貫太郎自伝』二〇六―二〇七頁。ちなみに、以後も練習艦隊がホノルルに寄港する際にはしばしば真珠湾を視察する機会があったが、一九三〇年代になるとアメリカ側の対応が厳しくなり、一九三九年のホノルル寄港の際は真珠湾訪問が禁止された。この年遠航に参加した中村悌次は、船上で指導官付から「おまえら、よく眼鏡(望遠鏡)を見ておけ。ここはまた来るやつがおるかもしれんぞ」と言われ、「見えもしないのに一所懸命、眼鏡で真珠湾の方向を見た」という(中村悌次『生涯海軍軍人』中央公論新社、二〇〇九年、二〇頁)。
(38) 『布哇報知』一九一八年五月二三日。
(39) 川﨑壽『ハワイ日本人移民史』(ハワイ移民資料館仁保島村、二〇二〇年)一四〇―一四一頁。
(40) 各種公式行事に加えて県人会の歓迎会まで行われると、寄港中の日程が厳しくなるため、練習艦隊側が苦慮する場合もあったようである。実際一九一七年のホノルル寄港の際には、艦隊側が県人会の歓迎会を謝絶したが、この年鈴木司令官はそうした措置は取らなかった(『布哇報知』一九一八年五月二五日)。
(41) 『布哇報知』一九一八年五月二三日、二七日。ホノルルで日本人が経営するある時計店は、練習艦隊乗組員に記念時計を寄贈する場合には特別割引を行うと宣伝していた(『布哇報知』同年五月二四日)。練習艦隊の来訪は、日本人経営の店に特需をもたらす機会にもなっていた。
(42) このほか二六日には乗組員の慰安のため、磐手艦上で雲井不如帰による浪曲講演会も開催された。
(43) 『布哇報知』一九一八年五月二四日。ちなみに、この年の『布哇報知』にはバナナの話は登場していない。
(44) 大原関一浩「ホノルル芸妓組合についての一考察――一九一〇年代の日本語新聞記事の分析を中心に」(『摂大人文科学』第二六号、二〇一九年一月)。
(45) 『布哇報知』一九一八年五月二七日、二八日。
(46) 鈴木は英語があまり得意ではなく、このときのスピーチは日本語で行われた。誰が通訳を務めたか記録はないが、海軍きっての英語の使い手と評されていた副官の佐藤市郎大尉が通訳したものと思われる。

(47)『布哇報知』一九一八年五月二二日。栗田の体験は、栗田富太郎『旅順閉塞回想談』(啓成社、一九一二年)にまとめられている。
(48)『布哇報知』一九一八年五月二一日。
(49)『布哇報知』一九一八年五月二四日、二五日。
(50)『布哇報知』一九一八年五月二七日。
(51)『布哇報知』一九一八年五月二二日。
(52)『布哇報知』一九一八年五月二七日。
(53)『布哇報知』一九一八年五月二四日。
(54)『布哇報知』一九一八年五月二九日。
(55)『布哇報知』一九一八年五月二八日。
(56)『布哇報知』は、在ハワイの白人も練習艦隊を歓迎していたと報じているが(『布哇報知』一九一八年五月二一日)、詳しいことは不明である。今後の検討課題としたい。
(57) 奈良岡前掲「遠洋練習航海論」。

第9章　外務省情報部の設置と中国認識
――その適否と限界をめぐって

熊本史雄

はじめに

第一次世界大戦後、日本外務省は、組織的な「宣伝外交[1]」なるものが必要だと痛感することになった。契機となったのは、ドイツとの講和条約締結を目的に、一九一九年一月から六月にかけフランス・パリ郊外のヴェルサイユ宮殿を舞台に開催された、パリ講和会議でのことである。その会議で日本全権団が直面したのが、自国の権利と立場を声高に主張する中国全権団による日本批判だった。ことに、日中両国が対立していた山東半島の利権継承問題をめぐっては、中国側の主張が日本全権団を大いに苦しめた。

中国全権団は、外交総長陸徴祥を主席とし、顧維鈞、施肇基、王正廷らを中核として構成されていた。彼らは米国の大学を卒業し、欧米式の教育を受けたヤング・チャイナの代表である。親米派の彼らは、容赦なく日本を批判した。その様子は、同会議日本全権団の次席全権を務めた牧野伸顕をして、「アメリカなどの輿論を煽動し日本の悪評を流布し、相当に効果を収めた[2]」と語らしめたのだった。

それと対照的だったのが、日本全権団である。山東半島問題をめぐって、かくも痛烈な批判を浴びることになろうなどと予期していなかった日本側は、当時の国際社会や輿論に対して自国の主張をいかに説得的に語ればよいのか、という課題への準備を怠っていた。事前にさしたる準備もせず会議に臨んだことに失望した「若手」外交官たちが外務省革新同志会（以下、革新同志会と略記）を結成し、日本外交をハード、ソフトの両面から「改革」するよう提言したのも、けだし当然のことだった。

パリ講和会議でのこうした一幕は、すでに通説と化した感がある。それゆえであろうか、中国全権団から面罵された日本側が「宣伝外交」の必要性を痛感し、一九二一年八月に外務省内に情報部が設置された、という理解が現在では定着している。(3) たしかに、こうした理解はおおむね首肯できる。

その一方で、以下の三点については改めて注目する必要があるだろう。第一に、革新同志会が情報部設置の必要性を唱えながらも、その設置構想がきわめて消極的だった点、第二に、一九二一年八月に官制をともなって正式に設置される一年四カ月前から情報部が実質的な活動を開始していた点、第三に、宣伝機関としての情報部設置に対する否定的な見解が一九二〇年時点の在外公館（主として在米・在中公館）に存在していた点、の三点である。

筆者はこれまでに、右の第二、第三の論点については検証してきた。前者については、正式設置まで一年四カ月の準備期間を要した原因を、定員拡大要求に関する外務省内での議論の錯綜、および同要求に対する法制局の否定的回答に求め、(4) 後者については、当時在米大使だった幣原喜重郎による見解を紹介した。(5) さらに、こうした両者の事情を踏まえ、外務省官制により正式に設置された情報部（一九二一年八月一三日勅令外務省官制中改正）は、その設置に先行するかたちで宣伝活動を実質的に開始していた〈情報部〉（一九二〇年四月一日に設置、同部設置根拠の内規は同年一〇月省議決定。以下、これを「内規」と略記。なお、外務省官制改正により正式設置された情報部と区別する目的から、以後、山括弧を付して表記）と比較して所掌事項を大きく減らし、結果、機能的側面において「後退」したと評価したことがある。(6)

これらの検証や評価は、いまもって妥当だと考えている。ただ、その後、研究状況は大きく進展した。右拙稿の発表後、第二、三の論点を掘り下げた研究が登場し、〈情報部〉および正式設置直後の情報部の活動については、在外公館と本省間での宣伝事業に関する認識の懸隔、非政府組織の対米宣伝案と埴原正直外務次官の指導性、東方通信社を通じた活動実態といった点が解明されてきた(7)。一方で、〈情報部〉設置をめぐっては、第一の論点として右に掲げた事象を踏まえながら、次のような視角や視点を加えて検証する必要と余地が、いまだ残されているのではなかろうか。それは、〈情報部〉設置以前における革新同志会を中心とする「若手」外務官僚たちの宣伝事業構想と、〈情報部〉による情報収集・処理のあり方からみた「宣伝」活動の適否である。それを検証することで、後に正式に設置される情報部の組織的特徴と、「宣伝」活動のある種の限界とが浮かび上がると期待されるのである。

その点で、好個の史料となるのが、次の三冊の「外務省記録」である。第一に「宣伝関係雑件」(分類番号1.3.1.35)、第二に「情報部主管情報電報雑纂(支那情報)」(分類番号1.3.1.36-3-2)、第三に「外務省官制及内規関係雑件」(分類番号M.1.2.0.2)、である。これらの記録から、外務省の文書処理過程(情報の共有のあり様)を分析し、〈情報部〉の活動を実態レベルで解明したい。この点を明らかにすることは、それまで「公表外交」のレベルにとどまり(8)、「宣伝外交」への転換を努めて控えてきたはずの日本外務省が、そこから一歩踏み出した経緯を詳らかにする点において意義がある。こうした点を踏まえ、以下、論じてみよう。

一　革新同志会による提言と「宣伝」認識

1　革新同志会による提言

宣伝機関の設置を望む声は、パリ講和会議後の外務省のなかで高まっていった。革新同志会は、そうした声を含む計二三項目を要求事項として取りまとめ、一九一九年九月二九日に「外務省革新綱領要目」（以下、「綱領」と略記）を内田康哉外相へ提出した(9)。その第九、第一〇項目に、調査・情報収集に関する提言が盛り込まれていた。

第九　調査局ヲ新設シ海外事情ノ調査整理ヲ行ハシメ以テ対外政策決定ニ対スル諮問府タラシムルコト

第十　「プロパガンダ」、新聞操縦、外交文書ノ公表ヲ行ヒ併セテ内国諸般ノ事情ヲ在外公館ニ通報セシムル為一局ヲ新設スルコト

注目すべきは、調査事業（「第九」）と宣伝事業（「第十」）とを、「綱領」では別々の機関（局もしくは部単位）による事業として構想していたことである。前者は、情報を収集し政策立案・決定のための「諮問府」として位置づけられ、後者は、情報を発信して対日世論の形成や操縦をしつつ、在外公館との情報共有を図る機関と位置づけられた。このように「綱領」では、調査と情報発信の両面から成るものとして、「宣伝」を体系的に捉えていた。

2 「宣伝」事業に対する消極性

ところが、「綱領」にそうした側面がうかがえる一方で、当時の外務省は、それを具現化・実効化させることに消極的だった。その点がよく表れているのが、「制度部第一回会議」(10)での討議である。この会議は、「綱領」の提出から約一カ月後の一〇月一四日に、革新同志会のメンバーを中心とした八名(11)によって開催された。以下、具体的にみてみよう。

議事「第九　調査局新設案」の討議で、出席者の一人である小村欣一が「現在ノ予算ノ範囲」で実行可能な案を問うたところ、同じく出席者の一人である杉村陽太郎が「文書課翻訳課活用案ヲ骨子トシテ本項ヲ立案セラレタシ」と

答えたのだった。「文書課翻訳課ヲ骨子」とするとは、どういうことだろうか。杉村は次のように説明する。

文書課ニテハ記録書類ハ敏活ニ組織的整理編纂ヲナシ、且ツ総テ印刷物トシテ各課ニ備ヘ置クコト、一事件終了セハ直チニ其ノ経過ヲ詳述スル印刷物ヲ作リ配布スルコト、内外ノ報告情報調査整理シ同ジク印刷シテ配布スルコト、翻訳課ニテハ職員ヲ増シテ絶エズ内外ノ書籍雑誌ヲ翻訳シテ諸般ノ材料ヲ収集スルコト等、活用ノ方法ハ頗ル広汎ナルベシ。文書課翻訳課活用ニツキテハ、余ニ私案アリ。

杉村はこのように述べて、「文書課翻訳課活用」を提案したのだった。問題は、杉村が「調査」を書類の整理と捉え、それを基に印刷物を作成・配布すること、情報収集は「内外ノ書籍雑誌ヲ翻訳」すれば事足りると、矮小化して捉えていたことである。

この提案に対して、違和感を覚えた出席者がいた。高尾亨は、「参謀本部ニハ諜報局ト云フモノアリ」として、「諜報局ノ仕組ヲ調査シ参考スルコトニ致シタシ」と発言している。加えて高尾は、「適当ノ機関設置ニ至ルマデ差シ当リ機密費ニテ増員」を図り、「各方面ノ調査ヲ纏ムル組織」を設置するよう、組織の拡充を提言したのだった。

しかしながら、「文書課翻訳課活用」案に対する高尾の違和感と逆提案は、同会議で受け入れられなかった。杉村は、議事「第十、プロパガンダ案」の討議でも同案を繰り返し提案しており、それが討議結果として次のように採用されたのである。

小村が「第九ト第十」を「同一の機関」として設置してはどうかと問うたのに対して、杉村は、「故ニ文書課ヲ活用スレバ宜シ。骨子ハココニ存ス」と答えている。これに小村も「同感ナリ」と応じ、さらに「新聞記者ヲ文書課ノ嘱託トシテ実行シテモ差支ナキ訳ナリ。ツマリ之レハ文書課活用案ニテ解決可能ナリ」と続けたのだった。ただし小村は、「プロパガンダ新聞操縦ノ方ハ事機密」であり「嘱託等ニ托スルコトハ外務省ノ今ノ空気ニテハ実行不可能」なので、「第九ト共ニ文書課ニ任スルコト」を、すなわち「新局課ヲ設ケズシテ大臣官房ニ一部門ヲ設ケ」ることを提案した。

討議はさらに人材確保のあり方に及び、小村が「多少老朽者ト認ムベキ高官ヲ此処ニ当ラシムルコト」と続け、「此ノ種ノ人」は「大臣ノ目ノ届ク処ニ置ケバ相当熱心ニ事務ヲ執ルコトトナリ、熱心ニヤレバ実ハ相当ノ成績ヲ挙ゲウル」のだと、高をくくったのだった。

これに焦ったのだろうか、出席者の堀義貴は、陸軍参謀本部がすでに在外公館へ「敏活且豊富ニ電報」を発信し、「観察ノ材料ヲ充実」させる取り組みを実施していると紹介している。また、前出の高尾は、「陸軍参謀本部ノヤリ方ニツキ参考ノ為申述ベタシ」と、反論気味に提言せざるをえなかった。結局のところ、この問題は、一〇月二五日開催の「制度部第四回会議[12]」にて再度討議され、そこで「予算ノ関係アルヲ以テ現在ノ制度ノ儘ニテ実行セム」ことが了承されたのだった。

以上のような予算制限という環境下で、革新同志会メンバーによる検討会議で決議された「宣伝」事業化構想は、文書課翻訳課による文書整理とそれに基づく広報、といった矮小化されたものとなった。新たな機関を設置して独自のルートで情報を積極的に取得したり、調査活動に注力しそれを政策立案・施行に活かそうとしたりする構想は、生まれてこなかったのである。このときの外務省は、東方通信社への情報提供と同社からの発信をすでに開始していたので、それを主軸とし、あとは「文書課翻訳課活用」案で実施すれば十分だとの認識が省内にあったのかもしれない[13]。ただ、いずれにせよ、「宣伝」事業の必要性・重要性を革新同志会が唱えながらも、それを実効化させるうえで、大きな課題を残したといえるだろう。

二　在中・在米公館の「宣伝」認識

1　中国国内での反日報道

このように大きな課題を抱えつつも、宣伝事業が東京の本省内で曲りなりにも構想されはじめたのだった。これに対し、当時の在外公館は、この問題をどのように捉えていたのだろうか。かつて拙稿で扱った問題ではあるが、行論の必要上、在米・在中公館での言説に即して確認してみよう。

当時の日本外務省にとって、在中メディアによる反日報道は、頭を悩ませる問題だった。在満蒙権益の拡大を図らねばならなかった日本にとって、対中国外交の円滑化は重要な問題だったのである。しかしながら、これらメディアの繰り広げていた反日的な報道が障害になっていた。このような事態への対応を求める声は、一九一八年一一月、在中国公使の林権助からも寄せられていた[14]。

林の報告によると、その障害の中味とは、次のようなものだった。すなわち、上海で発刊されている『チャイナプレス』紙と『ノース・チャイナ・スター』紙の北京通信員であり、『ペキン・デイリー・ニュース』紙の主筆たる「シェルドン・リッヂ」による記事が、対日批判を強めており、ことに日本の中国での行動は連合国の利益を阻害し、「今ヤ聯合国側ノ日本ニ対スル不満ハ其極ニ達シタリ」、というものだった。林は、こうした記事によって、中国国内での対日・排日世論が、あたかも国際世論からの強い支持を受けているかのごとき印象をもって語られることを恐れたのである。

同時に、第一次世界大戦が終結したいま、到来すべき新たな東アジア地域秩序の先行きと、その後の中国の市場経営とを見通すならば、在中欧米人特派員、とりわけ中文新聞の欧米人記者は、日本にとって対立すべきではなく、提携すべき相手でなければならなかった。たとえば、中国市場の共同利用・開発を企図したアメリカが日・英・仏三カ国に提起してきた（一九一八年七月）新四国借款団設置問題は、三カ国とりわけアメリカと協調しながら中国と向き合わねばならない課題だった。しかしながら、そうした状況にありつつも、現状は、日本の中国経営を厳しく批判する姿勢を崩そうとしない中文新聞のアメリカ人記者の記事が米本国のメディアに転載されるなどしており、対日批判の高揚が日本外務省にとって憂慮すべきものだったのである。

このような危機感は、対日報道の善導を課題とした陸軍も同様に抱いており、宣伝事業の実施に踏み切り、在中新聞操縦工作を開始していた(15)。要するに、第一次世界大戦直後の日本外交が抱えた対中国外交課題は、厳しい対日世論が唱えられる国際環境下で、新四国借款団設置問題に代表される対中国政策における対欧米協調と、在満蒙権益の拡大を両立させながら、国際社会での対日世論を少しでも緩和することだったのである(16)。

2　「米人ノ啓発」と「邦人ノ教化」

宣伝事業に期待されたのは、中国における反日報道への対処だけではなかった。米国を中心に展開されていた、排日問題への対応についても成果を挙げるよう期待されたのだった。この問題への対応として、ここでは「米人ノ啓発」と「邦人ノ教化」とが考案された点に注目しておこう。むろん、宣伝機関の設置は外交政策を進めるうえで嘱望された最優先課題であったが、厳しい対日国際世論への対処が急務とされたため、これら二策がいわば次善の策とされたのである。この点は、一九二〇年六月四日、在シアトル領事の広田弘毅が在米大使の幣原喜重郎に宛てた電報に(17)、明確に述べられていた。

広田は、「日本人会事業ノ一」として、「米人ヲ啓発シ他方邦人ヲ教化スル」ために「米化委員会」なるものを組織したこと、それこそが「目前ニ切迫セル行政的法律的排日方法」に対抗する重要にして有効な手段だと訴えている。

「米人ノ啓発」だけでなく「邦人ノ教化」を課題として掲げたのは、「殊ニ移民中ニハ不行状ノ者モ鮮カラズ屢々新聞種トナリテ排日ノ原因ヲ作リツツアリ」という現状が無視できなかったためであった。排日運動への対応策は、これら二策が有効だと認識されたのである。

極東地方の新聞通信員の「善導」も、そうした取り組みの一環だった。在米国大使の幣原は、「従来極東地方ニ対スル帝国ノ政策又ハ行動ニ付米国ニ於ケル諸般ノ流説又ハ評論ハ大体極東地方ヨリ来タル新聞電報又ハ通信ニ基クヲ常トシ其ノ淵源ヲ米国内ニ発スルモノ極メテ稀ナリ……」[18]と分析していた。米国内の排日運動の背景には極東地方の「新聞電報又ハ通信」の存在があり、両者は密接に関連しているという認識である。幣原は、「畢竟極東地方ニ於ケル新聞通信員ヲ善導スルヲ根本要義トス」[19]と、解決策を提起していた。

さらに注目すべきは、極東地方の新聞通信員の改善を示唆した幣原が、実は、宣伝機関の設置には反対していたことである。その点をうかがい知れるのが、右の電報とほぼ同時期の一九二〇年六月に内田康哉外相に宛てた、幣原による以下の意見具申電報第三一七号である（以下、第三一七号電と略記）。

米国ニ於テ外国大使館又ハ領事館ガ当国ノ与論ヲ動サンガ為、陰密ニ宣伝ヲ指揮又ハ実行スル事ハ、近来当国人一般ノ嫌悪スル処ニシテ……昨年山東問題ニ関シ支那ガ当国ノ与論ヲ動カサンガ為劇甚ナル宣伝ヲ行ヒタル時ノ如キ吾ハ、是ニ応ジテ臨機適宜ノ手段ヲ講ジル事当然ナルベシト雖モ、右ハ特殊ノ場合ニ属シ是ガ為メ常設ノ宣伝機関ヲ置クハ不必要ニシテ、徒ニ疑惑ヲ招クニ止マルノ虞無シトセズ[20]。

米国内の対日世論を善導するためなら、一見するところ、宣伝機関の設置は理に適った施策である。だが、幣原はそうは認識していなかった。幣原に言わせれば、宣伝機関の設置は、逆効果だという。その理由は、宣伝機関の設置によって、日本は米国の世論を「陰密」に操縦しようとしていると思われ、「嫌悪」の対象になってしまうと認識していたからだった。排日運動をはじめとする対日米国世論形成の裏には日本への根強い不信感があると分析し、「常設ノ宣伝機関」をその対抗手段として望む一方、それを「疑惑ヲ招ク」ものだと懸念し、効果を疑問視したのである。(21)

宣伝機関設置に対する対日世論の厳しさは、米国内だけにとどまらなかった。厳しさという意味では、中国国内の対日世論のほうが上回っていた。たとえば、在天津総領事の船津辰一郎は、同年三月二九日付で、「我宣伝機関設置ニ関スル漢字紙記事訳報ノ件」という公信(22)を内田外相に宛てていた。そこでは、第一次世界大戦の最中に対華二十一カ条を要求され、パリ講和会議で山東省利権問題をめぐって日本と対立し条約署名を拒否した中国による、会議における日本の交渉術を「醜態」と評し、「大新聞社及通信社」を日本の「帝国主義及軍国主義」の宣伝機関と批判する、日本の宣伝機関構想への厳しい反発であった。このように、一九二〇年三月から六月にかけての時期、日本の宣伝機関設置に対する米国と中国の世論は、高い障壁となって日本外交当局の前に立ち塞がっていたのである。

三　宣伝機関設置をめぐる内外の確執

1　在米大使幣原と〈情報部〉第二部長松岡の対立

宣伝機関設置に対するこうした厳しい意見に囲まれながらも、一九二〇年一〇月には、同年四月に活動を開始していた〈情報部〉の設置根拠たる「内規」が制定された（表1参照）。その所掌事項をみる限り、「情報ノ蒐集及調査」「新聞通信其ノ他宣伝的事業」「情報ノ供給」「宣伝啓発」「外人啓発」「邦人啓発」と、網羅的である。〈情報部〉人事は、「部長」が伊集院彦吉、「次長」が有吉明、「第一部長」が高尾亨、「第二部長」が松岡洋右、課員として白鳥敏夫、加来美知雄、鈴木尚三が配置された。(23)特に、伊集院、有吉、高尾の三人は、中国在勤経験が長く対中宣伝経験もあっ

表1　〈情報部〉と情報部（正式設置）の所掌事項の比較

情報部分課規程内規（1920年10月省議決定）	情報部分課規程（1921年8月13日公布官制）
第1条　情報部ニ第一部、第二部、第三部及庶務課ヲ置ク	第15条　情報部ニ於テハ情報ニ関スル事務ヲ掌ル
第2条　第一部ニ於テハ支那、香港、澳門及暹羅ニ関シ、第二部ニ於テハ欧羅巴諸国ノ属領植民地及海外領土並其ノ隣接地方、南北亜米利加諸国及北米合衆国ノ海外領土ニ関シ左ノ事務ヲ掌ル 1　各種情報ノ蒐集及調査ニ関スル事項 2　新聞通信其他宣伝的事業ニ関スル機関ノ経営計画及補助ニ関スル事項 3　日本内地ノ言論機関其ノ他必要ナル方面ニ対スル情報ノ供給ニ関スル事項	第16条　情報部ニ第一課、第二課、第三課ヲ置ク 第一課　支那、香港、澳門及暹羅ニ関スル前条ノ事務ヲ掌ル 第二課　前項以外ノ諸国其属領植民地、海外領土隣接地方ニ関スル前条ノ事務ヲ掌ル
第3条　第三部ニ於テハ左ノ事項ヲ掌ル 1　前条第二号ヲ除ク海外ニ対スル宣伝及啓発ニ関スル一切ノ事項 2　日本ニ於ケル外字新聞及外国通信ニ関スル事項 3　日本ニ於ケル外人啓発ニ関スル事項 4　日本ニ於ケル一般宣伝ニ関スル事項	
第4条　庶務課ニ於テハ左ノ事項ヲ掌ル 1　部内ノ文書接受配布発送分類保存ニ関スル事項 2　部内ノ会計及用度ニ関スル事項 3　部内ノ人事ニ関スル事項 4　其ノ他一般庶務事項	第三課　情報部内ノ庶務ニ関スル事務ヲ掌ル

注）外務省参事官室編『外務省内規類集』（1921年），外務省官房人事課編『外務省年鑑』（1923年）に依拠して作成した．

た。(24) 予算が限られるなか、内規レベルでならその制限を受けないので、ある種〝理想的〟な組織に仕立ててみた、というのが実情だろう。

さらに、一九二一年八月一三日には、外務省官制中改正により情報部が正式に設置された。その経緯は以前に述べたので(25)、ここでは割愛する。約言すると、一九二一年五月に外務省官制中改正について閣議請議され(26)、最終的には七月に裁可されたのだった(27)。

ただし、ここで一つの疑問が湧く。幣原による先の第三一七号電では、宣伝機関設置に対する反対意見が述べられていたはずである。在米大使である幣原

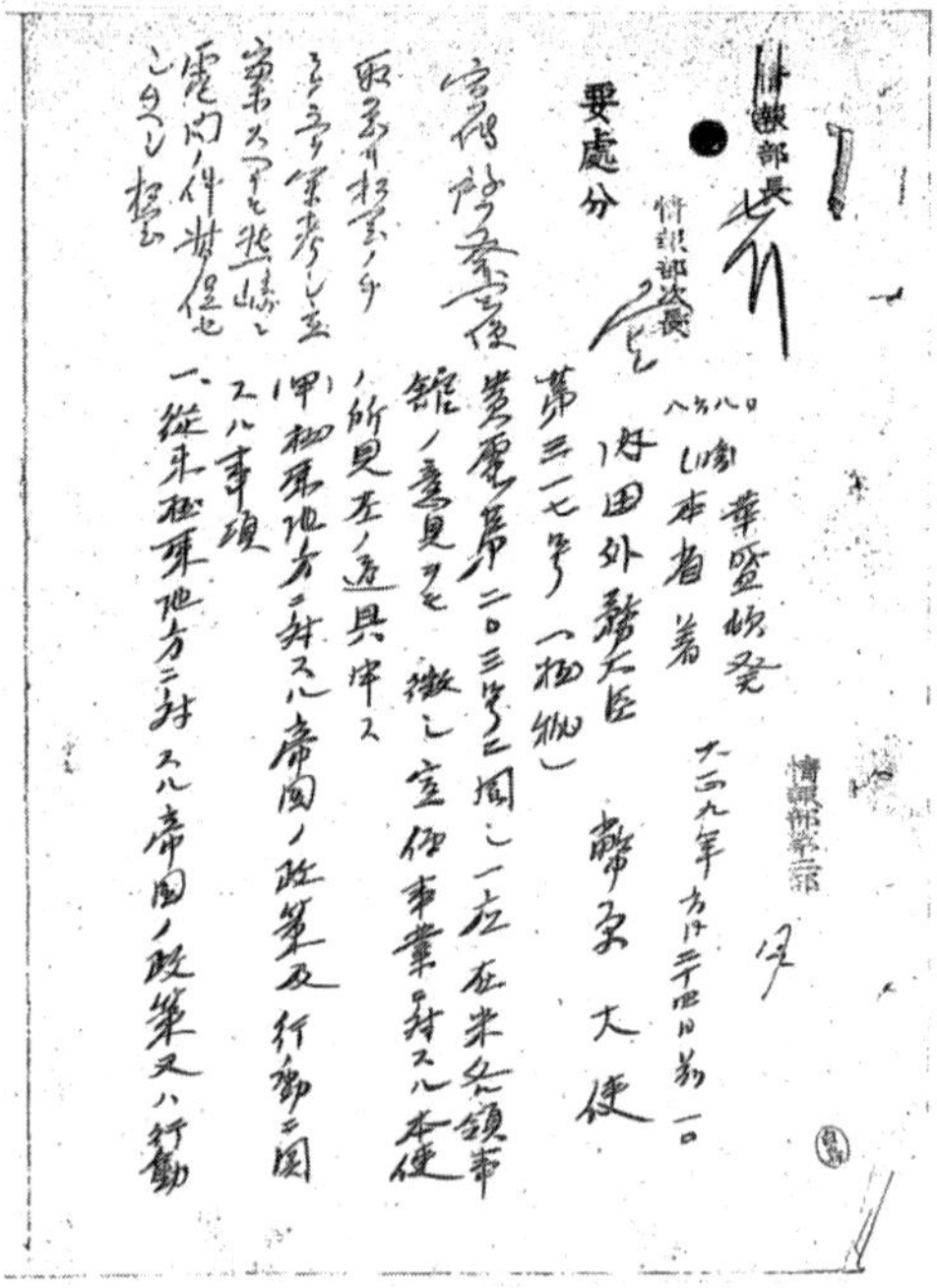

図 1　第 317 号電（1920 年 6 月 24 日本省着，在米幣原大使より内田外相宛）の第 1 面

の意見具申となれば、それなりの重みがあったと思われる。幣原の意見具申は、一九二〇年六月のこと。だが、それにもかかわらず、それからわずか一年足らずで、外務省は外務省官制中改正すなわち情報部の設置を閣議請議したのである。幣原の意見は、聞き入れられなかったのだろうか。

結論を先取りすると、幣原の意見具申の内容は、本省内の外務官僚たちから不興を買っていた。要するに、賛成を得られていなかったのである。第三一七号電は、本省で受信されると当該問題を主管する〈情報部〉へと回付された（図1参照）。写真からもわかるように、〈情報部〉長と〈情報部〉次長の閲了サイン（花押）が据えられている。さらには、用紙右下には「情報部第二部」の判子が押され、その脇には担当官の花押が据えられている。

注目すべきは、欄外上部への書き込みである。それは次のように判読できる。

取急ギ松岡ノ手ニテ之ヲ参考シ立案スベキモ、熊崎ニ電問ノ件督促セシムベシ。松岡

書き込みの二カ所にわたって現れる「松岡」とは、一九二〇年四月一日から〈情報部〉第二部長に就任した松岡洋

右であり、「之」とは、第三一七号電のことである。[28]

興味深いことに、第三一七号電には、右の書き込み以外にも複数の書き込みがなされている。同電報は長文だったため二部に分割されて送られてきたが、[29]二部全体にわたって欄外上部に書き込みが確認できるのである。重要なのは、それら書き込みのいずれもが、第三一七号電の幣原の意見に対して否定的な内容だった点である。[30]たとえば、同電報の第四項で、幣原は「何等意見ノ主張ニ亘ラズシテ単純ナル事実又ハ関係写真其ノ他調査資料ヲ発表スル事ハ、宣伝ノ範囲ニ属スルモノト認メラレザルガ故ニ大使館又ハ領事館ニ於テ之ヲ指揮又ハ実行スルヲ妨ゲズ」と述べていた。これに対する書き込みは、次の通りだった。

　之亦前期宣伝局ノ事務ニ属ス。大使ハ宣伝ノ意義ヲ否宣伝ノ最善方法ヲ知レリヤ?

「宣伝ノ意義」を幣原は理解していない、というかなり辛辣な指摘である。筆跡から推測するに、この書き込みも松岡洋右によるものとみてよかろう。

2　「居常系統アル施措」としての「宣伝」事業

幣原の見解に対する〈情報部〉員たちの反論は、さらに続く。パリ講和会議での中国全権による山東問題についての対日批判を踏まえてもなお、幣原は前掲（第二節参照）のように、「右（中国全権による対日批判―引用者注）ハ特殊ノ場合ニ属シ是ガ為メ常設ノ宣伝機関ヲ置クハ不必要ニシテ、徒ニ疑惑ヲ招クニ止マルノ虞無シトセズ」と、情報部設置に否定的な見解を寄せていた。これに対して、松岡の筆跡とは異なるものの、ある〈情報部〉員は、次のような冷ややかな内容を書き込んでいた。

事アルニ臨ンデ周章、対策ヲ講ズルモ効果尠ナシ。居常系統アル施措ヲ懈ラザルヲ要ス。山東問題ノ際宣伝機関ノ必要ヲ痛切ニ感ジタリ。

この書き込みからも、幣原と〈情報部〉員との間の懸隔がうかがえる。

さらに、同電報の第五項と第六項についても、両者の見解には隔たりがあった。この二つの項目は、米国内の対日世論善導策を実施する際に日本政府の財政支援の必要性を説く、幣原なりの提言だった。これに対して〈情報部〉員は、「五、六　一件ノ如キ常設宣伝機関ノ片手間ニ行フベキ事柄」と、書き込んだのである。幣原の政策提言内容は宣伝機関の軽微な所掌事項にすぎないと指摘し、宣伝機関の不要を説く幣原の見解の矛盾を衝こうとしたといえよう。

このように、幣原による第三一七号電は、〈情報部〉在籍の官僚たちに受け入れられなかった。それどころか彼らは、幣原の見解を否定し、それと真っ向から対立するコメントを書き込んだのである。このようにみてくると、一九二〇年六月段階で幣原が示した、宣伝機関設置に対する慎重かつ否定的な見解は、松岡洋右を中心とする〈情報部〉員たちによって否定され、活かされることはなかったといえよう。[31]〈情報部〉設置前、外務省の本省内と出先とでは、「宣伝」事業に関する認識には大きな差があったのである。[32]

四　〈情報部〉の東アジア秩序認識と「宣伝」事業の射程

1　〈情報部〉による中国情報の収集

それでは、幣原の意見具申を真っ向から否定した〈情報部〉のスタッフたちは、実際に、どのような情報を収集し、

表2　外務省記録「情報部主管情報電報雑纂（支那情報）」にみる〈情報部〉の文書処理（1920年5月-1921年8月）

事項		来電数	往電数	時期	備考
① 山東権益継承		2	6	1920. 5.-1920. 6.	往電：情報部長決裁（4件）
② 中国政況	概論	0	3	1921. 7.-1921. 7.	往電：大臣決裁（1件），次官決裁（2件）
	安直戦争	1	4	1920. 7.-1920. 8.	往電：情報部長決裁（4件）
	南北分離問題	3	7	1920. 9.-1921. 8.	往電：次官決裁（3件）
	関税・税関改正問題	2	3	1920.11.-1921. 7.	往電：次官決裁（1件）
	広東・広西両省間の内戦	2	10	1921. 6.-1921. 8.	往電：次官決裁（4件）
	広東省内動向	2	0	1921. 7.-1921. 7.	「省内動向」の内訳：広東政権「国会」状況／メディア動向
	その他	3	3	1920. 4.-1921. 7.	「その他」の内訳：ハイラル事件（陸軍参謀本部より来電2件）／長沙事件（海軍省より来電1件）／宜昌事件など
③ 新四国借款団		1	1	1920. 6.	
④ ワシントン会議		1	10	1921. 7.-1921. 8.	往電：次官決裁（10件）

注）本省にて転電処理された電報（来電を受領後，それを往電として仕立て直したもの）については，来電，往電としてそれぞれにカウントした．なお，転電処理についての詳しい解説は，熊本史雄『近代日本の外交史料を読む』（ミネルヴァ書房，2020年）53-55頁を参照ありたい．

それを省内でどのように共有したのだろうか。まずは、中国関連情報へのコミットの仕方である。注目すべきは、〈情報部〉による中国情勢認識が、一九二〇年六月から一九二一年八月にかけて大きく変化している点である。

表2は、〈情報部〉が主管した中国関連情報を記載した電報の処理について、外務省記録1.3.1.36-3-2「情報部主管情報電報雑纂（支那情報）」に編綴されている文書をもとに、在外公館と本省との間で宣伝機関設置構想に関する意見が対立していた時期である一九二〇年五・六月から、情報部が正式設置される一九二一年八月までの一年三カ月間を対象時期としてまとめたものである。その内容については、①山東権益継承問題、②中国政況、③新四国借款団、④ワシントン会議の四つに大別し、さらに②の中国政況については、概論、安直戦争、南北分離問題、広東・広西両省間の内戦、広東省内動向（広東政権「国会」状況、広東省メディア動向）、関

税・税関改編問題、その他、の計七項目に細分化した。

注目すべきは、これら案件が処理された時期に、それぞれ特徴が認められる点である。要は、時期が下るにしたがって、〈情報部〉が処理した情報の内容が次第に変化してきているのである。

では、①山東権益継承問題からみてみよう。当該問題は、一九一九年末から翌二〇年当初にかけて〈情報部〉が扱った主要な案件だった。パリ講和会議での中国全権団が展開した、山東権益継承問題に関する苛烈な対日批判の記憶が冷めやらぬ時期だっただけに、〈情報部〉および外務省にとって収集・対処すべき情報は、当該案件に関するものだったといえよう。

ところが、〈情報部〉によるこの問題の取り扱いは、一年余りで早々に収束する。たしかに、パリ講和会議終了直後の時期には、外務省としても当該情報を収集しそれへの対策を練る必要に迫られ取り扱っていた。だが、〈情報部〉は、一九二〇年六月を境にこの問題を積極的に取り扱わなくなる。

2　中国政情への低評価

替わって取り扱いが増えていったのは、中国国内政況に関する情報だった。南北政権の分離問題の帰趨がいまだ定まらなかった時期であり、加えて広東省と広西省との間で内戦が勃発したために当該情報が増加したのである。広東省と広西省との内戦について、〈情報部〉はこの問題を単なる内戦と捉えただけでなく、来るワシントン会議に北京政府と広東政府のどちらが出席すべきなのかという、代表権問題に接合させて捉えていた。〈情報部〉は、中国の正統政府をめぐる政治問題として南北問題を重視していたことがうかがえる。

ただ、それ以上に注目すべきは、南北分離問題を抱える中国に対する低評価ぶりである。つまりは、北方政権、南方政権双方に対する〈情報部〉の評価が、概して低調なのである。その点は、一九二一年八月五日に実施された、

〈情報部〉長の伊集院彦吉と中国特使の朱啓鈴との会談での、伊集院の発言によく表れている。(33)
伊集院は、「南北ノ情勢ハ依然トシテ混沌ヲ極メ、加フルニ各地ニ頻発スル動乱ノ余波ハ、惹テ外人ノ生命財産ニ迄危害ヲ及ホシ、……現時ノ情態ヲ持続スルニ於テハ、或ハ外人間ニ於ケル一部輿論ノ如ク貴国（中国―引用者注）ヲ列国共同管理ノ下ニ置クヘシトノ説実現セラル、無キヲ保シ難シ」と述べて、南北分離問題の解決（国家統一）を絶望視し、列国による中国共同管理の可能性を示唆している。また、「英米二国ニ於ケル一部論者」による、「四国銀行団」（新四国借款団）が「共同管理」を行うべきとの見解を紹介したうえで、それを「寒心スヘキニアラスヤ」と斥けつつ、警戒心を露わにした。さらに伊集院は、新四国借款団の活動は「絶対ニ経済的ニシテ、何等政治的色彩ヲ有セサルハ之ヲ断言スルニ憚ラス」との見解を示して、列国による中国の政治的管理を排除する姿勢を鮮明にしたのだった。その際、共同管理を否定する根拠（大義）として言及したのが、「東洋ハ東洋ニシテ日支両国共存ノ主義」という、半ばアジア・モンロー主義的とでもいうべき世界観・秩序観だったのである。

　中国の内政状況に対する失望感と、それに起因した中国へのこのような低評価は、何も日本外務省だけによるものではなかった。たとえば、在中国の外字新聞のなかには、「極端ニ現状ヲ痛罵シツツアルモノアル有様」で、「支那ニ於ケル英米人ノ感想カ漸ク時局ノ現状ニ愛憎〔想カ〕ヲ尽カシ、支那ハ到底救フヘカラス、世界ニ発言ヲ有スルカ如キ資格ナシトイウ傾キ屢次電報セル」という状況だったという。(34)〈情報部〉が中国政況の先行きを悲観し、南北両政権を低く評価した背景には、こうした外国メディアの報道内容も存在していたと思われる。中国の混乱と無秩序の状態が当分の間は収まらないだろうという観測を下敷きにしたものだった。要するに、中国の政治的混乱に注目する側面が強く、それゆえ混乱が収束した後の秩序を積極的に模索する側面が弱かったといえよう。

3　「宣伝」事業における「調査」の位置

中国政情への低評価が〈情報部〉内に蓄積していく一方で、一九二一年も後半にさしかかり、ワシントン会議開催が迫ってくると、〈情報部〉も同会議に関する情報を収集し、それを省内で共有することに注力しはじめた。同会議開催可能性の第一報が外務省にもたらされたのが一九二一年一月二七日、極東問題への対応方針を閣議決定したのが七月二二日、アメリカからの正式招請がもたらされたのが八月一二日、日本政府が受諾を回答したのが八月二三日のことだった。当該ファイルに限っては、同年七月二五日に幣原在米大使と石井菊次郎在仏大使、それに吉田信友在シンガポール総領事代理の三者に宛てた往電が、ワシントン会議関連情報を取り扱った最初である。要は、右の閣議決定を機に、〈情報部〉は情報を収集しはじめたのだった。その後、情報部が正式設置される翌八月までの約一カ月間、同ファイルにはワシントン会議に関する一通の来電と一〇通の往電が編綴されている。[35]

だが、残念ながら、〈情報部〉や一九二一年八月に正式設置された情報部が授受した情報は、政策決定にはほとんど寄与しなかったと思われる。〈情報部〉および情報部による往電の決裁はおしなべて情報部長であり、次官や大臣がそこに関与することはなかった。詳しくは別稿でのさらなる検討を要するが、それらの大半は東方通信社へ提供されるか、もしくは日本資本が経営する在中新聞メディアへ提供されるにすぎなかったようである。ワシントン会議に関していえば、山東権益問題については情報部第二課が主として対応したが[36]、同問題に対する中国側の主張とそれによる世論操作を抑えることはできなかった[37]。

一方、この時期、〈情報部〉が注力していた東方通信社への情報提供と在中国新聞メディアの操縦は、東方通信社への多額の資金援助と同社の組織改編を経て、在中各公館の情報を東方通信社支社―同本社―情報部というルートで伝達させる方式に改めて実施されたという[38]。ただし、その効果は、いかほどであったろうか。対日世論の善導を企図した事業だが、それは対日世論の操作という、ある種の調整行為にすぎなかったのではなかろうか。また、「内規」

第二条では「調査」が掲げられていたが、人的・予算的不足のため、正式設置された情報部はそれを所掌しなかった。外務省は自ら調査担当部局をもたず、東方通信社内に調査部を設け、外務省は調査を同社に委託する形式を採ったのだった。[39] つまるところ、外務省外アクターの活動実績に依存する要素が大きい、受動的で他律的な政策であった。自ら情報を取得して「宣伝」を推進し、対日世論の善導に加え、批評空間としての世論を主体的に形成するという、能動的で自律的な政策にはつながらなかったのである。

おわりに

石井菊次郎のことばを借りるなら、〈情報部〉の活動は「受動的宣伝」にすぎず、「主動的宣伝」ではなかった。[40] 否、石井が「主動的宣伝」を「予備行動」と定義している時点で、当時の〈情報部〉と情報部の活動はある種の限界性をともなっていたというべきかもしれない。陸軍の特務機関が諜報・宣撫工作を任務とし、作戦立案の根拠としていたことと比べると、〈情報部〉・情報部の「調査」を欠いた活動は、パースペクティブを欠いた成果しか生まなかったのではなかろうか。むろん、当時の外務省は、プロパガンダの性格を帯びた宣伝工作は採用しない方針であったし、ましてやインテリジェンス活動を展開しようなどとは、夢想だにしなかった。要は、「新外交」呼応を念頭に公明正大に振る舞おうと腐心したことで、外務省は「情報」の集め方、「宣伝」のあり方を、自己規制的に解釈してしまったといえるだろう。自律性と主体性を欠いた情報部の活動は、限界をともなっていた。

そうした活動のあり方は、外交の大局観の把握・形成にも支障を来したのではあるまいか。これは何も〈情報部〉や情報部に限ったことではないが、ワシントン会議時の外務省内では、大国主導でアジア太平洋地域の秩序が決められていくはずだという予測が支配的だった。「九カ国条約」よりも「四カ国条約」が重要だろうと、当初、見立てたのである。ところが、「九カ国条約」による中国市場の共同管理の出現は、日本外交にとって大きな桎梏となった。(41) 当初の見立ては外れたのである。

新たに誕生しようとしているアジア太平洋地域秩序への、このようなミスリードは、〈情報部〉による中国政情への低評価とも相まって、さらにバイアスがかかったものになっていった。というのも、中国政情への低評価は、混乱と無秩序が中国大陸でその後も続くという観測につながり、さらにはそれを日・英・米・仏の四カ国で運営・管理すればよいのだ、という発想につながっていくからである。

だが、その後に起こった事実は、そうした発想から程遠いものだった。一九二〇年代全般を見渡したとき、すなわちワシントン会議で締結されたいわゆる「九カ国条約」が日本外交を拘束した実状や北伐の動向への対応に鑑みるとき、〈情報部〉の果たした役割は、限定的なものでしかなかったというべきだろう。ことに、中国政情の観察と列国による共同管理についての分析、さらにはその実現可能性に対するシビアな観測が不足していた。それが〈情報部〉の限界だった。要するに、一九二〇年代初頭のワシントン会議開催を前にして、〈情報部〉を含む日本外務省は、東アジア国際環境の安定的秩序を構想する力に欠けていたのである。

このような状態でワシントン会議へ臨み、「九カ国条約」の締結を経て一九二〇年代の東アジア国際情勢へコミットしていった日本外交が直面したのは、二〇年代末の流動化する中国政情とそれに続く「革命外交」、そして一九三一年九月に勃発した満洲事変だった。〈情報部〉の、そして正式設置された後継の情報部の働きが、一九二〇年代の日本外交にとってどれほどの意義があったのか、この問題については稿を改めて検討したい。

（1）　大正期の外務省に、「宣伝」の明確な定義は存在しなかった。ただし、第二次大隈重信内閣で、加藤高明の後を襲って外相に就任した石井菊次郎は、自身の回想録で「宣伝」を「主動的宣伝」と「受動的宣伝」の二種に分け、前者を「一定計画の遂行を容易ならしむるために、内外人の思潮を我欲する方向に導くの予備行動」、後者を「我態度を説明して世上の誤解を予防し又は已に起こりたる誤解を是正する」行動だと定義した（石井菊次郎『外交餘録』岩波書店、一九三〇年、四〇三―四〇四頁）。この点は、後掲の佐藤みずき「大正期日本外務省の対外宣伝」でも参照されている。本章でも、こうした定義を基に、外務省による情報収集と発信に関する総合的な活動を「宣伝」と称する。

（2）　牧野伸顕『松濤閑談』（創元社、一九四〇年）二一五頁。

（3）　たとえば、「第一次世界大戦における世界宣伝戦では列強から、なかんずくそれに続くパリ講和会議の宣伝戦では中国側に押され、識者は次第に情報宣伝機構の設置を必須と考えるようになった」（外務省百年史編纂委員会編『外務省の百年』上、原書房、一九六九年、一〇二八頁）といった記述は、その典型である。ことに、革新同志会による「趣意書」中に宣伝機関の設置が説かれていた点が常に参照される。加えて、当時首相の原敬がそれに先立つさらに早い時期から情報部の設置の必要性を認識していたという指摘も重要である（同右、同頁）。

（4）　熊本史雄「『外務省公表集』の創刊経緯とその史料的位置」（『外交史料館報』第一二号、一九九八年）六五―六六頁。なお、松岡洋右伝記刊行会編『松岡洋右――その人と生涯』（講談社、一九七四年）二一九頁では、陸軍からの助力を得て、国庫から対外宣伝費として四五〇万円を支出するとしたものの、手続きに時間を要したことが原因ではないかと推測している。ただ、その支出は一九一九年一二月のことなので（原奎一郎編『原敬日記』第五巻、福村出版、一九六五年、一八三頁、大正八年一二月六日条）、さすがにそれは時間を要しすぎであろう。

（5）　熊本前掲論文、六四頁。のちに、熊本史雄『大戦間期の対中国文化外交――外務省記録にみる政策決定過程』（吉川弘文館、二〇一三年）第二章に収録。

（6）　熊本前掲論文、六五―六六頁。さらに、同論文の注(22)、(36)、(39)を参照されたい。熊本前掲書、第二章にも収録。

（7）　さしあたり以下の論考を挙げておく。高橋勝浩「第一次大戦後における日本の対米宣伝構想について」（『国史学』第二〇三号、二〇一一年）。佐藤みずき「シベリア出兵期における外務省の対極東「プロパガンダ」」（『日本史研究』第七二一号、二〇二二年）。同「大正期日本外務省の対外宣伝――「東方通信社」とワシントン会議」（『史学雑誌』第一三一編第一〇号、二〇二二年）。

（8）　熊本前掲論文、熊本史雄「「国民外交」の模索と外務省の公表行政――「旧外交」から「新外交」へ『外交彙報』『外務省公表集』『日本外交文書』」（『駒沢史学』第九四号、二〇二〇年）を参照されたい。

（9）　一九一九年九月二九日、内田康哉外相へ提出「外務省革新綱領要目」（外務省記録 M.1.2.0.2「外務省官制及内規関係雑件」所収）。なお、外務省記録は、初出に限って件名までを記し、再掲以後は、分類番号のみを記すこととする。

(10) (一九一九年) 一〇月一四日開催、制度部第一回会議議事録 (外務省記録 M.1.2.0.2 所収)。以下、同会議での各人の発言については、いちいち注記しないが、すべて本議事録からの引用である。なお、「制度部」については判然としないが、同記録中に「経理部」によって調整された文書が編綴されていることに鑑みれば、革新同志会メンバーが「綱領」の内容について討議した際の、検討内容別に設定された「部」の一つだと思われる。

(11) 出席者の八名は次の通り。小村欣一 (幹事)、杉村陽太郎 (同)、斎藤良衛 (同)、堀義貴 (嘱託)、高尾亨 (同)、武富敏彦 (同)、三宅哲一郎 (同)、川村博 (書記)。

(12) (一九一九年) 一〇月二五日開催カ、制度部第四回会議議事録 (外務省記録 M.1.2.0.2 所収)。文書中には「十月十五日開催」とあるが、第三回会議が同月二〇日開催なので、二五日開催の誤記だと思われる。なお、出席者は、以下の通り。小村、杉村、斎藤、高尾、堀、武富、三宅。

(13) その点をうかがわせるものとして、「第四十四議会質問予想事項並答弁」なる文書がある (外務省記録 M.1.2.0.2 所収)。そこでの答弁案は、通信社による事業を「最モ重要ニシテ有効ナル」というものだった。中国への宣伝方針のあり方を問われた際の回答案としても、東方通信社の活用を「根本方針」とし、在中新聞メディアの操縦も挙げていた。

(14) 一九一八年一一月二九日付、在中国林公使より内田康哉外務大臣宛公信機密第四六二号 (『日本外交文書』大正七年―第三冊、第五二〇文書)。

(15) たとえば、森田貴子「日本陸軍の中国における新聞操縦」(『東京大学日本史学研究室紀要』第八号、二〇〇四年) を参照。

(16) この点については、服部龍二『東アジア国際環境の変動と日本外交　1918-1931』(有斐閣、二〇〇一年) 二〇―四七頁、中谷直司『強いアメリカと弱いアメリカの狭間で――第一次世界大戦後の東アジア秩序をめぐる日米英関係』(千倉書房、二〇一六年) 第四章、久保田裕次「原敬内閣成立期の対中国外交と新四国借款団――実業借款の包含問題を中心に」(『国際政治』第二〇五号、二〇二二年)、熊本史雄「大戦間期外務省の情報管理と意思決定――新四国借款団結成問題への組織的対応と幣原喜重郎外務次官の外交指導に即して」(『日本史研究』第六五三号、二〇一七年) を参照。

(17) 一九二〇年六月四日付在シアトル広田弘毅領事より内田外務大臣宛機密公第二三号 (在米国幣原大使宛電報第四三号 (極秘)) (外務省記録 1.3.1.35「宣伝関係雑件」所収)。

(18) 一九二〇年六月二四日発在米幣原大使より内田外務大臣宛電報第三一七号其ノ二 (極秘) (外務省記録 1.3.1.35 所収)。

(19) 同右。

(20) 同右。

(21) この点は、熊本前掲「『外務省公表集』の創刊経緯とその史料的位置」および高橋前掲論文にて、すでに指摘されている。

なお、補足すると、幣原発内田宛第三一七号電は、内田外相が幣原に対し、対米宣伝方針について諮問したことに関する答申である。ちなみに幣原は、宣伝機関の設置についてやみくもに反対していたわけではない。本文で指摘したように「新聞通信員」の「善導」を重視した幣原は、ニューヨーク、シカゴ、サンフランシスコといった重要都市に国際通信社の支局を設置して、それら都市の在外公館と連絡を保ちながらアメリカの対日世論を東京本社に伝達して、東京、中国、シベリアの関係地方からこれに対応する電報や通信の発信に役立たせるべきだと説いている。なお、高橋前掲論文では、在米各公館がそれぞれ構想した宣伝案が一覧として要領よくまとめられているので、参照ありたい。

(22)　一九二〇年三月二九日付在天津船津辰一郎総領事より内田外務大臣宛公信第一五三号「我宣伝機関設置ニ関スル漢字紙記事訳報ノ件」（外務省記録1.3.1.35所収）。船津辰一郎は、入省後一貫して中国畑を歩き、中国人に多くの知己を得た。一九二六年八月、中国大使館参事官で退官後、同年九月在華日本紡績同業界総務理事に就任。日中戦争の勃発により、外務省の依頼を受け対中国和平工作に動く。一九四〇年九月、上海特別市政府顧問に就任、次いで南京政府経済顧問を兼任した。同年一〇月には松岡外相の要請を受けいわゆる銭永銘工作を試みた。帰国後の一九四七年四月死去。

(23)　前掲『松岡洋右――その人と生涯』一二九頁。

(24)　佐藤前掲「大正期日本外務省の対外宣伝」三三頁。なお、佐藤同論文では、伊集院が中国在勤時代に清国新聞操縦に関わり、パリ講和会議の全権時には、原敬の意向で欧州の宣伝事情を調査したこと、有吉が東宝通信社の発案者であること、高尾は伊集院の中国在勤時代を支えたこと、松岡はシベリア出兵時の対外宣伝を主導し、パリ講和会議時に全権団の新聞係として山東問題に対応したことが指摘されている。

(25)　熊本前掲「『外務省公表集』の創刊経緯とその史料的位置」。

(26)　「外務省官制中改正ノ件」（「公文類聚」第四五篇・大正十年・第一巻（内閣、宮内省、外務省）所収）。

(27)　「勅令第三八三号　外務省官制中改正」（「御署名原本」大正十年・勅令第三百八十三号・「外務省官制中改正」所収）。ただし、その経過は、順調といえるものでは決してなかった。一九二一年五月六日、外務省は同請議にて情報部を「特設部局」として閣議請議を要請したものの、法務省はそれを認めず、本省部内の部局として設置申請するよう外務省に修正を促したのである。結果、六月二八日に閣議請議をやり直し、ようやく設置が認められることとなった。

(28)　松岡が一九二〇年四月一日に〈情報部〉第二課長に就任したという事実は、前掲『松岡洋右――その人と生涯』一二九頁の記述に依拠した。なお、同伝記は、外交史料館所蔵の個人履歴（原本）を参照して執筆されている。ただし、〈情報部〉は、外務省官制に基づかない、設置根拠を外務省内規に求めたにすぎない機関だったので、一九二一年刊行の『外務省年鑑』には「情報部」として立項されていない。さらに、右『外務省年鑑』所収の個人履歴には、松岡が一九二〇年五月一日付で在間島総領事に任命されている。ただし、松岡は一九二〇年六―七月頃に郷里に戻り、その約一年後に退官するので赴任していない。外務省を依願退職した松岡は、一九二一年七月に満鉄理事に任命される。

ちなみに、電報中の「熊崎ニ電問ノ件督促」とあるが、その詳細は不明である。ただし、高橋前掲論文によれば、一九二〇年四月頃、帰米する高峰譲吉（三共製薬株式会社社長、ニューヨーク日本倶楽部会長）に対して松岡洋右が、元バーミンガム米国領事の法律家パーカー（George T. Parker）から具体的な宣伝案を聴取して、熊崎と協議のうえ、外務省に申し越すように伝えたという。となれば、当該案件に関する督促かと推測される。

(29)「二部に分割されて」と記したが、実際、何部に分割されていたのか、その分割数はよくわからない。というのも、第三一七号電第二部の末尾に「（続ク）」と記されているものの、「第三部」以降が当該ファイルに編綴されておらず、第三一七号電として確認できるのは、第二部までだからである。

(30) 右の松岡による書き込みに加え、以下で引用する各書き込みも、高橋前掲論文ですでに紹介されている。

(31) そうなると、松岡が幣原の見解を斥け、省議決定の内規レベルにすぎない〈情報部〉を廃止し、外務省官制に基づく正式な情報部の設置を主導したとみるべきなのだろうか。

そう考えるのは、早計だろう。なぜなら、松岡は、一九二〇年六―七月頃に辞表を提出して郷里に戻っているからである。前掲『松岡洋右――その人と生涯』一二九頁には、「松岡は〔〈情報部〉第二部長に―引用者注〕在任一カ月足らずで一応の業務の布置がすむと辞表を提出して山口の実家に帰り」とある。すなわち、一九二〇年四月には辞表を提出して――ただしこの辞表は、〈情報部〉長で上司の伊集院彦吉が預かり置くことになったため約一年間受理されなかった――、外務省を離れていたとしている。だが、本文でみたように、同年六月段階で第三一七号電に書き込みをしている点に鑑みると、郷里の山口に戻るのは、六―七月頃だと考えるのが妥当だろう。つまり、幣原の第三一七号電に否定的なコメントを書き込んだ直後に、松岡は外務省を去ったことになる。よって、松岡のイニシアティブとは考えづらい。

外務省官制中改正により正式な情報部がこのタイミングで設置されたのは、難航していた定員拡大問題解決の見通しが立ったことを好機とみた外務省が、その機を逃さずに官制改正を閣議請議したからだとみるべきだろう。むろん、人員不足に悩む当時の外務省では、〈情報部〉の所掌事項として掲げられた「海外」への「有効ナル宣伝」や「国際宣伝事業」などを満足に果たせていないことを問題視し、実状に見合った組織へと改組すべきだという認識も存在したと思われる。機能的に「後退」させてでも情報部を正式設置せざるをえなかったことは、当時、行財政整理が求められていた状況を考えると、やむをえない結果だった。きわめて厳しい省員定員の制限があるなかで新機関を設置せねばならなかったので、機能的にも限定されてしまった。正式設置された情報部について考察する際、行政整理が断行されている最中で設置されたという点が重要である。

(32)　一方で、こうした懸隔を指摘するのは皮相的であり、両者間の対立は「宣伝」観の違いに由来するにすぎない、とする指摘もなされている（佐藤前掲「大正期日本外務省の対外宣伝」三二頁）。いわば、松岡たち〈情報部〉員は、「事実」や「調査資料ノ発表」を「宣伝」と捉えたのに対し、幣原や熊崎は「プロパガンダ」を「宣伝」と理解していた、という指摘である。さらに、幣原は「現地宣伝機関の常設」に反対だったのであり、戦時における宣伝機関の設置には賛成したとも指摘されている。たしかに松岡たち〈情報部〉員ですら「プロパガンダ」としての宣伝を必要だとは論じていない。その点では、両者の是とする「宣伝事業」の領域は、さほど大きく違わなかったとの指摘は傾聴に値する。ただし、第三一七号電を読む限りでは、幣原は「現地」に限らず、東京の本省に宣伝機関を設置することにも反対している。むしろ考慮に入れるべきは、在外の現地にあって相手国の当局者やメディア関係者からの圧力を肌で感じる在外外交官と、そうした圧力とは無縁の本省の外務官僚たちの温度差ではなかろうか。

(33)　一九二一年八月五日開催、伊集院彦吉－朱啓鈐会談録、外務省記録 1.3.1.36-3-2 所収。この会談録については、大臣（内田）、次官（埴原）、〈情報部〉長（埴原）、〈情報部〉次長（有吉）、亜細亜局長（芳沢謙吉）に回覧され、それぞれが閲了サイン（花押）を据えている。なお、〈情報部〉第一部が取りまとめた本会談録は、在米大使の幣原と在仏国公使の小幡西吉に電報として宛てられた（一九二一年八月一二日発、内田外相より在米国大使幣原および在仏国公使小幡宛、合電第二五一号、同右所収）。

(34)　一九二一年八月一一日発、内田外相より在仏国大使石井・在米国大使幣原・在シンガポール総領事浮田郷次宛、合電第二四七号、同右所収。

(35)　一九二一年一月二七日本省着、在米国幣原喜重郎大使より内田康哉外相宛、電報第四二号（『日本外交文書　ワシントン会議』上巻、一頁）。

(36)　佐藤前掲「大正期日本外務省の対外宣伝」三八頁。

(37)　幣原が会議場で説明したことによって、ようやく交渉が進展・解決したという幣原自身の回想を重んじるならば、情報部の活動成果はきわめて限定的だったといえるだろう（幣原喜重郎『外交五十年』中公文庫、一九八七年、八八頁）。

(38)　佐藤前掲「大正期日本外務省の対外宣伝」三三、三六頁。

(39)　同右、三九頁。

(40)　石井前掲書、四〇三―四〇四頁。本章注(1)も参照のこと。

(41)　樋口真魚『国際連盟と日本外交――集団安全保障の「再発見」』（東京大学出版会、二〇二一年）第二章を参照。

第三部　昭和期の戦争と日本

第10章　一九三〇年代の日本の原料問題への対応
――「原料品問題調査委員会」を中心として

庄司潤一郎

はじめに

一九三五（昭和一〇）年一〇月のイタリアによるエチオピア侵攻を受けて、世界的に「植民地再分割論」が脚光を浴びた。国際連盟は、その解決のため第一段階として、まずより実現性のある原料問題に着手することになり、「原料品問題調査委員会」が設置された。同委員会は、一九三七年に三回にわたりジュネーブで開催された。国際連盟は、設立当初より原料問題に関心を有しており、第一次世界大戦後の世界経済不安の大きな要因として同問題の存在を指摘していた。その後も、世界恐慌などを経て提起されたものの、具体的に進展することはなかっただけに、原料品に対象を限定した委員会が国際連盟に初めて設置されたことは、画期的な意義を有していた。

連盟脱退後も各種委員会には参画していた日本は、日本と同様に「持たざる国」であるドイツとイタリアが不参加を表明したにもかかわらず、同委員会に参加した。しかし、委員会開催中に勃発した日中戦争は拡大の一途を辿り、一方同委員会は具体的成果をあげることなく閉会したのであった。その直後、近衛文麿内閣は、一九三八年一〇月連盟脱退後も継続してきた連盟諸機関との協力関係を終止し、さらに翌一一月には、東亜新秩序声明が発せられるに至る。

そこで、本章では、「原料品問題調査委員会」における議論の経過と日本の対応を検討することにより、当時の日本の原料問題への取り組み、国際連盟との協力の模索、および日中戦争が及ぼした影響について考察するものである。(1)

一　植民地再分割問題の国際化

1　ハウス論文と「持てる国」の反響

「植民地再分割論」は、ヴェルサイユ会議前後から見られたが、世界恐慌以降のブロック経済の高まりにより、「持てる国」と「持たざる国」の議論として強まっていき、一九三〇年代半ばドイツの再軍備、ラインラント進駐、イタリアによるエチオピア侵攻といった武力による現状打破の行動を受けて、まず「持てる国」の側から政治家、識者によって具体的に提唱されるに至った。(2)

嚆矢となったのは、ウィルソン（Woodrow Wilson）元アメリカ大統領の側近としてヴェルサイユ講和会議にも参加したエドワード・ハウス（Edward House）大佐で、一九三五年九月、アメリカの週刊誌『リバティー』（*Liberty*）に、「国際ニュー・ディールの必要」（九月五日号）と題する論文を発表した。ハウス大佐はまず、日独伊三国は人口の捌け口と原料を与えない限り爆発する可能性があり、特に日本は国内に溢れる人口をもてあましており、平和的方法によって思いきった領土の調整と植民地資源の公平な分配を行わなければ、世界の安定は保ちえないと主張した。ハウス大佐の提言は、各方面に大きな波紋を呼び、同じアメリカのハル（Cordell Hull）国務長官は、同年一〇月一五日、「戦争によって世界の経済的疾患は救われない。合理的条件に基づき、重要原料品を各国に配分する必要がある」との演説を行った。

一方、イギリスの元蔵相フィリップ・スノーデン（Philip Snowden）は、ハウス大佐の見解に基本的には賛意を表し、旧ドイツ領植民地のドイツへの返還を示唆しつつ、領土の分配は理想的すぎるので、現実的な解決策として、ウィルソンの一四カ条と国際連盟の精神にも明記されている資源の公平な分配を、通商・貿易によって確保すべきであると説いた。

一九三五年九月一一日、イギリスのサミュエル・ホーア（Samuel Hoare）外相は、イタリアのエチオピア侵攻を討議した第一六回連盟総会において、本問題は「政治的乃至領土的であるよりは、寧ろ経済的である」との前提から、戦争の原因を除去するには、原料の不公平な分配の実状に鑑み、原料を必要とする工業国間に自由な配分を行うべきで、その方法について調査研究を実施すべきであると提唱した(3)。

2　日本における反響

日本においても、ハウス大佐の論文は大きな関心を呼び、好感をもって迎えられた。その代表的な人物は、近衛文麿である。一九三四年六月ハウス大佐と会見し議論を交わした経験をもつ近衛は、同論文に応えるかたちで、同じ『リバティー』誌上に、「ハウス大佐に答ふ」（一二月四日号）と題する論文を寄せている。近衛は、ハウスの主張を達見であると評価したうえで、紛争の原因は、世界の現状においてはその能力を完全に発揮する機会が与えられない民族が存在していることにあり、領土と原料など国家民族の存在または発展上必要なる重要要素を一層公平に分配しなければならないと論じた。当面は、次善の方法として、「移民の自由・通商の自由」の二つの大きな原則の具体化が認められなければならないと主張したのである(4)。

一方、当時の広田弘毅外相は、一九三六年一月第六八帝国議会において、原料品の供給と製品販売市場の確保は、日本のように人口が多く資源が乏しい国にとっては、「経済的ノ存立上必須的条件」であるとしたうえで、世界平和の増進のためには、「世界到ル処人ト物トノ交通ヲ自由ニシテ、資源ノ開放及其利用ノ均霑ヲ実現スル」ことが緊要であると述べていた(5)。

また、天羽英二外務省情報部長は、ホーア外相の演説に対して、「平和脅威の根本問題を為す領土及原料の配分問題に触れられたのは味わうべきで、今まで平和維持を論ずるものは平和維持機構の問題にのみ偏り、平和破壊原因の除去に対して方策を講じなかったのが欠点である」と述べ、外相の演説に賛意を示すとともに、多大な関心を寄せているとの外務省の見解を表明した。さらに同部長は、領土・資源の公平な分配を得て、自由な通商・貿易を行いうるならば、それは世界平和の維持、人類幸福の増進に資するもので、誠に喜ばしいと述べた(6)。

駐仏大使の佐藤尚武（のち林銑十郎内閣の外相）も、「ホーアの名演説を聴き、ハウス大佐の論文を読むを得悦び禁じ難し」と感想を述べていた。そして、日本の人口過剰問題を解決するには、移民、農業改良、工業化および外国貿易振興、そして産児制限などの方法が考えられるが、現実的なのは工業化による外国貿易振興のみであるとの観点から、ホーア外相の提唱を評価する。しかし佐藤は、ホーア外相が原料取得の問題にしか言及していない点に触れ、それだけでは不十分であり、原料の分配とともに、自国生産品の販路も含め世界市場の構成問題として考慮すべきであると述べた(7)。

このように、ハウス大佐が、原料ばかりではなくさらに一歩進めて植民地の再分割を主張したのに対して、日英両国ともに、植民地そのものの分割ではなく、問題を原料の分配など経済面から捉えていた。特に日本は、「植民地再分割論」を基本的には歓迎しつつも、原料の分配に加え、当時日本が一貫して主張していた通商自由の原則にも重点が置かれていたのである(8)。

二 「原料品問題調査委員会」設置と日本の対応

1 「原料品問題調査委員会」の設置と独伊の不参加

ホーア外相の提言はその後具体化することはなかったが、一九三六年一〇月の第一七回連盟総会において、イギリス代表のウィリアム・モリソン（William S. Morrison）は、ホーアの演説をさらに敷衍して、原料品均等取得のため、理事会が専門の一委員会を任命することが至当であると提案した。総会は、一〇月一一日、この提案に基づいて、世界の主要諸国が連盟国たると非連盟国たるとを問わず、協力して衡平な原料品取得問題の検討および研究をなすべき時機が到来したと判断し、専門家からなる一委員会を設置する旨の決議を採択した(9)。

国際連盟は、規約第二三条に「交通及通過ノ自由並一切ノ連盟国ノ通商ニ対スル衡平ナル待遇ヲ確保スル為方法ヲ講スヘシ」と、通商の自由を規定し、その関連で発足当初より原料問題についても関心を有していた。一九二一（大正一〇）年の第二回総会は、前年一〇月の連盟理事会の決議に基づく経済財政委員会の報告を採択した。この報告において、「一国ニ産セラルル原料品ハ他国ノ経済生活ノ要因ヲ為ス故ヲ以テ其ノ分配ニ関シ差別的規則ニ依リ妨害セラルサルヘク又右分配カ経済侵略ノ具ニ供セラルサルヘシ」として、第一次世界大戦後の世界経済不安定の要因の一つとして原料品問題も指摘されたのであった。

一九二七年にジュネーブで開催された国際経済会議、さらに世界大恐慌後の一九三三年ロンドンにおいて国際連盟主催で開催された国際通貨経済会議でも原料問題が提起されたが、具体的な成果を得るには至らなかった(10)。その意味で、原料品のみを対象とした国際会議である「原料品問題調査委員会」が国際連盟に設置されたことは画期的であった。

総会の決議を受けて、国際連盟は、各国政府に参加協力を呼びかけたが、独伊両国は不参加を表明した。外務省は、不参加の理由について、以下のように分析していた。両国とも、「持たざる国」という点では日本と同様の立場であるが、イタリアは、エチオピア侵攻問題以来、一切国際連盟と協力しない方針を堅持していた。一方、非連盟加盟国のドイツは、原料を最も切実に要求している国の一つであるにもかかわらず、この種の経済問題会議は不成功になると見透し、また、この委員会設立を主導したイギリスの意図が、ドイツの要求している植民地再分割の問題の矛先をかわすためではないかと判断し、拒否したというのである(11)。

2　日本の参加決定

一方、日本政府に対しては、一九三六年一一月以降、国際連盟経済部長より、横山正幸国際会議帝国事務局長代理兼総領事および伊藤述史駐ポーランド公使に対して、当時国際連盟の経済委員であった伊藤公使の同委員会への参加の要請が、独伊がともに不参加を決定したことから、再三にわたりなされた。日本政府は最終的に、伊藤公使に代わり、日本銀行出身で当時駐独日本大使館商務書記官であった首藤安人を出席させることを決定した。日本政府の代表ではなく、国際連盟経済委員会の経済委員としての資格であり、したがって、その発言等は何ら日本政府を拘束するものではないとの建前であった(12)。

日本は、連盟脱退後も、脱退前の閣議決定と詔勅の趣旨に基づき、総会や理事会など政治的性質を帯びる機関には協力は行わないが、平和的・人道的もしくは技術的問題に関する諸委員会との協力は継続するとの方針の下、常設委任統治委員会、アヘン諮問委員会、社会問題諮問委員会には政府代表を、保健委員会、経済委員会などへは個人の資格により委員を派遣するなど、各種連盟機関との協力関係を維持していた(13)。

外務省が、「原料品問題調査委員会」への日本の参加を決定した理由は、以下の通りである(14)。

我国トシテハ単ニ原料ノ公平ナル分配問題ノミナラス之ト共ニ製産品ノ販路確保ノ問題ヲモ併セテ研究ノ上我方ニ有利ナル解決ニ導クノ必要アリ、此際寧ロ我方カ今次国際連盟ノ企図ヲ利用シ之ニ参加協力シ以テ原料ノ公平分配ト製品販路ノ確保及資源開発ノ為ノ労力ノ自由移動実現トニ力ムルコト得策ナリト認メ連盟ノ要請ヲ容レ首藤商務官ヲシテ出席セシムルコトニ決セリ

すなわち、この機会を利用して、原料の公平な分配のみならず、製品販路の確保を提唱すべきであると考えていたのである。

当時外務省通商局は、本件の重要性に鑑みて、一九三六年一一月に「原料品取得問題ト我国ノ立場」と題した調書を作成し、外相に提出していた。同調書では、欧米における「植民地再分割論」に関する一連の議論を評価しながらも、イギリスの意図は原料の公平な分配のみを高調することで各国の眼を眩惑し、製品販路に関する無差別待遇の問題を不問に付しかねない嫌いがあり、それゆえに国際連盟側の提案に応ずる場合は、原料品獲得の自由と同時に製品販路自由の主義を分離することなく主張し、物資の国際的自由流通の制度の再建を導くことが肝要であると指摘されていた。そのうえで、国際連盟の決議に対しては、「我国トシテ本問題ニ付連盟ニ協力シ世界通商ノ公道ヲ通ジテノ原料品獲得ヲ保障スル如キ協定成立ニ導クニ努ムルコト適切ナリト思考ス」と記されていた(15)。

外務省は、同委員会を主唱したイギリスの意図について、世界大恐慌以来原料品価格の暴落に苦しんでいる自治領の救済と、ドイツなどによる植民地要求を緩和することの二点を指摘していた。そして、近年のドイツの軍拡がヨーロッパにとって脅威となっており、それを抑止するために着手したというのである。したがって、同委員会の研究も、原料品の存在の偏重は認めるものの、いずれの国家の需要を満たすのに十分であり、かつ原料品の困難は、購入の財

力に起因するという結論に至るのは明らかであると分析していた。このようなイギリスやフランスの思惑ゆえに、日本による「原料品問題ト製品販路問題トハ相倚関係ニアルモノナルコトトカ或ハ植民地開放ノ必要アルトカノ理論上正当ナル陳述」は拒否される可能性が高いが、「我方トシテ英、仏ニ利用セラレサル様善処スルコト肝要ナルヘシ」と警鐘を鳴らしていたのである(16)。

3　分かれる日本国内の反応

イギリス王立国際問題研究所は、植民地再分割に対する日独伊三国の背景の相違について、以下のように分析していた。ドイツの場合、経済上の理由よりは、ヴェルサイユ講和条約の屈辱への不満・反発といった心理面が強く、経済面では日本と異なり人口問題は存在せず、原料の問題がより一層緊切であった。イタリアは、工業発展の遅れのため、人口問題解決に重点が置かれ、一方、ヴェルサイユ講和会議においてイタリアの領土要求を無視した連合国への不信が根強くあった。一方、日本の場合は、年々一〇〇万人が増加する国内人口の問題が重要であった。これまでは、原料品を輸入して、生産を増進し製品を輸出することにより工業化を促進し、その過程において膨大な余剰人口を給養することが可能であったが、将来日本製品が市場から締め出される危険は否定できず、そうした意味において、ドイツやイタリアと異なり、日本の問題は、現在よりもむしろ近い将来（ほぼ一五年先）に生ずるであろう。したがって、日本は、現時点では人口問題解決を目的とする工業化のために、「市場の割当、自由貿易、移民問題、及びその他互恵的経済協定による資源分配の再調整を要求」しているというのである(17)。

このように、政治的色彩が濃い「原料品問題調査委員会」であったが、それゆえにこそ、非連盟加盟国の日本が、独伊と異なり敢えて参加したことは、当時の日本外交、特に国際連盟に対する姿勢を示唆していた。まさに、「連盟を排除した脱退国」ではなく、通商均等待遇など経済分野における「連盟と並存可能な脱退国」としての路線を模索していたといえよう[18]。

しかし、日本国内の反応は、大きく分かれていた。「原料品問題調査委員会」開会当時、林銑十郎内閣の外相であった佐藤尚武は、日本としては植民地の再分割は特に考えていないとしたうえで、人口問題解決のためには「海外原料資源の獲得と開発、及び海外商品市場の開放を要求する以外はない」と指摘し、「第二回原料資源調査委員会には首藤商務官を通してこれを主張したい」と述べていた[19]。

林内閣を継いだ近衛文麿首相も、日中戦争勃発直後に開かれた第七一帝国議会において、対外政策の基本として掲げた「国際正義」は、領土と資源の再分割というところまで行かなければ徹底しないが、今日ではそれは「空想」であり、次善の策として少なくとも「人と物の移動の自由」（「資源獲得・販路開拓・労力移動の自由」の三条件）は可能な問題として要求すべきであり、「現ニ「ジュネーヴ」ニ於ケル原料問題ノ調査委員会ニ帝国ノ代表者ガ出テ、之ヲ主張シテ居ルノデアリマス」と述べていた[20]。いずれも、「原料品問題調査委員会」に期待を寄せていた。

一方、対照的に世論では、悲観的で厳しい批評が散見された。たとえば、「寿府の茶番劇」と題した『読売新聞』の記事は、「持てる国」のカモフラージュと達観して独伊が参加しないのは当然のことであるとしたうえで、「畢竟茶番劇たるに相応はしい終結に導くべく、而して謂ふところの平和への脅威は、日一日と濃厚にならざるを得ない」と指摘していた[21]。

また、『国際知識及評論』は「与へざる資源委員会」、「眉唾もの「資源分配」」などと題した「時評」を掲載し、「資源を、資源なき国に開放する為めのものではなくして、反対に資源を与えざらんとするものであること、恰かも軍縮会議が、実質的には、軍拡会議となる傾向があるのと、同一だと云ふ感を、懐かしめないでは置かぬ」と評し、最後に「結局この委員会は、アハハとお笑ひになるより外に、方法はあるまい」と結論づけていたのであった[22]。

三　「原料品問題調査委員会」における討議と報告書

1　委員会について――構成、時期、趣旨など

一九三七年一月二六日、第九六回国際連盟理事会は、「原料品問題調査委員会」（the Committee for the Study of the Problem of Raw Materials）を設置した。委員は一八名が任命され、スイス（議長）、ベルギー（副議長）、オランダ（副議長）、イギリス、フランス、ソ連、ポーランド、ポルトガル、カナダ、スウェーデン、チェコスロバキア、アルゼンチン、メキシコ、南アフリカの連盟加盟国をはじめ、日本、アメリカ、ブラジルの非加盟国を含む一七カ国と国際労働事務局から参加することになった。これら委員は、連盟の経済委員会から五名、財政委員会から二名、その他は理事会が適任者として選定した専門家であった。以下のような著名な人士が名を連ねた。

・リース・ロス（Sir Leith-Ross）　中国における幣制改革で有名になったイギリス政府主席経済顧問
・ヘンリー・グラディー（Henry F. Grady）　前国務省条約局長として国務長官ハルのブレーン・トラストの一人であったカリフォルニア大学教授
・アダム・ローゼ（Adam Rose）　ポーランド商工次官・ポーランド国際原料委員会委員長
・ボリス・ローゼンブルム（Boris Rosenblum）　ソ連外務人民委員部商務局長
・ヴァン・ゲルデレン（J. van Gelderen）　オランダ植民省局長
・レオ・ジェラール（Max-Leo Gerard）　ベルギー前大蔵大臣
・フェルナン・モーレット（Fernand Maurette）　国際労働事務局次長

委員会は、第一次会議を一九三七年三月八日から一二日まで、第二次会議を六月一六日から二五日まで、第三次会

議を九月一日から四日まで、のべ三回にわたりジュネーブにおいて開催した[23]。

議論の対象は、国際連盟総会の決議において委員会の目的を経済的方面に限定していたことから、原料品を算出する領土の再分割や侵略防止のための原料品供給制限問題など政治性の強いものは除外された。すなわち、「平和的通商に従事する世界総ての国々に対し、原料品の商業的取得を容易ならしめることに関する国際協力の可能性」を議論の対象として取り上げたのであった[24]。

また、会議は非公開で議事が進められ、発言者は出身の自国政府の代表として発言するものではないとの建前が取られた[25]。こうして、原料品問題に関する研究と討議を行うとともに、最終的に成果として報告書を作成することになったのである。

2　第一次会議における討議

第一次会議の冒頭、首藤委員はまず、日本の人口問題に言及し、それを解決するための工業化の必要性を述べた。さらに、日本における原料の産出は貧弱で生糸以外の主要原料品はほとんどすべて輸入に頼らざるをえず、したがって原料品の輸入は日本の輸入総額の八割以上を占める実状に基づいて、原料品問題が日本にとりいかに死活的か、またその意味で現在の国際的経済環境がいかに不十分であるかを説いた。そのうえで、三項目にわたる提案を行った。第一に、原料品獲得上の障害の除去である。輸出制限・禁止、あるいは輸出税や独占的傾向の拡大は、資源を持たない国にとっては問題で、国際不安の一因となっており、この不安をまずは除去することが必要である。第二に、人類の福祉増進の精神のためにも、世界の未開発地域の開発における、内外人の平等待遇である。具体的には、資源開発のための労力、技術、資本の自由な移動を認めることで、コンゴ盆地条約（一八八四年一一月、一四カ国により調印された、コンゴ盆地における一切の国民の通商上の均等を規定した議定書[26]）、またはA式・B式委任統治条項の公正なる精神を広く植民地に適用する必要がある。第三に、原料品問題に関連して、当然考慮しなければならない通商自由の問題である。たとえ原料品の公平な分配が行われたとしても、資金がなければ購入できず、資金を得るためには製品を輸出しなければならないのである。したがって、原料品の問題と通商障害の撤廃は分離することはできず、同時に考慮する必要がある。[27]

一方、同様に会議冒頭に行われたイギリスのリース・ロス委員の演説の要旨は、以下の通りである。[28]

① 植民地の原料問題を過度に重視すべきではなく、したがって植民地の譲渡により解決するものではない。

② イギリス帝国は単一の国家ではなく、各自治領は独立の一単位として取り扱うべきである。

③ 原料の輸入困難の問題は、対外関係よりも、むしろ主として輸入国自身の経済、通貨、および貿易政策などの国内事情に起因していることに留意しなければならない。

④ イギリスは、植民地の善良なる管理者であり、そのため植民地自身の利益を十分に配慮しなければならない立場にある。また、母国は植民地の原料により特別の利益を得ていることはなく、むしろ第三国よりも高価に購入しなければならない場合もある。

⑤ 植民地の開放問題は、植民地に政治経済、特に財政上不利な影響を及ぼす懸念があり、開放するにしても、少なくとも外国より相互的な利益の供与がなければならない。したがって、植民地の開放問題については、俄かに応じ難い。

その後も、各国の委員から意見の開陳がなされた。首藤委員によれば、「持てる国」の側としては、イギリスを中心としてカナダ、オランダなどがブロックを形成して終始行動し、これに対して「持たざる国」は日本とポーランドだけであり、ほかのアメリカ、ベルギー、国際労働事務局が、中立的で公正な意見を述べた結果、会議開会早々から深刻な対立が生じたとのことであった。[29]

特にアメリカのグラディー委員は、「持てる国」であるにもかかわらず、均等待遇の許与について「持たざる国」に対して十分同情的配慮を払うべきで、アメリカは将来フィリピンにおいて無差別待遇の原則を樹立すると主張し、「暗ニ英、南阿、蘭等ノ委員ニ一矢ヲ酬ヒタリ」と首藤委員によって評されたのであった(30)。

一方、ソ連のローゼンブルム委員は、毎晩ナイトクラブに通いながら、食べるためのお金がないという者に同情的考慮を与える必要はないと、「バターよりも武器を欲する政策を攻撃し、軍備問題に付て露骨な譬喩を挙げて攻撃」を行った(31)。

首藤委員の主張に対して、第一の原料品の分配については、表立った反対はなかった。第二の植民地の開放については、ポーランド、アメリカ、ベルギー、スイス、労働事務局などが賛成し、イギリス、オランダが反対であった。第三の通商の自由については、ポーランド、スウェーデン、アメリカ、労働事務局などが賛成し、オランダ、ポルトガルなどが、日本製品の進出を例に反対した(32)。

ただ、首藤委員による「未開発地域」との語句の使用について、ブラジルの委員が自国も含まれるのか、またアメリカの委員からも、ドイツによる租借を懸念して、南米も含まれるのかといった質問がなされたが、首藤委員は、いずれも否定し、「未開発地域」とは、広大な土地を有し自らは利用しないにもかかわらず、他国にも開発させないとの意味であり、日本が対象としているのは、距離的に近いところであると付言したのであった(33)。

会議はその後、議論すべき議題として、（一）原料品供給上の制限、（二）門戸開放・自由通商への復帰、（三）原料品の需給関係および価格変動、（四）代用原料品の問題、（五）人口増加問題と未開発地域の資源開発問題の五点を決定した。（一）、（二）、（五）と、日本の主張が五項目中三項目まで取り上げられたのであった。また、原料品に関する詳細な統計を作成する委員会のほか、原料品供給に関する障害を扱う第一小委員会、原料品の購入と支払いの障害を扱う第二小委員会の二つの小委員会も設置された。このように、第一次会議は、各委員の意見陳述と会議の進行要領などの決定といった本格的な議論のための予備的なものであり、実質的な議論は第二次会議に委ねられることになった。

第一次会議に対する所見において、首藤委員は、まずイギリスの対応を問題視した。会議冒頭に行われたリース・ロス委員の主張は、首藤自身のものとは全く対照的で、日本の主張と大きく背馳している点があり、「リースロスの演説の如き、ああ云ふ意見を吐くやうでは此の会議は一体どうなるのだらうと実は非常に失望したのであった」と、失望を隠さなかった[34]。さらに、「英ハ本委員会ヲ自国ノ立場擁護及対独関係ニ利用セントスル魂胆ヲ有シ居ルヤニモ想像セラレ」、そのため、いかほどの成果を収められるかは甚だ疑問であるが、第二次会議までに十分に準備をしてできうる限りの具体的成果を収めたいと述べていた[35]。

したがって、イギリスと真正面で議論しても所期の効果を上げることは難しいので、第一次会議におけるベルギーやアメリカの委員の理解ある姿勢に鑑み、本省も交えて両国に働きかけることが有効であるとされた[36]。

当時外相であった佐藤尚武も、委員会の雰囲気は、原料品問題の公平なる解決によって世界平和に貢献すべきとの崇高な使命を忘れ、ややもすれば「持てる国」の利益のみを固守しようとする痛嘆すべきものであり、「此点に付き首藤委員は委員会の深甚なる注意を喚起し其の本来の使命達成を強調せり」と記していた[37]。

3　第二次会議における討議

第二次会議は、予備的な第一次会議を受けて、いよいよ具体的な討議に入り、議論も沸騰した。会議を前に、首藤委員は、第一次会議におけるイギリスの姿勢を踏まえ、リース・ロス委員に対して、前回会議におけるイギリスの主張に日本の世論は著しく失望しており、今後も同様の態度を続けるのであれば、「経済関係ニ於テモ日本ハ愈々連盟ヲ見放スニ至ル惧アリトテ」猛省を促した[38]。会議中も、六月二二日、リース・ロス委員に対して、近衛内閣の広田弘毅外相は、日本の抱える問題解決のためにより過激な政策を採るよう陸軍から圧力を受けており、それを抑えるためにも委員会による積極的な取り組みを可及的速やかに行う必要があると説得した。しかし、日本の外務省を支援するような動きは、イギリス政府からは行われなかった[39]。

本会議の第一小委員会（原料品供給の問題）では、資源開発について、「持たざる国」は「自己弁護論ノ範囲」を出ることなく、かえって、リース・ロス委員は、朝鮮と台湾という日本の植民地における制限に言及したため、首藤委員は、人口密度や開発の程度の観点から反論を行った[40]。

また、開発の対象地域をめぐって、議論は紛糾した。イギリス、オランダ、ポルトガルの委員は、「本案ヲ骨抜キニ終ラシメント」植民地に限らず、各種原料が豊富で遥かに植民地を凌駕する主権国にも及ぼすべきと主張したのに対して、ブラジルやアルゼンチンといった南米諸国は、「体面論ヲ振翳シ」て、植民地に局限すべきであると強硬に反論したのであった。また、ポルトガルは、特にコンゴ盆地条約の拡張を危惧して反対を行った[41]。

第二小委員会（原料品の購入と支払い問題）では、リース・ロス委員は、従来の主張を繰り返し、原料品問題の解決には各国の国内政策を変更することが必要であると強調した。さらに、植民地特恵についても、貿易の統計数字を例示して、それほど本国や自治領の利益になっていないと指摘し、各国、特に欧州諸国による通商障害の緩和がない限り、特恵問題について考慮することはできないと述べた[42]。

特に、議論となったのは、軍備との関連をめぐる問題である。リース・ロス委員は、突然、特に中欧と極東における軍備拡張は原料輸入難をもたらしており、したがって関係国はまず国策の変更を必要とすべき旨を挿入することを提議したのであった。特に、日独などを指し示すかのような書き振りのため、日本側は、軍備は原料輸入問題に対する危惧に起因する国際的不安により生じているのであり、まずはその危惧の除去が必要である旨付記する必要があると提案した。その結果、いずれの提案も撤回されることになった。しかし、リース・ロス委員は、それでも不満を表明し、「日本ハ軍備ト財政及為替トノ関係ニ付如何ナル信念ヲ有スルヤト言フカ如キ口吻ヲ漏シ」ていた[43]。

その後、第二次会議では、最終報告書の大まかな方向性を決定し、中間報告を作成したのであった。首藤委員は、第二次会議について、日本側の主張と具体的な提案は、終始会議の進行をリードし多大な貢献をなし、それは委員会事務局からも感謝されたとする一方、問題点について、以下のように指摘していた[44]。

所有国側殊ニ英ノ態度ハ前回ニ比シ何等緩和セラレス結局生温キ結果ニ終リタルハ甚タ遺憾ニ存セラル而モ次回会議ニ於テ更ニ改善ヲ図ルノ機会アルヤ否ヤニ付相当疑問ナキ能ハサルモ予メ連盟当局ヲシテ本委員会成功ノ為所有国側委員ニ内々談合セシムルコト一案カトモ思考セラル

4　第三次会議における討議

第三次会議においては、ほぼ実質上定まっていた最終報告書案に対する討議を中心として行われた。報告書の本文には、日本の主張が、趣旨としてはほぼ記載されていたが、首藤委員は、原料品問題の概要を記した「序文」と「結論」は、失望を感じざるをえない内容であり、「所有国ノ自己弁護ニ過キサルヲ以テ到底之ヲ承認シ難シ」として、ポーランドの委員とともに修正案を提出し、最終的には妥協案が採択された[45]。さらに、リース・ロス委員は、フランス、オランダ、ポルトガル委員の支持を得て、「持てる国」に有利になるよう報告書中の字句修正に努め、特に軍備問題に関してはより強硬に批判し、また安価なる商品を防遏する必要性を指摘し、「日本ニ対スル遠慮ハ一掃セラレタルノ感アリタリ」と指摘されたのであった[46]。

イギリスに関しては、第一次会議における首藤委員の三原則の主張は、リース・ロス委員を驚かせ困惑させただけではなく、イギリス本国においても、特に通商の自由の提唱に対して強い反発が生じたため、その後強硬な意見が高まっていき、そのような状況は委員会にも大きな影響を及ぼし、進展は見られなかったのである[47]。

一方、ソ連のローゼンブルム委員の提言によって、会議の空気は最も緊張することになった。ローゼンブルム委員は、極東その他戦雲漲る現下の情勢において侵略国に対する原料品供給は根本的な再検討を要すると提言したのである。首藤委員は、その都度本委員会は専門機関であり政治問題を討議すべきでないと反駁を行ったが、リース・ロス委員もソ連の主張に同情を示し、ローゼンブルム委員も態度を改めるところがなかった。そのため、首藤委員は、日本が本委員会に参加したのは、純然たる専門機関と認めたからであり、「斯ノ如ク政治的論議ヲ反覆スルニ於テハ自分ト本会トノ関係ニ付篤ト再考スルノ要アル」と述べた。その結果、報告書には単にこの問題の存在のみを指摘し、討議は本委員会権限外である旨記録することになった[48]。

四　委員会の閉幕とその反響

1　最終報告書の採択

その後採択された最終報告書はまず「序文」において、統計に関する研究に基づき、前提となる原料品について、多くの原料品の全部もしくは大部分が主権国家内で生産されており、たとえば重要原料品生産高で植民地（自治領は除く）の占める割合は三%にも達していないと指摘した。また、一九三六年度の世界貿易において、植民地は輸出の九・七%、輸入の八・一%を占めているにすぎず、したがって植民地の生産が特定国にとって一定の重要性を有していても、原料品の植民地における生産は、世界の全生産のなかで比較的重要な割合を占めているものではないとした[49]。これは、植民地の重要性を指摘する「持たざる国」の植民地再分割への要求に対する婉曲的な批判でもあった。

本文では、まず原料品の供給に関する問題について、輸出の禁止および制限は、防御的手段としての性質を有するもの以外は、重大な異議を提出すると反対しつつ、「斯かる障碍に付て何等実証的な証言を見出し得なかった」と指摘した(50)。また、第二次会議で議論となった未開発地域の開発については、主権国の立場と植民地の立場は別に論じなければならないと指摘し、主権国は除外された。そのうえで、いずれにおいても、原則として不当なる障害によって妨害してはならないとする一方、公益の必要上多くの制限が課せられることは認められるとされた。また、日本やポーランドの主張を踏まえ、資源の無制限取得の原則を、たとえばコンゴ盆地条約やA式・B式委任統治を拡張して人口稀薄にして未開発の地域にも適用すべき旨提唱した国があったと付記された(51)。

次いで、原料品の獲得と支払いに関する問題について、原料品の支払い困難に対する解決策の大部分は、資本、財貨および労働のより自由な流通を回復するための協同一致的行動を必要とする広汎な経済問題の解決と結びついていると指摘した(52)。

また、第二次会議において激しい論争となった、ソ連のローゼンブルム委員の提言を踏まえて、原料品獲得の困難は、多くの国が軍備に巨額の支出をしているために拡大しており、軍備目的の原料品需要が価格の沸騰や供給不足を招来した一因であると指摘した。さらに、原料品用の為替を第一に軍備目的に使用すれば、民間で必要な原料品を獲得するに際して困難が生じることは明白であるとしつつも、ある特定国家の軍備政策の批判を試みることが、本委員会の任務ではないと述べた(53)。しかし、ソ連のローゼンブルム委員は本文の記述に満足せず、強く要望した結果、「ローゼンブルム氏の宣言」と題する一文が、「結論」の末尾に付記された。それは、原料品取得の困難について、「先づ第一に彼等の軍備政策、野心及び侵略的行為に起因せるものなることを明瞭に示すこと」と述べられていた。さらに、「現今の如き政治的擾乱の時期に於ては、原料品は若干の国々に依り侵略及び戦争目的に使用せられつつあると云ふ事実に対し、連盟総会の注意を喚起すること」と提言していたのであった(54)。

日本が特に重視していた三原則の一つである通商の自由に関して、委員会は、原則として貿易上のさまざまな障壁を除去すべきであるとし、割当制度も漸次撤廃すべきであるとの点で一致を見たが、一方「生産費が極めて低く其の輸出に対しては、何等かの防衛手段を講じない時は、市場を全く擾乱せしめて了ふ如き生産者よりの競争に対して、或る種の防衛手段を講ずることには正当性が認められて居る」と留保を付けたのである(55)。この留保には、会議中もイギリスやオランダから指摘された安価な日本との競争が、念頭に置かれていた。

最後に「結論」において、原料品の供給に関するものと獲得・支払いに関するものの二種類の困難について検討した結果、後者が遥かに凌駕していると述べた。すなわち、原料品獲得の困難は、原料品供給国側ではなく、原料品購入側の経済政策および通貨政策に起因しているというのである。そして、原料品の分配に不平等が存在し、特定の国が困難に直面していることは認めつつ、「商取引に依る原料品取得問題の唯一の一般的且永久的解決方法は、国際的な交換の仕組が最大規模に於て回復せしめられることに存する」と指摘した(56)。

このように、最終報告書は、日本の主張が原則として随所に明記されたものの、細部においては隔たりが大きく、さらに原料品問題に対する何らかの具体的解決案を指示するものではなかった。

首藤委員は、報告書は、原料品問題の重要性と植民地の経済的価値を軽視する一方、一般的な経済問題として通商自由時代への復帰を希望し、それによって容易に原料品問題は解決すべきと記されているが、それは「持たざる国」を「僅ニ慰メントセルニ過キス」と批判していた。さらに、「我カ主張ハ報告書ノ随所ニ折込マレ原則的ニ認諾セラレ居ルモ何分所有国側ノクドクドシキ弁ニ埋メラレ明瞭徹底ヲ欠キ居レルハ会議当初ヨリ予期セラレ居タルコトトハ言ヒ乍ラ失望ヲ禁シ得ス」と、落胆を隠さなかったのである(57)。

さらに首藤委員は、「結論」に記された「解決方法の具体化は、本委員会の能く為し得る所ではないが、然し本委員会は、其の考慮を払った事項が実際的解決に導くことを切望する」との消極的な姿勢に対して、単なる学術的な論議に終わらせるのではなく、適当な時期に少数の重要諸国間の国際会議を開催して、委員会の研究を基礎として原料品問題の実際的解決を図るべきと提議した。しかし、イギリス、アメリカ、フランスなどの委員からは、現下の世界情勢はいまだこのような会議の開催に適していないとの理由で賛同は得られなかった。結果として、本研究を連盟の経済および財政委員会に付託すべき旨を採択するにとどまったのであった(58)。

2　委員会に対する所見とその後の展開

「原料品問題調査委員会」を振り返って、首藤委員は、以下のように指摘していた(59)。

然ルニ英国ヲ筆頭トスル原料所有国委員ノ態度ハ如何ニシテ自国ノ立場ヲ弁護スヘキヤニ汲々タルモノアリ、積極的ニ何等カノ解決案ヲ成立セシメテ世界平和ニ貢献セントスル誠意更ニナク又欧州小国委員ハ原料購入ニ対スル支払イ難緩和問題以外ノ一般的経済問題ニハ余リ興味ヲ有セス……三回ノ会議ヲ通シ常ニ吾人ノ主張ハ多数ヲ制シ居ル原料供給国側委員ヨリ反対乃至冷遇ヲ受ケタリ……吾人ノ希望ヲ距ルコト甚タ遠キモノトナレルコト頗ル遺憾ニ堪エサル次第ナリ

さらに、首藤委員は、第三次会議は日中戦争勃発後に行われたため、ジュネーブの雰囲気は「益々反日的」となり、特に元来日本の主張に不賛成であったソ連やイギリスの委員の態度は、「結論」に付記された「侵略」への言及に象徴されるように、より強硬になっていったと日中戦争が及ぼした影響についても言及していた。

そのうえで、首藤委員は、このような有耶無耶な結果を見ることは当初より予想され、本委員会の成果にも大きな期待は寄せていなかったものの、会議において根本的主張を堂々と主張し具体的提案を行ったのは日本だけであったとして、以下のように結んだ。

其提案ハ其儘委員会ヲシテ採択セシメ得サリシト雖モ之等提案ノ趣旨ハ何レモ報告書中ニ明記セシメタルヲ以テ縦令報告書中各項ノ結論其ノモノハ利用価値ニ乏シト雖モ各項中ニ表レ居ル原料不足国ノ希望特ニ日本側ノ主張ハ今後輿論ノ指導上相当役立ツコトアルヘキヲ信シ私ニ自分ノ不満ヲ慰メ居ル次第ナリ

一方、委員会開会当時外相であった佐藤は、成果をあげえなかった要因として、「持てる国」の心理状態に言及した。すなわち、過去数世紀にわたり植民地を占有してきたため、それを一朝にして変更させることは難しく、したがって、不屈の精神を以て機会あるごとに、政府、官憲、学者、実業家など各方面において、世界の世論に訴えていく必要があるというのである。さらに、原料品問題に関する日本の主張には、「極めて機微なる半面を含み、ややもすれば原料所有国の猜疑不安を招き却って問題の解決を困難ならしむる虞れ多分に包蔵せらる」と警鐘を鳴らし、日本としてはこの点を十分考慮しつつ、相手国の不安を除き、双方がともに利するような実際的な方策を講ずるのが、賢明の策であると指摘していた(60)。

日本国内では、当初より悲観的な見解が散見されたが、終了後も厳しい批判がなされた。たとえば、地理学者の佐藤弘は、委員会の分析は「緻密」であるが、その問題の解決策としては「全く微温的」であり、すなわち原料品問題は、植民地再分割という「持てる国」にとって不都合な問題から「逃避」し、「提起された問題の真意をくらますための偽瞞としか見ることはできない」と指摘した。そして、「土地の再分配は依然として戦争による強制的分配よりほかに有効方法がないと結論せざるを得ないのは遺憾である」と結んでいた(61)。

一九三七年一〇月、連盟総会は大筋において「原料品問題調査委員会」の報告書を承認し、報告書に沿った具体的方策の検討を経済委員会に要請することを決定した。一二月に開かれた第四七回経済委員会は、①原料品の輸出に関する禁止、制限および課税、②資源の開発、③原料品の供給に関する国際統制組織の三点について原則を提言した。一九三八年一月の第一〇〇回理事会は本原則を了承のうえ、連盟事務総長をして、各国政府に対して原則に対する意見、何らかの国際的措置をとる時期や形式を照会する旨の決議を採択したのであった。しかし、意見照会に対する結果は、ほとんどの国は趣旨においては賛成するものの、国際的措置の時期については、「原料品問題調査委員会」における最後の議論と同様にいまだ熟していないとの見解であった。その結果、日本が期待した具体的方策は、何ら着手されることはなかったのである。こうして、「原料品問題調査委員会」は、国際連盟が一九三〇年代における原料品問題を解決すべく着手した「最後の国際的な努力」となったのであった(62)。

おわりに

以上見てきたように、日本の期待とは裏腹に「原料品問題調査委員会」において前向きの議論はなされず、加えて日中戦争の勃発は、委員会の雰囲気のさらなる悪化をもたらした。辛うじて報告書は作成されたものの、学術的分析にとどまっており、何ら具体策を示すものではなかった。こうして、国際連盟における原料問題に対する最後の取り組みは、終焉を迎えることになった。

委員会の翌年、一九三八年一〇月一四日には、近衛内閣は、国際連盟理事会が日中戦争にともなう対日経済制裁を認めたことを受けて、連盟脱退通告後から継続してきた諸機関との協力関係を終止する閣議決定を行い、一一月二日国際連盟に伝えたのであった(63)。

外務省通商局は、委員会の結果を受けて、原料品問題に関する日本の要求を達成することは容易ではなく、したがって、現下の情勢下で原料品特に軍需物資を確保するためには、「我国独自ノ方策ヲ樹立セサルヲ得サル立場ニ在リ」

と結論づけた。そして、その具体的方策として、国内資源の活用はもちろんとして、①原料輸入先の分散、②日本にとって輸出超過国よりの原料の輸入の増加、③他国の「ブロック」政策に対抗して日本を中心とする経済「ブロック」の結成、④その他の協定に基づく了解等の方針を樹立することが肝要であると指摘したうえで、以下のように提言していた(64)。

従来ノ日満「ブロック」へ新ニ北支ヲ加ヘテ日、満、北支ヲ一貫スル経済「ブロック」ヲ結成シテ原料資源ノ確保ヲ計リ、又本年末其ノ成立ヲ見タル日、独、伊防共協定ヲ利用シテ独伊両国ヨリ所要軍需物資ノ供給ヲ受ケ、或ハ満独貿易協定ニ関連シテ更ニ独逸ト密接ナル通商関係ヲ結ヒ得ヘシ

まさに、委員会閉幕から二カ月後、一九三七年一一月、イタリアの加入により日独伊防共協定が締結され、その後防共協定強化が着手されたのであった。この協定は、「防共」、すなわちソ連を対象としたものであったが、同時に事実上はイギリスにも向けられたものであり、「所謂「持たざる国」の連合」と評されたのであった(65)。

さらに、近衛内閣は、協力関係終止の通告直後の一一月三日、東亜新秩序声明を発する。同声明では、新秩序の建設は、「日満支三国相携へ、……国際正義ノ確立、共同防共ノ達成、新文化ノ創造、経済結合ノ実現ヲ期スル」とされ、資源獲得の自由を含む「国際正義」が新秩序の目的として提唱されたのであった。

日英米関係に関していえば、委員会開催までは、日英両国は、参加を拒否した独伊と異なり植民地そのものの再分割ではなく原料品の分配など経済面での議論に限定することで一致していた。しかし、委員会における議論では、日本やポーランドなど「持たざる国」と英仏蘭葡など「持てる国」、特に日英間で、原料品の供給、植民地の開放や通商の自由をめぐって激しい対立が生じたのであった。

一方、「持てる国」のアメリカは、むしろ「持たざる国」の主張に理解を示し、日本と問題意識を共有していた。したがって、その後当該問題に関する米英間の乖離は深まっていき、一九四一年八月の大西洋憲章の作成をめぐって激しく対立するに至る。アメリカは市場や原料品への均等なアクセスを要求したが、イギリスの強い抵抗により、帝国特恵関税制度を認める「現に負っている義務を十分尊重しつつ」との文言を挿入することで妥協し、左記の条項（第四項）となった[66]。

　両国は、現に負っている義務を十分尊重しつつ、大国小国、戦勝国戦敗国を問わず、すべての国が平等の条件で、経済的繁栄のために必要とされる貿易を行い世界における原料品を取得することができるよう努力する。

一方、一九四三年一一月、大東亜会議において採択された大東亜共同宣言では、「人種的差別ヲ撤廃シ普ク文化ヲ交流シ進ンテ資源ヲ開放シ世界ノ進運ニ貢献ス」と謳われていた。日米両国は、第二次世界大戦下敵対関係となったものの、ともに「原料品問題調査委員会」において中途半端に終わった原料品の開放と取得の衡平化の問題を、改めて提唱したのであった。

（1）「原料品問題調査委員会」については、以下の研究がある。神山晃令「日本の国際連盟脱退とコンゴ盆地条約による通商均等待遇問題」（『外交時報』第一二八八号、一九九二年五月）。李修二「国際原料問題」（藤瀬浩司編『世界大不況と国際連盟』名古屋大学出版会、一九九四年）。樋口真魚『国際連盟と日本外交――集団安全保障の「再発見」』（東京大学出版会、二〇二一年）。湯川勇人『外務省と日本外交の１９３０年代――東アジア新秩序構想の模索と挫折』（千倉書房、二〇二二年）。

（2）「植民地再分割論」をめぐる国内外の議論の詳細については、庄司潤一郎「「植民地再分割論」と日本――新たな国際秩序を求めて」（『国際政治』第一三九号、二〇〇四年一一月）を参照。

(3) 同右、一二六頁。
(4) 同右、一二八頁。
(5) 『帝国議会衆議院議事速記録66』(東京大学出版会、一九八四年)一二頁。
(6) 庄司前掲論文、一二七頁。
(7) 佐藤尚武『日本の人口問題及工業化問題』(日本国際協会、一九三六年)。同「帝国の立場よりする原料資源に関する研究」(『外交時報』第八一二号、一九三八年一〇月一日)一三七—一六〇頁。
(8) 一九三〇年代において通商自由の原則が日本外交の重点の一つであった点については、加藤陽子「戦時経済外交・楽観と暗転——アメリカ互恵通商主義と日本」(軍事史学会編『第二次世界大戦——発生と拡大』錦正社、一九九〇年)、通商衡平問題をめぐる国際連盟と日本の関係については、和田華子「国際連盟と日本——「聯盟中心主義外交」と通商衡平化問題」(小風秀雅・季武嘉也編『グローバル化のなかの近代日本——基軸と展開』有志舎、二〇一五年)を参照。
(9) 外務省情報部「国際連盟の原料品委員会と我国の立場」(『週報』第三五号、一九三七年六月一六日)二二頁。
(10) 『外務省執務報告　通商局　第二巻　昭和十二年』(クレス出版、一九九五年)一三六—一三七頁。国際連盟の原料問題への取り組みについて詳細は、李前掲論文を参照。
(11) 外務省情報部前掲論文、二三頁。
(12) 『外務省執務報告　通商局　第一巻　昭和十一年』(クレス出版、一九九五年)一三〇—一三二頁。前掲『外務省執務報告　通商局　第二巻　昭和十二年』一三八—一四〇頁。
(13) 海野芳郎『国際連盟と日本』(原書房、一九七二年)二五七—二五九頁。鹿島平和研究所編・佐藤尚武監修『日本外交史　第14巻　国際連盟における日本』(鹿島研究所出版会、一九七二年)三九三—三九四頁。
(14) 前掲『外務省執務報告　通商局　第二巻　昭和十二年』一三九頁。
(15) 前掲『外務省執務報告　通商局　第一巻　昭和十一年』一三一—一三七頁。
(16) 昭和一二年三月一日付駐ワルシャワ伊藤公使発林外務大臣宛電報　第一一号(「分割1」JACAR(アジア歴史資料センター)Ref. B04122035000, 国際連盟経済委員会関係一件/原料品委員会関係、外交史料館所蔵)。日英関係史の研究者であるアントニー・ベストも、同委員会は、ドイツの植民地要求を回避するための手段であったと指摘している(Antony Best, *Britain, Japan and Pearl Harbor: Avoiding war in East Asia, 1936–41*, London and New York: Routledge, 1995, pp. 32–33)。
(17) The Royal Institute of International Affairs, *Raw Materials and Colonies* (London: The Royal Institute of International Affairs, 1936), pp. 7–11.

(18) 樋口前掲書、第五章・終章。
(19) 『東京朝日新聞』一九三七年五月一八、二五日付朝刊。
(20) 一九三七年七月二八日の答弁（『帝国議会衆議院議事速記録69』（東京大学出版会、一九八四年）四〇頁）。
(21) 稲原勝治「寿府の茶番劇」（『読売新聞』一九三七年三月一一日付夕刊）。
(22) 『国際知識及評論』（第一七巻第四号、一九三七年四月）四五―五〇頁。
(23) 委員会の構成、時期など概要については、赤松祐之編『最近原料品取得問題』（日本国際協会、一九三八年、「原料品問題調査委員会」の報告書＝*Report of the Committee for the Study of the Problem of Raw Materials* の邦訳）一―三頁。
(24) 同右、四頁。
(25) 首藤安人述『資源人口問題と帝国の立場――国際連盟の世界原料会議に就いて』（日本外交協会、一九三七年）七頁。
(26) コンゴ盆地条約と日本との関係については、神山前掲論文を参照。
(27) 首藤前掲書、一〇―一二頁。佐藤前掲論文、一五一―一五二頁。
(28) 昭和一二年三月九日付在ジュネーブ横山局長代理兼総領事発佐藤外務大臣宛電報　第三五号（「分割1」JACAR Ref. B04122035300, 国際連盟経済委員会関係一件／原料品委員会関係、外交史料館所蔵）。首藤前掲書、八―一〇頁。
(29) 首藤前掲書、一八―一九頁。
(30) 昭和一二年三月一〇日付在ジュネーブ横山局長代理兼総領事発佐藤外務大臣宛電報　第三六号（「分割1」JACAR Ref. B04122035300, 国際連盟経済委員会関係一件／原料品委員会関係、外交史料館所蔵）。
(31) 首藤前掲書、一五頁。
(32) 同右、一三頁。
(33) 昭和一二年三月一三日付在ジュネーブ横山局長代理兼総領事発佐藤外務大臣宛電報　第四四号（「分割1」JACAR Ref. B04122035300, 国際連盟経済委員会関係一件／原料品委員会関係、外交史料館所蔵）。
(34) 首藤前掲書、一九頁。
(35) 昭和一二年三月一三日付在ジュネーブ横山局長代理兼総領事佐藤外務大臣宛電報　第四四号。
(36) 昭和一二年三月一九日付在ベルギー来栖大使発佐藤大臣宛電報　第四四号（「分割1」JACAR Ref. B04122035300, 国際連盟経済委員会関係一件／原料品委員会関係、外交史料館所蔵）。
(37) 佐藤前掲論文、一五二頁。
(38) 昭和一二年六月一六日付在ジュネーブ横山局長代理兼総領事発広田外務大臣宛電報　第九三号（「分割2」JACAR Ref.

B04122035400, 国際連盟経済委員会関係一件／原料品委員会関係、外交史料館所蔵）。

(39) Best, *op.cit.*, p. 35.

(40) 昭和一二年六月二三日付在ジュネーブ横山局長代理兼総領事発広田外務大臣宛電報　第九八号、および昭和一二年六月三〇日付在ジュネーブ横山局長代理兼総領事発広田外務大臣宛電報　第一〇四号（「分割2」JACAR Ref. B04122035400, 国際連盟経済委員会関係一件／原料品委員会関係、外交史料館所蔵）。

(41) 昭和一二年六月二一日付在ジュネーブ横山局長代理発広田外務大臣宛電報　第九七号、および昭和一二年六月二六日付在ジュネーブ横山局長代理発広田外務大臣宛電報　第一〇三号（「分割2」JACAR Ref. B04122035400, 国際連盟経済委員会関係一件／原料品委員会関係、外交史料館所蔵）。

(42) 昭和一二年六月一七日付在ジュネーブ横山局長代理兼総領事発広田外務大臣宛電報　第九五号（「分割2」JACAR Ref. 04122035400, 国際連盟経済委員会関係一件／原料品委員会関係、外交史料館所蔵）。

(43) 昭和一二年六月二三日付在ジュネーブ横山局長代理兼局長代理発広田外務大臣宛電報　第九八号。昭和一二年六月二六日付在ジュネーブ横山局長代理兼総領事発広田外務大臣宛電報　第一〇三号。

(44) 昭和一二年六月二一日付在ジュネーブ横山局長代理兼総領事発広田外務大臣宛電報　第一〇三号。

(45) 昭和一二年九月五日付在ジュネーブ宇佐美局長代理兼総領事発広田外務大臣宛電報　第一三四号（「分割3」JACAR Ref. B04122035500, 国際連盟経済委員会関係一件／原料品委員会関係、外交史料館所蔵）。

(46) 昭和一二年九月五日付在ジュネーブ宇佐美局長代理兼総領事発広田外務大臣宛電報　第一三五号（「分割3」JACAR Ref. B04122035500, 国際連盟経済委員会関係一件／原料品委員会関係、外交史料館所蔵）。

(47) Best, *op.cit.*, pp. 34–35.

(48) 同右。

(49) 赤松編前掲書、一一一—一一二頁。

(50) 同右、一九頁。

(51) 同右、二一—二六頁。

(52) 同右、四五頁。

(53) 同右、三七—三八頁。

(54) 同右、五四頁。

(55) 同右、四九—五〇頁。

（56）同右、五三頁。

（57）一九三七年九月八日付在ジュネーブ宇佐美局長代理兼総領事発広田外務大臣宛電報　第一三八号（「分割3」JACAR Ref. B04122035500, 国際連盟経済委員会関係一件／原料品委員会関係、外交史料館所蔵）。

（58）国際連盟原料品問題調査委員会最終会議経過報告書　昭和十二年九月　外務省通商局総務課　首藤商務書記官提出（「国際連盟に於ける原料品問題調査委員会第三次会議に関する首藤委員の報告書の件」JACAR Ref. C01001664400,「陸軍省　永存書類甲輯　第六類　昭和一三年」、防衛研究所所蔵）。

（59）同右。

（60）佐藤前掲論文、一五九―一六〇頁。

（61）佐藤弘「領土資源再分割論の発生とその進展」（『地理学』第六巻第五号［臨時増刊　持てる国と持たざる国］、一九三八年四月）四九―五三頁。

（62）李前掲論文、三〇九―三一〇頁。

（63）鹿島平和研究所編前掲書、四〇六―四〇九頁。

（64）前掲『外務省執務報告　通商局　第二巻　昭和一二年』一三二―一三三頁。

（65）「社説・所謂『持たざる国』の連合――世界平和に貢献すべし」（『東洋経済新報』第一七八七号、一九三七年一一月一三日）一〇―一一頁。

（66）戦後構想をめぐる英米間の確執については、細谷雄一「「特別な関係」の誕生」（君塚直隆ほか編『イギリスとアメリカ――世界秩序を築いた四百年』勁草書房、二〇一六年）、中川淳司『ＷＴＯ――貿易自由化を超えて』（岩波新書、二〇一三年）二―七頁などを参照。

第11章　一九四〇年の国家総動員体制
——近衛新体制運動と「世論」

森　靖夫

はじめに——二つの「世論調査」が示すもの

一九三七年一二月一三日、中華民国の首都・南京が陥落した。だが日中戦争は終結することなく、長期戦に突入する。出口の見えない戦争のなか日本は、翌年四月に国家総動員法を成立させ、いわゆる国家総動員体制に入った。同法により、ヒト、モノ、カネなどあらゆる資源を統制按配する強制権が政府に付与された。

総力戦は原料資源の確保や国民の士気が雌雄を決する。総力戦が国民の戦争と呼ばれる所以である。国民が自発的に協力するのが理想だが、総力戦に勝つためには、産業動員だけでなく政府による強制的な国民（世論）動員も必要となる。とはいえ、第一次世界大戦のドイツがそうであったように、過酷な強制動員は国民の士気を悪化させ、体制の崩壊＝敗戦につながりかねない。では、総力戦下の日本は、どのように国家総動員体制を実施したのだろうか。

一九三九年末、日本の国家総動員体制は動揺をきたした。ここでいう国家総動員体制の動揺とは、米飢饉と石炭電力飢饉を契機として国家総動員体制に対する国民の不満が高まったことを指す。旧稿で明らかにした通り、国家総動

表1　「国民はこう思う」(『文藝春秋』1940年1月号, 41年1月号)

◆第1回世論調査質問項目

①事変下において内閣がしばしば変わるのは良いか
②近衛文麿公を今一度出したいと思うか
③政党の復活に期待するか
④官吏の身分保障令撤廃に賛成するか
⑤精動(国民精神総動員運動)は徹底していると思うか
⑥現状に鑑みて統制を一層強化すべきか
⑦対米外交は強硬に出るべきか
⑧大陸に就職して働いてみたいか
⑨最近の懐具合は良いか
⑩国防富籤をやったらよいと思うか

◆第2回世論調査質問項目

①新体制の意義は徹底していると思うか
②経済機構の改革を緊急事と思うか
③日米戦は避けられると思うか
④今日の青年は覇気あると思うか
⑤株式投機を認めるか
⑥近頃のラジオは面白いか
⑦指導者層の若返り(年齢低下)を望むか
⑧大陸に就職して働いてみたいか
⑨あなたの隣組はうまく行っているか
⑩最近収入が増えたか

員体制への不満、なかんずく経済統制の行政的非効率、官製の国民精神総動員運動への批判、官僚独善に対する批判などは辛辣を極めた(1)。統制に対する違反も後を絶たず、検挙者数は上昇の一途を辿った。

それでは、一九四〇年七月に満を持して再登場した第二次近衛文麿内閣によって、国家総動員体制の動揺は、いかなる展開を迎えたのだろうか。

本章は、第二次近衛内閣期、とりわけ一九四〇年下半期に焦点を絞り日本の国家総動員体制の動態を明らかにする(2)。旧稿に引き続き、本章の分析対象となるのは新聞・雑誌である。総力戦が「国民の戦争」と称されたにもかかわらず、国民の動態は政治史においても経済史においてもほとんど分析の対象とされてこなかった。もちろん国民の動態(世論といってもよい)を確実に捉えることは不可能である。だが、国民の批判を政府に伝える媒介の役割を果たした新聞・雑誌を可能な限り詳細に分析することで、ある程度その輪郭を捉えることは可能であろう(3)。

ここに興味深いデータがある。『文藝春秋』が一九三九年末と四〇年末に東京、神奈川、埼玉、千葉に住む様々な職業の読者に対して行った世論調査「国民はこう思う」である(表1)。一回目は一九三九年一二月四日に調査票を発送し、八日に締め切った結果、六九六枚の回答を得た。二回目は、四〇年一二月五日に締め切り(発送日は不明)、日本全国の読者から六八五人分の回答を得た。質問事項はそれぞれ表1の一〇項目で、はい（そう思う）かいいえ（そう思わない）で回答する形式をとった。

この程度の規模、形式で果たして世論調査と呼べるかは大いに議論の余地があるだろう。しかしながら、戦前日本において、マスメディアが「世論調査」を実施したということ自体が貴重であり、注目に値する。しかもその質問事項は、戦時体制そのものに触れるものばかりで、検閲に引っかからなかったのだろうかと戸惑うほど大胆である。だが、内務省警保局はそれを取り締まるどころか、「一部の声にしろその企画はこの雑誌らしい魅力をもつもの」と絶賛しているのだ(4)。

調査結果には一層驚かされる。第一回目の②近衛文麿を今一度首相に出したいと思うか、という質問に対して、出したくないと回答したものが二一三票（全体の約三割）にまで達した。数カ月後には再び首相に返り咲き、いわゆる新体制を牽引することになる近衛だが、「近衛公が無批判に買はれてゐた時代は過ぎた感がある」と『文藝春秋』は評した。寸評を行った各界の名士たち（二〇名）の間でも、否定的意見が過半数を占めた。なかには出馬以前に「事変の責任をとるべし」（評論家・嘉治隆一）、「事変の責任も亦公にある」（経済学者・津村秀松）、と日中戦争の責任を指摘する評者も見られた。絶大な国民的人気を誇ったという通説的な近衛評価は再検討の余地があるだろう。

次に戦時体制に関するものである。⑤で国民精神総動員運動に対しては徹底していないと回答したものが圧倒的に多い（六六五票、全体の九六％）。『文藝春秋』も「精動の首脳部が官僚でないにしても、精動の天下り的性格はもっと深刻に反省されねばならぬ」「地方に於ける精動は殆ど関心の外に置かれている」と舌鋒鋭く総括している。次に⑥経済統制の一層の強化を是とするかという質問には意見が分かれた（是が四六一票、全体の六六％）。統制強化への反対はとりわけ商工農業を生業とする者に多く、都市部特に軍需産業の多い横浜に多かったと分析している。

一年後二度目の調査では、①新体制の意義は徹底しているか、②経済機構の改革を緊急時と思うか、と「近衛新体制」や「経済新体制」に対する意見を求めた質問が注目される。①は『文藝春秋』が「寒心に堪えない」と評したように、不徹底だとする回答が圧倒的だった（六〇〇票、全体の八八％）。また、「徹底していると答えた商業従事者に新体制に反発する字句が書き込まれていた」とわざわざ付記している。②についても緊急に改革が必要と答えたものが圧倒的に多い（六二八票、全体の九二％）。しかし、商業従事者に反対者の多いことは「注意すべきこと」と評している。以上は、新体制運動が曖昧で効果が上がっていないと、統制の徹底を望む国民が不満に感じていたことを示唆している。

このように一九四〇年という重大な戦時期に、政府に対する一部国民の批判や不満が「世論調査」の形で報じられ、その企画を政府が受け入れていたことは興味深い。国民の声を掬い上げようとする試みは、『文藝春秋』にとどまらない。『改造』の「地方国民生活踏査報告」、『中央公論』の「国民の声・政府の回答」（一九四〇年三月—八月号）など、大手総合雑誌がこの時期に競って同様の企画を組み、戦時下の国民の代弁者たらんとしたのである。『中央公論』の企画に掲載された国民の声は、「国民に抽象的な文字を並べて精神総動員を強いたこと」を批判するもの（「明るい統制を望む」会社員・植松威）、「時局というヴェールの中に物事を押し込めないで大胆率直に教えて頂きたい」（「二つの不安」公吏・三浦坦）、「新聞が悪口を書いてもよいではないか」など、率直な意見が寄せられた。なお、『中央公論』の企画には内閣情報部が「斡旋役」を買っていた。

では、再び本題に戻ろう。三九年末に動揺をきたした国家総動員体制は、その後どのように展開したのか。とりわけ国民に高い人気のあったとされる近衛文麿の再登場によって、国民の体制への不満や批判は解消されたのか。先に示した『文藝春秋』の「世論調査」結果から示唆を得て、本章は二大紙『東京朝日新聞』（以下『東朝』、九月一日以降は『朝日新聞』に統一されるため『朝日』と略す）『大阪毎日新聞』（以下『大毎』）のほか、四大総合雑誌『文藝春秋』『中央公論』『改造』『日本評論』、経済雑誌『東洋経済新報』を素材として、一九四〇年の国家総動員体制に対する新聞・雑誌の反応を考察する（紙幅の都合上、引用の際、雑誌は巻号のみ、新聞は日付のみを本文に記載した）。それにより、自らが批判する主体となり、かつ国民の不安や不満を政府に訴える媒介役を果たした新聞・雑誌の実像を明らかにする(5)。

本章の結論を先取りすると、強力な政治経済体制をめざす運動の先頭に立った近衛文麿に対する期待はたしかに大きかった。もっとも近衛の政治能力に対するジャーナリストや知識人のみならず国民の懐疑的な声は、組閣当初から少なくなかった。自治統制を望む財界の要求に応じたことで「経済新体制」構築の試みは批判の対象とはならなかったが、強力な政治組織を作らなかった近衛内閣に対する失望や批判の声は次第に強まっていった。

なお本章は紙幅の都合上、一九四〇年下半期の第二次近衛内閣期に焦点を絞った。この時期だけでも、国家総動員体制に関わる重要なテーマはほかにもある。また、国民の動態を分析するならば、より網羅的な新聞・雑誌の調査が必要であろう。これらの残された課題については別稿に譲ることとしたい。

一　第二次近衛文麿内閣と国家総動員体制の再建（1）——「近衛新体制」の模索

1　第二次近衛文麿内閣の成立と新聞・雑誌の反応

すでに米内内閣末期に第二次近衛内閣成立への胎動は始まっていた。一九四〇年六月一八日、近衛文麿は木戸幸一内大臣を通じて枢密院議長辞任の意を伝えた。同時に、挙国体制、すなわち新体制の確立をもって世界の情勢に対応し、支那事変の解決をめざす決意が示された。この近衛の行動は、近衛新党をめざす各政治勢力に対するゴー・サインと受け取られた(6)。七月二日に赤松克麿の日本革新党、六日に社会大衆党がそれぞれ解党した。しかし、一国一党は憲法に抵触するとして、近衛本人は組閣前から新党に反対していた。

七月一六日に米内内閣は総辞職した。陸軍は近衛に再び組閣させ、陸軍の意向（日独伊三国同盟など）を通そうとした。元老西園寺公望は老齢を理由に奉答を辞退したが、木戸幸一内大臣、原嘉道枢密院議長や岡田啓介、若槻礼次郎ら首相経験者は近衛を推薦した(7)。八月一日、近衛内閣は七月二六日に閣議決定した基本国策要綱を発表し、近衛をはじめ松岡洋右外相、小林一三商相らがそれぞれ施政方針を明らかにした。

二大新聞紙は新内閣成立を概ね好感をもって報じた。『大毎』は、とりわけ近衛が「新体制整備の主導者」として組閣を主体的に行った点、最も重要の関係をもつ物動計画の関係者を第一に決定した点に注目し、強力な政治への期待感を示した。また経済五閣僚（河田烈蔵相、小林一三商相、石黒忠篤農相、村田省蔵逓相兼鉄相、星野直樹企画院総裁・無任所大臣）の顔ぶれに対し、過激な変革や摩擦を起こさないだろうとみなされ、財界からも好感をもって迎えられていることを報じた（「近衛内閣成立す」七月二三日）。『東朝』は近衛内閣成立を歓迎したが、掛け声だけでなく実行力を示すことが重要として留保付きの評価だった。その後一週間も経たずして、「軍官民三位一体」といった目標が具体性を欠くと批判しはじめた（「近衛内閣と新体制」七月二九日）。基本国策要綱が発表された後、『大毎』は小林商相の政策構想をこれまでに「使い古された」ものばかり、河田蔵相を「消極的」と物足りなさを示した（「生産拡大の新体制」八月三日、「河田蔵相の消極性」八月五日）。

雑誌をみても喝采をもって迎えたわけでもないことがわかる。『文藝春秋』ではジャーナリストの鉄木真人が、七月七日軽井沢において近衛の発表した「新政治体制」の政策構想に対し、「公の思弁癖」による観念論と揶揄した（「近衛方式の発展」八月号）。『中央公論』では、津久井龍雄（やまと新聞）が「近衛公の悲劇性」と評して各方面から各様に期待され要求されているだけに、それらを一様に平等に満足させることはできず、進行過程で反発が強まる、と当初から新体制運動の弱点を指摘していた（「新体制を阻むもの」八月号）。たしかに、『中央公論』は「かくあるべし新体制」と題して五四名もの政治家・ジャーナリストによる新体制への多種多様な要望を掲載しており（八月号）、津久井の危惧があながち的外れでないことを物語っていた。それ以上に辛辣なのは評論家の杉山平助だった。杉山は、同じく『中央公論』において、「イザと云って迫られる時に、自分は言葉に出して、そんなことを云ったおぼえはないと、しらを切るといった風がある」「近衛公はその本質において現状維持の人」と近衛の性格を喝破した（「近衛公の政治性」同）。もっとも、評論家・馬場恒吾の近衛評は組閣前から好意的である。『改造』に掲載された論考で、馬場は近衛が事変解決のために強力な政党と国民大衆の力を借りようとしたこと、もっと胸襟を開くよう軍部に苦言を呈し、近衛を担ごうとした一部軍人に冷や水を浴びせたこと等を評価し、「新党が出来なくても近衛の価値が下がるとは思はない」と擁護した（「近衛文麿論」七月号）。評論家の室伏高信は『日本評論』で、万全なものを期待せず、「ラジカルには二十パアセントの満足を与え」「旧勢力には八十パアセントの満足」を与えるべきとして、近衛に過度な期待をかけることに慎重だった（「近衛公に寄す」七月号）(8)。

興味深いことに、『改造』は読者応募の形で「新党と輿論」という企画で国民の意見を募っている。そこで表れた意見は以下の通りである。

・「果たしてどれだけ吾々の輿論を範するところがあるか疑問」（福島市施盤工・木村健治）
・「新党がどんな形でいつ出現するかあまり関心がなく」「軍部単独内閣」を望む（広島県農業・福島啓史）
・「時代は最早「政党」なる組織存在をば寸毫も必要として居らぬ」（青森市官吏・木野叢二）
・「来るべき新党の明確な主張が何等展示されていない」「近衛公は内閣首班として必ずしも才能をのみ示したとも云えぬ」「現在は柄よりも実行力が必要である」（名古屋人絹会社・酒井雄三郎）
・「天皇独裁の挙国一致体制確立を欲す」（東京市小学教員・山下茂）
・「国家の総ての部分が厳格なる規律の下に能率的に行動する事を要するから、国家の人的物的の全設備を軍隊

的に再編成したるもの」が必要（東京市会社員・本城広信）

・「来るべき総選挙に依って選出される議員を以て国民の代表と考へている限りは新党の性格が余りにも情けない」（千葉県小作農民・鈴木静）

・「職業議員すら政治の中心より遠ざけられている今日、国民生活の安定は謂ふべくして行われ難いのは極めて当然」（大阪市弁護士・小林寛）

・近衛首相の「思想家としての理念に心から敬服」するも「政治家としての公の力に甚だしき危惧を感ずる」（東京市・田島一郎）

・「常時補弼の重責たる枢府議長の職」にありながら「軽率にこれ（後継首相就任—引用者注）を拝辞して新党組織に乗り出したこと」は私が「公を惜み、且つ公に服せざる理由の一つである」（甲府市著述業・渋谷俊）

・「先ず第一に土地及金融機関を国家へ奉還」し「資本力に寄らず専ら腕力（労働力）及智力（技術力）による経済機構の整備を必要」とする（札幌市材木商・木村梢）

・「国民はおいてきぼりをされていると感じています」（熊本県小売商・石井豊治）

・「具体的内容を知るよしもないが、それにも拘らず賛成し、之に分に応じて協力せんと思う」（東京市学生・伊佐勝）

以上から『改造』が明らかにした「世論」のなかには、新党に対して好意的にみるものもあるが、絶望感からか極端な体制（軍部内閣や天皇独裁）を望むものや、無関心か依然として疎外感を感じているもの、さらに近衛首相に対する失望を口にするものが少なくなかった（「読者応募・新党と輿論」八月号）。

『東洋経済新報』は近衛内閣が発表した基本国策要綱を「全く抽象的の文字の羅列」として「期待外れ」と一蹴し

た（「社論　期待に反した新内閣の声明」八月一〇日）。他方で、予算の圧縮と公債消化による通貨の収縮に力点を置く河田蔵相の方針を「新体制への要望を担って立った現内閣と前内閣との経済政策に根本的な相違のある筈はない」と、米内内閣を継承した漸進主義路線に一定の評価を与えつつ、そこから派生する所得の不均衡への具体的対策に期待した（「社論　新内閣の財政金融政策」同）。

2　大政翼賛会に対する新聞・雑誌の反応

八月二八日から始まった新体制準備委員会のもとで、次第に「万民翼賛」の国民運動とその指導者組織からなる新体制の輪郭が明らかとなっていく。すなわち、執行機関としての事務局と、総裁の諮問に答える下意上達機関としての国民協力会議の二系統からなり、後者は常会・隣組の下部組織で構成される地方組織を有するというものである。人事構成で紛糾し、ようやく九月二七日の閣議決定で、国民運動は大政翼賛運動と称することとし、その指導推進機関を大政翼賛会と呼ぶことが決定した。政府でもなく議会でもない、この曖昧な新組織に二大新聞はどう反応したのか。

『東朝』『大毎』が期待したのは一国一党ではなく、政党の民意暢達機能と官僚の国家指導・経綸を併せ有する挙国体制だった（「準備会委員に切望す」『東朝』八月二四日）。そのうえで『大毎』は、いたずらに「組織美の構想」に没入し、いたずらに日を費やせば「魂無き一組織に堕し終る」としてその実行力を要請した（「新体制は実践が急務」八月一七日）。『改造』では戸沢鉄彦（京城帝国大学）も「新政治体制が上からの間に合わせの為の挙国一致体制にならない」ことを要望した（「近衛公と新政治体制」八月号）。また同号で船山信一（大日本水産会）が、新体制に対する国民の関心が「冷静に見てそれが高いとは決していえない」とし、その原因として「上からのものという色彩が強い」「やり方が公然でない」「内容がはっきりして居ない」ことを挙げた（「新体制運動と国民心理」同）。

『中央公論』は佐々木惣一の憲法論を掲載した。佐々木は、憲法を遵守すべし、翼賛運動の政治性を明確にするためには、運動のためにする団体を治安警察法上の政治結社とすべし（国家の取り締まりの対象とする）、さもなくば啓蒙運動に限定すべし、と大政翼賛運動の憲法上の問題点を鋭く指摘した（「新政治体制の日本的軌道」一〇月号）。『文藝春秋』では戸沢鉄彦がナチやファシズムの独裁・上意下達を峻拒しつつ、国民組織の総裁と首相を同一人物が兼ねるのは違憲でなく、そうしなければ真の強力政治は実現しないと主張した（「国民組織の基本問題」一〇月号）。『改造』においても内田繁隆（早稲田大学教授）が、新体制には「強力な新党」と「政府首長の権限強化」が必要であり、他方で国民を職能別に再組織し、それぞれに自治の領域を与え自己管理させることを理想とした（「革新世界と新政治体制」九月号）。『日本評論』でも牧俊一郎が、新体制運動はあくまでも「全面的にかつ強力な政治運動」だとして、さらに運動と統制経済の結びつきを明確にし、「現在の半身不随な統制経済」における不正と混乱の是正と、国民生活の安定を新体制に要求した（「新体制の現在的焦点」一〇月号）。『東洋経済新報』は一国一党ではない一大国民組織をめざす近衛首相に対して、「どうしてこんな不自然な仕組みが考案者の目的とする如き働きをなし得ようか」と疑問を呈し、「政治の貧困、豈制度の罪ならんや。組織は死物だ。自ら持たぬ物を、組織に求めたとて、決して獲られない」と、新体制は近衛本人の政治指導にかかっていることを強調した（「社論　新政治体制は何処に行く」八月二四日）。

『朝日』も『大毎』も新体制の確立にはまず「官界の改造」（民間人の積極登用、行政事務のスリム化、官紀振粛など）に着手すべきと主張しており、官吏の体質改善を求めた（「官界新態勢の確立案」『大毎』七月三一日）。(9) もっとも『大毎』は、国民の自発性がなければいつまで経っても「命令と強制」とによって新体制を実現する以外ないと国民の側の問題も指摘している（「新体制と国民の訓育」八月三〇日）。

『文藝春秋』では長与善郎（小説家）が、統制は「禁」の文字ばかりで、初めから口を塞ぐばかりでは下意上達は実現しないとし、政府がまず胸襟を開くべきと主張した（「下意上達について」一一月号）。法哲学者の広浜嘉雄（東北帝国大学教授）は、カントにならい、自由主義は否認するが「自律的自由」（個人的自己ならぬ全体的自己）に基づく心からの協力が新体制には必要とし、立憲政治を実践すべく議会の役割にも期待した（「翼賛会を繞る法理」一二月号）。

だが新組織は組閣後二カ月もの時日を要した。『大毎』は方々に配慮した翼賛会首脳人事に対し、「政界の勢力均衡のために徒らに人を集め機構を拡げる」ことがあってはならないと釘を刺した（「閣僚補充と翼賛会首脳」九月二九日）。『東洋経済新報』は早くも内閣成立後約一カ月で国民が抱いた希望を失いつつあり、「大言壮語不実行の印象をさえ国民は受けつつある」と政府に厳しい視線を送った（「社論　有限不実行を恐る」八月一七日）。『改造』では評論家の妙法寺三郎が「官僚的な事務的組織案に拘泥することは安心なかわりとかく無意味になりがち」で「巧緻な下部組織案などは後でよい」と苛立ちを露わにした（「新政治体制の生成」九月号）。『東洋経済新報』も同様、力強く国民を率いる「中核体」設置のためには一国一党もやむをえず、一国一党は幕府的存在になる危険があるとする「近衛首相の今の方針では到底解き得る望みはない」と近衛の「熱誠と胆力」を要求した（「社論　一国一党政治を要望す」九月一四日）。

大政翼賛会発足に際しても、「万一独善的に事を運び、何でもよいから随いて来いといった態度で国民に接するならば、翼賛会の前途は蓋し想像するに難くない」と、『大毎』は下意上達機関たる国民協力会議の活用に期待した（「大政翼賛会の発足」一〇月一三日）。また国家総力戦は「国民が暢び暢びとした気持で喜んで奉公すること」が重要であり「決して戦々兢々としてついて来ることであってはならない」と釘を刺した（「人心を明朗にする政治」一〇月二四日）。

『改造』（時局版一〇月号）は「国民生活再建の最も改善を要する点に就いて」一六名のジャーナリストや政治家のコメントを掲載した。「もっと計画的に一元的に」（石浜知行）、「すべての方面に角を矯めて牛を殺そうとしてはいないでしょうか」（上司小剣）、「女ばかりを建直しの槍玉にあげるが、その必要は男の方にこそ向けなければならない」（麻生豊）、「生活の建て直しは何も他人と同じである必要はない、各自がその信ずる方法で行うのがいい」（石川達三）、

「国民の実際生活から稍々遊離した官吏が思ひつきで国民生活に介入することのないように」（益田豊彦）、「矢鱈に「日本的」だの「新体制」だのという名称を与えただけでは」だめ（今泉孝太郎）、「いかにも神経質すぎる。国民が神経衰弱になりはしないかと危ぶまれる」（服部静夫）など、不満を吐露するものが多く並んだ（「国民生活再建の最も改善を要する点に就いて」）。なお同号では、瀏東散人によって近衛の指導力の欠如（「逞しい断行力に欠ける」）も問題視された（「近衛公の肚」同）。

やがて、運用が遅々として進まないことに『大毎』も苛立ち、「期待が大きかっただけに国民から失望の声」が上がっていると批判した（「翼賛地方組織を急げ」一一月一一日）[10]。また、強力な中央本部の確立を求めるとともに、地方組織の官僚化や「第二の精動化」を警戒した（「地方翼賛体制の再吟味」一一月二五日）。『朝日』も、組織作りこそ進めど、「それ以外の実際行動にほとんど見るべきものがない」ことに反省を促した（「翼賛会についての反省」一一月二三日）。そして、「内閣こそ常にその指揮に当り枢機を握るべき」と内閣の主導を求めた（「組織は実行の一手段」一一月二七日）。『改造』では津久井龍雄が、政府の指導で国民運動的な革新が遂行される場合、「よほど周到な注意が払はれないかぎりそれが官製的弥縫的な性質をおびることをまぬかれない」と官僚化に警鐘を鳴らし（「軍官民一体論」一〇月号）[11]、浜田尚友（東京日日新聞）が「一番の禁物は（官僚の代名詞である―引用者注）観念論と政治的非常識と利己的便乗意識」と指摘した（「新体制における官僚の役割」同）[12]。後藤勇（国民新聞）は「国民は新体制劇の主人公を未だ模索して居る」と「日本革新運動の貧困」を嘆いた（「新体制と大政翼賛会」一一月）。『日本評論』においても、「国民の望んで居るものは、自分たちへの概念的理解者ではなくして力強き指導者である」と厳しく指摘する穂積七郎（労働運動家）の論考が掲載された（「新体制を建設する力」一一月号）。

それでも『大毎』は、中央協力会議が開催され、それが「下情上達の一つのルートの役割を果たし」、「平常表明し得ない大衆の声が此処に一つの公のはけ口を見出した」ことを高く評価した（「中央協力会議の成果」一二月一九日）。この点は『朝日』も「国民に一脈の安堵感を与えた」と一定の評価を下した（「中央協力会議の発程」一二月一七日）。また懸案だった官吏制度改革案が一括して枢密院で可決されたことも歓迎した（「官吏制度の運用に期待す」『大毎』一二月二九日）。

もっとも批判や不満は依然として残った。『改造』では再び濹東散人が「政局中だるみ」「新鮮味の乏しい」と首脳部人事を批判し、「自己の政治意識をそのまま実際政治に反映し得ないところに近衛首相の政治的最大の欠点がある」と苦言を呈した（「永田町政談　近衛公に望む」一一月号）。中村哲（東北帝国大学教授）も「下意上達の実を挙げる」ことができなければ「大政翼賛会はいたずらに強権に頼り、近衛声明の排する「一党が権力によって翼賛を独占する」轍を踏む」と警鐘を鳴らした（「万民翼賛と一国一党」一二月号）。『日本評論』も社説で、首脳部の人事が「あまりに現状維持的」「根本理念についてはまだ何ごとも明らかにしていない」「われわれは自由主義を否定しつつあるが、これを抹殺することは許せない」「（運営が遅々として進まないのは）そのあまりに閑事業であるのに悩んでいるのではないかとさえ思われる」と散々に批判した（「社説　大政翼賛会に与ふ」一二月号）。

二　第二次近衛文麿内閣と国家総動員体制の再建（2）――「経済新体制」の模索

近衛首相がめざす軍官民三位一体の新体制は、政治、経済、文化、その他あらゆる部門に及んだ。なかでも、統制経済の円滑化を図るべく近衛内閣がめざした、官庁と産業界の協力体制は「経済新体制」と称された。ところが、経済統制が強化されるなかで、企画院が立案した政府案は、新たな産業団体を媒介として上意下達の統制へと経済を再編成しようというものであった。それに対して民間の経済団体は一貫して産業による自主的統制を主張し、両者は激しく対立する。(13)

1　経済統制の強化に対する新聞雑誌の反応

『東朝』は、インフレ防止のために資金統制を強化する、公債消化を積極化する、といった河田烈大蔵大臣の構想を当然として、統制の強化に賛同した（「資金統制の計画化」八月五日）。また、労使一体をめざす産業報国運動の徹底と、それに呼応して、依然として「自由経済の精神を失わない」企業体制を刷新することを求めた（「産報運動と企業体制」八月一三日）。

雑誌もトーンの違いこそあれ、一様に統制経済の必要を是認している。『改造』では原祐三（ダイヤモンド社）が全体主義の一大理念のもとに統制経済の効果を上げる必要があるとしつつ、個人の職業選択の自由、何を消費するかの自由、貨幣の蓄積などは認められるべきとした（「経済倫理の解剖」八月号）。『文藝春秋』では中山伊知郎（東京商科大学教授）が、平時と同様に「安定と進歩」が戦時経済の目標であり、「安定と進歩」のために利潤や物価の計画的統制が必要であるとした（「戦争経済の安定と進歩」一一月号）。『中央公論』は、経済統制が景気後退の原因でもあるが、今後の解決はむしろ統制の全面化、徹底化によって図らねばならず、「企業原則の転換（利潤中心主義の是正）」を本道とすべきとの岩崎英恭（昭和研究会）の主張を掲載した（「近衛内閣の財経的基本課題」一一月号）。

他方で経済担当大臣に対する評価は上々だった。『中央公論』では山水樓主人（宮田武義）が、慶應卒・三井財閥出身の小林一三商相と村田省蔵逓相という二人の実業家を、「自由主義のチャンピオン」というより、「聡明な機会主義者」と評し、「官治統制に先行して」現実に即した経済統制のイニシアチブをとるだろうと期待した（「小林一三と村田省蔵」九月号）。『日本評論』では本所一平が、九月三日の閣議で六億四〇〇〇万円の予算縮減を決定した河田烈蔵相の手腕を高く評価し、改めて経済政策における政治指導の重要性を喚起した（「金融資本の後退」一〇月号）。

『東洋経済新報』も経済統制には積極的だった。同紙上で飯田清三（野村證券常務取締役）が、政治新体制への移行が経済界への圧力（同業組合の政治参加と統制機関への改組、企業内の経理統制、英米依存貿易からの脱却、中小商工業の整理）をともなうことは不可避であり、経済界自身もまたそれを覚悟していると主張した（「時評　新体制への切替と経済界への圧力」八月二四日）。社論においても、国家総動員法第一一条発動（八月一六日）による、生糸価格梃入れによる政府の価格維持策を「一応完全と称してよい」と評した（「糸価維持策は一応成功せり」九月七日）。興味深いことに、官治統制と弾圧に頼る官僚を批判するのと同時に、当業者も統制逃れをせずに積極的に統制経済に参画すべきと企業に反省を促している（「社論　新体制の根本問題」八月三一日）。『東洋経済新報』は常に企業の代弁者というわけではなかった。さらに本所と同様、河田蔵相による予算節減にも一定の評価を下し、節約の中心が軍関係の経費にあるとみた（「予算六億円節約の影響」九月一四日）。

他方で、近衛内閣は米穀配給における統制を強化した。すなわち、臨時米穀配給統制規則により、集荷は生産者団体、配給は商業者団体に一元的に統制され、自由売買を禁じたのである。『東朝』は「むしろ遅きに失する」とその妥当性を認めた（「米穀配給の新体制」八月二一日）。『大毎』も企画者と実行機関の二系統が分立している点が弱点としつつも理念的にはよくできた案と評した（「過渡的な米穀統制案」八月二一日）。『東洋経済新報』は依然官治色が濃厚としつつ、「本誌が二十五年以来主張し続けた米の専売制論と略一致するもの」と賛辞を贈った（「社論　米穀の準専売制」九月二八日）。

また賃金統制について、『朝日』は最低賃金を保障すると同時に価格高騰を抑制するという点からやむをえざる措置とし（「賃金統制の基本成る」九月二一日）、労務者にとっても企業側にとっても「見事な出来栄え」と『大毎』が称賛した（「賃金統制政策の決定」九月二〇日）。

利益配当制限の強化（年八分）や役員・社員の給与制限等を定めた会社経理統制令についても『朝日』は「前進的」と評した（「経理統制強化の意味」一〇月四日）。統制強化だけでは企業の責任や自主性を引き出すことにはならないとしつつも、企業を委縮させるとの一部財界の声に対して『朝日』は批判的だった（「統制に処すべき態度」一一月一八日）。トーンは異なるが統制強化という点では『東洋経済新報』も同様である。同紙は「八分は甘きに失する」との批判を一蹴し、不堅実な決算に対しては自由に経理命令を発動できる仕組みになっており、そこで調節可能とした。また次に来る経理統制についても、資金融通令により資本のサボタージュに対して強制融資する方法、積立金の運用法の指定（単に公債消化のみでなく研究所の設置などに注入）などを提起した（「社論　産業新体制と配当制限」九月二一日）。

貿易統制強化についても、日独伊三国同盟締結（九月二七日）の結果、軍需輸入資金獲得に必要な第三国貿易とりわけ対英米貿易の減退を招いている以上、高度の国家統制は必然とする一方、貿易統制は民間人の経験を活かした方法を『朝日』は是とした（「貿易統制の進行」一二月二三日）。『東洋経済新報』は、欧州戦争が長引くという前提のもと、何よりも日本の経済力を強固にすべきとした。たとえば、インフレの懸念はあるものの金融緩和を実現し、政府の経費節減とともに民需用物資を充実させ、生活必需品は大規模な切符制を導入すること、等を提案した（「日独伊同盟成立と我が国官民の覚悟」一〇月五日）。また同紙は、アメリカの欧州戦争参戦により「日米間に最悪の事態が出現」すれば、日本はそれまでの貿易の半分を失うことも予想して、生産力拡充計画を徹底的に整理統合し、国内産業の再編成、日満支と南方にまたがる資源開発に力を注ぐべきと訴えた（「我が貿易への影響と対策」同）。

『大毎』は、統制の強化を当然としつつも民間人の経験を活かすべきとの主張を『朝日』よりも明確に打ち出している。企画院の陣容強化については各省の才幹ある若手を結集するのは時宜に適するとしつつ、それだけではなく民間人の登用とその能力の発揮を提起した（「企画院の陣容強化」八月一三日）。

銀行等資金運用令に対して、『大毎』は会社経理統制令と同様、統制強化もやむをえないとし、増給停止の緩和、日本興業銀行に限定されていた資金融通命令受命対象の全銀行への拡大など、企業意欲を喚起するための柔軟な措置に注目した（「会社経理令と融資令」九月一六日）。もっとも、『日本評論』の本所一平のように、「会社経営をここまで統制したにも拘わらず大蔵当局では会社の営利性は失われていないと弁解しているのは却って卑怯」と態度の曖昧さを批判する論考も見られた（「財界時評　平和産業の転期」一一月号）。

『東洋経済新報』は、夏以来の不渡手形の増大により「金融パニック」と呼ぶべきほどの情況で出された資金運用統制令を、「決して十分とは言えない」ばかりか「かなり時節遅れの感を免れない」対策だと歓迎し、さらに恐慌対策として銀行貸出回収の統制にまで踏み込むべきとした（「直面する経済対策の急所」一〇月一二日）。同紙は、企業者に最大の利潤を得させ、国家がそれから最も多くを徴収する企業統制のあり方を提示した（「企業統制に於ける一問題」同）。『日本評論』においても赤松要（東京商科大学）が、企業経営が競争的創意を奪われ、能率を低下させつつあることを受け、新体制に競争主義を取り入れ、成績を上げた企業や組合には「超過利潤」「超過賞与」を与えるなどの工夫を提案した（「世界新秩序と新体制の原理」一二月号）。

このようにいずれも統制経済の強化についてはその必要を認めつつ、強制一辺倒に頼らないさまざまな工夫を提案していたことがわかる。『大毎』は「わが統制経済は失敗ばかりであったが、失敗を数多く繰り返しているうち段々上手になる」と年の瀬に今後の展望を楽観的に示した（「妥当なる統制経済の拡大」一二月一五日）。それとは対照的に『東洋経済新報』は、「イデオロギー的革新論も、従来の利潤物価に対する抑圧一点張り政策も今ではもはや全く無力」であり、生産増加に役立つ唯一の妙案はインフレ策のほかにないと断言しつつ、そのインフレ策をもってしても「日本経済の根本的矛盾」の解決にはならないと将来に対して悲観的だった（「インフレ政策の効用と矛盾」一一月九日）。

2　「経済新体制」に対する新聞・雑誌の反応

次に、「経済新体制」樹立をめぐる政府と民間経済団体の対立をめぐる新聞・雑誌の論調をみていく。

八月中旬に入ると、政府に呼応する形で経済諸団体が経済団体再編の案を提示した。だがいずれの案も「統制に対する「協力」といった方向へ滑らかに動くか」不透明で、それ自身が統制主体たる企業の集団にはなっていないと『東朝』は批判した。その一方で、官庁側が「経済界を単なる統制の対象とのみ見たがる危険性」も同時に警戒した（「経済団体再編の諸案」八月一五日）。『大毎』も「民間の創意と自発的の協力」が戦時経済の能率を高める根本原理であることを認めつつ、自治統制のみでは高度国防経済の樹立に邁進できるのか疑問であるとした（「産業再編成の指導精神」八月一六日）。

総合雑誌においても、民間自治に任せよという日本経済連盟案に賛同するものはない。『文藝春秋』では評論家の小汀利得が、郷誠之助会長率いる中央物価統制会議の決議、すなわち産業人が自己批判し、能動的に新経済機構を作り、公共的使命を全うするという趣旨に賛意を表した（「産業団体と其の再編成」九月号）。『中央公論』でも山田文雄・木村健康（河合栄治郎門下で平賀粛学により東大辞職）ら経済問題研究会が経済の組織化による民間企業家、技術者、ならびに労働者の「自主的協力」の確保と官庁機構の整備（生拡計画実行の一元化）が生産力拡充に必要であると説いた（「生産力拡充計画の進路」八月）。同紙は経営が単なる被統制客体たる地位から統制機能の分担者となるべく、企業における所有と経営の分離、公人格を付与された企業指導者からなる産業部門全体組合の結成を提案した（「挙国新体制の構想」同）。こうした意見は、近衛首相周辺においても見られた。たとえば昭和研究会にも参加していた帆足計（日本経済連盟会）は、官僚統制の是正と「自覚的実業人」を糾合した合理的統制機関の創出を訴えた（「新経済体制への展望」同一〇月）。他方で、経済評論家の北川一夫のように、財界の本当の狙いは「民間の自治統制を中心にした経済機構の再編成にある」ことは疑う余地がなく、「官僚統制によって失はれた地盤を新政治体制への即応といふ大義名分と公益優先といふスローガンで奪還しようという」ことにあると警戒するものも見られた（「新体制・新内閣と財界」『改造』九月号）。

さて、商工省の対案が経済団体案のものと正反対で上意下達の経済新体制案であることが伝わると、「官僚統制そのまま」と『東朝』は批判的立場をとった（「上からの産業団体統制」八月一七日）。その一方で『東朝』は、重要産業統制団体懇談会が決定した「経済新体制要綱」を最も本格的だとしつつ、官庁の干渉を避け、「公益優先」を目的として団体首脳部の経営指導を強化するという同懇談会の方法では、統制は貫徹されないと民間案とも距離をとった（「経済団体と個別企業」九月一三日）。『大毎』は官僚本位、営利本位いずれも試験済みで、残るは「民間経済人の技と創意」によって新組織を打ち立てるべきだとした（「経済界を明るくする」一一月二日）。

他方で政府案のいう「指導者原理」に基づく資本と経営の分離については、「吏僚側よりする一方的統制」を招き、「官庁職域の企業体への拡大浸透」を進めるだけで生産力強化に必ずしもつながらないと『朝日』は警戒した（「経済新体制と再修正」一二月七日）。『大毎』も官僚本位の産業再編成に改めて反対の意を表明した（「産業翼賛のために」一一月二四日）。『文藝春秋』においても経済学者の小島精一（小島経済研究所）が、民間案の「いずれも大過なし」と評し、民間事業は民間事業のままに最高の能率を発揮することが日本的全体主義であり、「公益優先」も民営事業の召し上げとは別物で、所有と経営の分離にも懐疑的との立場を明らかにしている（「経済再編成と政治力の推進」一二月号）[14]。『改造』においても、永田清（東京帝国大学講師）が、資産投下額に対する生産力が、一九三八年を境に一九三一年時点でのそれを下回っていることを受け、職能性を確立し、各生産代表者に公的性格を付与することを喫緊の課題とした（「経済再編成への途――その機構的素描」九月号）。

他方で、『改造』一一月号で西野入愛一（東京日日新聞）は、「利潤は結果であって目的ではな」く「結果としての私益は否定せらるべきではない」と民間案を明確に支持し、九月に締結された日独伊三国同盟も「英米との経済離脱を求める」ものではなく英米との経済関係が続くならばそれは「プラスのもの」として取り扱うべきとの大胆な提言をしている（「新体制と日本経済の新動向」一一月号）。翌月号において評論家の北川一夫も、関西財界が①政府に対し統制の限界を明示せよと迫り、②これ以上機械的な国家統制強化は生拡を阻害するのみである、と警告するなど態度を明瞭にしたことに注目し、「革新官僚は机上の論議では決して解決されない」とやはり民間側の立場を擁護した（「動き出した関西財界」一二月）。『日本評論』においても、竪山利忠（山崎経済研究所）が公益優先は認めつつ、公益性の裁定は「単に官僚の裁定を指すのではない」と釘を刺し（「公益と私益」一一月号）、山内貢（野村合名会社理事）が、統制が拙劣もしくは不合理で効果が上がらなかった場合、かえって「公益を傷つける」ことになると、官治統制が必ずしも公益に結びつくわけではないことを指摘した（「公益優先の経済組織」同）。

一二月七日の臨時閣議で決定した「経済新体制確立要綱」は、政府の命令、監督権の強化をめざす企画院案を骨抜きにしたものとなった。決定に至るまでの企画院・軍と商相・民間経済団体との対立は「表面に現れたよりも遥かに波瀾万丈」であり、新経済体制確立のためには官民協力が不可欠であると苦言を呈した（『朝日』「計画経済と経済新体制」一二月八日）。対する『大毎』は、生産力の拡充と国防国家の完成への堅き信念をもつ財界人が自主的に経済新体制を担うこととなったものと好意的に解釈した（「経済新体制――自主に伴ふ責任の加重」一二月八日）。『東洋経済新報』も「略ぼ当を得たもの」で「余程上出来であったと云うべき」と称賛した（「新体制運動の問題点」一二月一九日）。もっとも同紙は、「我国最大の欠点は政治経済の最高中枢部」であり、民間人参加の各種委員会に何ら決定権はなく、政府に責任があるとして、あくまで政府の政策次第であると念押しした。

この頃、企画院を中心とする統制経済の担い手となった官僚に対する思想攻撃が強まり、翌四一年一月から四月にかけて、企画院高等官数名を治安維持法違反で一斉検挙するという事態へ発展する（企画院事件）。この事件を主導したのは、近衛首相の希望により一二月六日に無任所相に就任した平沼騏一郎元首相だった。平沼内相の手により、新体制運動を推進してきた安井英二内相と風見章法相の更迭（平沼が後任内相に就任）に続き、四〇年末までに次官、警保局長、保安課長らが反新体制派で固められた(15)。

一部新聞・雑誌も徐々に強まっていた思想攻勢を明るみにしていた。たとえば『中央公論』において、太田正孝

（大政翼賛会政策局長）と帆足計が対談し、「どうして公益優先が赤なのかわかりません」（太田）、「自分に都合の悪いことは何でも皆赤と言う」と当惑を隠さなかった（「太田正孝・帆足計対談」一二月号）。『東洋経済新報』は、新体制を「赤」だとする批判に苦言を呈した。すなわち、資本や設備を民有にすることを旧体制とし、それを奪うことが革新だとするのは「小児病的イデオロギー」であり、生産拡充を目的とする新体制と革新が「却って生産能率を低下させるほどの摩擦を生じている」というのだ（「新体制と所謂「赤」」一一月八日）。

そのようななか、『日本評論』は「転失業問題座談会」を企画し、企画院の代表的革新官僚として知られた毛里英於菟と美濃部洋次の参加を実現させた。座談会は、毛里・美濃部に対して労働運動家の穂積七郎、秋山道雄（戦時生活相談所理事長）、稲川宮雄（商業組合中央会）らが質問や批判を浴びせる形で進行した。「（転失業問題について──引用者注）政府に計画性がない」（秋山）、「迫力なり指導精神なり先刻いわれた政治の責任性がさっぱり国民に納得されていない」（穂積）、「（農村の自力更生策にはあったが）中小工業対策の場合は樹立方針が示されていない」との批判に対し、美濃部らは政府の指導性がないこと、計画的な統制が官僚の技術では困難であること、「私達は矢張り今からは説教よりも聴き上手にならなければならない」と官僚が反省すべきことなどを率直に認め、下意上達の大政翼賛会の役割に期待を示した[16]。このように『日本評論』が経済統制のタクトを振った革新官僚たちから直接「反省」の言質をとったことは注目に値しよう。転失業問題は『東洋経済新報』も政治的・経済的に緊急を要する課題であることを指摘しており、「（官僚の──引用者注）小乗的な統制癖が無用の失業者を作り出しつつに非ずやと思われる場合もある」と批判していた（「転失業対策の目標」一一月二三日）。

おわりに

新聞・雑誌メディアは前年の一九三九年に引き続き、国家総動員体制の確立手法に対する批判記事を掲載し続けた。一九四〇年は用紙統制に加え新聞社の整理統合など、出版統制が一段と厳しさを増した年であった。だが、前年ほどの辛辣な批判で覆われることはなかったものの、この年においても国家総動員、なかでも国民生活に直結するような経済統制と国民動員に対する批判が新聞・雑誌上において少なからず見られた。

とりわけ雑誌は、国民による不平不満の声を掬い上げ、それを政府に届けるという「媒介（メディア）」の役割を担った。本章が挙げた、「国民はこう思う」（『文藝春秋』）、「国民の声・政府の回答」（『中央公論』）、「新党と世論」（『改造』）、などが象徴的であった。さらに注目すべきことは、政府（とりわけ内閣情報部）が批判空間としての新聞・雑誌の役割を積極的に奨励していたことである。富田健治内務省警保局長が一九三八年に、検挙とか取り締まりよりも、そうした情報を事前に察知して政治に活用し、政治を改善していくことを政府はめざしていた、と述べたのは決して空言といえない(17)。佐藤卓己がいみじくも指摘したように、国民の主体性を動員するためにも、政府の情報統制は体制への不満反発の余地をある程度許容するものだったのである(18)。だが、社会不安は体制維持を脅かすものであることに変わりない。

一九四〇年七月、近衛の再登場に世論の期待は高まった。しかし、近衛をもってしても国家総動員体制に対する不満やその手法への批判は収まらなかった。体制に対する国民の不平不満の背景には、商工業者の統制逃れと闇市場の盛況による生活の逼迫にあった。司法省刑事局経済課の関之によれば、一九三九年一〇月―四〇年五月の時期は「経済犯罪戦線の空前にして絶後なる混乱期」、四〇年六月―四一年二月の時期は「経済犯罪の最盛期」ともいうべき状況にあり、とりわけ四〇年一二月のピーク時にはひと月で検事局受理人数は約一万五〇〇〇人を数えた。そのうち約八割が物価統制違反で、違反者の大部分は中小商工業者であった(19)。しかも、そのうちの実に七五％が起訴された(20)。国民が経済統制の強化を政府に強く望んだのもやむをえないだろう。労働争議も前年に比べて半減してはいるものの、一九四〇年に七三二件、五万五〇〇〇人が参加していた(21)。陸軍は、労働者が不平不満を政府や殷賑産業（軍需工業）に向け、政府排撃の空気を醸成しつつあるとみて、社会不安が治安問題に発展することを警戒していた(22)。その意味で日本の国家総動員体制は、一九三九年末の動揺を乗り越え一時小康状態を保っていたが、依然として不安を抱えたままだったといえる。

『東洋経済新報』は、一九四〇年末、小康状態にあるとされる日本経済が「明かに景気の大勢的下降期に入っている」と警鐘を鳴らしたように（「警戒を要する経済の基礎事情」一一月三〇日）、近衛新体制に対する期待感はなく、むしろ不安と危機感を露わにして一九四〇年を総括した。一九四一年以降、国内の政治的・経済的不満を抱える国家総動員体制は、どのような展開を経て太平洋戦争を迎えるのか。それについては、別稿に譲る。

（1）　森靖夫「国家総動員体制の動揺——一九三八—三九年」（川島真・岩谷將編『日中戦争研究の現在——歴史と歴史認識問題』東京大学出版会、二〇二二年）。

（2）　この時期に関する政治史研究は、大政翼賛会に結実する近衛新体制の展開やその思想に焦点を当てた研究（代表的なものとして伊藤隆『大政翼賛会への道——近衛新体制』講談社学術文庫、二〇一五年（原著は中公新書、一九八三年）、赤木須留喜『近衛新体制と大政翼賛会』岩波書店、一九八四年、同『翼賛・翼壮・翼政——続近衛新体制と大政翼賛会』岩波書店、一九九〇年、ゴードン・M・バーガー（坂野潤治訳）『大政翼賛会——国民動員をめぐる相剋』山川出版社、二〇〇〇年、マイルズ・フレッチャー（竹内洋・井上義和訳）『知識人とファシズム——近衛新体制と昭和研究会』柏書房、二〇一一年（原著は一九八二年）など）、議会（翼賛政治）や官僚の動向に焦点を当てた研究（古川隆久『昭和戦中期の総合国策機関』吉川弘文館、一九九二年、同『戦時議会』吉川弘文館、二〇〇一年、同『昭和戦中期の議会と行政』吉川弘文館、二〇〇五年、官田光史『戦時期日本の翼賛政治』吉川弘文館、二〇一六年など）、近年では内閣強化構想に焦点を当てた研究（関口哲矢『昭和期の内閣と戦争指導体制』吉川弘文館、二〇一六年、同『強い内閣と近代日本——国策決定の主導権確保へ』吉川弘文館、二〇二一年）など、実に重厚かつ多彩な成果が蓄積されてはいるものの、平時から構築してきた国家総動員体制が戦時にどのように展開したのかという問題意識を共有する政治史研究は少ない。なお、国家総動員体制を明示するものではないが、松浦正孝『日中戦争期における経済と政治——近衛文麿と池田成彬』（東京大学出版会、一九九五年）、同『財界の政治経済史——井上準之助・郷誠之助・池田成彬の時代』（東京大学出版会、二〇〇二年）、米山忠寛『昭和立憲制の再建——一九三二—一九四五年』（千倉書房、二〇一五年）など、戦時経済政策を分析した政治史研究がある。このように国家総動員体制に関する政治史研究が低調であった一方、経済史研究がこの分野をリードしてきたと言って過言ではない。戦時（統制）経済の展開、とりわけ陸海軍の構想、物資動員計画と現実との乖離、産業の再編とそれをめぐる省庁や財界の相剋、戦時・戦後経済の連続性などは、近代日本経済史研究のメインテーマの一つとなっている。代表的なものとして中村隆英『日本の経済統制——戦時・戦後の経験と教訓』（ちくま学芸文庫、二〇一七年（原著は日経新書、一九七四年））、野口悠紀雄『（増補版）一九四〇年体制——さらば戦時経済』（東洋経済新報社、二〇一〇年（原著は一九九五年））、宮島英昭『産業政策と企業統治の経済史——日本経済発展のミクロ分析』（有斐閣、二〇〇四年）、山崎志郎『戦時経済総動員体制の研究』（日本経済評論社、二〇一一年）、原朗『日本戦時経済研究』（東京大学出版会、二〇一三年）、荒川憲一『戦時経済体制の構想と展開——日本陸海軍の経済史的分析』（岩波書店、二〇一一年）、などが挙げられる。もっとも、国家総動員体制の成否は経済のみで説明できるものではない。本文冒頭で述べたように、総力戦の勝敗の鍵を握るのは、国民の自発性の動員と、強制権を行使する政府の正統性（信任）である。そうした視角からの研究は、むしろ政治史が取り組むべき課題といえよう。

（3）当該期のメディア史研究に目を転じてみると、新聞・雑誌への弾圧、あるいは逆に新聞・雑誌の戦争協力や共犯性に着目するものが多く、総じて被害・加害の観点からマスメディアが描かれる傾向にあるといえよう。戦間期および戦時期に関する新聞・雑誌メディア研究は、鈴木健二『戦争と新聞』（毎日新聞社、一九九五年）、駄場裕司『大新聞社　その人脈・金脈の研究——日本のパワー・エリートの系譜』（はまの出版、一九九六年）、佐々木隆『日本の近代14　メディアと権力』（中央公論新社、一九九九年）、佐藤卓己『言論統制——情報官・鈴木庫三と教育の国防国家』（中公新書、二〇〇四年）、前坂俊之『太平洋戦争と新聞』（講談社学術文庫、二〇〇七年）、吉田則昭『戦時統制とジャーナリズム——一九四〇年代メディア史』（昭和堂、二〇一〇年）、里見脩『新聞統合——戦時期におけるメディアと国家』（勁草書房、二〇一一年）などが代表的なものとして挙げられる。

（4）内務省警保局編『出版警察報』第一三四号、一九四一年一月、一〇頁。

（5）本章が扱った新聞雑誌については、朝日新聞百年史編修委員会編『朝日新聞社史』（朝日新聞社、一九九五年）、毎日新聞百年史刊行委員会編『毎日新聞百年史』（毎日新聞社、一九七二年）、文藝春秋編『文藝春秋七十年史』本篇・資料篇（文藝春秋、一九九一―九四年）、中央公論社編『中央公論社七十年史』（中央公論社、一九五五年）がある。『文藝春秋七十年史』は「国民はこう思う」に言及しているものの、この時期の『文藝春秋』を「体制に順応的であった」と総括している。
（6）伊藤隆前掲『大政翼賛会への道』一三五頁。
（7）伊藤之雄『元老西園寺公望――古希からの挑戦』（文春新書、二〇〇七年）三三八―三三九頁。
（8）なお、八月号では加田哲二が、近衛の指導力に期待しており、「全権委任権を何等かの形で要求するも良い」と述べた（「近衛公の任務」八月）一方、今中次麿は「近衛公の淡々たる性格や、現下の不安な政情や、問題そのものの複雑困難さなど」から運動の成功に疑問を呈した（「新体制運動を展望する」同右所収）。
（9）「新体制と官界への希望」（『大毎』九月二日）。「官界新体制の眼目」（『朝日』一二月二五日）。
（10）「翼賛会の発奮を求む」（『大毎』社説、一九四〇年一一月一八日）。
（11）津久井は『日本評論』においても、組織機構の論議も不要とは言わないと前置きしたうえで、新体制運動が目標を見失っていることに嘆息している（津久井龍雄「新体制の前途」『日本評論』一〇月）。
（12）ほかにも同号では、河野密、高橋亀吉、赤松克麿、林広吉、平貞蔵らの対談が組まれており、彼らもまた官製組織となることを忌避していた（「座談会　国民組織案の討議」『改造』同月所収）。
（13）詳細な過程については中村隆英・原朗「経済新体制」（『年報政治学』第二三号、一九七二年三月）を参照されたい。
（14）小島は『東洋経済新報』においても、低物価を堅持する範囲内において、企業がコストを下げ、能率を上げて獲得した利潤までをも抑制してはならず、その際利潤率の高低は問題ではなく利潤の原因が創造的、建設的かどうかが重要であると主張する（「経済革新の途」『東洋経済新報』一一月一六日）。
（15）萩原淳『平沼騏一郎――検事総長、首相からA級戦犯へ』（中公新書、二〇二一年）二五一―二五二頁。
（16）「転失業問題座談会（毛里英於菟、美濃部洋次、穂積七郎、寺田省一、秋山道雄、稲川宮雄、横川四郎）」（『日本評論』一九四〇年一二月号）。
（17）富田健治「思想戦と警察」（内閣情報部編『思想戦講習会講義速記』第三輯（極秘）、一九三八年）。
（18）佐藤卓己「総力戦体制と思想戦の言説空間」（山之内靖、ヴィクター・コシュマン、成田龍一編『総力戦と現代化』柏書房、一九九五年）。
（19）関之『経済犯罪概説』（松華堂、一九四三年）三七、六二―六五、七二―七四頁。

（20）「統制経済法令違反事件月別受理並起訴人員一覧表」（赤澤史朗・北河賢三・由井正臣編『資料日本現代史13　太平洋戦争下の国民生活』大月書店、一九八五年）一四四頁。
（21）法政大学大原社会問題研究所編『日本労働年鑑　別巻』（労働旬報社、一九七一年）二二二頁。
（22）陸軍省「昭和十五年前半期思想情勢　昭和十五年八月」（アジア歴史資料センター、Ref. 14010404000）。

第12章　日米交渉にみる国際秩序形成の相剋

――大東亜新秩序と太平洋全域の平和プログラム

佐藤元英

はじめに

一九四〇年七月二二日に発足した第二次近衛内閣は、二六日、「基本国策要綱」を閣議決定した。国防国家体制の完成に邁進すること、そのための根本方針が、「日満支」の結合を根幹とする大東亜の新秩序を建設することである、と宣言された。この要綱に関連し、翌日の大本営政府連絡会議では「世界情勢の推移に伴う時局処理要綱」を決定した。「支那事変」の解決を促進する好機を捉えて、南方問題を解決することが述べられているが、「武力行使に当りては戦争対手を極力英国のみに局限するに努む、但し此の場合に於ても対米戦は之を避け得ざることあるべきを以て、之が準備に遺憾なきを期す」、とあるように南進促進は対英米戦になる可能性があることを、日本政府も軍部も認識していた。(1)

そうした状況下で、軍部の南方作戦の準備が進められるが、その一方で、対米戦争回避の外交努力が始まる。日本は「大東亜新秩序建設」のために戦争準備と戦争回避の外交努力を同時進行させるという矛盾を抱えることになる。

ハル国務長官は、一九三七年の日中戦争勃発に対して、国際政策の基本的原則に関する声明書を発表（七月一六日）したが、その原則は一三項に及ぶ。⑴平和の維持、⑵国家的および国際的自制、⑶政策遂行のためにする実力行使の放棄、⑷他国の内政に対する干渉の自制、⑸国際問題の調整は平和的交渉および協定の手続により行うこと、⑹国際協定の忠実な遵守、⑺条約改訂の必要が起これば互助および妥協の精神を以て秩序ある手続により行うこと、⑻他国の権利の尊重と確定せる義務の履行、⑼国際法の復活と強化、⑽全世界にわたる経済的安全と安定の促進、⑾国際貿易に対する過度な障壁の引き下げまたは撤廃、⑿効果的な通商上の機会均等ならびに待遇均等の原則適用、⒀軍備の制限および縮小[2]。

ハルの声明書に対して日本は、原則に同意を表明すると同時に、これらの原則を「極東の事態に適用する場合、同地域に現存する特殊の状況を充分承認し、且つこれに実際上の考慮を払うことに依ってのみ、その目的を達成し得ると信ずる」と回答した。

ハルの声明の原則論は、「アメリカの伝統的な門戸開放政策の国際的法文化[3]」に連なるものであり、双務通商政策（通商の無差別待遇）と通商障壁となる関税引き下げ政策とも関連していた。一九四一年一一月二六日の、いわゆるハル・ノートにおいても、基本「四原則」および経済「五原則」として日本に要求することとなるが、それらを基礎に、ハルは、日本に「太平洋地域全般の平和に関する広汎なるプログラム[4]」の立案に同意するよう強要したのである。こうしたハルの原則論は一九二〇年代初頭のワシントン体制に由来すると考えられるが、通商上の機会均等、門戸開放については、長年にわたり通商経済問題に関わってきたなかでの主張であった。ハルは自身の回顧録のなかで次のように述べている。議会で関税の引き下げと通商上の制限の縮小を主張してから、二六年後の一九三四年にようやく通商協定法を成立させることができた。「私は一九一六年以来、経済戦が政治戦を起すもとであり、貿易における無差別待遇は戦争の起る可能性を少なくすると主張してきた[5]」。

しかし、アメリカは対日経済制裁という経済戦を仕掛けてきた。一九四〇年二月の日米通商航海条約の破棄に始まり、一九四一年七月末の在米日本資産凍結（英連邦、オランダもこれに追随）によってピークに達し、確実に日本経済を蝕んでいった。

日独伊三国同盟の締結（一九四〇年九月二七日調印）は、日本にとって反米英的新アジア秩序、すなわち、「大東亜新秩序建設」計画の基軸となるものであった。この三国同盟に、独ソ不可侵条約の関係にあるソ連を加え、日独伊ソ四国協商の陣営を構築するのが松岡洋右の外交策略であった。しかし、ヒトラー総統はソ連のフィンランドおよびバルカンでの行動に激怒し、一九四〇年一二月一八日、対ソ戦争（バルバロッサ作戦）を決定しており、松岡の四国協商は成立の見込みはなかった[6]。翌年三月、松岡が訪欧した際、ヒトラー総統およびリッベントロップ外相より、独ソ関係の急速な破綻を告げられた[7]。

四国協商は不成立となったが、松岡は日ソ中立条約を締結して、ソ連を枢軸国側につなぎ止めようとした。蔣介石の重慶政権に圧力をかけ、日中戦争の終結を図る一方、アジアからの米英勢力の駆逐に役立つはずであった。しかし、日本が期待した米英の軟化はもたらされず、むしろ三国同盟に対抗する米英の結束強化につながった。しかも、独ソ間の悪化から、ソ連はアメリカに接近するようになる。

一九四〇年秋、ローズヴェルトが大統領三選を制すると、イギリスの戦争遂行のための航空機、武器をはじめ、戦争物資の支援政策を公表した。アメリカにとって最優先されるべきは、イギリスの欧州戦を勝利に導くことで、それは同時にアジアのイギリス権益を保護することでもあった。そのためにはアメリカは、大西洋と太平洋における地位を鞏固にする必要から両面の軍備拡張政策に着手する。そこでイギリス支援は、中国支援と連動するとの認識があったが、戦略上の優先順ということからは、まずはイギリス本国の対独戦支援に全力を傾注することになる。

また、ローズヴェルトは一二月二九日の炉辺談話で、アメリカは「民主主義の大兵器廠」とならなければならないと宣言した。アメリカは全面的に「民主主義国」陣営を支え、ドイツに与する侵略国、枢軸国陣営と対峙する戦略を闡明にした。

アメリカの対英支援が強化されていく。ワシントンで行われた米英参謀会議において、一九四一年三月二九日、最終報告書「米英参謀協定（ABC1）」がまとめられ、この方針にもとづき、四月二一日から二七日までシンガポールにおいて「ADB会談」（米・蘭・英・豪国参加）が行われるが、中国をも組み入れた対枢軸国戦争に際しての共同軍事行動を確認した。(8)この計画を各国の政府上層部が承認したわけではなかったが、経済封鎖としてのABCD包囲網に軍事的陣営形成の性格を加えたことになる。(9)つまり、アメリカはヨーロッパにおいてもアジアにおいても軍事同盟を構築していた。

松岡は、アメリカのイギリス、中国への軍事支援について焦燥感に駆られていた。一九四〇年一〇月七日の「地方長官会議における訓示」において松岡は、カナダとイギリスとの共同防衛協定が成立したこと（八月一七日）、イギリスが南米大陸の大西洋沿岸英領の必要箇所を米国海空軍の根拠地に提供する見返りとして、アメリカより五〇隻の駆逐艦を譲り受けたこと（九月二日）について、英連邦（英加濠）とアメリカの協力関係は、太平洋からインド洋さらに南洋にまで及ぶものであり、三国同盟はこうした状況下で結ばれたものであることを説明した。そして、「大東亜共栄圏」の構想について、次のように述べた。

大東亜共栄圏内に於て、今日迄欧米がやつて来た様な、不都合なる行動施設、例へば、通商、企業、交通往来等経済的活動に於ても、苟くも人間の正当な行動に対する不自然な制限は総て之を撤廃し、我国も列国と平等の立場に於て行動する、それも大東亜共栄圏内に在る諸民族自身の繁栄と安定とそして各自の運命の開拓と決定に関する自由を前提とする相互抱容、福祉の途を進む様になりますることを目標として居るのであります。(10)

一九四一年の春、日本はもはや、中国一国を相手に戦争を継続している状況ではなくなった。三国同盟と「日満支」提携の強化による「大東亜新秩序建設」の促進によって、ＡＢＣＤ陣営を圧倒していくか、あるいは政戦両略をもってＡＢＣＤ陣営の分断を試みるか、の瀬戸際に立たされた。こうした状況下に、アメリカ人と日本人の民間人を通じて国務省に提出された提案「全般的協定書」をもとにした、日米交渉が始まるのである。この交渉をアメリカ側では「予備的非公式会談」と言った。

日米交渉に、日本は経済封鎖の解除、資源獲得、日中戦争の解決を望み、アメリカは太平洋地域全般の均等待遇による自由通商、現状平和維持を望んだわけであるが、本章の課題は、日米両国が交渉の発端から決裂まで、終始妥協の歩み寄りを見せることがなかった要因について、三国同盟に位置する日本と、ＡＢＣＤ陣営に位置するアメリカとの対決姿勢にあったこと、言葉を換えれば、日本の「大東亜新秩序建設」とアメリカの「太平洋地域全般の平和に関する広汎なるプログラム」との相容れない両体制の相剋にあった、という仮説のもとに日米交渉を論ずることにある。

一　混乱の初期日米交渉

井川忠雄、岩畔豪雄、ウォルシュ司教、ドラウト神父らが参加した、非公式の話し合いのなかで作成された「全般的協定書」は、四月九日、ウォーカー郵政長官を通じて国務省へ提出された。日本側では「日米諒解案」[11]と名づけ、この文書をもとにアメリカとの国交調整を図るための正式な協定案をつくりあげる意向から、野村大使は、ローズヴェルト大統領やハル国務長官らとの会談を「交渉」（negotiation）と表現した。ところがアメリカ側にとっては諒解案ではなく、あくまでも「全般的協定書」（a general agreement）案であり、後にハル・ノートと呼ばれるものに変化した。

また、交渉の全過程を通じて「非公式会談」（wholly informal conversation）と表現した。このような日米両国の認識の違いが、その後の日米交渉に混乱をもたらすことになる。

ハル国務長官は、「一九四一年四月九日アメリカ人と日本人の民間人を通じて国務省に提出された提案」である「全般的協定書」案をウォーカー郵政長官から受け取り、それを国務省の極東問題の専門家と三日間かけて綿密に検討した結果、「提案の大部分は血気の日本帝国主義者が望むようなものばかり」で失望したが、日本との間に「幅広い交渉を開始する糸口になるような機会を見逃してはならないと思」い、予備交渉を受け入れた。ハルにとっての予備交渉の目的は、「果して基本問題に関し十分意見の一致を見、一層正式な交渉に入ることを正当とするか否かを確かめるためであった。その上日本の進出に対し比較的防備の脆弱な西太平洋に於ける米国の領土及び同地域に於ける他の友好諸国の領土を擁護せんとする願望が、この予備交渉に応ぜしめた他の理由で」あった、と述べている[12]。

四月一四日に行われた野村・ハル会談では、「日米諒解案」（「全般的協定書」）にもとづく予備的準備会談に入る前提としてアメリカ側の立場について説明と条件が述べられた。ハル国務長官は、我々はまだ交渉の段階に達していない、まず予備的かつ非公式な方法で、交渉の道を開くことができるかどうかその可能性を探求しているだけで、日本政府がこの文書を承認し米国政府に提案すれば、交渉の基礎が与えられることになるであろうと述べた。そして、ハルは基本四原則をしたためたステートメントとリマ会議（第八回汎米会議、一九三八年）で採択されたプログラム（米州の連帯に関する原則で、米州国家の平和、安全保障、領土保全などを確認、協議機関として外相会議が設置された）のコピーを野村に手渡し、国際関係の改善のための原則を説明した。このとき、ハルは「野村の英語力があまりにも僅かだったので」、ハルの主張を理解しているかどうか疑問に思い、基本四原則とリマ会議の八原則をゆっくりと繰り返し説明したと述べている[13]。ワシントン日本大使館の顧問フレデリック・モアーは野村大使に、ハルとの間に誤解が生ずることのないように、会談後にステートメントを送り、英文によって内容を確認するようにすべきである、と助言している[14]。

ハルは、「日米諒解案」を日本政府が交渉の基礎とすることを認めたとしても、アメリカはこの文書に何ら拘束されるところはない、また、四原則を日本が受け入れることが日米非公式予備会談を進めるための条件である、と明確に野村に伝えていた。

日米交渉の発端から、ハル国務長官が抱いていた会談の目的は、アメリカ主導で作成する「太平洋地域全般の平和に関する広汎なるプログラム」に日本を参加させることであった。それを米日両国でアジア太平洋諸国、諸地域に慫慂することであり、そのプラン作りが「非公式予備会談」であると野村に説明していたのである[15]。しかし、野村はこうした情報も東京に知らせなかった。経済、通商問題に蘊蓄が深いハル国務長官の話を職業軍人である野村海軍大将が十分理解できたかどうかは疑問である。野村は海軍内で国際法の研究に携わっていたことから、阿部内閣の外相に起用されたことがあったが、野村が重要視していたのは、三国同盟問題と中国および仏印からの日本軍の撤兵問題であり、通商問題については楽観視していた。初回（三月八日）の野村・ハル会談において、ハルが、「世界を自由なる通商政策の線に沿って組織せんとする米国の努力」が軍事的征服行動のため妨害されてきたことを説明しても、野村は、「先ずハル長官は世間周知の彼の経済政策を語ったが、そのことは既に普く知られていることであるから[16]」と聞き流し、日米交渉を進めるうえでハルが力説している通商政策を理解しようとしなかった。

第二次および第三次近衛内閣期の日米交渉における混乱と誤解の例を挙げれば、以下のような諸点があった。野村大使から四月一八日電で送られてきた「日米諒解案[17]」を、近衛首相と大橋忠一外務次官ら外務省関係者が早合点して、アメリカ政府の提案として受け取った。松岡外相は諒解案を徹底的に修正してしまう。こうしたなかで、近衛と松岡の対立、松岡と野村の対立が起こる。松岡の訓電を野村は忠実にアメリカ側に伝えなかったこともあり、それらを含めてアメリカ側は日本の暗号電報を解読していたが、誤訳による先入観をもって交渉に臨んでいた。近衛メッセージに対しローズヴェルトは首脳者会談を歓迎するも、ハルはこれに反対し、国務省の原則論を優先させた[18]。

「日米諒解案」をめぐって始まった日米交渉において、両国からなされた修正案、提出案について確認しておきたい。まず、四月一六日、野村大使より送られてきた「日米諒解案」に松岡外相は大修正を加え、五月三日、大本営政府連絡会議において、松岡案を強引に承認させた。主な修正は、第二項「欧州戦争に対する両国政府の態度」について、三国同盟の義務の確認を述べ、第三項「支那事変に対する両国政府の関係」について、アメリカによる対蔣介石勧告の和平条件を削除し、第四項「太平洋に於ける海軍兵力及航空兵力並に海運関係」はすべて削除、「日米会談」に関する取り極めも削除された。日本側の「対案」というべきものではなく、非公式会談の基礎とすべき日本政府の最初の提案というべきものであった。松岡の修正案は、五月一二日、「日米諒解案に対する我が方対案」として訓電された。[19]野村大使はハル国務長官にその覚書を手交する際、英訳において微妙に本文を手直しする（第二項の三国同盟の部分）とともに、アメリカ側への刺戟を避けるため作為的な「口頭説明」を行った。その口頭説明の内容およびハル国務長官からの口頭説明に触れたオーラル・ステートメント（口頭陳述書）も東京に伝達されなかった。[20]

アメリカ側は、「五月一二日日本側提案」（「口頭陳述書」「日本の協定草案」）を公式提案とし、真珠湾攻撃の日まで続いた日米交渉の基礎とした。ただしこの提案についてハルは、日本は枢軸国との提携維持、日本軍隊の不定期間駐屯、優先的経済的地位の保持を要求したままで、他国の権利や利益をほとんど考慮に入れていない、ときわめて不満であった。しかし、これを一言のもとに拒否することは、日米間の提案を根本的に討議する唯一の機会を捨ててしまうことになると判断した。[21]

独ソ開戦の前日、六月二一日、ハル国務長官は、「口頭陳述書」および、非公式、試案（exploratory）、拘束なし、と断りのある「米国側提案」[22]を野村大使に手交した。「口頭陳述書」は、「政府の有力なる地位に在る指導者中には、国家社会主義の独逸及其の征服政策の支持」者がいる、と暗に松岡外相を非難していた。「米国側提案」には、アメリカの欧州戦争に対する態度は防護と自衛の考慮によって決定されること、内蒙および北支の一定地域に日本軍を駐屯させることにアメリカは同調できないこと、天然資源の商業的供給の無差別的均霑を受けうるよう相互に協力すること、などが述べられていた。この会談で、ハルは野村に、「五月一二日日本側提案」をイギリス政府にも知らせることを伝えている。したがって日米交渉は、始めから、米英連繋の体制で行われていたといえる。

「六月二一日米国側提案」については、七月一〇日および一二日の大本営政府連絡会議で審議された。会議終了後、寺崎太郎アメリカ局長が、武藤章と岡敬純の両軍務局長と協議のうえまとめた日本側対案を、松岡がまたもや大修正を加え、さらに、まずハル国務長官の「口頭陳述書」の撤回を求める訓電を送ってから、二、三日後に日本側対案を訓電すべきであるとの自己の主張を強行した。「六月二一日米国側提案」に対する日本側回答は、七月一五日に野村大使に送られたが[23]、野村は、第二次近衛内閣更迭を口実に、またその内容がアメリカ側に受け入れられないだろうと独断し、手交しなかった[24]。

二　両国首脳者会談と日米国交調整

七月一八日、第三次近衛内閣が成立し、松岡洋右を更迭して豊田貞次郎を外相に就任させたが、七月二日の御前会議決定「情勢の推移に伴う帝国国策要綱」によって、日本軍は南部仏印に進駐した。事態を重く見たハルは（療養中）、ウェルズ（国務長官代理）を通して野村へ、七月二三日、「仏印に武力進駐を行うようなことがあれば、従来のハル・野村会談を続行する基礎は消滅する[25]」と警告した。そして、二六日、ローズヴェルト大統領は、アメリカにおける日本の資産を凍結する行政命令を発した。ここで日米交渉は一旦途切れてしまう。その間ローズヴェルトとチャーチルの会談が行われるなどして（八月一四日「大西洋憲章」米英共同声明）、米英結束が強化される。

ABCD包囲陣の対日資産凍結に驚いた近衛首相は、八月七日、ローズヴェルト大統領へ日米関係打開のための両国首脳者会談を提議し、一二日にも、大局的見地より首脳者会談を行いたいとの意向を繰り返し申し入れた。しかし、アメリカからは、八月一七日、日本軍の武力進出に対する警告と、次のような首脳者会談に対する回答があった。日本が膨張主義活動を停止し、アメリカの原則に従い「太平洋地域全般の平和に関する広汎なるプログラム」に乗り出すならば、アメリカは非公式予備的討議の再開を考慮する。ついては会談を再開するに先立ち、日本政府の態度を明確にしたステートメントを提示することを求める。なお、予見されるプログラムとして、「㈠太平洋全域における門戸開放・機会均等原則、㈡同地域諸国民の自発的・平和的基礎にもとづく協力、㈢脅威を受ける諸国民への援助、㈣軍事的・政治的支配と経済的独占の排除」の四項目を挙げていた。[26]

八月二六日、大本営政府連絡会議において、大統領宛近衛首相メッセージと対米回答としての「帝国政府見解」が採択され、豊田外相から野村大使に訓電された。[27] 同日の別電では、「七月二四日米大統領提案に対し、我方国内情勢上、達し得る最大限度を示せるもの」であり、「総理と大統領の会見に最後の望みを嘱し得る状態に達しせり」と危急を伝えた。野村大使は近衛首相メッセージを、八月二八日、ローズヴェルト大統領との会談で手交した。ローズヴェルトは「近衛メッセージ」を読み、「非常に立派なるものなりと大に賞賛」して近衛首相との会談を歓迎したが、ハルは、もし首脳者会談が「失敗に終った場合の結果は重大である」と慎重な態度を示し、事前に「意見の合致を見た数個の須要点を批准すること」が必要だと主張した。ハルの述べた数個の須要点とは、欧州戦への自動的参戦義務・自衛権の問題、アメリカの日中和平仲介問題、中国からの撤兵問題などである。結局ローズヴェルトも国務省の慎重な態度を受けて、九月三日、野村大使に口頭陳述書を手交し、「会見の成功を確保する用心を行わなければならない。その方法は意見の一致を求めている基本的にして且つ必要欠くべからざる諸問題に関し、速やかに予備的討議を行うことに努めなければならない」ことを繰り返した。そして、またもや「国際関係の基礎を為すものと倣す」基本四原則の承認を要求したのである。[28]

近衛首相は頂上会談のための対策案を練り、富田健治内閣書記官長を中心に準備が進められたが、こうした政府の動きに反するかのように、海軍省、軍令部の大佐・中佐級からなる海軍第一委員会で、「帝国国策遂行要領」の草案の作成が進められ、八月一六日に完成する。九月六日の御前会議において採択され、一〇月下旬を目途として戦争準備を完整すること、日米交渉により一〇月上旬までに日本側の要求が貫徹されない場合直ちに開戦を決定すること、という日米交渉の期限と開戦に向けての準備が進められていくことになった。

御前会議の決定にもとづいて、近衛首相は、日米交渉に全力をつくす意思を伝える「日米共同声明」（九月六日の日本提案）をアメリカに伝えた。内容は日米双方が、次のような約束を声明することであった。日本側の約束は、㈠南部仏印以外には出ず、㈡三国同盟条約に対する日本の解釈及実行は自主的とす、㈢支那の治安回復せば速に撤兵す、㈣支那に於ける米の経済活動を制限せず、㈤南西太平洋に於ける米の資源獲得に日本は協力す、㈥日米通商関係の正常化、などである。一方、アメリカ側の約束は、㈠日本の支那に関する努力を妨げず、㈡南西太平洋に於ける日本の資源獲得に米は協力す、㈢極東及南西太平洋に於ける軍事措置を停止す、㈣対日資産凍結解除日本船パナマ通行許可、などである。野村よりハルに提出したが、アメリカ政府は取り合わなかった[29]。

陸海軍主任者間では、「対米英蘭戦争指導要領[30]」を審議しながら戦争準備を急ぐ。一方、近衛首相と外務省は、差し迫った期日を念頭に、日米国交調整の作業に苦闘する。重光葵の統括の下に対米総合整理案を作り、軍部の要望を入れた「日米国交調整に関する了解案」が、九月二〇日の大本営政府連絡会議において決定された。この了解案は「太平洋平和維持に関する日米協同努力と友好表示のための提案」と附属の「日支和平基礎条件」から成る[31]。東京では、九月二五日、寺崎アメリカ局長よりグルー大使に、ワシントンでは、二七日、松平康東書記官からバランティーン国務長官補佐官に、それぞれ「日米国交調整に関する了解案」が手交された。

この「九月二五日日本側国交調整提案」は、それまでの日米交渉の議論を総括し、「六月二一日米国側提案」に沿うよう手直ししたものであるというが、アメリカが最も危惧する三国同盟について、アメリカが欧州戦争に参入した場合「日本は三国同盟条約の解釈およびこれに伴う義務履行については専ら自主的に行われる」とのみ述べられており、日本の対米自動的参戦義務を明確には否定していない。日中間和平解決の仲介については、アメリカは重慶政権に対し戦闘行為を終結するよう勧告し、和平交渉の橋渡しを行い、日本国政府の支那事変解決に関する措置、および努力に支障を与えるような一切の措置、および行動をしないこと（援蔣政策の中止）を要求している。また、アメリカの主張する通商の一般的自由化については、「近衛三原則」にこだわり、防共協定による日本軍隊および艦船部隊の駐屯、経済提携による重要国防資源の開発利用、満洲国の承認、などを要求し、「日満支」連携の必然性を述べている。こうした内容ではあったが、日本政府は、この「九月二五日日本側国交調整案」と首脳者会談に大きな期待をかけていた。

しかし、一〇月二日、首脳者会談に関するハル国務長官の回答が届くが、それは事実上の拒否であった。そこには、八月一七日にローズヴェルト大統領より野村大使に手交した回答の再確認、すなわち、アメリカの原則による「太平洋地域全般の平和に関する広汎なるプログラム」に日本が乗り出すことを期待する、と述べられていた。[32]

野村大使は、豊田外相へ宛てた九月三日の情況具申電で、アメリカは寸毫も対日経済圧迫を緩めず既定政策に向かって進みつつあり、対日経済戦を行いつつ武力戦を差し控え、戦わずして対日戦争目的を達成する構えである。世界政局に大いなる変化ある場合、あるいは日本が政策を変更する場合のほかは、アメリカの対日外交方針は不変なりと考える、と報告した。[33]

日本軍が南部仏印に進駐し、ＡＢＣＤ陣営の対日資産凍結が行われた後、「全般的協定」をめぐる日米交渉は事実上途絶えた。日米首脳者会談も成立しなかった。そうした閉塞状態を打開するための緊急避難策として浮上してきたのが、日米両国の「暫定協定案」であった。

三 「帝国国策遂行要領」決定以後の日米会談

東条内閣成立後、一一月五日、御前会議において「帝国国策遂行要領」を決定し、日本は「自存自衛を完うし、大東亜の新秩序を建設する」ため、対米英蘭戦争を決意した。そして、武力発動の時機を一二月初頭と定め、それまでに陸海軍は作戦準備を完整すること、また、日米交渉は一二月一日午前零時をもって交渉打ち切りとするが、それまでに、「対米交渉要領」の「甲案」および「乙案」（暫定協定案）により妥結を図ることとした。東郷茂徳外相は御前会議の決定を待たず、野村吉三郎駐米大使へ、「甲案」、「乙案」（「南部仏印駐屯中の日本軍を北部仏印に移駐する」という事項を削除したもの）による交渉を訓電し、また、来栖三郎を特使として派遣することを伝えた[34]。東郷としては、来栖を派遣して、国務省を経由せず直接ローズヴェルト大統領に、「最後の切札」としての「乙案」（御前会議決定）を手交させ、南部仏印からの撤兵という思いきった最大限の譲歩を示し、そのインパクトによって従来の交渉の閉塞感を一掃する狙いがあった。そこで東郷は来栖に対米最大譲歩案の「乙案」（全七項目から成る）を説明し、その文書を携行させた[35]。来栖がワシントンに着いたのは、一一月一五日である。

一一月一七日、来栖大使は野村大使とともに、ローズヴェルト大統領およびハル国務長官との初会談に臨み、日本側提案の「甲案[36]」について話し合われた。「甲案」は交渉の主眼を三点にしぼったものである。第一点の三国同盟条約に関連する自衛権の問題については、アメリカの自衛権の観念を濫りに拡大しないよう、つまり欧州戦争へ自衛のために参戦しないことを明確にするよう要求している。第二点の通商上の無差別待遇原則については、この原則が全世界に適用され、中国を含む全太平洋地域に適用されることに異議のないことを伝えている。第三点の撤兵問題については、支那事変のため中国に派遣した日本軍隊の一部は日中間平和成立後一定地域（北支、蒙疆、海南島）に所要期間駐屯させ、その他の軍隊は、平和成立と同時に日中間協定に従って撤去を開始し、治安確立とともに撤兵すること、また、仏印に派遣されている軍隊は、支那事変の解決または東亜の平和が確立するにおいて直に撤去することを述べている。

ハル国務長官は、執拗に三国同盟条約の消滅、もしくは「死文」となることを繰り返し要望し、通商無差別原則を無条件に中国に適用するとともに、列国共同の下に中国の経済開発を行うことなどを含む、「経済政策ニ関スル日米共同宣言案」を提出した。これに対し日本側は、通商無差別原則を中国に適用することは承認する姿勢を示したが、日米共同宣言案の「支那共同開発提案は、支那国際管理の端緒となる虞れある」として反論した。(37) 野村と来栖は三大問題を独自に判断して譲歩することはできず、本省の訓令に従い、条件付き、曖昧な表現、という形での返答を繰り返した。ハルのいうように日本側は根本的撤廃や修正をしようとしなかった。

翌一八日のハルと野村、来栖との会談においては、三国同盟条約についての議論が三時間にわたって交わされた。ハル長官は、合衆国は法律と秩序とにもとづく平和的世界の樹立をめざしているが、日本との間にも受け入れられるように願っている、と述べたうえで、日本が、武力による侵略行為を止めさえすれば必要な物資は供給され、「日本が確定的に平和的進路を執り、征服的目的を抛棄したと信ぜしむるに足る理由を与えない限り、米国政府を動かして輸出禁止を解かしむることは困難である」と主張した。そして、ドイツと日本が同盟関係を維持する限り、日米間に「如何なる取極めを行うとも米国人の信用を博し得るや否や多大の疑問である。三国同盟と日米間の諒解成立とは両立しない」と明言した。ハルは、アメリカとしては、ともかく今まで会談を続けてきたけれども、今日となっては一定の限度を踏み越えるよりもむしろ「この辺で留ってその結果を甘受する方がよい」、との考えを示した。(38)

ハルが主張した三国同盟拒否も、通商無差別待遇の要求も、中国および仏印からの撤兵要求も、これらすべてが日本の「大東亜新秩序建設」に対する不承認につながるのである。さらに、通商無差別（通商の特恵待遇を禁止）は太平洋地域の経済の安定発展に貢献し政治的安定につながる、というハルの信条は、アメリカ主導の「太平洋地域全般の平和に関する広汎なるプログラム」にほかならないのである。

四　日本側最終提案としての「暫定協定案」

「甲案」について、ハル国務長官は全く問題にしなかった。一一月二〇日、東郷外相の指示により、野村大使と来栖大使は最終的な「暫定協定案」いわゆる「乙案」をハル国務長官に手交し、この新提案による会談を申し入れた。

(一)　日米両国政府は孰れも仏印以外の南東亜細亜及南太平洋地域に武力的進出を行わざることを確約す
(二)　日米両国政府は蘭領印度に於て其の必要とする物資の獲得が保障せらるる様相互に協力するものとす
(三)　日米両国政府は相互に通商関係を資産凍結前の状態に復帰すべし、米国政府は所要の石油の対日供給を約す
(四)　米国政府は日支両国の和平に関する努力に支障を与うるが如き行動に出でざるべし
(五)　日本国政府は日支間和平成立するか又は太平洋地域に於ける公正なる平和確立する上は、現に仏印度支那に派遣せられ居る日本軍隊を撤退すべき旨を約す
日本国政府は本了解成立せば、現に南部仏領印度支那に駐屯中の日本軍は、之を北部仏領印度支那に移駐するの用意あることを闡明す[39]

ハルに提示したこの「暫定協定案」(「五項目乙案」)は、対米最大譲歩案「七項目乙案」[40]ではなく、通商無差別問題および三国同盟問題の二項目については記載されていなかった。ハルは暗号解読によって、「甲案」および「乙案」

の内容、交渉期限一一月二五日のことも事前に知っていた。東郷は「乙案」㈤項〈傍線〈筆者〉部分〉を「最後の切札」として望みをかけたが、ハルは、「これは日本に、その欲する如何なる限度の軍隊をも、仏印に増派し得る自由を与えるものである」と警戒した。また、ハルは、日本が三国条約との関係を明らかにし、平和政策採用を確言するのでなければ、乙案㈣項の援蔣行為停止要求に応ずることは不可能であり、大統領の述べた日中間和平の「紹介者」となろうという提案も、日本の平和政策採用を前提とするものである、と主張した。

これに対して日本側は、日中両国の間の「紹介者」となる大統領によって日中直接交渉を開始する場合、アメリカが依然として援蔣行為を継続することは、平和成立を妨害するもので、その態度に矛盾があることを指摘し再考を求めた。しかし、ハルは、「援蔣は恰も援英と同一」であり、「援蔣打切は困難なり」と反駁した。

「乙案」は最後の「日本側暫定案」であることをハルは知っていたが[41]、従来の原則論を頑なに繰り返す。日本は全面的平和進路をとる決定をしさえすれば、いつでも事態の改善が可能で、日本が勝手に「包囲政策」と呼んでいるものを止めることもできると述べた。そして、アメリカ国民は、「米国が中国を援助する根本的目的は、米国が英国を援助する根本的目的と同一である」と認識しており、ヒトラーと日本は共同して世界を制覇しようとしていると信じている。それは三国同盟の存在、日本指導者たちの言動への反応である。必要なことは日本が平和の進路をとるという明瞭な目的を表明することであり、「国民はヒトラーがヨーロッパにおいて行っていることを、アジアにおいて繰返させたくないと望んでいる。米国の国民は武力支配の下に行われる「新秩序」なる思想には反対である」と述べた。

野村と来栖が、日本政府は真に平和を望んでおり、日本は「嘗て膨張政策に身を委ねたことはない」と繰り返し発言することに、ハル長官は、「その点については中国人に返答させるがよい」と、にべもない態度であった。さらに来栖が、日本は三国同盟を廃棄しえないと述べるや、ハルは直ちに、日本は九ヵ国条約に関しては同一の見解をとらなかったではないかと反論し、来栖はこれに対し、九ヵ国条約は二〇年以前の条約で「流行遅れ」のものであると応酬した。しかし、ハルは「九ヵ国条約」、「四ヵ国条約」、「五ヵ国条約」を包括したワシントン体制の新枠組みとして、「太平洋地域全般の平和に関する広汎なるプログラム」の立案を日本と話し合いたいと考えていたのである。(42)

翌一一月二一日は、来栖大使が単独でハル長官と会談を行い、三国同盟について議論したが成果はなかった。一一月二二日には、野村・来栖両大使とハル長官・バレンタイン極東問題顧問との会談が行われた。ハルは極東に関係ある四カ国代表（ハリファックス英大使・ケイシー濠公使・ルードン蘭公使・胡適重慶大使）の間で、日本の「暫定協定案」（乙案）中、各国に関係ある部分について協議を行い、二四日までに回答を得ることになっていることを知らせるとともに、日本の資産凍結を解除するには、南部仏印駐屯の日本陸軍を北部に移駐する程度では不十分であることを明確に主張し、大統領のいわゆる中日間の紹介は時機いまだ熟せずとの考えを述べ、また援蔣行為の中止要求に対しては強硬に拒否した。その一方で、ハルは関係四ヵ国との会議で受けた感触として、「日本が平和の意図を示す何等かの証拠を示しさえすれば問題は解決するというに在った」と告げ、アメリカその他の諸国に日本が平和の進路をとりつつあるということが判りさえすれば、日本が欲する一切の物資を入手するに何ら問題はないと述べた。(43)

ハル国務長官は、四ヵ国代表に日米会談の現状および日本側「暫定協定案」（乙案）を説明したうえで、アメリカのとるべき措置について国務省作成の「暫定協定案」を内示し、それぞれ本国政府に照会するように要請した。そのとき、日本はアメリカの「暫定協定案」を傍受解読し、「㈠アメリカは石油と米を供給し、少し後に経済関係を再開する。㈡日本は、インドシナ、満洲の国境、南方（蘭印、タイ）のいかなる場所にも軍隊を派遣しない。㈢アメリカがヨーロッパ戦争に参戦しても、日本は三国同盟の義務を負わないことに合意する。㈣アメリカは日中間の話し合いの紹介者となり、日中の話し合いには関与しない」という内容を知った。(44)

五　太平洋地域の平和プログラムを要求したハル・ノート

四月から始まった日米交渉を振り返って、ハル国務長官は、「日本政府が日米会談の進行中に相次いで提出した各種のフォミュラは、そのどれもが平和の意図に関する陳述には条件と制限とがあった。各個の提案を検討する毎に日本は軍部の指導者達が抱いている根本目標から一歩も引下がる意図のないことが明かとなった」と、日本側の対応に不満をあらわにし、これ以上会談を継続することに意味がないと判断した。そして、ハルの判断のもう一つの大きな理由に、「日本はヒトラリズムとの提携を打切るという何等の気持ちも示さない。日本は三国同盟にもとづく義務――米国に対する直接の脅威――はこれを履行せねばならないと主張した」ことにあった。

ハルは、日本が国際通商関係の無差別的待遇の原則に賛成していながら、東亜のあらゆる地域に自分勝手な優先的地位を擁護し、実際上これを拋棄しようとしない、「中国との戦争においては勝利者としての平和を獲得し、それに対する米国の同意を得んと主張している」だけで、他国の内政に対する不干渉主義を実際に適用することを拒んでいると非難した。結局、会談の始めから要求していた四原則を日本は受け入れないと判断し、また、「日本との間に太平洋の平和構築のための全般的協定を結ぶことを期待することは、最早錯覚的であることが明かとなった」としている。(45)

アメリカ国務省は、日本が仏印に軍事施設を増強しつつあること、中国の広大な地域に不定期間にわたり軍隊の駐屯を継続しようとしていること、これらの日本の対策は、中国の永久的支配を達成せんとする企図を示すものであると結論を下した。そして、アメリカも「最終的対日覚書」、いわゆる「ハル・ノート」（United Staes Note to Japan, November, 26, 1941.）(46)を手交することになるが、国務省はその理由について、次のように述べている。

日本をして抑制の方途を選択せしむべく会談を出来るだけ長く存続することが望ましいことは、言を俟たない。その上若し一一月二〇日の日本案が真に日本の「最後の言葉」であったとすれば、日米会談の前、初、中、終を通じ米国政府が執った立場を極めて明瞭に記録して置くことが望ましいことも明かであった。よって米国政府は日本をして自制の方途を選択させるよう、会談を出来る丈長く存続せしめて置くために新しい声明書を作成した。[47]

ハル・ノートの作成の意図は、アメリカ政府がとった立場をきわめて明瞭に記録しておくこと、そして、日本をして自制の方途を選択させるよう、会談をできるだけ長く存続させておくためという、記録と会談継続のためであるとしたが、大西洋会談で米英が申し合わせた、日本を「あやしながら」三カ月間の様子を見る政策のリミットを迎え、また日本の交渉期限一一月二五日を知っていたアメリカとしては、これ以上の日米交渉の延長という選択肢はなかったはずである。ローズヴェルト大統領は、「ハルの準備したすばらしい「宣言」によって〔日米交渉を―引用者記入〕終りにしたのだ」と述べたという。[48]ハル・ノートは、アメリカ主導による太平洋地域の国際秩序形成のためのプランであり、ハルの持論である「太平洋地域全般の平和に関する広汎なるプログラム」であった。四月から行われてきた日米交渉の経緯から判断し、日本が受け入れ難いと回答し開戦に踏み切るという予測のもとに、アメリカはハル・ノートを提議した、との観測は、穿った見方であろうか。

このハル・ノートは、一一月二六日、ハル国務長官より野村大使に手交されたが、日米間の協定の基礎となるべき提案であり、日本側の「最終的対米覚書」（一一月二〇日付）に対する回答でもあった。「口頭陳述書」（Oral statement）と「合衆国及日本国間協定の基礎概略」（Outline of Proposed Basis for Agreement between the United States and Japan）（第Ⅰセクション「政策に関する相互宣言案」、第Ⅱセクション「合衆国政府及日本国政府の採るべき措置」）の二つの部分で構成されている。

「口頭陳述書」には、日本国大使が、四原則にもとづいて太平洋地誠における包括的かつ平和的解決を目的とする会談の継続を日本政府が希望している、と述べたかのように記されている。しかし、日本政府はハルの要望する「四原則」を明確に承認したわけではなく、むしろこの原則に拘泥することなく、三大懸案（三国同盟問題、中国仏印からの撤兵問題、通商の一般化問題）を解決して日米間の国交調整を実現し、日中戦争の終結を図り、東亜新秩序建設を達成しようとしたわけである。さらに「口頭陳述書」には、一一月二〇日の日本側「暫定協定案」（乙案）について、太平洋における平和的解決の目的達成を企図するものと了解されるとしながら、「アメリカ政府は太平洋地域における平和及安定の促進及維持に寄与し、且太平洋地域全般の平和に関する広汎なるプログラム立案を目的とする日本国政府との会談を継続するための凡有る機会を供与せんことを最も真摯に希望」していると述べている。そして、日本側の提案はアメリカの基本原則との間に矛盾する点や見解の相違点があるため、また、今後の会談によって立案されるべきものと「予見するプログラムの実質的例証として太平洋全域に亘る、広汎乍ら簡単なる解決の一案を提出し、日本政府の考慮に供するもの」であると述べている。

ハル長官の「非公式予備会談」の真の狙いは、始めから「太平洋地域全般の平和に関する広汎なるプログラム」の立案にあったわけである。そのことは、当然ながら三国同盟の解消、東亜新秩序建設の否定である。ハル長官の提案は、日本の「暫定協定案」（乙案）に対するアメリカ政府の回答であり、「六月二一日米側提案」および「九月二五日日本側提案」の懸隔を調整したという体裁をとったが、日本側は四月以来の交渉を無視した新提案と受けとった。

「合衆国及日本国間協定の基礎概略」の冒頭には、「極秘」、「暫定的、拘束力なし」と記され、第Ⅰセクションの「政策に関する相互宣言案」には、基本「四原則」と経済関係「五原則」の適用が列挙されている。第Ⅱセクションの「合衆国政府及日本政府の採るべき措置」には、相互的約束として一〇項目が挙げられている。そのなかには、日本の要望する満洲国の承認は記されていない。

野村と来栖は、会談中に、第Ⅰセクションの四原則中「㈣紛争の防止及平和的解決並に平和的方法及手続に依る国際情勢改善の為国際協力及国際調停遵拠の原則」が従来のいわゆるスチムソン・ドクトリンとは変化していることを指摘し、経済関係「五原則」を直ちに中国に適用すれば、中国経済に急激過酷な変革を加えることになり、不合理不可能であると反対した。第Ⅱセクションの第一項の多辺的不可侵条約については、九カ国条約的復活要求で容認できないことを主張し、第二、三項の支那仏印関係事項、第四項の国民政府（汪兆銘政権）否認、第九項の三国同盟条約否認などについて反対を訴え、疑義をただしたが受け入れられなかった(49)。ハル・ノートを受け取った後、日本政府と軍部の間で、この第Ⅱセクションの「実質的例証」である一〇項目をめぐっての議論が展開されるが、「口頭陳述書」に謳われたアメリカの、「太平洋地域全般の平和に関する広汎なるプログラム」と、日本のめざす大東亜新秩序建設との間に、どのような国交調整が可能か、妥協点を見出せるかといった歩み寄りの議論は全くみられなかった。このことの意味するところは、日米交渉の始めから、互いに相容れないアジア太平洋地域の新秩序建設の相剋は、国交調整というレベルでは解決し難いものがあったことにほかならない。

九月六日の御前会議で「帝国国策遂行要領」を決定したとき、すでに参謀本部では、対英米戦の避けられない理由について、「帝国の支那事変処理を中心とする大東亜新秩序の建設は、八紘一宇の国是に則りたる帝国不動の国策にして、……米国の対日政策は現状維持の世界観に立脚し、世界制覇と民主主義擁護のため、帝国の東亜に於ける興隆発展を阻止せんとするに在る、……遂に戦争にまで発展すべきは歴史的必然性である」、との見解を示し、対米英蘭戦争の目的は、「東亜における米英蘭の勢力を駆逐して帝国の自存自衛圏を確立し、併せて大東亜の新秩序を建設するに在り」、と述べている(50)。

日本軍の南部仏印進駐、それに対するＡＢＣＤ包囲陣の資産凍結報復措置という緊張が先鋭化すると、日米交渉は中断し、その後の両国の会談は、問題の解決策を先延ばしにし、当面の戦争回避を目的とした「暫定協定案」の議論だけに終始した。その間軍部は、自存自衛のための戦争準備を進め、外務省に、仏印進駐完了までは日米交渉を継続することを要求した。「戦争準備を完整」すると、その後は「作戦準備を完整」、すなわち日泰軍事同盟の成立するまで日米交渉を継続するよう要請した。ローズヴェルトは、「南部仏印の進駐によって第一の冷水を浴びせられ、泰へ軍事的の進出により第二の冷水を浴びせられた」と、日米交渉中の日本軍の南進を非難している。そして、対米戦の奇襲攻撃を成功させるためには、外交を犠牲にせよとまで、軍部は政府に迫った。

一方、アメリカは欧州戦争への自衛措置から、対独戦に苦慮しているイギリスを軍事的、経済的に支援することを第一優先させなければならず、日米会談の打ち切りを極力避ける必要があった。国務省は日本と包括的全般協定の締結をあきらめ、一一月に入ると、「暫定協定」によって当面の破局を避けようとする動きに変じた。ハルはローズヴェルトの指示により「暫定協定」を作成した(51)。

ハル・ノートが手交された翌日、一一月二七日の会談で、ハルは野村、来栖両大使に向かって、「大東亜共栄とか東亜新秩序とか、一定地域の支配的勢力というような日本のスローガンは、すべて日本の武力および征服政策ならびに軍事機関によって征服された人民の政治的、経済的、社会的および道徳的事項の支配をカムフラージせる方法で表現した言葉であることを知らない者は一人もない。また、日本が防共協定とか三国同盟によって、ヒトラーとの軍事上その他の関係の増強を継続する限り、平和的解決に対する真の進歩はあり得ない」と、日本の大東亜新秩序建設を全面的に否定した(52)。

おわりに

国務省は、一一月二〇日の日本側「暫定協定案」（乙案）を「日本の最後の言葉（提案）」と受け取り、その回答として、一一月二六日、ハル国務長官は「最終的対日覚書」（ハル・ノート）を野村大使に手交した。一一月二五日が日米交渉の打ち切りと定め、「対米英蘭開戦決定」に移行する期限と定めた一一月五日の御前会議決定を、アメリカ側も予知していた。そのタイミングで出された両国の「暫定協定案」は、和平か戦争かの二者択一を迫るものとなった。「暫定協定」の妥結による当面の日米戦回避の可能性はあった。しかし、アメリカは三カ月の暫定期間に対英ソ重慶の軍事支援を整え、日本を政治的および経済的に拘束することができ、欧州戦に参戦する理由を自衛権に求めることもできるようになる。一方、日本にとっての「暫定協定」は、あくまで当面の日米戦回避であり、石油等の資源は確保できるが、「大東亜新秩序建設」の中断を強いられる。また、日中戦争の終結の可能性があるものの、アメリカの援蔣政策に絡み、日中和平の自力達成は困難といわざるをえない。結局三国同盟を基軸にした政戦両略の大方針転換を覚悟するか、欧州戦争の枢軸国側優勢に終わる激変に期待するか、ということになる。

一一月二八日の緊急閣議、翌日の大本営政府連絡会議、一二月一日の御前会議において、東郷外相は、四月以来続けてきた日米交渉について次のような説明をした。ハル・ノートは交渉経過を「全く無視せる傍若無人の提案」であり、日米間の妥協は絶対不可能であると判断したこと、「米国政府は終始其の伝統的理念及原則を固執し、東亜の現実を没却し、而も自らは容易に実行せざる諸原則を帝国に強要」し、「大東亜新秩序建設」を妨害しようとするものであること、また、仮にハル・ノートを受託するならば、満洲事変以前よりもさらに日本の国際的地位は低下し、国家の存立も危殆に陥らざるをえないものと認められ到底同意しえないものである。したがってこれ以上交渉を持続し

ても我が主張を十分に貫徹することはほとんど不可能である。(53)

一方、ハル国務長官は、「日本案〔「乙案」―引用者記入〕を承認すれば、日本はやがて西部太平洋を支配し、その結果、アメリカは太平洋における権益の擁護が不可能となり、脅迫に屈して卑劣な降伏をしたのと同じことになる」と述べている。(54)

一二月一日の御前会議において「対米英蘭開戦の件」を決定し、一二月六日より、一四分割の「対米覚書」暗号電が順次ワシントン日本大使館に送られた。ワシントン時間一二月七日午後一時にハル国務長官に手交するように訓令されたが、真珠湾攻撃後の午後二時二〇分過ぎになってしまい、結果的に無通告開戦、騙し討ちと非難されることになった。

「対米通牒（覚書）」(55)をめぐっては、宣戦布告文書とみなせるか、一四分割発電形式（「大至急」、「館長符号」、電報の送受問題、字句修正電など）の議論、アメリカの傍受暗号解読状況、遅延を引き起こしたワシントン日本大使館の事務処理問題など多面的研究がなされている。しかし、「対米通牒（覚書）」は、ハル・ノートに対する日本側の回答であった。

その覚書では、「合衆国政府は、世界平和の為なりと称して、自己に好都合なる諸原則を主張し之が採択を帝国政府に迫れる処、世界の平和は現実に立脚し、且相手国の立場に理解を持し、相互に受諾し得べき方途を発見することに依りてのみ具現し得るもの」であると、アメリカの強要する諸原則に対して反論している。また、「日、米、英、蘭、支、泰六国間に、仏印の領土主権の尊重並に貿易及通商の均等待遇を約束せんとする」ことは、フランスの立場を全然無視して、「九国条約類似の体制を新に仏領印度支那に拡張せんとするもの」であり、日本は容認できないと批判した。

以上のように、「対米通牒（覚書）」は、ハル・ノートの「太平洋地域全般の平和に関する広汎なるプログラム」立案を拒否するものであり、また、日米交渉の打ち切りを声明するものでもあった。アメリカは、「東亜に於ける帝国の新秩序建設に依る平和確立の努力を妨碍せんとするのみならず、日支両国を相闘わしめ、以て英米の利益を擁護せんとするものなることは、今次交渉を通じ明瞭と為りたる所なり。斯て日米国交を調整し、合衆国政府と相携えて太平洋の平和を維持確立せんとする帝国政府の希望は遂に失われたり」と述べている。ハル・ノートも「対米通牒（覚書）」もともに、外交の破綻を示す最後通牒であった。

日米交渉の始めから両国は、決して変更するわけにはいかない基本国策に拘束されていた。アメリカは、国務省のドクトリンとして、国際法、外交の基本原則、自由通商の世界機構路線に拘り、日本は、閣議および御前会議決定の「基本国策要綱」「日独伊三国同盟条約」による「大東亜新秩序建設」に縛られていた。そうした状況下の日米交渉において、アメリカの基本「四原則」と経済的「五原則」に依拠した「太平洋地域全般の平和に関する広汎なるプログラム」と、日本の「日満支」の経済圏を中軸とする「大東亜新秩序建設」の主張の対立が表面化し、東アジア太平洋の国際秩序形成をめぐる相剋を露呈した。日米両国政府国民が真に願った恒久平和の構築、その基盤となる相互的信頼と協力を創める目的の国交調整は、まさに国際秩序形成の相剋の前に打ち消されてしまったのである。

（1）外務省編『日本外交年表竝主要文書』下（原書房、一九六五年）四三六―四三八頁。
（2）米国国務省編（田村幸策訳）『平和と戦争』（朝日新聞社、一九四六年）一二三―一二四頁。ほかに協同出版社編集部訳（協同出版社、一九四六年）五八―六〇頁。原書は The Departments of State, *Peace and War, United States Foreign Policy 1931–1941*, Washington, 1943. 前掲『日本外交年表竝主要文書』下、三六六―三六七頁。
（3）波多野澄雄『「大東亜戦争」の時代――日中戦争から日米英戦争へ』（朝日出版社、一九八八年）一二三頁。
（4）外務省編『日本外交文書　日米交渉』下（外務省、一九九〇年）一九八頁。
（5）コーデル・ハル（宮地健次郎訳）『ハル回顧録』（中公文庫、二〇一四年）四六、五二頁。
（6）入江昭（篠原初枝訳）『太平洋戦争の起源』（東京大学出版会、一九九一年）一九二―一九三頁。

（7）外務省記録「A.1.0.0-5　外務大臣其他本省員会談要領集」、ヒトラー総統およびリッベントロップ外相は、バルバロッサ作戦について松岡に知らせなかった。

（8）深瀬正富「一九四一年におけるアメリカの対日軍事・外交基本戦略」（『国際安全保障』第三三巻第二号、二〇〇五年）六八―七〇頁。

（9）ＡＢＣＤ陣営の軍事的結束強化については、入江前掲書、第六章第三節の「ＡＢＣＤ陣営の戦争準備」を参照。

（10）外交問題研究会編『松岡外相演説集』（日本国際協会、一九四一年）三九―四二頁。

（11）「日米諒解案」の作成過程については、塩崎弘明『日英米戦争の岐路――太平洋の宥和をめぐる政戦略』（山川出版社、一九八四年）、須藤眞志『日米開戦外交の研究――日米交渉の発端からハル・ノートまで』（慶應通信、一九八六年）を参照。

（12）米国国務省編前掲『平和と戦争』六〇頁。以下、田村訳を用いる。

（13）Cordell Hull, *The Memoirs of Cordell Hull*, London Hodder & Stoughton, 1948, vol. II, p. 996.　U. S. Department of States, *The Foreign Relations of the United States, Japan, 1931–1941*, U. S. Government Printing Office, Washington, 1943, vol. II, p. 409.

（14）尾塩尚『駐米大使野村吉三郎の無念』（日本経済新聞社、一九九四年）一五一―一五二頁。Ｆ・モアー『日米外交秘史』（法政大学出版局、一九五一年、原書は Frederic Moore, *With Japans Leaders* 1942, by Charles Scribners Sons）を参照。

（15）『平和と戦争』六〇頁。

（16）野村吉三郎『米国に使して――日米交渉の回顧』（岩波書店、一九四六年）四〇頁。

（17）外務省編『日本外交文書　日米交渉』上（外務省、一九九〇年）二〇―二四頁。

（18）日米交渉における両国の誤解について、須藤眞志はコミュニケーション・ギャップ（十分な伝達がなく）とパーセプション・ギャップ（正しい認識が欠如）が、交渉決裂の大きな要因であったとしている（須藤前掲書）。

（19）前掲『日本外交文書　日米交渉』上、五八―六〇頁。

（20）*The Foreign Relations of the United States, Japan, 1931–1941*, F. R. vol. II, pp. 415–418. *The Memoirs of Cordell Hull*, p. 999.

（21）ハル前掲書、一七六頁。

（22）前掲『日本外交文書　日米交渉』上、一一四―一二七頁。

（23）同右、一五〇―一五一頁。

（24）共同通信社「近衛日記」編集委員会編『近衛日記』（共同通信社、一九六八年）二二二頁。近衛首相に宛てた「松岡意見書」のなかで、「野村は重要な事でも、自分の判断で勝手に知らせたり知らせなかったりして「中間に立って胡麻をすり」こちらの意見も相手に十分に伝えない、……野村の態度は「実に言語道断なり」と断じている」（須藤眞志『ハル・ノートを書いた男——日米開戦外交と「雪」作戦』文春新書、一九九九年、四〇頁）。
(25) 野村前掲書、七四—七五頁。
(26) 『日本外交文書　日米交渉』上、二三〇—二三三頁。
(27) 同右、二五二—二五七頁。
(28) 『平和と戦争』七八—七九頁。外務省編『外交資料　日米交渉経緯ノ部』（外務省、一九四六年）二一四頁。『日本外交文書　日米交渉』上、二八六—二八八頁。
(29) 『日本外交文書　日米交渉』上、三〇七—三〇八頁。
(30) 軍事史学会編『大本営陸軍部戦争指導班　機密戦争日誌』上（錦正社、一九九八年）一五五、一五七頁。
(31) 『日本外交文書　日米交渉』上、三六八—三七一頁。
(32) 『日本外交文書　日米交渉』下、九頁。
(33) 同右、一五頁。
(34) 来栖三郎大使の派遣について、東郷外相は野村大使へ、「新訓令等は何等携行し居らず」、ただ最近の情勢を伝達し、「交渉最後の段階に於て貴大使を援助」するためであるとだけ伝えている（『日本外交文書　日米交渉』下、八五頁）。
(35) 佐藤元英『外務官僚たちの太平洋戦争』（ＮＨＫ出版、二〇一五年）二二一頁。
(36) 『日本外交文書　日米交渉』下、七〇—七二頁。
(37) 一九四一年一一月一七日の会談内容について、野村前掲書、一四八頁。『平和と戦争』九〇—九一頁。
(38) 一九四一年一一月一八日の会談内容について、野村前掲書、一四九頁。『平和と戦争』九一—九三頁。
(39) アメリカに提出した英文の「五項目乙案」は、野村前掲書、一九八頁に掲載。一九四一年一一月四日東郷外相から野村大使宛訓電の「乙案」は、『日本外交文書　日米交渉』下、一七二頁。
(40) 佐藤前掲書、二三〇頁。
(41) ハル前掲書、一八三頁。
(42) 一九四一年一一月二〇日の会談内容について、野村前掲書、一五〇—一五一頁。『平和と戦争』九三—九五頁。
(43) 『平和と戦争』九五—九六頁。
(44) 一九四一年一一月二二日の会談内容について、野村前掲書、一五一—一五二頁。アメリカの「暫定協定案」の作成過程、急遽それが放棄された理由、ローズヴェルトとチャーチルの連絡、胡適および宋子文を介しての蒋介石の工作などについては、福田茂夫『アメリカの対日参戦——対外政策決定過程の研究』（ミネルヴァ書房、一九六七年）、須藤前掲『日米開戦外交の研究』、孫崎享『日本外交——現場からの証言』（創元社、二〇一五年）、深瀬正富「一九四一年におけるチャーチル首相の軍事・外交戦略」（『軍事史学』第四〇巻第一号）、などを参照。

(45)『平和と戦争』九六—九七頁。

(46)『日本外交文書　日米交渉』下、一九二—二〇一頁。

(47)『平和と戦争』九七—九八頁。

(48) *Diaries of Henry Lewis Stimson*, New Haven: Yale University Library, 1973, vol. 36, p. 53. microfilm reel 7. 国会図書館憲政資料室所蔵。

(49)『日本外交文書　日米交渉』下、一九〇—一九一頁。

(50) 参謀本部編『杉山メモ——大本営・政府連絡会議等筆記』上（原書房、一九六七年）三二二頁。

(51) 深瀬前掲「一九四一年におけるアメリカの対日軍事・外交基本戦略」（七五—七六頁）において、一九四一年一一月一二日にジョセフ・バランティーン国務省極東部員が、一五日にはホーンベック国務省外交問題顧問が、九〇日間の「暫定協定」の意見書を提出していたこと、また、ローズヴェルトも一一月六日のスチムソンとの会談において、「六ヵ月間の武装解除と部隊の移動の禁止を謳った「休戦協定」を日本に提案するつもりであることを示唆した」こと、また、ハル国務長官に一一月二〇日付鉛筆書きのメモを渡し、「暫定協定案」を作成させたこと、などの経緯が論じられている。

(52)『平和と戦争』一〇一頁。

(53)『杉山メモ——大本営・政府連絡会議等筆記』上、五五〇頁。東郷茂徳『時代の一面——東郷茂徳外交手記』（原書房、一九八五年）二五三、二五七—二五八頁。

(54) *The Memoirs of Cordel Hull*, vol. II, p. 1070.

(55)『日本外交文書　日米交渉』下、二四六—二五一頁。

第13章　A級戦犯の独白

日暮吉延

はじめに——戦犯裁判関係資料の収集事業

東京裁判（正式名称は極東国際軍事裁判）が一九四八（昭和二三）年一一月に終わってから約六年後、厚生省の第一復員局（旧陸軍）、第二復員局（旧海軍）に所属する旧軍人たちは第二次世界大戦後の対日戦犯裁判に関する資料を広く収集し、「歴史として」残そうと思い立った。彼らは戦争受刑者世話会の理事であった原忠一元海軍中将に相談する。戦争受刑者世話会とは、一九五二年四月の設立以来、戦犯の援護や釈放運動を推し進めた民間団体であり、藤原銀次郎が理事長、鮎川義介、青木一男、岸信介、正力松太郎らが理事になっていた。藤原以下、いずれも不起訴の元A級戦犯容疑者である(1)。

この世話会が一九五四年一一月、法務省に働きかけると、翌年度の一九五五年四月一日から法務省矯正局が戦犯裁判資料の調査収集事業を担当することになった。法務省が一九五六年九月四日に省議決定した「戦争裁判関係資料収集計画大綱」では、戦犯裁判資料を「現物入手、複写、重要関係人物からの事情聴取等の方法」で集め、「後世に残す」ことが予定された。資料収集事業の所管は、一九五六年九月二〇日、法務省矯正局から法務大臣官房調査課に、次いで一九五八年五月一五日、調査課の後身で「内外の法令及び法務に関する資料の整備及び編さん」を任務とする法務大臣官房司法法制調査部に移っている。

司法法制調査部の「戦争犯罪資料係」を率いたのは、原忠一顧問、横溝光暉顧問（内務官僚、中央更生保護審査会委員）、豊田隈雄参与（海軍大佐、第二復員局調査部長）、井上忠男参与（陸軍大佐、第一復員局）である。彼らは東京裁判の元弁護人や関係者に資料提供やヒアリングを求めた。そして戦前期指導者の元A級戦犯（東京裁判の被告人）一〇名に対する聴き取りが始まったのは、一九五八年の秋からであった。なお法務省の戦犯裁判関係資料は、一部を除いて、厳格な非公開の状態に置かれることになる。(2)

ここで、一九五〇年代におけるA級戦犯の動静について確認しておこう。開廷時に二八名いたA級戦犯は、対日講和条約発効の一九五二年四月二八日現在、終身禁錮刑の一三名だけとなっていた。そして平沼騏一郎（一八六七年生まれ、首相、枢密院議長）が一九五二年八月に病死し、残りの一二名は仮釈放という赦免措置の恩恵を受けた。

一九五三年二月に連合国側で合意されたA級の仮釈放手続きでは、対日講和条約を批准した八カ国（アメリカ、イギリス、オランダ、フランス、カナダ、オーストラリア、ニュージーランド、パキスタン（インドと分離独立））が日本政府の勧告を検討し、過半数で可否が決まった。その結果、南次郎（一九五四年一月）、畑俊六・岡敬純（一九五四年一〇月）、嶋田繁太郎（一九五五年四月）、荒木貞夫（一九五五年六月）、橋本欣五郎・賀屋興宣・鈴木貞一（一九五五年九月）、星野直樹・木戸幸一・大島浩（一九五五年一二月）、佐藤賢了（一九五六年三月）の一二名が仮釈放された。南（一八七四—一九五五年、陸軍大将、陸相）と橋本（一八九〇—一九五七年、陸軍大佐）がほどなく死去するが、ほかの一〇名は一九五八年四月七日付で連合国による減刑を受けて刑期を満了した。(3)

こうして刑期が終わると、一九五八年一〇月の畑俊六を皮切りに、存命の元A級一〇名（畑、岡、嶋田、荒木、賀屋、

鈴木、星野、木戸、大島、佐藤）に対する聴き取りが実施されたのである。(4)

なお、日本国際政治学会の太平洋戦争原因研究部が、開戦過程の研究をまとめるため、豊田隈雄を介して法務省と協力関係を結び、「聴取書」ほかの資料を一部使用した。とはいえ、A級戦犯たちの証言をまとまったかたちで取り上げているわけではない。(5)

本章は、法務大臣官房司法法制調査部の「聴取書」に基づき、元A級戦犯たちが東京裁判の判決から一〇年余の歳月を経て、裁判や昭和の諸事件について何を語り、どう考えていたのかを検討する。その際「A級戦犯の独白」の臨場感を残すために、なるべく原文を生かそうと思う。それでは、地位や役職の比較的近い人物を二名ずつ見ていくことにしよう。

一　荒木貞夫と畑俊六

「聴取書」は、元A級戦犯の証言の手書き草稿とタイプ印刷で構成される。大半は冒頭で東京裁判に関する所感を述べ、あとは政治外交史上の諸事件について語るスタイルである。

陸軍皇道派将軍であった荒木貞夫（一八七七―一九六六年、陸士九期・陸大一九期、陸軍大将、陸相）の聴取は、一九五八年一二月から一九五九年五月にかけて行われた。仮釈放後は公的役職には就いていない。

荒木は、東京裁判を「酔払いの茶番劇」と揶揄する。アメリカ人弁護人については、ジョージ・ヤマオカ弁護人が「外務省の策動によつて、陸海軍関係被告には無能な弁護人のみを配分」し、文官の被告人に「有能な弁護人」をつけたという怪しげな陰謀論を持ち出し、アメリカ人弁護人二名が「「アルコール」中毒で全然無能」だったと切り捨てた。(6)この点、大島浩も、首をかしげたくなるようなアメリカ人弁護人の存在を指摘している。(7)通常、著名なアメリカ人弁護人の活躍ばかりが知られるが、能力に欠ける人もいたのだろう。

荒木は、裁判当時の巣鴨プリズンで生じた米兵看守とのトラブルを恨み骨髄に徹して何件も詳述する。確かに敗戦直後の差別的処遇は、日本人弁護人に対してすら、ひどかった。(8)

しかし荒木によると、ソ連が核実験に成功した一九四九年八月頃から「A級には今後米軍の食事を給する外、何でも皆の食べたいものは入れてやるから遠慮なく申し出よ」と言われ、A級限定で待遇が変わった。「この当時は皆、勝手勝手に「すし」が食いたい、「うなぎ飯」が食いたいで注文したし。また「コーヒー」のごときは朝から晩まで何時でも、いくらでも飲めて有難かつた。もちろんこれはB・C級の人々には内緒のことである(9)」。

次は満洲事変関係である。一九三一年九月の柳条湖事件時に関東軍法務部長であった大山文雄〔日大専門部卒、法務中将〕は、奉天で状況調査を実施した。その大山は戦後、一九四七年四月九日の東京裁判公判に弁護側証人として出廷し、「支那兵が南満州鉄道線路を爆破し、わが鉄道守備兵を襲撃」という調査報告書の記述を維持し、爆破現場の状態について証言した。(10)そして荒木が大山証言の日のことを振り返る。「満洲事変の発端についてはリットン報告でも、東京裁判でも遂に確然とはし得なかつた。裁判法廷で陸軍〔省―引用者注、以下同〕法務局長大山文雄は堂々と当時の日本側の主張そのままを証言した後の昼食時、私〔荒木〕は、「一体満洲事変の発端はどうなのだろう？　さつぱり判らぬ」と切り出すと、板垣〔征四郎、陸士一六期・陸大二八期、陸軍大将〕被告はあんな性格だから、すぐに「では話しましようか」と言い出したが、自分は他聞を考慮して「いや聞きたくない、きかぬ方がよい」と制止した(11)」。

確かに東京裁判の多数判決は、柳条湖事件は「参謀本部附の将校、関東軍の将校、桜会の会員及びその他のものによつて、あらかじめ綿密に計画された」と認定し、関東軍高級参謀だった板垣を「主要人物」としたが、石原莞爾〔陸士二一期・陸大三〇期、陸軍中将〕には言及もせず、真相には辿り着けなかった。(12)石原と板垣の謀略を初めて正しく証言したのは、花谷正〔陸士二六期・陸大二九期、陸軍中将〕の手記「満州事変はこうして計画された」〔秦郁彦執筆、『別冊知性』一九五六年一二月号）である。ちなみに石原莞爾については、佐藤賢了元陸軍中将がこう評している。「天才肌。着眼よく、実行力大、惜しむらくは協調性に欠け、組織の運用ができなかった。人の悪口をよく云った。謀略的のことには適任であり、秀でた才能の持主であった。石原は、何といっても満州事変をやってのけたことは偉大だと思う[13]」。

さて荒木は柳条湖事件当時、教育総監部本部長であり、一九三一年一二月に陸相に就任する。「閑院宮（載仁親王、元帥・陸軍大将）を参謀総長（一九三一年一二月―一九四〇年一〇月在職）に御推薦申し上げたのは当時の大臣たる私自身であった。……しかし、あれ程永く在職されずにもっと早く退かれたらよかったと思う。宮様は押し出しは大変立派だったが、お頭はよくなかった。従って（一九三二年に）大参謀次長……真崎（甚三郎、陸士九期・陸大一九期、陸軍大将）をつけることになったのである[14]」。

その後の内政における陸軍について、荒木は次のように夢想する。陸軍省軍務局長の永田鉄山（陸士一六期・陸大二三期、陸軍少将、統制派）を斬殺した相沢三郎（陸士二二期、陸軍中佐、皇道派）の第一師団軍法会議が一九三六年一月二八日に始まり、林銑十郎陸相（陸士八期・陸大一七期、陸軍大将）は「この法廷で何も彼もさらけ出し陸軍を一新しようと思ったが、真崎は平沼（騏一郎、枢密院副議長・議長）氏に聞き、軍の秘密は勅許を得るに非ざれば発言するの要なしということを確めて出廷した為、内情の機微は証言されなかった。若しこの際、林の考が実現してたら二・二六事件はなかったかも知れぬ[15]」。

そして、二・二六事件後のことは他人事なのか、こう言い立てた。「重責を負う立場にある人の「日和見主義」が一番危険だと思う。大東亜戦争中の政府、軍首脳者の失敗もここにあったと思う[16]」。

さらに一九四〇年五月、満洲国皇帝、愛新覚羅溥儀の二度目の来日時、内閣参議の荒木は、溥儀と「筆談した。溥儀氏曰く、我は満州に満足せず、満州は日本に委すから、自分は中国全土の皇帝になりたい、支持されよ、ということであつたので、私は、満州国が立派になれば中国全土はついてくる……と申した。頭も鋭く立派な皇帝であるが、相当なずるさを持つており……東京法廷での証言の時も、あの態度を見て「ハハー悪い癖が出たな」と思つた」と嘲弄する(17)（後述の星野直樹による溥儀評を参照）。

畑俊六（一八七九―一九六二年、陸士一二期・陸大二二期、元帥・陸軍大将、陸相）の聴取期間は、一九五八年一〇月から一一月までである。仮釈放後の一九五八年七月から死去するその日まで旧陸軍の親睦団体である偕行社の会長を務めた。

畑は、巣鴨プリズン入所時、「頭から全身D・D・Tで消毒され厳重な身体検査の後、二畳敷の独房に入れられ「ガチヤン」と鍵をかけられた時は吾乍ら男泣きに泣いた(18)」、「戦犯釈放が完了しても、「戦犯」と刻印されたその気持は少しも解消されない。何とも淋しい気持である」、アメリカにも「到底好感は持てない(19)」と告白し、自尊心の高さと繊細な素顔が垣間見える。だから畑は、侵略国日本という烙印を忌み嫌い、「我々は今度の戦争は本当に「やむを得ぬ戦争〔経済封鎖によって余儀なくされた自衛戦争〕であつた」と確信していた。……したがつて……日本の正しい再建のためにも何とかこの裁判の歪みを解明して貰い度いと切望」したのである。

畑はまた、残虐行為については「今次の大東亜戦争中、各地に於いて相当の不法行為や行過ぎのあつたことは認めざるを得ない」と率直に述べている。

畑は、日中戦争勃発後に中支那派遣軍司令官を務めた後、阿部信行（陸士九期・陸大一九期、陸軍大将）内閣と米内光政（海兵二九期・海大一二期、海軍大将）内閣の陸相になる。自分は軍人で「政治は好きでもない」ので、阿部内閣退陣とともに辞任するつもりだったが、「陛下より「米内に協力するか」の御下問あり、勿論「協力いたします」と答えたため」陸相に留任した。しかし米内内閣の南進の遅さを見るにつけ、「陸軍部内においては武藤章（陸士二五期・

陸大三二期、陸軍中将〕軍務局長を中心に「一つ近衛〔文麿〕に〔首相を〕やらして見ては」との意見が相当強くなつて来た」。こうして陸軍の近衛擁立の動きに押され、畑は一九四〇年七月に陸相を辞任し、米内内閣は倒れた。

日米戦争突入前、支那派遣軍総司令官の職にあった畑は、「「日支和平には至らずとも思い切つて戦線を縮小、要所要所だけ守るよう改める必要がある」旨、東条〔英機、一八八四―一九四八年、陸士一七期・陸大二七期、陸軍大将〕総理兼陸相に意見具申したが、その結果は「お前は戦線だけ見とればよいのだ」と叱責された」[20]。

聴取時の畑は意気軒昂とはいかなかったのか、司法法制調査部司法法制課長の羽山忠弘は、「畑さんは、多少「消えんとする老兵」の感じがあつた」との印象を書き残している[21]。

二　岡敬純と嶋田繁太郎

岡敬純〔一八九〇―一九七三年、海兵三九期・海大二一期、海軍中将、海軍省軍務局長〕の聴取は、一九六〇年一月から二月まで行われた。岡の「聴取録」は、タイプ印刷の第四回以外は、豊田隈雄との対話形式の手書き草稿となっている。岡は仮釈放後、表舞台には立っておらず、回顧録の類いも公刊していない。

岡は、「戦敗国の統治上……相当有効だつたと思いますね」と東京裁判の占領政策としての側面に着目する一方、「満州事変、支那事変〔の審理〕なんていうのは、居眠りして聞いていないのだ。……東京裁判というものに熱心じゃないのです」とうそぶく[22]。

岡は、「大東亜戦争」の「根本原因」を「満州事変の後始末を誤つた」ことに求めた。岡いわく、華北分離工作が日中戦争を誘発し、「のつぴきならぬものにしてしまつた」。その背景には「陸軍の無統制」があった。「軍の政治進出となり横暴となり、さらには下剋上の弊風となつて始末におえなくなつた。……民間に気に入らぬ者がいるとすぐ召集して戦地へ、それも各部が勝手勝手にやるのだから手がつけられない。……海軍にも山本権兵衛のような偉い人が居らず、政治家にも陸軍の横暴を押へ得るだけの人物が居なかつたことから、何れは戦争に突入することになつたであろう」。

岡は、南部仏印進駐の危険性を認識していたと主張する。「南部仏印に進駐したら、これは重大問題だということは、しよつちゆう頭にあつたのだよ。……ところが軍令部は、そう考えておらなかつたようだな。そうして作戦上の要求として、相当強く出てきたことがある」[23]。その後、岡も強硬論に押され、同調するに至る。「いろいろ総合判断して、一方においてやらなければならんし、一方においてはあぶないこともあるから、……苦心の筋のところなんだな。そこで僕は南部仏印進駐というものを、これはやらなければいかんのじやないかということで、僕は承諾しているんですよ、その当時は」。

岡は、日米交渉に関する山本五十六（海兵三二期・海大一四期、元帥・海軍大将）の立場を繰り返し力説している。時期はおそらく一九四一年四月頃のこと、連合艦隊司令長官の山本が近衛首相に会い、「とにかく支那の撤兵を断行しなさい」「これには総理大臣たるあなたがやるほかない」「海軍は全面的にあなたを支持するから思い切つてやりなさい」と進言したというのである[24]。この点、近衛は手記『失はれし政治』（一九四六年刊行）に「山本五十六大将が上京したので会見した。……余は日米戦争の場合大将の見込み如何を問うた処、同大将曰く「それは是非やれと云はれれば初め半歳か一年の間は随分暴れて御覧に入れる。然しながら二年三年となれば全く確信は持てぬ。……日米戦争を回避する様、極力御努力願ひたい」とのことであつた。これで海軍首脳部の肚は解つたのである」と山本の有名な発言と海軍の戦争回避願望を記したが、中国撤兵問題には全く触れていない[25]。

岡によれば、及川古志郎海相（海兵三一期・海大一三期、海軍大将）も山本と同主旨を近衛に訴えた。「及川さんも近衛総理にたびたびその後言つたわけなんだ。「あなたに一任するから……自発的にやりなさい」と……。そこで最後……荻窪会談においても、やっぱり及川さんは……首相一任をやつたわけなんだよ。……及川大臣はああいう人だから、議論なんかあまりしないからね。……近衛さんはどうもその問題についても……自分ではいい児になつて、第三者となつて陸軍と海軍でやらせる。……首相一任は撤兵問題なんだから」。

これに対して、豊田隈雄が「和戦の決を総理に一任した」という解釈の「資料が非常に多いですよ」と返すと、岡は「和戦の決というのは、日米交渉をうまくやるかやらんかという問題に結局なるんだよ」と答えた。ただし岡は、このあと自信がなくなったのか、「どういう問題で首相が一任と聞いたか、わからないよ」と逃げを打っている(26)。

「首相一任」とは、一九四一年一〇月一二日の「荻窪会談（荻外荘会談）」で及川海相が行ったという発言である。鎌倉に引きこもる近衛を東京に呼び戻し、荻窪の近衛邸荻外荘で会談を開いた。出席者は近衛首相、東条陸相、及川海相、豊田貞次郎外相（海兵三三期・海大一七期、海軍大将）、そして書記役の鈴木貞一企画院総裁。近衛の『失はれし政治』によると、この会談では、冒頭に及川が「今や和戦いづれかに決すべき関頭に来た。その決定は総理に一任したい」と発言し、しかも会談前には岡敬純軍務局長が及川の発言主旨を予告していた。近衛は「今日此処でいづれかに決すべしといふならば、自分は交渉継続といふことに決する」と述べ、豊田外相は「最難点は、結局支那の駐兵問題だと思ふが……陸軍が……多少なりとも譲歩しても差支へない」のであれば交渉妥結の見込みもあろうと発言するが、東条が「駐兵問題だけは陸軍の生命であつて絶対に譲れない」と言いきり、物別れに終わったとされる(27)。近衛手記では、中国撤兵について明言したのは、及川海相ではなく、豊田外相であった。木戸幸一元内大臣は、近衛手記について、執筆状況からして自己弁護色は濃いが、「余り嘘はないのではないか」との感触を語り、「首相一任」は「曖昧な表現で戦争か平和かの政策決定」を委せたものと把握している(28)。

これに対して、岡は「近衛手記は自分の勇気のなかつたこと、海軍にやらせたかつたことに対するグチとしか受取れない」と難じた(29)。他方、元A級の二人、重光葵外相の『昭和の動乱』と横須賀鎮守府司令長官時の嶋田繁太郎「備忘録」は、この会談に関する叙述で、なぜか及川発言に一切触れていない[30]。

武藤章が富田健治内閣書記官長に「陸軍は支那から撤兵するのでは到底おさえられん、やつたら大変なことになる、海軍が戦争はできないといつてくれれば別だ」と伝言を頼んだ。岡は、「武藤は非戦論者なんだ」としつつ、「海軍の立場としては「首相一任」というよりほかはいえない」と富田に答えた[31]。「戦争できないなんて……軍政当局の言えるものじやない。……ふつうの人間じや言えない」と岡が語ると、聴き手の豊田はうなずいた。

山本五十六の近衛に対する具申は、事実とすれば明快であったろう。しかし「首相一任」問題になると、途端に曖昧になる。「和戦の決を一任」というのは問題が大きすぎるが、いわば「通説」である。これは近衛手記の大きな影響力によるものであろう。岡の証言に沿えば、山本と同様、日米交渉の最大のハードルだった中国撤兵という具体策を勧めるものであったが、それを包み隠して「和戦の決」という大枠で表現した。海軍省は、それまで何度も近衛に伝えたのだから、わかるはずだと思い込んだのかもしれない。しかし、その他力本願の思いは、中国撤兵を訴える積極的提言として理解されることはなかった。

岡はまた、官僚制における実務観を語る。「部下にもよく言つたのだが、今現在、或既成事実がある。これが悪いと言つても……全然これを無視して仕事を進めるわけにはいかないのだから、あるものはあるとして、そして善処していかなければならない。……一たん作つたならば、今後の施策に対する影響は非常に大きいのだ。……だから、満州を取つたことは悪いのだ、こう言つても、取つてしまつたやつはどうしようもない。今さら返して……すつかりやり直すというわけにはいかないのです」。

これは、おそらく丸山眞男による「既成事実への屈服」という周知の批判を意識した発言だと思われる。丸山は、一九四九年の論稿「軍国支配者の精神形態」で、「殆どすべての被告の答弁」に共通する傾向として既定の政策や周囲への同調を致し方なしと是認する「精神」を問題視した。しかし岡は、この批判に反発したのではなかろうか。官僚制の実務を知る人間からすれば「既成事実」を無視しての政策決定などはありえない、と。この角度から考えると、「既成事実」はむしろ政策決定者にとっての悩ましい桎梏にほかならず、岡の独白には被告人の「弁解」ではなく、実務現場の「真実性」が看取されよう[32]。

東京裁判では、海軍の被告人（判決時には岡と嶋田の二名）がいずれも死刑にならなかった。特に嶋田は死刑確実と多方面から観測されていたにもかかわらず、終身禁錮刑ですんだ。それは海軍の残虐行為が認定されなかったからである[33]。岡は回想する。「俘虜は……陸軍でやる。海軍としては、軍令部で尋問をする必要があるから……大船に収容所を設けたんですよ。それで僕が行ってみた。……ちよっとひどかつたし、「もう少し何とかできないものか」――「いや、これはじきに何とか移すんですから　かりですから」と言いよつたよ。……それからときどき尋問の内容が耳に入つた。それつきりだな。あとは別に関心を持たなかつたよ。……そして、いろいろなことを裁判で言われて「はあ、そんなことがあつたのだな」と気がついたくらいだ」。まるで他人事のような語り口だが、海軍と捕虜の関係の実態を示す回想であろう。

岡はまた「戦後、日本の犠牲において大東亜諸国は独立し大東亜戦の目的の一半が達せられたかのごとき説をなす人があるが、これは全く自己満足に過ぎないと思う。独立した諸国で衷心から日本に感謝している国があるかどうか疑問である。その証拠に彼等は遠慮なく賠償を要求して来る」として[34]、日本が「白人国家支配からのアジア解放」に寄与したとの見方を退けていることが注目される。岡の存外のバランス感覚が知られよう。

嶋田繁太郎（一八八三―一九七六年、海兵三二期・海大一三期、海軍大将、海相）は、一九五八年一二月から一九五九年五月にかけて聴取された。彼は仮釈放後、表立った役職には就いていない。

一九四五年七月、米英中三国のポツダム宣言が発せられた。嶋田は第一次世界大戦中、在イタリア大使館付武官を務め、ヴェルサイユ条約の前ドイツ皇帝ヴィルヘルム二世訴追という戦勝国の「戦犯態度を身近に経験」していたため、「〔ポツダム〕宣言中の「戦犯」の字を読んで「ピン」と来た」。つまり、第二次世界大戦時の連合国も敗戦国指導者の戦犯処罰を企図していることを見抜いたというのである。「一番気懸りになつたのは陛下の問題であつたが、裁判で日本の立場を明らかにし、陛下をお護りするのは自分と東条以外にない」と考え、「復讐」的な東京裁判に臨んだとの英雄譚を語るが、これは虚仮威しの類いであろう。他方、裁判のあり方については、「第三国に裁かせ……原告、被告対等の立場でやらせる必要がある。……将来問題としては国際連合あたりに裁かせるのも一法」と提言している。

嶋田が「太平洋戦争に直接重大な関係を持つた国策」とみなすのは日独伊三国軍事同盟、南部仏印進駐と常識的なものである。「昭和十五〔一九四〇〕年暮、私は支那方面艦隊〔司令〕長官として支那に在つたが、軍令部一部長宇垣〔纏、海兵四〇期・海大二二期、海軍中将〕及び高田〔利種、海兵四六期・海大二八期、海軍少将〕、藤井〔茂、海兵四九期・海大三〇期、海軍大佐〕の両〔海軍省〕軍務局員が来扈〔滬《こ》の誤り、滬は上海の別称〕し対南方施策につき私の意見を求めたので、私は「北仏印は限度でそれ以南は名分も立たぬ、若し南部仏印に手を出せば英米は百パーセント起つと思う、これは充分慎重にやるべきだ」と地図について意見を述べたが、「そうですかね！ 南に行けませんかね！」と思案顔であつた。私は気になるので其後も内地えの便ある毎に手紙で中央へ南進の重大性につき意見具申をしたが、〔及川〕大臣の返事はいつも「全く同感だから安心せよ」とのことであつた。及川さんも、よい処があるがハツキリせぬ点がある」。

その後、嶋田は東条内閣の海相になった。組閣直後の靖国神社例大祭の朝、東条首相から呼び出され、「愈々白紙還元の再検討を始める。政府としては日米交渉に最大限の譲歩をする積りである」と告げられた。「この言葉は東条も誠心誠意であつたと思うし又当時の私共の心境は「侵略」とは程遠いものであつた」。その結果が一九四一年一一月五日御前会議決定の「帝国国策遂行要領」における譲歩案「甲案」だったが、アメリカがハル・ノートのような回答をするとは「夢にも思わなかった」[35]。嶋田らは「甲案」の提案内容にそれなりの成算があったのであろう。そんな嶋田は「海軍の強硬派に属せぬ」と元A級の東郷茂徳外相が記している。しかし対照的に木戸幸一の嶋田評は辛辣である。「極端な陸軍（東条陸相）の協調者であり、それはひどかつた。……そのためかは知らないが、巣鴨においても提督連中は……嶋田の悪口許り云つていた」[36]。嶋田は巣鴨で嫌われていたらしい。

豊田隈雄は嶋田から「備忘録」「法廷日誌」等の資料を借りた。「『備忘録』四巻、当用日誌（主として私事記註）及中央と出先首脳との間に取交された書翰等よく整理保存されている」と「聴取書」第一回巻末に記されており、嶋田は記録に几帳面だったようである[37]。

三　星野直樹と鈴木貞一

星野直樹（一八九二―一九七八年、大蔵官僚、満洲国総務長官、企画院総裁、内閣書記官長）は、一九六〇年四月から五月にかけて聴取された。仮釈放後は、東京ヒルトンホテル副社長、東急電鉄取締役、ダイヤモンド社会長等を歴任し、法務省の聴取もダイヤモンド社で行われている。

星野は、「特に「平和に対する罪」については、国の政策も結局は個人が決定するものであるから、その個人を裁いて責任を追及することは、それが公平に出来るとすれば望ましい」と理解を示す。だが「公正な裁判が果してできるかどうかは極めて疑はしい。……裁判官についても……中立国から選ぶべきであつた」とする。

ところで、朝鮮戦争やベトナム戦争では、ニュルンベルク・東京両裁判のような戦犯処罰がなかった。星野は、この関連で、「朝鮮事変〔朝鮮戦争〕であれほど途中ではやかましく、戦犯戦犯と相手の非行をとがめながら、遂に戦争裁判はやらなかつた」とアメリカを糾弾する。さらに大島浩も同じく、「米国側はあんなに北朝鮮の残虐行為をやかましく宣伝し乍ら勝敗の決がつかなかつた為……放置されたが、「勝敗のない処に裁判なし」では裁判とは言えないし又勝者側の同じ非法行為が裁かれないでは裁判としての価値はない」と批判している。常識的に考えて、国家指導者の戦犯処罰は第二次世界大戦のように明白な勝敗がつかない限り無理であろうし、国際機関の常設刑事裁判所が存在しても、現実に国家指導者が裁判にかけられる可能性はきわめて低いといえよう。

満洲国総務長官を務めた星野は、東京裁判における溥儀の証言について、「明かな嘘はあまりなかつた。相当ひどいようにも思えるが、〔ソ連に〕死命を制せられた彼の立場を考えると、あれ以上のことを望むのは無理である。……むしろ彼は正直に云はんと努めているとさえ感じた。溥儀は生まれながらにして役者である。……私はよく彼のお供をして歩いたが、その言動挙措は理想的の帝王を思わせられた」と語る[38]。溥儀証言に関する荒木の見方と比べると、溥儀との距離感が近く、かなり好意的であった。

内閣調査局を前身とする内閣直属の企画院（一九三七年一〇月創設）は、国家総動員に関する関係各省間の調整・資料提供を任務とした。星野は、革新官僚として統制経済を推進し、第二次近衛内閣の国務大臣（企画院総裁兼任）となる。その時代について、星野は、いたって自己肯定的である。「日米交渉を始めたことが破局を進めたものとも云えよう。というのは、それまでは蘭印交渉の場合でも、何もアメリカ当局と話合う必要はなかつた。私の企画院総裁時代にはアメリカとの話合は一つもなかつた。……私はこんな情況の下で物動計画をやり、物の生産を考えていたのである[39]」。

鈴木貞一（一八八八―一九八九年、陸士二二期・陸大二九期、陸軍中将、企画院総裁）の聴取は、一九五九年九月から一〇月にかけて行われた。鈴木は仮釈放後、特段の役職をもたなかったが、ただ一人、昭和の終わりまで生き抜いた最後のA級戦犯である（その次の長寿は星野直樹の一九七八年）。木戸幸一は鈴木について、「俊敏ではあるが、策士的のところがあり、企画院のとき等出して来る案がいくらでも変り、危くて仕方がなかつた」と低評価である。[40] ちなみに、一九八二年八月に九三歳の鈴木を取材した猪瀬直樹は、「鈴木の記憶力と分析力は、目を見張らせるものがあった。……ポンポンと答えが返ってきた」と書いている。[41]

そんな鈴木は、「戦争の直後に行はれるこの種裁判は、勝者の強い復讐心のため公平な裁判は期待し得ない」として、インド判事ラダビノード・パルの反対意見書こそ「公正」だと断じる。ちなみにA級一〇名のうち、いわゆる「パル判決」に言及するのは鈴木と大島浩の二名だけで、なぜか意外に少ないことが興味深い。

鈴木は、東京裁判と占領政策の典型的否定論を唱え、戦後の日本人のあり方を嘆いた。「日本の社会の解体と混乱は、すべて占領政策の過誤に由因していると信ずる。日本人は完全に連合国側の企画した日本骨抜きの政策に乗ぜられ、歴史と伝統を自ら放棄し、東京裁判の判決を批判もなく丸呑みにして「侵略」の烙印を甘受しているのが現状である」。

柳条湖事件のとき、鈴木は陸軍省軍務局の支那班長であったが、「満蒙問題の主務者たる私でさえ当時は、これが関東軍の陰謀によるもの等とは全然知らなかつた」と証言する。荒木と同じである。

そして日中戦争の初期に「石原（莞爾、参謀本部）作戦部長が「いけない」と、はつきりした態度に出ていたら、事変は拡大せずに終結し得たと思う。しかし石原には、対ソ作戦上、北支の資源だけは欲しいとの慾があつた」。「明治の人々は、決して支那全土に兵を出すべからずとの考えを持つておつた。日清戦争における威海衛の占領の如きも早々にして撤退している」。明治期には、国力に相応した自制心があったという指摘である。

鈴木はまた、日独伊三国同盟と南部仏印進駐に否定的だったという立場を強調している。一九四〇年九月二七日に三国同盟が調印されたとき、鈴木は興亜院政務部長であったが、「三国同盟は結ぶべきでなかつた。私は従来、白鳥

〔敏夫、駐伊大使、A級戦犯〕氏とは親しい仲であつたが、私がこの問題に強く反対したため遂に不仲になつてしまつた」。そして鈴木は一九四一年四月、星野の後任として第二次近衛内閣の国務大臣〔企画院総裁兼任〕となるが、六月二二日に独ソ戦が始まると、近衛に「この際、三国同盟を破棄せよ」と進言したという。「今にして思えば三国同盟は今次大戦に連る重大なエレメントであつた」[42]。

南部仏印進駐（一九四一年七月二八日）については、「企画院の会議に出る前、近衛公から南部仏印進駐の話を聞いたので、私は「南仏進駐は経済的見地から極めて重大である、やらぬがよい」といつて松岡〔洋右、外相、A級戦犯〕外相にもこのことをいつた。……私はさらに「進駐によつてこれ以上の経済的圧迫を喰つては大変です」と企画院としての立場を述べた……が、総理が押し切つた」。近衛の責任は重大である。

この時期、鈴木は、戦争に消極的な意見をあちこちで開陳していたようである。たとえば、「私は宮〔東久邇宮稔彦王〕にお会いして陸海軍は戦争するなら早い方がよいと云つているが、……私としては勝算は少ないと考える旨をお伝えしたところ、宮様は「昨日陸軍次官〔木村兵太郎、陸士二〇期・陸大二八期、陸軍大将〕がやつて来ての話では、海軍は、戦争には必ず勝つと云つているとのことであつたが」と仰せられた。……私は〔一九四一年〕十一月初の或日、海軍の伊藤〔整一、軍令部次長、海兵三九期・海大二一期、海軍大将〕次長に対し「海軍は戦に勝つというが一体いかなる手で勝たんとするのか」と訊した。伊藤次長は地図を拡げながら「とにかく機先を制してまず内南洋、比島、蘭印、シンガポール地域を占領し、爾後この線を確保しながら逸をもつて労を待ち一挙に決戦する」と説明した。私はこの話を聞いて……半安心した」。このように鈴木は、自分が結局、伊藤整一の説明に半ば納得してしまったことを率直に打ち明けている。

企画院の仕事といえば、総動員や統制経済の側面ばかりが注目されるが、次のようなわかりやすい事例も紹介されている。「陸海軍がどの程度に物資を保有しておるのか、近衛内閣迄は企画院では判らなかつた。保科〔善四郎、海兵四一期・海大二三期、海軍中将、衆議院議員〕海軍省軍務局長〔兵備局長の誤り〕が来て、鉄を分けてくれということがあつたが、このように勝手に陸海軍で企画院に云つてくる。しかも、自分の手持ちについては何にも云わないという状況であつた」[43]。

そして鈴木は「今から考えて見ても、軍のみならず政府も含め当時の責任者達は「戦争」という国の興亡を賭する一大事に対し極めて軽く考えていたように思う」と振り返っている[44]。この発言には、鈴木自身も該当すると思うが、相応のリアリティが感じられる。

四　賀屋興宣と木戸幸一

賀屋興宣〔一八八九―一九七七年、大蔵事務次官、蔵相、衆議院議員〕の「聴取書」は、一九六一年四月一九日の第一回しか残っておらず、内容は大方が戦犯裁判関係である。官僚出身の賀屋は、岸信介首相と近く、刑期満了直後の一九五八年五月、総選挙で自由民主党から初当選し、一九七二年一一月まで衆議院議員であった。一九六三―六四年には池田勇人内閣の法相を務めている。

賀屋は、「平和に対する罪」は事後法で「間違っている」と当初から考えており、「再審制を採用しておらぬことは不適当」で、「事実審のできる裁判官」もいなかったと批判する。南京事件時の外相であったために文官唯一の死刑となった広田弘毅を取り上げ、「外務大臣が陸軍大臣を指揮命令することは出来ない」のに不作為責任を問うとは「誠にでたらめ」で、土肥原賢二〔陸士一六期・陸大二四期、陸軍大将〕、木村兵太郎の絞首刑判決も、賀屋自身の終身禁錮刑判決も「でたらめ」だと退けた。「証人の心理も、オドオドしておつて、云うべきことも云えないという状況であつた。万一逮捕せられはしないかという危惧があつた」と裁判当時の尋問や法廷証言の重苦しい緊張感をありていに知らせる。

賀屋に特徴的なのは、こうした裁判批判をしているのに、戦争防止の観点から裁判の積極的意義にも注目する点である。A級裁判とBC級裁判のどちらも、その「動機」は「戦争をなくなそうという点ではよいところもある」、「今後はニユルンベルグおよび東京裁判が判例となつて引用されることにもなると考えられるので、極東国際軍事裁判所条例〔裁判所憲章〕が、果して国際法、慣習法に準拠したものと云えるかどうか、ただ否定的立場に立つだけでなく、客観的立場で研究の上、明らかにされるようお願いいたしたい(45)」。これは自民党政治家であることを意識した発言として受けとるべきものかもしれない。

木戸幸一（一八八九―一九七七年、文相、内大臣）は、仮釈放後、大磯の私邸に隠棲した。木戸の聴取は、理由不明ながら、一九六四年七月二一日と時期が遅く（賀屋の三年後）、しかも一回限りである。さらに木戸の「聴取書」は公表が早いことも異例で、木戸日記研究会編『木戸幸一日記　東京裁判期』（一九八〇年刊行）にほぼ完全なかたちで収録され（一部読点と漢字が異なる）、その内容はすでに知られている。

木戸が敗戦直後の「戦争裁判を日本の手でやろうとの企図」に反対したのは、「非常時そうなれば必ずや共産党の行なう政治裁判となり……そうなつては大変だ」と懸念したためで、「私としては勝者の裁きが一番すつきりしていると考えていた」と顧みる。木戸は「被告の顔ぶれ」から「陸軍の「軍閥」が戦争へ引摺つたものであるという連合国側の先入観」を看取し、東京裁判は「一つの猿芝居に終わつた」と否定論に立つ。

木戸によれば、「木戸日記」を「焼却しようか」との思いもよぎった。「日記を出すことによつて陛下の御気持を幾分なりとも示すことが出来るかもしれない」と期待する一方、「陛下に御迷惑を相掛ける」危険性もあると逡巡した。だが昭和天皇が連合国最高司令官ダグラス・マッカーサー元帥と初めて会見したあと、「日本国民の天皇に関する空気もよい」と見て、姪の婿である経済学者の都留重人を介して日記を「私の方から進んで出した」[46]。このことが日本政治史研究に多大な貢献をなしたことはいうまでもない。

しかし裁判における証拠の扱いは難しい。「証拠というものは、両刃のようなもので、原告被告の果してどちらに有利であるのか判定のつかないようなものも随分あつた」。この点、佐藤賢了も「原田日記」を例にして「弁護側が提出した資料が、検事側に逆用され……藪蛇となつた例」が多いと述べている[47]。

木戸は戦争原因のありかを問われ、「支那事変の拡大により、英米を相手にせねば収まりもつかなくなつたことが〔太平洋〕戦争の原因であつたと思う」と答えた。

木戸は、三国同盟締結に反対であった。「独は本来信用の置けない国柄であり、……ソ連の参加もどうなるか判らぬ上、戦争へ拍車をかける心配があると思つて賛成する気持ではなく、その旨近衛首相にも意見を述べた。近衛首相はこれに対し、「それもそうだが、日本も孤立無援ではやつて行けない」と答えた」。そして三国同盟が現実になる際、昭和天皇は近衛に対して「こうなつた以上、近衛も休戚を頒つ覚悟があるか」と迫った。この天皇の言葉には、三国同盟への不安感が反映されていたのだろう、と木戸は推測している。

木戸によれば、この頃から海軍部内の権力構造が変化した。「戦争政策に反対して来ていた海軍の首脳が、三国同盟の頃から腹では戦争政策に反対しながら、それを公にはつきりと明言することが出来なくなつてしまつたが、これは海軍の中堅層が強くなり統制がとれなくなつたことに起因すると思う。岡軍務局長以上は浮き上がつた存在になつていた」。すなわち強硬論の海軍中堅層が台頭し、それは陸軍中堅層以上の力をもっているようにさえ見えた。こうして海軍の首脳がものを言えなくなったというわけである。

木戸自身が首相に推挙した東条英機に関しては、次のような期待を抱いた。「東条も首相の立場で改めて考え直してくれる余地が全然ないとも思わなかつた。それに日米交渉の一番の問題点は、支那からの撤兵にあるので……そのことを交渉に乗せるところまで陸軍として何とか折れてくれれば、まだ打解（開の誤り）の余地もある、これだけやつて見て、それでも出来なければ、まことに已むを得ないことであると考えた」。そして「白紙還元の御諚」後の東条は「真摯」に戦争回避の途を探り、「下剋上の下からの突上げを押えたことは陛下も充分御認めになつていた」と証言する。木戸の推察によれば、昭和天皇が「いよいよ戦争の御決意をなさつた時機は、やはりハルノートを受けた時であつた」[48]。

五　大島浩と佐藤賢了

大島浩（一八八六―一九七五年、陸士一八期・陸大二七期、陸軍中将、駐独大使）の聴取期間は、一九五九年一月から三月である（一九六二年三月にも特例的に再聴取）。大島は、気骨のある人物で、言い訳を嫌い、回顧録等も出していない。「種々なる方面から私に何か書けとすすめるが、従来書かれているものには随分事実と違つたことを書いて、自分のみよい子になつているものが多い。……従来のものと同種視されることは心外であるので書く気になれない」と[49]。この点で、大島「聴取書」の資料価値は、きわめて高い。

大島は、「正義と人道の名」において戦争責任を追及する東京裁判の「主旨はよいと思う」が、「公平性」に欠けるので「中立国の参加」が必要だと述べる。

大島は東京裁判の判決当時、絞首刑決定の要因に関する情報を得ていた。「私の米人弁護人カニンハム（オーウェン・カニンガム）から当時、報された「戦争法規慣例違反の罪（通例の戦争犯罪）」以外の事後法（例えば平和に対する罪）で死刑にしては後世の批判をまぬかれないとの考えから死刑にするには何とか残虐行為に結びつけなければならないとの一般方針によつたとのことである」。この見方は、欧米の公文書でも裏づけられる。

大島はまた、A級一〇名中でただ一人、量刑の投票（判事は一一名）の内幕にも言及する。いわく、東条、板垣、土肥原、木村、武藤の陸軍軍人五名が七対四の票決（インド、フランス、ソ連、オーストラリア各判事が反対）で死刑となり、松井石根（陸士九期・陸大一八期、陸軍大将、南京事件時の中支那方面軍司令官）、広田（南京事件時の外相）の二名が六対五の一票差で死刑となった。他方、荒木、木戸、嶋田、大島は五対六で死刑を免れ、終身禁錮刑になったという。大島は「私の反対投票の一票はカナダ代表によるもので同代表は私の弁護人カニンハムと極めて親しい間柄であつた」と述べていることから、情報源はカナダ判事エドワード・マクドゥガルだったと推測される(50)。これに対して、判決当時に報道された匿名判事のリーク情報は、六対五で死刑になったのは広田一人で、松井は七対四だったとする点だけが違う。いずれにせよ、現在、決定的証拠がないので真相は不明である(51)。

日独防共協定を主導し、日独伊三国同盟成立にも深く関わった大島は、自分が「一貫して同盟を推進した」と認める。だが、それは「決して私だけで出来たことではない。東京裁判の法廷では、多くの関係者によつて「自分は三国同盟には反対であつた」という証言がなされたが、これは全く驚くべきことである。それほど大勢が反対だつたら、同盟が出来る筈がない」と憤る。これは大島の自己弁護ではなく、他者が責任回避したことに対する憤慨であろう。一九五九年の大島は、三国同盟への反省を「私の考えは当時と今とでは全く違う。今日、之を一言にして言えば独の戦力を見そこなつたのである。……今にして考えれば同盟は結ぶべきではなかつたと思う」と率直に自省するが、「日本が満州に進出した以上、果してそれで済んだろうか」とも述べ、その心境は複雑そうである。

大島は、日本とドイツの敗因を列挙する。「日独共に経済、生産等の総力戦的要素に対する考慮が不足しており、小手先の武力にのみ捉われ過ぎていた。独逸は、科学力を過信していたと思う。……そして「ヒ」〔アドルフ・ヒトラー総統〕の政治指導の誤りがあつた。……日本は、日露戦争以来、国家の道義心が漸次低下し、欧州戦における独の力を利用してこの際甘い汁を吸わんとする如き火事場泥棒的根性になつていたと思うが、この根性も禍したと思う」。

大島は、特に日本の「国家の道義心」の劣化、ドイツに依存する他力本願の「根性」を慨嘆したのである。

また彼の敗戦責任論は次の通り。「今日の敗戦を招いた責任は、何と言つても陸軍にある。中でも軍が其の分限を越えて、政治に一々容喙したことは、其の最たるものである。……永年対米一点張りで研究もし準備して来た海軍が対米戦に負けたこと丈は海軍の責任であると思う」。

ところで、司法法制課長の羽山忠弘は、大島の人柄に感銘を受けている。茅ヶ崎の大島邸に向かう途中、豊田らは、話好きな大島が自分たちを「待ちかねているだろう」と談笑した。羽山は聴取後に書いている。「大島さんは……ただの軍人ではない。過去の誤りは別として、私は、この人はえらい人だと思つた。……大島さんのような人がヨーロッパを見ると、あのように見識が広くなり、軍人のクサ味を吹きとばすものであるらしい。……今でも新しい独逸書などをどんどん読んでおられる。そこで、気持も若いが、考えも新しい。……大島さんは……自分の悪いことはハッキリいわれ、決してゴマかそうとはしない[52]」。


A級戦犯最年少の佐藤賢了（一八九五―一九七五年、陸士二九期・陸大三七期、陸軍中将、陸軍省軍務局長）は、一九五九年一一月から一二月にかけて聴取を受けた。佐藤は、仮釈放半年後の一九五六年一〇月から一九七二年二月まで東急管財社長を務めている。

佐藤は、東京裁判を「一方的裁判」と難じたうえ、「将来の戦争防止に役立たせるためには、勝者敗者の双方から、その指導者を自由に喚問して、真の戦争の原因、動機、目的、手段等を正確に調査すべきである」と述べた[53]。

岡敬純がこだわった及川海相の「首相一任」問題について、陸軍の佐藤は、岡との良好な関係のためか、海軍に共感を寄せた。「「首相一任」の態度については、東条陸相は、最後まで〔海軍に〕非常な不満を表明していた。……面子に捉われて対米戦ができないとの弱音が吐けないところから、このような不明確な責任のがれのような表現や、態度となつたものであろうと……。しかし及川という人は……責任のがれをやるような人物ではない。戦後、私〔佐藤〕は、岡軍務局長から次のような事情を聞いたが、これは岡氏の性格からも信用して可なりと思う。すなわち、及川海相の当時の真意は……海軍から直接陸軍え《ママ》「防共駐兵を譲れ」と言うことが、陸海軍間を割ることになり兼ねない心配からやれないため、近衛総理からそれを言つてくれとの意味であり、決して戦争か否かの決定を近衛に一任した意味ではなかつた……とのことである。私は……東条陸相に「私が一度宴席を設けるから是非ゆつくり話合つて戴きたい。」とお願いしたら、……「国の大事を待合政治でやれというのか。御前会議でさえ言えぬのに、待合でなら言えるというのか。」と叱られた」。特に最後のくだりは融通の利かない東条の人物を浮き彫りにする独白である。

さらに佐藤は、南部仏印進駐の危険性に自分が鈍感だったことを正直に告白している。「北部仏印にすでに進駐しており、それが只、南に延びるだけだから、格別新な問題は起らぬであろうと見ていた。〔米が若しゃるなら戦だが、まさかやるまいと見た。〕そこに〔在米日本〕資産凍結という意表外の手に出られハッと思つた」というのである。

近衛が自らの後継内閣として東久邇宮稔彦内閣案を内奏した際、「白紙還元の御諚」について触れた。すると、昭和天皇は「東条は、私の威力によつて九月六日の〔御前会議〕決定を御破算にしたい考えのようだね」と語ったという。しかし参謀本部は「「戦争の場合の作戦可能時期」に縛られていた関係上、終始〔日米〕交渉には反対」であった。(54) こうして日本は太平洋戦争に突入し、破局の道を歩むこととなる。

おわりに

最後に、元A級一〇名のうち六名が語った東条英機評を一括して並べてみよう。

岡　「東条さんが、陛下のお言葉〔白紙還元の御諚〕があって以来……陸軍大臣のときと打って変って、違った人のように変った。これには僕は感心した、と同時に驚いた」。

嶋田　「真面目な人で……謀略的人物ではないと信ずる」。

木戸　「はっきりした性格で、明快であるが、またそれだけに政治家ではないと云える。巾は狭いが陛下の御命令や規則の遵守には厳正で……この点では傑出していた」。

星野　「正直な人であった。気の毒なのは、彼は生来軍人として育ったのに、全く急に政治担当の立場に立たされたことであって、従って政治に対する準備が何もない。まして総理としての心構も何もない。あの困難な時期に東条氏にあれ以上のことを望むことは無理だと思う。……獄中では極めて穏かで……反省の中に暮らしていた」。「海軍がこう云ったから、陸軍がこう云うから大丈夫と云うだけで進んで行く。東条さんなんかもそういうところがあった」。

大島　「東条は私と同期〔陸大二七期〕、……学校の成績は五十名中四十番位で頭はよい方ではなかったが謹直な努力家で極めて責任観念旺盛、悪意のない人物である。但し、軍人として養成されており、全然政治家ではない。……あの難局に首相となり政治責任を負わされたことは寧ろ気の毒である」。

佐藤　「「方針の決定および決心は、上司がやるべきで、幕僚は、この方針決心に基いて実行すべきであり、いやしくも方針や決心に反することは絶対に許さない。従って全責任は上司でとる。」とは、東条の口から常に聞いた言葉である。実行力あり、着眼もなかなかよい。頭は、本来それ程よい方ではなかったが、非常な勉強家であり、努力家であった。政治的感覚も案外よく、議会の答弁等もソツがなかった。真面目で、忠実で、殊に陛下に対する忠誠心は強く、政治軍事のモットーは「お上の御納得の行く政治をすることだ」とよく云っていた。……東条が上奏するとき、その前夜等……夜中でも、よく電話で、上奏に関しての質問をわれわれのところえ問合《〔ママ〕》せして来ていた。その上、予想される陛下の御下問と、それに対する奉答案をよく書かされた」[55]。

それぞれの東条との人間関係がうかがえるが、「真面目」「正直」という東条のイメージは、ほぼ共通している。東条は「努力家」で、軍官僚の性質が際立った。しかし政治家の資質に欠けたという指摘がやはり強い印象を残す。佐藤賢了が述べた「政治的感覚」のよさというのは官僚のそれであり、政治家としての感覚や能力ではない。そんな東条が日米開戦時の首相という、このうえなく重大な歴史的、政治的責任を負わされたこと自体が日本の不幸であるが、ほかのＡ級たちは、そのことに「気の毒」だという実に甘い同情を寄せた。この情緒的な光景にこそ日本の真の悲哀と悲劇が漂うのである。

東京裁判については、元Ａ級一〇名全員が「勝者の裁き」の不公平さを非難した。裁かれた当人なのだから当然であろう。各自の人生のなかで、そろって最悪の経験だったに違いない。しかし、それでも戦争防止に資するならばと、戦犯処罰の有効性を認める意見が賀屋や佐藤から寄せられた。さらに中立国または第三者による裁判を訴えたのは岡、嶋田、星野、鈴木、賀屋、大島の六名を数え、特に嶋田と大島は国際連合による裁判を提案した。こうした改善点は誰しも思いつくことであるが、それが興味深いのは、実現性云々はさておき、彼らが東京裁判を必ずしも「私刑」「異端審問」「人民裁判」の類いではなく、それなりの司法的裁判ととらえていたことを示すからである。さもなくば、改善点など無用であろう。

彼らはまた、東京裁判が審理対象とした満洲事変から太平洋戦争に至る諸事件に関して証言し、知られざる逸話も伝えた。たとえば、山本五十六連合艦隊司令長官が近衛首相に中国撤兵を強く勧めたという岡敬純の証言である。影響力の強い近衛手記は、山本の「半歳か一年の間は随分暴れて御覧に入れる」発言を独り歩きさせた。従来、岡の情報がなかったため、山本の中国撤兵論は知られていないが、興味深い論点にはなりうるであろう。

同じく岡証言で強調された「首相一任」問題もある。通常の「和戦の決を一任」という意味ではなく、「中国撤兵」を織り込んだ提言であったという岡の言い分。これも近衛手記が圧倒的な影響力をもつなか、岡の主張は少数意見にすぎないが、佐藤賢了のように理解を示す人もいたことは「聴取書」で確認できた。

南部仏印進駐については、近衛から聞いた幣原喜重郎が「これは大きな戦争になります」と断じ、近衛を狼狽させたという幣原の回想がよく知られている(56)。しかし幣原のようなベテラン外交官だけが気づいたというわけではなく、岡、嶋田、鈴木の軍人三名も、その危険性を認識していたと主張する。他方、佐藤は仏印の北部から南部に拡大するだけだから問題は生じないと楽観していたことを素直に告白している。

さらに人物について、つけ加えると、回顧録を残していない岡敬純の「聴取書」は実に饒舌で、かつ自己主張も強い。これ以外にないだけに、資料的価値が高いといえよう。

また大島浩の「聴取書」も貴重である。これまで大島は、ナチ・ドイツへの接近、ヒトラーへの傾倒等のせいで過剰に酷評されてきた。しかし、この「聴取書」を見ると、より客観的に大島の人物像を再評価する余地があるように思われる。

元A級戦犯の「聴取書」には、むろん自己や過去を正当化しようとする態度も散見されるが、それよりも存外、過去の客観化や反省が目立つのは、時間の経過、環境の変化のなせるわざだと思われる。これら元A級の「聴取書」は、公文書の間隙を埋めるという補完的役割があるし、いずれも物故者ゆえに二度と得られない貴重な歴史資料だと評価できよう。

聴き取りの時期が一九六〇年前後と、東京裁判や諸事件からかなりの時間が過ぎている憾みはあるけれども、その反面、時間の経過にはメリットもある。すなわち、敗戦直後のように逮捕や起訴を恐れる必要がなくなったうえ、巣鴨を出所し、刑期も終え、自由な立場で語ることができた。これは元A級戦犯の彼らが少なくとも生存中の公開を前提とせず、日本人の聴き手とともに過去と向き合い、悠然と述懐した記録なのである。

（1）日暮吉延『東京裁判』（講談社現代新書、二〇〇八年）三五一頁。

（2）豊田隈雄『戦争裁判余録』（泰生社、一九八六年）四六〇―四八二頁。法務省所蔵の膨大な戦犯裁判関係資料は、一九九九年から二〇〇〇年にかけて東京都千代田区北の丸の国立公文書館に移管された。本章で用いる資料群「戦争犯罪裁判関係資料」は、法務大臣官房司法法制調査部が収集、作成した資料であり、簿冊件数は六〇〇三件、一九九九年度に移管された（「国立公文書館デジタルアーカイブ」https://www.digital.archives.go.jp/）。この資料群の重要部分を編纂したオンライン版データベースが、日暮吉延監修・解題『法務省旧蔵 東京裁判・戦争裁判関係資料』（丸善雄松堂、二〇二二年、以下『法務省資料』）である。

（3）日暮前掲『東京裁判』三六二―三七六、三八四―三八六頁。

（4）戦後、歴史の「総括」や「記録」を目的にした情報収集（座談会等含む）も行われた。現在、入手しやすい文献は以下の通り。佐藤元英・黒沢文貴編『GHQ歴史課陳述録――終戦史資料』全二巻（原書房、二〇〇二年）。半藤一利編『日本のいちばん長い夏』（文春新書、二〇〇七年、初出は『文藝春秋』一九六三年八月号）。戸高一成編『［証言録］海軍反省会』全一一巻（PHP研究所、二〇〇九―一八年）。井上寿一『戦争調査会――幻の政府文書を読み解く』（講談社現代新書、二〇一七年）。半藤一利編『なぜ必敗の戦争を始めたのか――陸軍エリート将校反省会議』（文春新書、二〇一九年、初出は『偕行』一九七六年一二月号―一九七八年三月号）。新名丈夫編『海軍戦争検討会議記録――太平洋戦争開戦の経緯』（角川新書、二〇二二年、初出は毎日新聞社、一九七六年）。寺崎英成、マリコ・テラサキ・ミラー『昭和天皇独白録』（文春文庫、一九九五年、初版は文藝春秋、一九九一年）。田島道治『昭和天皇拝謁記――初代宮内庁長官田島道治の記録』全七巻（岩波書店、二〇二一―二三年）。

（5）日本国際政治学会太平洋戦争原因研究部編『太平洋戦争への道』全八巻（朝日新聞社、一九六二―六三年）。たとえば、同書第七巻、四六〇頁の注記「大島浩氏談（一九六二年三月一〇日）」は法務省戦犯資料係の大島浩「聴取書」（『法務省資料』06418100-013-015）と同一である。さらに「国際政治学会特別研究部」も一九六〇年三月二六日、法政大学において佐藤賢了を聴取した（『法務省資料』06417100-007）。

（6）「元陸軍大将・男爵　荒木貞夫氏よりの聴取書」（第一回）聴取者・貞家克巳（司法法制調査部）・原忠一・豊田隈雄、一九五八年一二月三日（『法務省資料』06420100-005）。以下、「聴取書」の一部に適宜、読点を追加した。関連資料として、荒木貞夫「スガモ断腸の記」（『文藝春秋』一九五五年一一月号）。

（7）「元駐独大使・陸軍中将　大島浩氏よりの聴取書」（第一回）聴取者・豊田隈雄・井上忠男、一九五九年一月二六日（『法務省資料』06418100-009）。

（8）石川正俊『鵜沢総明——その生涯とたたかい』（大空社、一九九七年）二七七頁。

（9）「荒木貞夫氏よりの聴取書」（第一回）。

（10）新田満夫編『極東国際軍事裁判速記録』第四巻（雄松堂書店、一九六八年）八〇三—八一〇頁。読点を追加した。

（11）「荒木貞夫氏よりの聴取書」（第三回）聴取者・豊田隈雄・井上忠男、一九五九年三月二五日（『法務省資料』06420100-007）。

（12）日暮前掲『東京裁判』二四七—二四八頁。

（13）「元陸軍中将・軍務局長　佐藤賢了氏からの聴取書」（第五回）聴取者・豊田隈雄・井上忠男、一九五九年一二月一〇日（『法務省資料』06417100-006）。

（14）「荒木貞夫氏よりの聴取書」（第五回）聴取者・豊田隈雄、一九五九年五月二〇日（『法務省資料』06420100-009）。

（15）「荒木貞夫氏よりの聴取書」（第二回）聴取者・原忠一・豊田隈雄・井上忠男、一九五八年一二月一五日（『法務省資料』06420100-006）。

（16）「荒木貞夫氏よりの聴取書」（第一回）。

（17）「荒木貞夫氏よりの聴取書」（第二回）。

（18）「元元帥・陸軍大将　畑俊六氏よりの聴取書」（第二回）。関連資料として、軍事史学会編（伊藤隆・原剛監修）『元帥畑俊六回顧録』（錦正社、二〇〇九年）。

（19）「畑俊六氏よりの聴取書」（第一回）聴取者・羽山忠弘（司法法制課長）・原忠一・豊田隈雄、一九五八年一〇月一五日（『法務省資料』06420100-002）。

（20）「畑俊六氏よりの聴取書」（第二回）（第一回）。

（21）「大島浩氏よりの聴取書」（第二回）聴取者・羽山忠弘（司法法制課長）・豊田隈雄・井上忠男、一九五九年二月七日（『法務省資料』06418100-012）。

（22）「元海軍中将・軍務局長　岡敬純氏からの聴取書」（第一回）聴取者・豊田隈雄・井上忠男、一九六〇年一月一四日（『法務省資料』06422100）。

（23）「岡敬純氏からの聴取書」（第四回）聴取者・豊田隈雄、一九六〇年二月四日（『法務省資料』06421100-007）。「岡敬純氏からの聴取書」（第二回）聴取者・豊田隈雄・井上忠男、一九六〇年一月二一日（『法務省資料』06423100）。

（24）「岡敬純氏からの聴取書」（第三回）聴取者・豊田隈雄、一九六〇年一月二八日（『法務省資料』06424100）。「岡敬純氏からの聴取書」（第一回）。
（25）近衛文麿『失はれし政治——近衛文麿公の手記』（朝日新聞社、一九四六年）四七—四八頁。
（26）「岡敬純氏からの聴取書」（第三回）。
（27）近衛前掲書、一二七—一二九頁。なお、伊藤正徳『連合艦隊の最後』（文藝春秋新社、一九五六年）三一九—三二〇頁は、近衛前掲書に全面的に依拠している。「元陸軍中将・企画院総裁　鈴木貞一氏からの聴取書」（第三回）聴取者・豊田隈雄・井上忠男、一九五九年一〇月二日（『法務省資料』06421100-004）。
（28）「元内大臣・侯爵　木戸幸一氏からの聴取書」聴取者・豊田隈雄・井上忠男、一九六四年七月二一日（『法務省資料』06416100, 06475100-011）。
（29）「岡敬純氏からの聴取書」（第四回）。
（30）重光葵『昭和の動乱』下（中公文庫、二〇〇一年）一二〇頁。軍事史学会編（黒沢文貴・相澤淳監修）『海軍大将嶋田繁太郎備忘録・日記Ⅰ』（錦正社、二〇一七年）三八一頁。
（31）「岡敬純氏からの聴取書」（第一回）。佐藤賢了も、武藤章について「秀才で常識に富み、慎重で、大東亜戦でも最後まで戦争に踏み切らなかった一人である」と評している。「佐藤賢了氏からの聴取書」（第五回）聴取者・豊田隈雄・井上忠男、一九五九年一二月一〇日（『法務省資料』06417100-006）。
（32）「岡敬純氏からの聴取書」（第三回）（第二回）。丸山眞男『増補版　現代政治の思想と行動』（未来社、一九六四年）一〇六—一二三頁（初出「軍国支配者の精神形態」『潮流』一九四九年五月号）。
（33）日暮前掲『東京裁判』二六二頁。
（34）「岡敬純氏からの聴取書」（第三回）（第四回）。
（35）「元海軍大将　嶋田繁太郎よりの聴取書」（第一回）聴取者・原忠一・豊田隈雄、一九五八年一二月一二日（『法務省資料』06418100-002）。「嶋田繁太郎よりの聴取書」（第二回）聴取者・豊田隈雄、一九五八年一二月二四日（『法務省資料』06418100-005）。
（36）東郷茂徳『時代の一面——大戦外交の手記』（中公文庫、一九八九年）二二九—二三二頁。「木戸幸一氏からの聴取書」。
（37）「嶋田繁太郎よりの聴取書」（第一回）。嶋田は、巣鴨の獄中日記でも毎回の食事の献立をきちんと記録している。軍事史学会編（黒沢文貴・相澤淳監修）『海軍大将嶋田繁太郎備忘録・日記Ⅲ』（錦正社、二〇二〇年）。
（38）「元満州国総務長官・企画院総裁・内閣書記官長　星野直樹氏からの聴取書」（第一回）聴取者・貞家克巳・豊田隈雄・井

上忠男、一九六〇年四月一八日（『法務省資料』06421100-002）。「星野直樹氏からの聴取書」（第三回）聴取者・豊田隈雄・井上忠男、一九六〇年五月二日（『法務省資料』06421100-004）。「大島浩氏よりの聴取書」（第一回）。関連資料として、星野直樹「回想の東条内閣」（『中央公論』一九六一年九月号）。星野直樹『見果てぬ夢』（ダイヤモンド社、一九六三年）。内政史研究会編『星野直樹氏談話速記録』（内政史研究資料第二四集、一九六四年）。星野直樹『時代と自分』（ダイヤモンド社、一九六八年）。

(39)「星野直樹氏からの聴取書」（第三回）。

(40)「木戸幸一氏からの聴取書」。

(41) 猪瀬直樹『昭和16年夏の敗戦［新版］』（中公文庫、二〇二〇年、初版は世界文化社、一九八三年）一九二頁。

(42)「鈴木貞一氏からの聴取書」（第一回）聴取者・豊田隈雄・井上忠男、一九五九年九月一一日（『法務省資料』06421100-002）。「鈴木貞一氏からの聴取書」（第四回）聴取者・豊田隈雄・井上忠男、一九五九年一〇月九日（『法務省資料』06421100-005）。関連資料として、鈴木貞一「物動計画からみた太平洋戦争」（『週刊ダイヤモンド』一九六七年一二月一八日号）。日本近代史料研究会編『鈴木貞一氏談話速記録』全二巻（日本近代史料叢書、一九七四年）。猪瀬前掲書。深澤献「日米開戦を後押しした鈴木貞一」（ダイヤモンド・オンライン、二〇二〇年一二月二三日、https://diamond.jp/articles/-/257629）。「大島浩氏よりの聴取書」（第一回）。

(43)「鈴木貞一氏からの聴取書」（第三回）。

(44)「鈴木貞一氏からの聴取書」（第二回）聴取者・豊田隈雄・井上忠男、一九五九年九月一七日（『法務省資料』06421100-003）。「鈴木貞一氏からの聴取書」（第三回）。

(45)「元大蔵大臣　賀屋興宣氏からの聴取書」（第一回）聴取者・豊田隈雄・井上忠男、一九六一年四月一九日（『法務省資料』06460100, 06475100-008）。関連資料として、日本経済新聞社編『私の履歴書』第一九集（日本経済新聞社、一九六三年）。賀屋興宣『戦前・戦後八十年』（経済往来社、一九七六年）。賀屋興宣『渦の中』（非売品、一九七九年）。

(46)「木戸幸一氏からの聴取書」。木戸日記研究会編『木戸幸一日記　東京裁判期』（東京大学出版会、一九八〇年）四四六―四七四頁。関連資料として、『木戸幸一政治談話録音速記録』（国立国会図書館専門資料部、一九九七年）。多田井喜生『決断した男　木戸幸一の昭和』（文藝春秋、二〇〇〇年）。

(47)「佐藤賢了氏からの聴取書」（第一回）聴取者・豊田隈雄・井上忠男、一九五九年一一月一三日（『法務省資料』06417100-002）。原田熊雄述『西園寺公と政局』全八巻（岩波書店、一九五〇―五二年）。

(48)「木戸幸一氏からの聴取書」。

（49）「大島浩氏よりの聴取書」（第二回）。大島の「聴取書」は、靖国偕行文庫所蔵『井上忠男資料』にも収められ、すでに日暮吉延『東京裁判の国際関係――国際政治における権力と規範』（木鐸社、二〇〇二年）第六章で用いた。関連資料として、「駐独大使・大島浩、晩年の言葉」（『朝日新聞デジタル』神奈川版、二〇一八年一一月一〇日）。増田剛『ヒトラーに傾倒した男――A級戦犯・大島浩の告白』（論創社、二〇二二年）。この両文献は、大島を取材した三宅正樹所有の録音テープを紹介する。

（50）「大島浩氏よりの聴取書」（第一回）。日暮前掲『東京裁判の国際関係』四五八―四六三頁。日暮前掲『東京裁判』二五七―二六二頁。

（51）『朝日新聞』一九四八年一二月一〇日。日暮前掲『東京裁判の国際関係』四六四―四六五頁。日暮前掲『東京裁判』二六四頁。

（52）「大島浩氏よりの聴取書」（第一回）（第二回）。なお大島の場合、聴取終了の三年後にも豊田隈雄による再聴取が実施された。「元駐独大使、武官（元陸軍中将）大島浩氏からの聴取書」聴取者・豊田隈雄、一九六二年三月一〇日（『法務省資料』06418100-014）。

（53）「佐藤賢了氏からの聴取書」（第一回）。関連資料として、佐藤賢了『大東亜戦争回顧録』（徳間書店、一九六六年）。佐藤賢了『佐藤賢了の証言――対米戦争の原点』（芙蓉書房、一九七六年）。佐藤賢了「カトルー総督とドクー総督の横顔」（日本国際政治学会太平洋戦争原因研究部前掲書、第六巻付録）。

（54）「佐藤賢了氏からの聴取書」（第二回）聴取者・豊田隈雄・井上忠男、一九五九年一一月一八日（『法務省資料』06417100-003）。「佐藤賢了氏からの聴取書」（第五回）。

（55）「岡敬純氏からの聴取書」（第三回）。「嶋田繁太郎よりの聴取書」（第一回）。「木戸幸一氏からの聴取書」。「星野直樹氏からの聴取書」（第一回）（第三回）。「大島浩氏よりの聴取書」（第二回）。「佐藤賢了氏からの聴取書」（第五回）。

（56）幣原喜重郎『外交五十年』（中公文庫、一九八七年）二〇七―二〇九頁。

あとがき

近年の日本近代史研究は、かつての価値判断過剰な時代を脱することによって、考察の視座が広がるとともに、扱うテーマや手法も多様なものとなっている。それらは確かな実証にもとづくものが多く、日本近代の歴史的な姿を豊かなものにしてくれている。そうした研究の広がりと深まりは、それ自体喜ばしいことであるが、他方では研究の細分化をも意味しており、そうした研究成果を歴史の全体像にどのように結びつけるのかについては、考察の余地が残されている。

ところで、日本近代史研究の多彩なテーマのなかで、今回二冊の本で取りあげるのは、軍事と外交（政治外交）という、これまでにも多くの研究蓄積のある分野である。そこにおいてもご多分に漏れず、研究対象への問題関心の持ち方や接近の仕方には多くの変化がみられる。そこで当該分野の最新の研究成果をまとめてみたいという希望を編者が抱いたところ、そのわがままに応えて新進気鋭の研究者から大家の域に達する研究者まで、実に多くの方々が論考をお寄せ下さった。その成果が、これら『日本陸海軍の近代史』と『日本外交の近代史』という二冊の論文集である。もちろんこの二冊で、当該分野の研究動向をすべて網羅できるわけではない。執筆者の方々は、いずれも何らかのかたちで編者にゆかりのある研究者なので、その意味で、二冊で取り扱われている内容は、編者の問題関心の志向性を映しだしやすいかたちになっている。

ちなみに執筆者は編者の交友範囲を反映している。学会・研究会・プロジェクト等でさまざまなご厚誼をいただいた方々、宮内庁書陵部在籍時にお世話になった方々、本務校であった東京女子大学の同僚の皆さん、青山学院大学・

慶應義塾大学・駒澤大学の学部・大学院で授業を受けられた皆さん、そして母校の上智大学関係の諸兄姉である。

なお本書出版のそもそもの契機は、外交史料館や舞鶴引揚記念館の史料調査などで編者と親交のあった熊本史雄が、編者の上智大学時代の後輩である櫻井良樹と宮内庁書陵部の同僚であった小林和幸に、編者の古稀を記念する論文集を編んではどうかという相談をもちかけたことに始まる。その結果、黒沢が編者となり、右記の三人が編集協力者というかたちで論文集を刊行することになった。論文集のテーマは、編者の主たる研究分野である軍事と外交（政治外交）としたが、幸いにも多くの執筆者にご寄稿いただいた結果、論文集は軍事篇と外交（政治外交）篇の二分冊となった。編者と編集協力者の呼びかけに快く応じてくださった執筆者の皆様には、この場を借りて深甚の謝意を表したい。

（黒沢文貴）

黒沢さん（これ以後は編集協力者の共同執筆なので、こう呼ばせていただく）の研究領域は広く、合わせて刊行される『日本陸海軍の近代史』を第一巻と位置づけた点に明らかなように、第一の専門は日本軍事史研究である。ただし、黒沢さんは『二つの「開国」と日本』（東京大学出版会、二〇一三年）を上梓し、近代日本が直面したもう一つの「開国」が第一次世界大戦後にも存在したという理解に基づき、西洋に対峙する東アジアの日本が、「小国」「大国」の国際認識の変化、国内体制の変動に伴い、国際秩序に対応していく過程を描き出している。満洲事変以降の日本の対外的な軍事的進出と展開、すなわち日中戦争、太平洋戦争へと突き進んでいく過程の叙述が中心であったそれまでの日本外交史像に、第一次世界大戦の衝撃の持ち得た歴史的意義を鋭く描出することによって、修正を迫ったのである。

現在でこそ、「新外交」という概念の捉え直しのもとで大戦間期の日本外交の内実を問い、それが「転換」なのか「非転換」だったのかの解釈をめぐる議論が活性化しているが、そうした学界での問題意識や論点を、同書の所収論文はずいぶんと早い時期から提示していたといえる。ちなみに、第一次世界大戦の衝撃を「開国」に比するものとする視座が、すでに『大戦間期の日本陸軍』の中で示されていた点も指摘しておきたい。

なお黒沢さんは二〇〇九年度以降、外務省外交史料館において日本外交文書の編纂委員を務められているほか、アジア歴史資料センターの創設時からデータ検証委員となり、さらに諮問委員会委員にもなられている。

ところで、上智大学文学部史学科を卒業した黒沢さんは、同大学院文学研究科博士後期課程を単位取得満期退学した後、都立日比谷高校や西高校などでの教員生活を経て、宮内庁書陵部編修課に主任研究官として入庁された。編集協力者の一人である小林は、黒沢さんと同時期に宮内庁書陵部編修課に入庁し、西川誠さん（現、川村学園女子大学長）、高田義人さん（現、編修課長）も同期であった（入庁時の黒沢さんの直属上司が佐藤元英さん）。同期の四人には年齢差はあったが、昭和天皇実録の編纂という仕事のみならず、さまざまな場面で苦楽を共にした。黒沢さんは最年長であったが、友達のように話し、お酒を飲み、旅行にも行った。日本近代史を専門とする関係から、黒沢さんとは研究についてもよく語り合った。その頃、黒沢さんは、たびたび、「研究を発表する時は、自分が納得するものでなければ」と仰っていた。二〇歳代の頃の小林は、それまで新しい研究を発表することが何より優先されると教えられることが多かったので、黒沢さんの言葉は新鮮であり、信頼すべき先達であると思った。それ以後、何かを書こうとするたびに黒沢さんの言葉を思い出す。小林にとって研究上の恩人の一人と思っている。

また二〇一三年一二月に黒沢さんは還暦を迎えられたが、その際、黒沢さんの二冊のご単著と一冊のご編著の出版記念をかねてパーティを開催した。発起人兼幹事役を小林がつとめ、発起人には庄司潤一郎氏にもなっていただいたほか、櫻井も名を連ねた。一〇〇名を越える参加者となったが、とても和気藹々として温かくもまことに盛大な会であった。今回の古稀記念論集は、その時に果たせなかった記念論集の企画の実現でもある。

編集協力者の一員である熊本が黒沢さんと初めて会ったのは外交史料館在職時であるが、「お付き合い」の度が深まったのは、駒澤大学へ異動して（二〇〇四年四月）以降のことである。二〇〇五年度の日本国際政治学会の日本外交史分科会で報告する機会を得たが、それは当時、分科会の責任者であった黒沢さんから慫慂されたからであった。また二〇一二年度以降は舞鶴引揚記念館での資料調査に佐藤元英さんと共に参加し、現在も年二回の舞鶴出張に同行しており、資料調査だけでなく、日本近代史・外交史に関するさまざまな議論を交わしている。

（櫻井良樹・小林和幸・熊本史雄）

最後に、文末となってしまったが、二冊の論文集の刊行にご理解をいただいた東京大学出版会にお礼を申し上げたい。学術書の出版を本務とされているとはいえ、近年こうした論文集の刊行には厳しいご時世である。東京大学出版会のご理解に応えうるだけの学術的水準を伴う二巻となっていることを願うばかりである。また編集をご担当いただいたのは、山本徹編集部長である。執筆者が予想以上に多くなってしまったために、二分冊の刊行となりご負担をおかけしてしまった。粘り強く編集作業をお進めくださったことに心よりお礼を申し上げたい。

黒沢文貴
櫻井良樹
小林和幸
熊本史雄

日本外交の近代史——秩序への順応と相剋 2

2024 年 11 月 14 日　初　版

［検印廃止］

編　者　黒沢文貴《くろさわふみたか》

発行所　一般財団法人　東京大学出版会

代表者　吉見俊哉

153-0041 東京都目黒区駒場4-5-29

https://www.utp.or.jp/

電話 03-6407-1069　Fax 03-6407-1991

振替 00160-6-59964

組　版　有限会社プログレス

印刷所　株式会社ヒライ

製本所　誠製本株式会社

ISBN 978-4-13-020164-3　Printed in Japan

執筆者紹介（編者，編集協力者の後，掲載順）

黒沢文貴（くろさわ ふみたか）［編者］

東京女子大学名誉教授．日本近代史（政治外交史・軍事史）．1953 年生．［主要著作］『二つの「開国」と日本』（東京大学出版会，2013 年），『歴史に向きあう――未来につなぐ近現代の歴史』（東京大学出版会，2020 年）

櫻井良樹（さくらい りょうじゅ）［編集協力者］

麗澤大学国際学部教授．近代日本政治史．1957 年生．［主要著作］『華北駐屯日本軍――義和団から盧溝橋への道』（岩波書店，2015 年），『大正期日本の転換――辛亥革命前後の政治・外交・社会』（芙蓉書房出版，2024 年近刊）

小林和幸（こばやし かずゆき）［編集協力者］

青山学院大学文学部教授．日本近代史，日本政治史．1961 年生．［主要著作］『明治立憲政治と貴族院』（吉川弘文館，2002 年），『谷干城――憂国の明治人』（中公新書，2011 年）

熊本史雄（くまもと ふみお）［編集協力者］

駒澤大学文学部教授．日本近代史，日本外交史．1970 年生．［主要著作］『近代日本の外交史料を読む』（ミネルヴァ書房，2020 年），『幣原喜重郎――国際協調の外政家から占領期の首相へ』（中公新書，2021 年）

森万佑子（もり まゆこ）

東京女子大学現代教養学部准教授．朝鮮近代史，韓国・朝鮮研究．1983 年生．［主要著作］『朝鮮外交の近代――宗属関係から大韓帝国へ』（名古屋大学出版会，2017 年，第 35 回大平正芳記念賞受賞），『韓国併合――大韓帝国の成立から崩壊まで』（中公新書，2022 年）

大澤博明（おおさわ ひろあき）

熊本大学大学院人文社会科学研究部教授．日本政治外交史．1960 年生．［主要著作］『近代日本の東アジア政策と軍事――内閣制と軍備路線の確立』（成文堂，2001 年），『明治日本と日清開戦――東アジア秩序構想の展開』（吉川弘文館，2021 年）

小林道彦（こばやし みちひこ）

北九州市立大学名誉教授．日本政治外交史．1956 年生．［主要著作］『近代日本と軍部 1868-1945』（講談社現代新書，2020 年），『山県有朋――明治国家と権力』（中公新書，2023 年）

中野目徹（なかのめ とおる）

筑波大学人文社会系教授．日本近代思想史・史料学．1960 年生．［主要著作］『明治の青年とナショナリズム――政教社・日本新聞社の群像』（吉川弘文館，2014 年），『三宅雪嶺』（吉川弘文館，2019 年）

西川　誠（にしかわ まこと）
川村学園女子大学生活創造学部教授．日本近代史．1962 生．［主要著作］『明治天皇の大日本帝国』（講談社学術文庫，2018 年），『杉孫七郎関係文書』（共編，同成社，2023 年）

諸橋英一（もろはし えいいち）
慶應義塾大学非常勤講師．日本政治外交史，第一次世界大戦研究，政軍関係論．1984 年生．［主要著作］『第一次世界大戦と日本の総力戦政策』（慶應義塾大学出版会，2021 年），*The East Asian dimension of the First World War: global entanglements and Japan, China and Korea, 1914–1919*,（Jan Schmidt, Katja Schmidtpott（eds.）, Campus Verlag, 2020）

奈良岡聰智（ならおか そうち）
京都大学大学院法学研究科教授．日本政治外交史．1975 年生．［主要著作］『対華二十一ヵ条要求とは何だったのか――第一次世界大戦と日中対立の原点』（名古屋大学出版会，2015 年），『領海・漁業・外交――19 ～ 20 世紀の海洋への新視点』（太田出・川島真・森口（土屋）由香との共編著，晃洋書房，2023 年）

庄司潤一郎（しょうじ じゅんいちろう）
防衛研究所研究顧問．近代日本政治外交・軍事史，歴史認識．1958 年生．［主要著作］『地政学原論』（共著，日本経済新聞出版，2020 年），『決定版　大東亜戦争』（上・下，共著，新潮社，2021 年）

森　靖夫（もり やすお）
同志社大学法学部教授．日本政治史．1978 年生．［主要著作］『日本陸軍と日中戦争への道――軍事統制システムをめぐる攻防』（ミネルヴァ書房，2010 年），『「国家総動員」の時代――比較の視座から』（名古屋大学出版会，2020 年）

佐藤元英（さとう もとえい）
中央大学政策文化総合研究所客員研究員（元同研究所長）．日本政治外交史・軍事史．1949 年生．［主要著作］『御前会議と対外政略』（全 3 巻，原書房，2012 年），『外務官僚たちの太平洋戦争』（NHK 出版，2015 年）

日暮吉延（ひぐらし よしのぶ）
帝京大学法学部教授．日本政治外交史．1962 年生．［主要著作］『東京裁判』（講談社現代新書，2008 年，サントリー学芸賞受賞），*The Tokyo Trial: War Criminals and Japan's Postwar International Relations*.（translated by The Japan Institute of International Affairs, Tokyo: Japan Publishing Industry Foundation for Culture, 2022）

索　引

あ　行

か　行

さ　行

た　行

な　行

は　行